4차 산업혁명시대의

교육리더십 트렌드

4차 산업혁명시대의

교육리더십 트렌드

신재흡 저

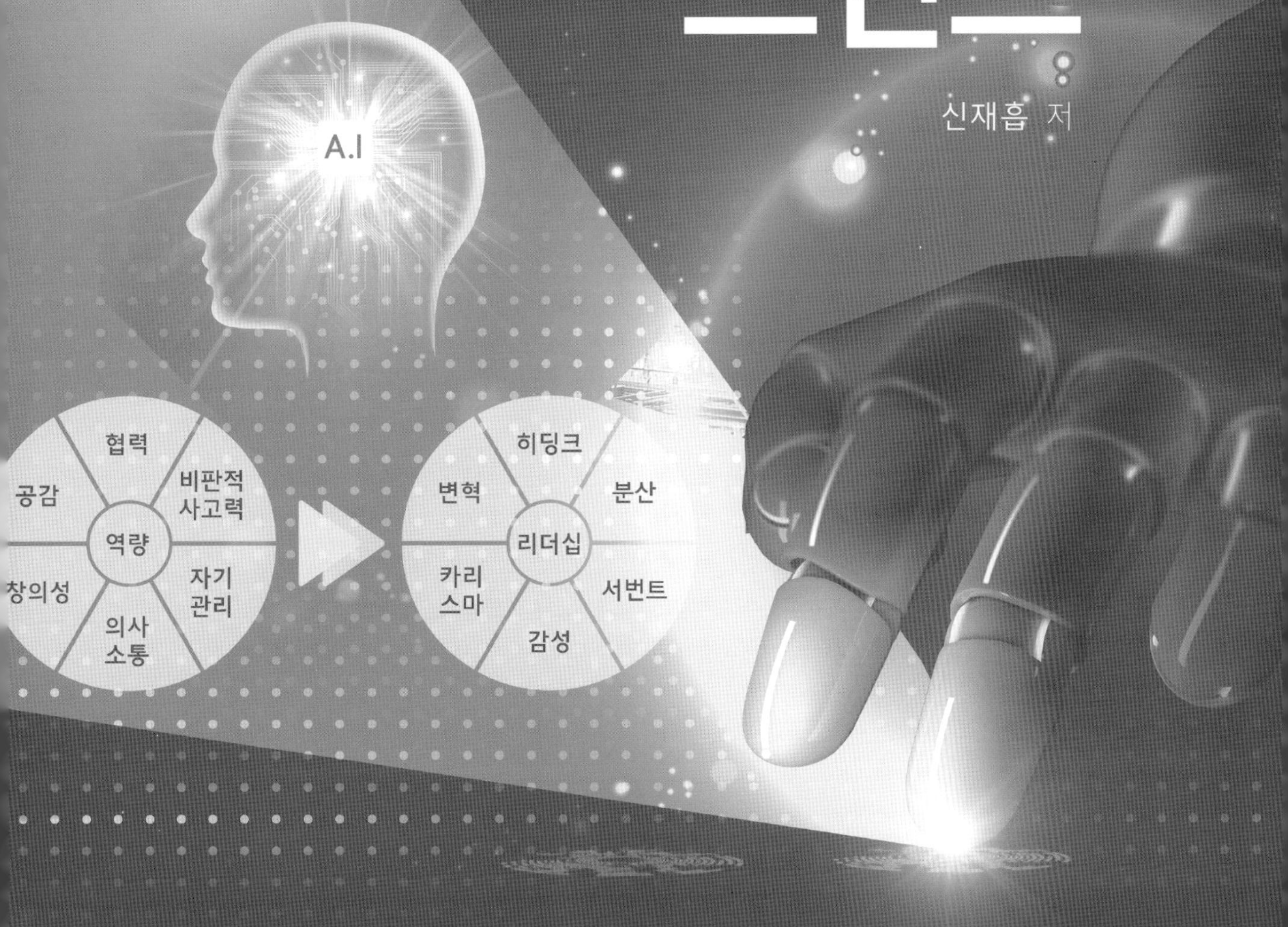

dm 동문사

머리말

리더십의 연구는 조직상황의 변화에 따라 리더십과정의 본질과 리더십 실체의 존재성 여부에 대한 학자들 간의 의견불일치로 매우 복잡한 양상을 띠고 있는 실정이다. 오늘날 리더십에 대한 연구가 다양한 분야에서 많은 연구물을 축적해왔다. 즉 리더십은 일반인은 물론 정치학, 행정학, 교육학 등 여러 분야의 연구자들이 다양한 시각에서 접근해 왔다.

하지만 2016년 초 다보스포럼에서는 4차 산업혁명시대가 도래하고 있음을 선포하였다. 사물인터넷, 빅데이터, 인공지능, 로봇, 가상현실, 증강현실, 메타버스로 대표되는 4차 산업혁명은 디지털혁명을 바탕으로 물리적 공간, 디지털 공간의 경계가 뚜렷하지 않은 기술융합의 시대를 만들어 나가고 있다. 이러한 측면에서 미래사회를 예측하고, 다른 한편으로는 희망하는 미래상을 그려보면서, 학교교육의 변화와 개혁이 학생들의 역량을 북돋우는 방향으로 전개되고 있는지 살펴보면서 교육조직을 리딩하는 교육리더십의 방향탐색을 고찰하는 것이 이 책의 출발점이 된다.

2019년 말부터 시작된 코로나 19의 충격은 거대한 사회변혁을 예고하고 있다. 코로나 19는 언택트사회, 온라인세계의 확장 등 디지털사회를 촉진하는 촉매제가 되고 있다. 코로나 19는 기술, 노동, 경제, 교육 등 사회 전반에 걸쳐 급격한 변화를 초래하게 되었다. 또한 코로나 19는 교육의 모습도 바꾸어 놓았다. 지금까지의 교육은 오프라인 집합교육이 기본이었으나, 이러한 지형은 바뀔 것으로 예상된다. 온라인교육이 급속도로 확대될 것으로 예측되며, 온-오프라인 블렌디드 러닝이 더욱 확장될 것으로 보인다. 새로운 디지털 명문학교도 등장할 것이며, 이와 더불어 교사의 역할에도 큰 변화가 있을 것으로 전망된다. 이에 따라 교육리더십에도 많은 변화가 예고되고 있다.

한편 급속하게 변화하는 4차 산업혁명시대를 위해 우리는 무엇을 준비해야 할까? 인류 발전의 역사가 늘 그랬듯이 새로운 변화를 대비하기 위하여 우선적으로 교육에 대해 생각하지 않을 수 없다. '4차 산업혁명시대를 살아갈 이들을 위해 무엇을 가르쳐야 하는가?', '4차 산업혁명시대에 맞는 인재를 어떻게 육성해야 하는가?' 이 두 가지 질문은 국가 및 조직의 경쟁력강화와 지속가능한 성장을 위해 반드시 생각해 보아야 할 문제이다. 이러한 맥락에서 교육리더십의 중요성을 매우 중요함을 알 수 있다. 지금과 같은 교육현장은 대량생산시대를 주도했던 1, 2차 산업혁명의 산물이라 할 수 있다. 이러닝은 인터넷 혁명인 3차 산업혁명에 따른 교육이었던 것이다. 모바일, 초연결, 초지능 사회로 대변되는 4차 산업혁명시대는 새로운 교육을 원하고 있는 것이다. 이에 따라 교육리더십도 변화의 흐름을 거역할 수 없게 되었다.

이러한 측면에서 한국교육의 현실을 타개하고 교육의 질적 경쟁력을 높일 수 있는 리더십이 절실히 요구되고 있다. 이러한 관점에서 볼 때 교육행정가의 리더십의 중요성은 아무리 강조하여도 지나치지 않다. 이제 교육리더(교육부장관, 교육감, 학교장, 교사)들은 급격한 변화와 새로운 도전에 적극적으로 대응할 수 있는 뉴 리더십(new leadership)이 개발될 필요성이 강력하게 제기되고 있는 실정이다.

이에 본 저서는 4차 산업혁명시대의 교육환경, 4차 산업혁명시대의 학교와 교육리더십, 4차 산업혁명시대의 교육리더십 트렌드 등을 고찰하고 이를 토대로 4차 산업혁명시대의 교육리더십을 전망하고자 한다.

따라서 본 저서의 구성을 소개하면 다음과 같다.

제1장 4차 산업혁명시대의 교육환경에서는 산업혁명의 발달과정, 4차 산업혁명시대의 특징, 4차 산업혁명이 수반하는 사회변화, 4차 산업혁명시대와 교육, 사회변화에 따른 교육쟁점 등을 다루었다.

제2장 4차 산업혁명시대의 학교에서는 한국교육의 실상, 4차 산업혁명시대 교육시스템 변화 <미래학교제도, 미래학교의 교육과정, 미래의 교육평가, 미래인재를 위한 교수-학습 방법>, 미래 학교교육 방향탐색 등을 다루었다.

제3장 4차 산업혁명시대의 교육리더십에서는 제4차 산업혁명시대 한국 미래교육의 목적과 방향, 4차 산업혁명시대에 필요한 핵심역량, 한국 미래교육의 인재상, 4차 산업혁명시대의 교육리더십 등을 제시하였다.

제4장 4차 산업혁명시대의 교육리더십 트렌드에서는 변혁적 리더십, 문화적 리더십, 도덕적 리더십, 서번트 리더십, 감성적 리더십, 카리스마 리더십, 수퍼 리더십, 셀프 리더십, 분산적 리더십, 수업리더십, 가부장적 리더십, 기러기 리더십, 가치부가적 리더십, 여성리더십, 히딩크 리더십, 참여적 리더십, 윤

리적 리더십, 체인지 리더십, 피그말리온 리더십, 반향촉진 리더십 등 20가지 리더십유형을 다루어 보았다.

제5장 4차 산업혁명시대의 교육리더십 트렌드 비교와 시사점은 요약, 4차 산업혁명시대의 역량과 교육리더십과의 비교, 4차 산업혁명시대의 교육리더십의 시사점 등에 대해서 다루었다.

본서는 교육리더십에 대한 다양한 내용을 전달하기 위하여 쉽게 풀어쓰면서 **학습목표**, Keyword, **생각해 봅시다** 등을 포함시킴으로써 교육현장의 활용도를 높이고자 하였다. 또한 이 책은 교육리더십에 대한 이론과 실제에 관심을 갖고 있는 사람들에게 도움을 줄 수 있으리라 기대된다.

요즘 여러 가지로 출판계 사정이 어렵다고 하는데 우리나라의 올바른 교원양성과 바른 교육, 학문발전의 중요성을 위해서 쾌히 출판을 결정하고 예쁘게 이 책을 만들어준 교육학 도서의 산실인 '동문사'에 깊이 감사드린다. 또한 이 책의 내용 측면에서 꼼꼼하게 교정을 도맡아준 큰 딸 신샛별에게도 고마움을 전한다. 그리고 건강하고 성실하게 자신의 과업을 묵묵히 수행하고 있는 쌍둥이 아들 신현범·현호에게도 고마움을 전한다. 지금까지 학문적 탐구여행을 할 수 있도록 묵묵히 기다리고 인내해준 내자 김화영(金花榮)에게 고마운 마음을 전한다.

2022년 9월
한성대학교 연구관에서
저자 신재흡 識

차례

Chapter 03 4차 산업혁명시대의 교육리더십

Chapter 04 4차 산업혁명시대의 교육리더십 트렌드

Chapter 05 4차 산업혁명시대의 교육리더십 트렌드 비교와 시사점

• Chapter 01 •

4차 산업혁명시대의 교육환경

학습목표

1. 4차 산업혁명시대의 특징을 알 수 있다.
2. 4차 산업혁명이 수반하는 사회변화에 대하여 설명할 수 있다.
3. 4차 산업혁명시대의 교육의 흐름에 대하여 이해할 수 있다.
4. 4차 산업혁명시대에 사회변화에 따른 교육쟁점을 이해할 수 있다.

Keyword

1차 산업혁명, 2차 산업혁명, 3차 산업혁명, 4차 산업혁명, 뷰카, 인공지능, 사물인터넷, 빅데이터, 로봇, 가상현실, 메타버스

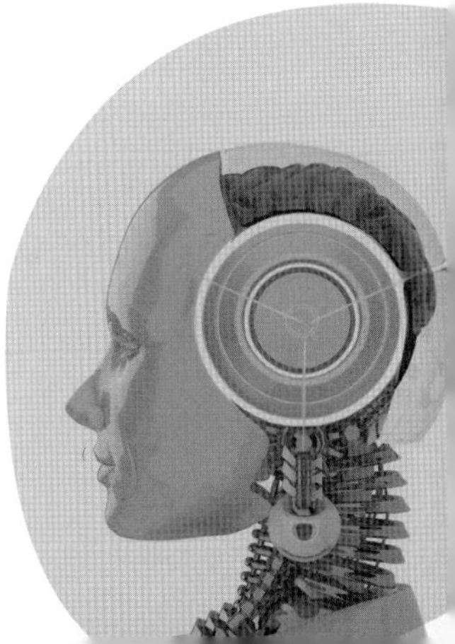

21세기 초반부터 본격적인 모습을 드러내기 시작한 4차 산업혁명은 정치, 경제, 사회, 외교안보에 이르기까지 인간의 삶을 구성하는 전 영역에 걸쳐 영향을 미치기 시작하고 있다. 특히 지식과 정보의 전달과 학습, 사회적 가치의 체화(體化), 인간과 인간 간의 관계의 기초가 이루어지는 교육영역에서는 그 영향력이 대단히 크다. 생산과 소비의 전 영역에 내장된 4차 산업혁명의 핵심기술들이 지식과 정보의 유통체계 자체를 변화시키고 있으며, 인간 간의 관계를 본질적으로 변화시키는 방향으로 진화하고 있다(슈밥, 2016: 17-19).

1장에서는 산업혁명의 발달과정, 4차 산업혁명시대의 특징, 4차 산업혁명이 수반하는 사회변화, 4차 산업혁명시대와 교육, 사회변화에 따른 교육쟁점 등에 대해서 고찰하고자 한다.

제1절 산업혁명의 발달과정

산업혁명의 발달과정을 제시하면 다음과 같다.

① **1차 산업혁명**은 농사 또는 수공업이나 하던 시대에서 공장을 세우고 제품을 대량생산해 내는 시대로 접어든 것을 의미한다. 1차 산업혁명은 영국에서부터 시작해 전 세계에 전파되었다. 영국산업의 첫걸음은 면직물 공업에서 시작되었으며, 천을 짜는 방적기가 등장했고, 증기를 이용한 자동화가 도입되었다. 사실 공장의 등장은 복합적으로 볼 수 있다. 그동안 많이 사용되지 않았던 철과 강철의 활용이 본격적으로 시작되었으며, 석탄과 증기기관이라는 동력원이 새로 등장하게 되었다. 이를 통해 방적기나 방직기가 발명되었다. 여기에 더해 증기기관차와 증기선도 등장해 운송이 발달하게 되었다. 이전에는 먹을 것을 스스로 생산했다면, 이 시대에는 먹을 것을 구매하는 새로운 소비층이 생겨났으며, 그래서 도시가 발달하게 되었다. 그리고 농경지와 멀리 떨어진 공장지대를 중심으로 임금을 받는 노동자계급이 새로 등장했다. 농사나 짓던 사람들이 공장 근로자가 되었다.

② **2차 산업혁명이다.** 사실 1차 산업혁명은 증기기관의 발달로 구분 짓는 시

각이 높았으며, 증기기관은 말 그대로 뜨거운 물이 내뿜는 증기를 운동에너지로 전환하는 것을 의미했다. 물을 끓이기 위해 석탄이 이용된 셈이다. 그리고 이 물은 끓이면 끓일수록 없어지기 때문에 1차 산업혁명 당시 공장들은 강가에 구축되었다. 그런데 증기기관에 열을 가하는 동력을 반드시 석탄으로만 사용할 수는 없었다. 그래서 등장한 것이 바로 석유였다. 1차 산업혁명시대는 18세기부터 19세기까지 이어진 인류의 산업활동을 의미하며, 2차 산업혁명은 그 이후인 19세기 중후반부터 20세기 초까지를 말한다. 한 70~80년 정도 사이 일어난 인류의 산업활동을 의미하게 되었다. 동력을 석유로 사용하면서 발전한 것이 자동차이다. 증기기관에 의존해 왔던 자동차는 이 시기에 내연기관을 적용하며 석유를 동력으로 활용하게 되었다. 독일의 고틀리프 다임러(Gottlieb Daimler, 1834~1900)가 처음 고안해 냈으며, 이후 미국의 헨리 포드(Henry Ford, 1863~1947)가 내연 기관을 대량 생산하기에 이른다. 그리고 원동기가 널리 보급되었다. 또 하나 주목할 점은 전기가 널리 보급되었다는 사실이다. 석유와 함께 등장한 새로운 동력인 전기는 공장의 자동화를 이루게 되었다. 생산성이 폭발적으로 증가하게 된 셈이다. 이에 따라 제조품목도 식료품, 음료 등 다양하게 되었다. 또한 운송수단 역시 기차에서 벗어나 자동차 등이 대중화되면서 더 빠르게 진행되었다. 전기장치를 이용한 영화, 라디오, 축음기 등도 개발되면서, 사실상 오늘날 우리가 즐기는 대부분의 품목이 이 때 발명되고 널리 보급되기에 이르렀다.

③ **3차 산업혁명**이라는 것을 우리는 흔히 컴퓨터의 발달을 의미한다. 하지만 3차 산업혁명이라는 말을 새롭게 정의한 사람은 미국 펜실베니아대학교 와튼스쿨 최고경영자과정 교수를 지낸 바 있는 경제학자 제레미 리프킨(Jeremy Rifkin, 1945~)이 2012년 펴낸 '3차 산업혁명'이라는 책에서 정의되었다. 제레미 리프킨은 굳이 컴퓨터에 주목하지 않았으며, 컴퓨터를 사람들이 어떻게 이용하고 경제에 활용하는지에 주목하게 되었다. 그래서 인터넷에 주목하고 사람들의 커뮤니케이션에 주목했다. 아울러 재생에너지 분야에 대해서도 관심을 나타내었다. 그리고 인터넷과 재생에너지가 수직적 권력 기반을 수평적으로 이루는 수단이라고 강조하기에 이르렀다. 즉 공유를 중심으로 한 수평적 권력구조에 따른 산업활동이 3차 산업혁명이라고 주장하고 있는 것이다. 대표적인 3차 산업혁명의 산업은 사회

적 기업이며, 사회적 기업은 일반적인 영리활동을 목적으로 하는 것이 아니라 사회적 가치창출을 목표로 영리활동을 하는 기업을 말한다. 사회적 기업의 상징이 된 루비콘 제과의 CEO는 "빵을 팔기 위해 고용하는 것이 아니라 고용을 위해 빵을 판다"고 말했다. 이는 제레미 리프킨이 말하는 공유경제를 의미한다. 또한 주거의 형태도 달라질 것이라고 주장했다. 주거지와 발전소가 결합한 협업경제와 분산 자본주의가 3차 산업혁명의 특징으로 볼 수 있다. 지금 우리나라도 재생에너지 산업을 진흥하기 위해 제도를 개선하고 있다. 내가 만든 재생에너지를 이웃집에 판매할 수 있도록 이미 제도가 개선되어 있으며, 이 같은 공유경제를 3차 산업혁명이라고 주장한다.

④ **4차 산업혁명은** 독일의 경제학자 클라우스 슈밥(Klaus Schwab, 1938년 3월 30일)이 의장으로 있는 2016년 세계경제포럼(World Economic Forum, WEF)에서 주창된 용어이다. 세계적인 경제학자들이 모여 지금이 4차 산업혁명시대라고 주장하는 것이다. 4차 산업혁명의 핵심은 빅데이터, 인공지능, 로봇공학, 사물인터넷, 무인 항공기, 3차원 인쇄, 나노 기술 등 6대 분야에서 이뤄지고 있는 기술혁신을 토대로 하고 있다. 구글의 인공지능과 이세돌의 바둑 대국이 유명하며, 빅데이터를 기반으로 인공지능이 학습하고, 학습한 내용을 실행한다는 것을 중심으로 하고 있다. 사실 그동안 IT 제품들은 바보였다. 학습이라는 것이 없었다. 우리가 원하는 명령을 수행하는 역할을 할 뿐이었다. 그래서 컴퓨터에서 가장 먼저 배우는 것이 명령어이다. 무엇을 어떻게 하라고 지시하는 것이다. 하지만 4차 산업혁명시대에서 컴퓨터는 단순히 명령을 받아 실행하는 것이 아니라 주어진 환경 안에서 최상의 결과를 도출하는 방법을 제시한다. 이를 명확히 확인할 수 있었던 것이 바로 이세돌과 인공지능의 바둑대결로 볼 수 있다. 상당한 창의력이 필요해 인간의 영역이라고 보았던 바둑에서 인공지능은 뛰어난 실력을 보여주었다. 스스로 기보를 학습하고 바둑에서 이길 수 있는 최상의 수를 두는 것이다. 이를 활용하면 무엇이든 가능하다. 무인 자동차, 무인 항공기, 무인 배달 서비스, 무인 공장 등이 나올 수 있다.

상기에서 산업혁명의 역사를 고찰했다. 그렇다면 **4차 산업혁명의 기술은** 기존의 1, 2, 3차 산업혁명의 기술들과 어떠한 측면에서 차이가 나는지 네 가지 측면에서 고찰하고자 한다(류방란 외, 2018).

① 1, 2, 3차 산업혁명의 기술이 "인간에 의해" 통제되고 조종되던 기술이었던 반면, 4차 산업혁명의 기술은 사람의 관리 감독 없이 "자동적으로" 수행되는 기술로 진화하고 있으며, "인간을" 통제하고 조종할 가능성까지 보유하는 기술이라는 점에서 커다란 차별성을 지닌다. 딥러닝 기술을 보유한 인공지능기술은 인간의 도움 없이도 스스로 학습하고 판단하며, 센서기술을 통해 스스로 주위환경을 통제하고 조종한다. 이는 기존에 "기술은 인간의 도구일 뿐"이라는 기술인식론을 송두리째 바꾸어 놓을 만하다.

② 4차 산업혁명기술은 1, 2, 3차 산업혁명의 기술이 스스로의 존재의식을 지니지 못하며 하나의 "물체" 혹은 "객체"로서 존재했던 것과는 달라질 가능성이 있다. 기술을 구현한 물체가 스스로가 어떤 존재인지를 알게 되는 '자의식'을 갖게 될 가능성을 전망하는 연구자들이 있다. 이러한 기술진화에 따라 로봇도 인간과 유사한 존재보호의 권리가 있다는 로봇인권과 윤리에 대한 논의가 시작되고 있다(백종현 외, 2017; 유은순 외, 2018). 기술이 자의식을 가지게 되는 상황을 커즈와일(Raymond Ray Kurzweil)은 특이점(singularity)이라 하였는데, 이러한 가능성에 회의적인 학자들은 많다(김준성, 2017). 하지만 인공지능이나 로봇과 일상적인 상호작용이 가능해 짐에 따라 이 기술을 단순한 도구, 대상, 객체로만 볼 수 있는가를 되물을 정도로 발달하고 있다. 이러한 상황에서 로봇들의 폐기처분 문제는 사회적으로 중요한 논쟁을 야기하게 될 것이다.

③ 1, 2, 3차 산업혁명의 기술이 인간의 능력을 "모방(imitate)"하는 것에 머물렀다면, 4차 산업혁명 기술은 인간의 능력을 "대체(replace)"하는 수준에 이르렀다는 점에서 그 차별성을 갖는다. 특히 기계는 절대로 할 수 없다고 여겨지던 인간의 고유한 능력이던 창의력이라고 할 만한 것도 인공지능의 딥-러닝(deep learning)을 통해 기계가 보유하게 된다. 이는 오랫동안 지속되어 오던 인간중심의 사회, 인간과 기계 간의 위계적, 종속적 관계에 대한 완전한 재평가를 요구하게 될 것이다.

④ 4차 산업혁명기술의 대표적인 특징 중 하나는 초연결(hyper-connectivity)과 초지능(ambient intelligence)화라는 데에 있다. 1차 산업혁명은 '기계혁

명’을 통해 공장생산체제의 확립을 가져왔고, 2차 산업혁명은 ‘에너지혁명’을 기반으로 대량생산체제를 세계적으로 확산시키고, ‘디지털혁명’의 3차 산업혁명시기를 지나, 4차 산업혁명은 초연결, 초지능의 특성을 지녀, 모든 것이 상호연결되고 지능화된 사회로 변화가 진행되고 있다. 예컨대 스마트 공장은 수요조사에서 생산, 판매, 판매 후 모니터링까지 상호연계되어 자동적으로 이루어진다.

이상의 논의를 제시하면 **그림 1-1**과 같다.

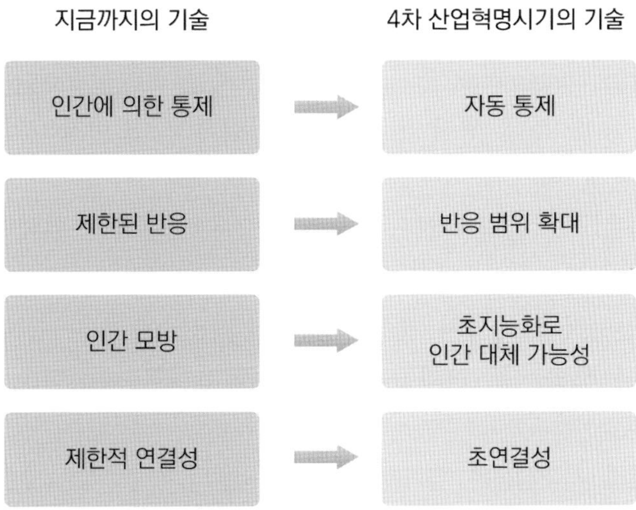

그림 1-1 4차 산업혁명기술과 이전 기술과의 차이

자료: 류방란 외(2018). 제4차 산업혁명시대의 교육: 학교의 미래. 연구보고 RR 2018-01. 진천, 충청북도: 한국교육개발원, p. 94.

제2절 4차 산업혁명시대의 특징

4차 산업혁명(4th Industrial Revolution: 4IR)이라는 용어는 2016년 1월 다보스 세계경제포럼(The World Economic Forum: WEF)에서 클라우스 슈밥(Klaus Schwab)이 인더스트리 4.0 개념을 의제로 한 발표에서 처음으로 소개되었다. 4차 산업혁명은 2012년 독일이 제시한 인더스트리 분류 개념 인더스트리 4.0(Industry 4.0)에 근원을 두고 있으며, 세계경제포럼에서 거론된 후 전 세계로 확산되었다. 인더스트리 4.0은 산업 전 분야에 IT 기술을 접목하고 이를 통해 산업구조를 혁신하여 산업경쟁력을 제고하려는 목적으로 탄생하였다. 구체적으로는 사물인터넷(Internet of Things: IoT), 인공지능(Artificial Intelligence: AI), 빅데이터(Big Data) 등을 통해 생산 전 과정을 연결하고, 소비자와의 소통을 통해 제품개발, 소비 및 폐기에 이르는 사회 전반의 모든 과정에서 일어나고 있는 혁신적 움직임을 의미한다. 이는 과거 1차, 2차 및 3차 산업혁명들이 결과적으로 초래했던 것과 마찬가지로 일자리 변화를 촉진한다. 그러나 4차 산업혁명은 인간의 인지적 영역까지 기술혁신이 이루어짐에 따라 쉽게 예상하기 어려운 전혀 다른 모습으로 변화될 것으로 전문가들은 예상하고 있다(박경종 외, 2021).

4차 산업혁명의 시대정신은 뷰카(VUCA)로 요약된다. 변동성(volatility), 불확실성(uncertainty), 복잡성(complexity), 모호성(ambiguity)이 특징이며, 인공지능과 더불어 과학기술의 빠른 발전 속도에 의해 지배되는 '뷰카'의 시대이다. 4차 산업혁명을 통해 정보통신기술(ICT)과 기존의 기술들이 상호 융복합되고 함께 진화하는 새로운 패러다임을 창출하고 있다. 이전에는 서로 독립적으로 존재하던 인공지능, 로봇공학, 자동차, 생명공학 등 과학기술분야들이 경계를 초월하여 융복합하면서 상호발전을 촉진한다. 사물인터넷(IoT), 더 나아가서 만물인터넷(Internet of Everything: IoE)의 발달은 거대한 규모의 데이터를 생성하게 되며, 이 거대한 정형, 비정형 데이터를 처리하기 위한 빅데이터 산업을 촉진시킨다. 아울러 빅데이터 처리를 위한 컴퓨터기술의 발달은 AI 성능을 향상시키며, 물리기술의 발전을 통해 무인 자동차, 드론, 로봇의 발달로 연결되고, 물리학, 3D 프린트, 신소재, AI 기술의 향상은 생물학 및 의학 발전 촉진자로 작용하고 있다(대통령 직속 4차 산업혁명위원회, 2019).

4차 산업혁명을 구성하는 다양한 기술들이 있지만, 여기서는 특히 사회변화와 관련성이 높은 몇 가지 기술에 초점을 맞춘다. 그 기술은 인공지능, 사물인터넷, 빅데이터, 지능형로봇, 클라우드, 가상현실 등인데, 이 기술들은 예컨대 빅데이터 분석기능을 탑재한 인공지능, 사물인터넷을 통해 수집되는 빅데이터, 인공지능을 탑재한 로봇, 현실을 비트세계에 구현할 수 있을 정도의 데이터로 가상화시키는 기술 등 서로 연결되어 있다. 이러한 **기술의 특징**을 제시하면 다음과 같다(구자억 외, 2021; 박경종 외, 2021; 류방란, 2018).

① **인공지능**(AI, Artifical Intelligence)은 인간이 지닌 지적 능력을 기계에 인공적으로 구현한 것이다. 인간이 공부해서 지식을 쌓는 것처럼 기계를 학습시켜서 사람이 하던 일을 대신 하도록 만드는 것이다. 10만 개가 넘는 바둑기보를 학습해서 세계 최고의 바둑기사를 물리친 '알파고'가 그 사례를 들 수 있다. 이러한 인공지능은 1956년 미국의 '존 매카시(John McCarthy, 1927~2011)'라는 사람에 의해 출발되었다. 이렇게 세상에 출현한 인공지능은 그동안 여러 번의 시행착오를 겪으면서 현재에 이르게 되었습니다. 한때는 알고리즘(Algorithm)의 수준이 낮고 학습시킬 데이터가 부족해 연구가 중단될 위기를 맞기도 했다. 그러나 1990년대 후반에 컴퓨팅기술이 발달하고 빅데이터가 등장하면서 인공지능연구가 활기를 띠기 시작했다. 그리고 2006년에 이르러서는 사람이 알려주지 않은 데이터의 특징까지도 스스로 추출해내는 수준까지 발전을 하게 되었다. '소위 딥-러닝(Deep Learning)'이라고 부르는 학습방식이다. 향후 인공지능기술은 자율주행자동차, 스마트 팩토리(smart factory), 각종 지능정보시스템 등 많은 분야에 응용이 될 것으로 전망되고 있다.

② **사물인터넷**(IoT, Internet of Things)**이다.** 이는 4차 산업혁명시대의 사회를 초연결사회로 만드는 기반이 된다. 처음에 사물인터넷이라는 개념이 등장했을 때 사람들은 사물과 사물이 어떻게 자율적으로 연결될 수 있는가에 회의적이었다. 하지만 센서기술과 네트워킹기술의 비약적인 발전은 사물과 사물이 서로 연결되는 것을 가능하게 하였다(Hanes, 2017). 슈밥은 2025년까지는 1조개의 센서가 인터넷에 연결될 것이라고 예상하고 있는데, 센서가 연결되는 곳은 사물, 동물, 심지어 인간도 예외는 아닐 것이며, 센서들이 서로 연결되면 센서들을 통해 수집된 데이터 분석을 통해

환경과 상황을 정확히 파악하고 대처할 수 있게 될 것이라고 보았다(슈밥, 2016). 기존의 정보사회에 등장했던 소셜미디어와 같은 기술들은 인간과 인간 간의 연결을 중심으로 기능하였지만, 사물인터넷기술은 인간과 사물 간의 연결은 물론이고, 사물과 사물 사이의 연결도 가능하게 하여 모든 것이 연결되는 초연결사회를 증강시킨 것이다. 좀 더 구체적으로 보면, 하나의 사물은 그 안에 이식된 인식칩을 통해 스스로 고유한 존재로서의 ID를 부여받는다. 사례를 들면, 하나의 나무는 인식칩을 통해 고유한 ID를 부여받아 다른 나무들과 구분된다. 이 나무는 인식칩이 이식된 또 다른 나무들과 네트워킹기술을 통해 연결된다. 그리고 각 나무는 온도변화, 습도변화와 같은 외부환경변화를 감지하고 분석하는 센서를 탑재하고 있다. 각 나무들은 이 센서를 활용하여 외부환경변화의 모습을 다른 나무에 전달한다. 이를 통해 나무들은 과거에 비해 훨씬 효율적인 생산력을 갖게 될 수 있다.

아울러 교육장면에서 사물인터넷이 어떻게 작동될지를 생각해볼 수 있을 것이다. 종래 교육은 사람들 간의 관계 속에서 상호작용하며 이루어졌다. 그런데 상황이 바뀔 수 있다. 예를 들어 과거에는 하나의 사물에 대한 지식을 교사가 갖고 있다면, 학생은 그 교사를 통해야만 그 사물에 대한 지식을 획득할 수 있었다. 그러나 사물과 사람이 직접 연결되는 사물인터넷의 존재나 그에 관한 정보 또는 지식을 파악할 수 있도록 한다.

③ **빅데이터**(Big data)는 디지털화된 셀 수 없는 데이터를 의미하며 기존의 방법으로는 수집과 분석이 불가능하다. 이는 오로지 컴퓨터로만 수집과 분석이 가능하다(Broudoux & Chartron, 2015). 예를 들어 페이스북에 마우스 클릭 한번으로 처리되는 "좋아요" 입력이 빅데이터가 된다. 빅데이터는 인간이 하나씩 수집할 수 있는 것이 아니며 네트워킹된 컴퓨터만이 수집하고 분석할 수 있다. 앞서 언급했듯이 이 빅데이터는 인공지능기술 발전에 결정적인 영향을 미치고 있다. 이 세상에 존재하는 것들이 데이터화되고 있고, 모든 데이터들은 디지털화되고 있으며 빅데이터는 이 디지털화된 모든 데이터들을 의미하고, 이 데이터들은 네트워크(클라우딩)를 통해 인공지능에 의해 수집되고 분석되어 인공지능으로 하여금 최적, 최선의 분석결과를 제시할 수 있는 기반이 된다. 과거에 지식과 정보는 구전을 통해 전해지다가 책의 등장으로 인해 문자로 전해졌다. 그리고 3차

산업혁명시기에 이 지식과 정보는 디지털화되어 저장되고 공유될 수 있었다. 이제 4차 산업혁명시기에는 기존의 지식과 정보에는 포함되기 어려웠던 디지털화된 이 세상의 모든 발자취와 흔적(페이스북의 클릭, 자신, 동영상, CCTV의 영상, 구글에서의 검색기록 등)이 빅데이터가 되어(Pentland, 2014), 인간의 능력을 넘어선 수집과 분석능력을 가질 수 있게 되었다. 학습자의 발자취와 흔적도 사이버 상에서 혹은 사물인터넷을 통해 데이터화되어 어떤 목적으로든 분석될 수 있다.

④ **로봇**(Robot)은 전기 등 동력을 제공받아 인간과 비슷한 기능을 수행하거나 스스로 작업을 하는 능력을 가진 기계를 말한다. 공장에서 부품을 조립하거나 가정에서 청소를 하는 등의 일을 하는 것이다. 그럼 잠시 로봇의 역사를 살펴보면, 로봇은 미국의 '유니메이트(unimate)'라는 회사가 1959년에 최초의 산업용 로봇을 개발한 이래 지금까지 많은 발전을 이루었다. 1974년에 컴퓨터로 제어되는 최초의 산업용 로봇이 출현했다. 1997년에는 일본 혼다사가 인간형 로봇을 세상에 선보였다. 이어서 2년 후에는 일본의 소니사가 애완로봇 아이보(AIBO)를 시장에 내놓았다. 우리나라에서는 1986년에 자동차 용접 및 도장에 쓰이는 산업용 로봇을 시작으로 1990년대 말에는 가정용, 교육용, 오락용 서비스 로봇을 선보였다. 그리고 2004년에는 두 발로 걷는 로봇인 '휴보(HUBO)'가 한국과학기술원에 의해 탄생되었다. 로봇은 이런 기술발전에 힘입어 인간이 해 오던 많은 일들을 대신했다. 단조롭고 따분한 반복작업을 도맡는가 하면 독극물 처리, 폭발물 제거 등 각종 위험한 작업을 대신하고 있다. 아울러 환자를 돌보거나 가사를 돕는 데도 로봇이 큰 역할을 한다. 앞으로도 로봇의 쓰임새는 더욱 크게 늘어날 것이다. 특히 스스로 판단하고 행동을 하는 자율형 지능 로봇의 이용이 확대될 것으로 전망된다.

⑤ **가상현실**(VR, virtual reality)은 컴퓨터기술을 이용하여 인공적으로 만들어낸 특정한 환경이나 상황을 의미한다. 이런 가상현실기술을 이용하면 현실세계에 존재하지 않는 것까지도 체험할 수 있게 된다. 책상에 앉아 패러글라이딩을 타고 하늘을 날아다니거나 잠수함을 타고 바다 속을 구경하는 것 같은 느낌을 얻을 수 있다. 또한 멀리 있는 물건을 마치 눈앞에 있는 것처럼 보고 만지는 것도 가능하다. 반면에 **증강현실**(AR, augmented reality)은 현실세계와 가상의 세계를 합쳐 하나의 영상으로 보여주는 것

이다. 예를 들면, '포켓몬 고'라는 게임도 증강현실기술을 이용한 것이다. 게임 앱이 설치된 스마트폰으로 거리나 건물을 비추면 포켓몬이라고 하는 캐릭터가 나타나거나 사라지도록 한 것이다. 앞으로 이러한 가상현실과 증강현실기술은 우리의 생활을 더 윤택하고 편리하게 만들어 줄 것이다.

⑥ **메타버스**(metaverse)는 가상, 초월을 의미하는 '메타'(meta)와 우주 및 세계를 의미하는 '유니버스'(universe)를 합성한 신조어이다. '확장 가상세계' 또는 '가상우주'라고 칭한다. 이는 3차원에서 실제생활과 법적으로 인정되는 활동인 직업, 금융, 학습 등이 연결된 가상세계를 의미한다. 가상현실, 증강현실의 상위개념으로서, 현실을 디지털 기반의 가상세계로 확장시켜 가상의 공간에서 모든 활동을 할 수 있게 만드는 시스템이다. 구체적으로, 정치와 경제, 사회, 문화의 전반적 측면에서 현실과 비현실이 공존하는 생활형, 게임형 가상세계라는 의미로 폭넓게 사용한다(김한철 외, 2021).

제3절 4차 산업혁명이 수반하는 사회변화

4차 산업혁명이 수반하는 사회변화상에 대한 고찰은 인간의 정체성, 인간관계, 인간과 기술의 관계, 정치와 권력의 변화, 경제의 변화측면으로 분류하여 제시하고자 한다(국제미래학회 · 한국교육학술정보원, 2021; 구자억 외, 2021; 류방란 외, 2018).

첫째, 인간의 정체성이다. 4차 산업혁명은 자신이 가진 기존의 수많은 다양한 능력들을 기계에 의해 대체당한 인간들은 스스로 새로운 능력을 계발할 것인지가 문제의 핵심이다. 그 새로운 능력 역시 빠른 시간 내에 기계에 의해 대체될 수 있을 것이다. 그 새로운 능력이라는 것이 고도의 학습능력과 지적능력을 갖춘 소수의 집단에게만 구현 가능할 수도 있다. 대부분의 인간들은 새로운 능력을 갖출 능력과 사회경제적 조건조차 갖추지 못하게 될 가능성이 많다. 이러한 전망은 기술의 인간능력 대체와 인간 정체성에 대해 중요한 사회적 이슈를 제기하게 해준다. 인간의 고유한 능력이 바탕이 되었던 지식을 기계가 인간의 수준으로, 인간의 수준을 넘어서 보유하게 되면서 인간중심의 지식-능력-직업이라는 패러다임에 커다란 균열이 발생하게 된다.

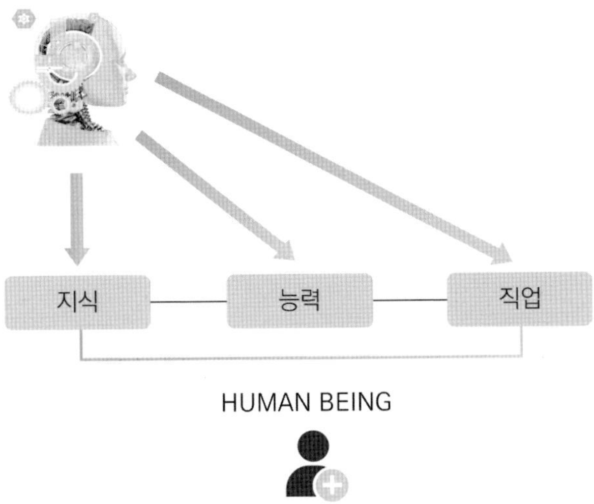

그림 1-2 인공지능의 대체 가능성: 지식, 능력, 직업

자료: 류방란 외(2018). 제4차 산업혁명시대의 교육: 학교의 미래. 연구보고 RR 2018-01. 진천, 충청북도: 한국교육개발원, p. 96.

① **인간의 정체성이다.** 육체노동을 대신할 기계의 등장 때에는 그렇게 심각하지 않았던 인간의 정체성에 대한 질문은 인간의 인지능력을 대체할 수도 있는 인공지능기술의 발달로 피할 수 없게 되었다. 이러한 상황은 다음과 같이 극적으로 기술되기도 한다.

> 자신의 기능을 통해 존재 의미를 찾는 인간에게 기능 상실은 존재 이유와 직결되는 치명적인 문제가 된다. 어쩌면 인간은 로봇에게 자신의 신체적 기능을 떠넘기고 신체의 휴식을 취할 것이며, 인공지능에게 자신의 정신적 기능을 떠맡기고 정신의 휴식을 취할 것이다. 그러므로 기계 시대의 정점에서는 인간이라는 존재 자체가 최종 휴식을 취할 것이다. 이것은 인간의 중지(中止)라고 할 수 있다(이창익, 2017).

르네상스 이후 오랫동안 인본주의 휴머니즘 시대를 살아온 인간으로서는 다가올 미래가 혹은 이미 진행되고 있는 현실이 매우 충격적이다. 매즐리시(Bruce Mazlish, 2001)는 천체와 지상의 불연속을 깨는 지동설을 발표한 코페르니쿠스(Nicolaus Copernicus), 인간과 동물의 불연속을 깨고 진화론을 주장한 다윈(Charles Robert Darwin, 1809~1882)에 이어 프로이트(Sigmund Freud, 1856~1939)는 인간이 이성적으로 움직이는 존재가 아니라 무의식에 의해 움직이는 존재로, 이성과 비이성의 경계를 깼다고 하였다. 디지털 기술의 발달로 인간과 기계 사이의 불연속성이 무너지는 상황은 인간이 기계화되고, 기계가 인간화되는 현상이기도 하다(이창익, 2017).

인간의 신체와 정신은 해부되어 디지털정보로 축적되고 인공의 장기가 만들어지고 있으며, 두뇌의 작용을 흉내 낸 기술을 구현시킬 만큼 발전하였다. 이러한 상황에서 트랜스휴머니즘[1)]은 앞으로 인간의 신체나 정신을 분해하여 데이터화, 디지털화할 수 있으며, 인위적으로 조작가능한 혼종으로서의 인간을 상상한다. 트랜스휴머니즘은 인간과 기계의 합체를 통해 인간능력의 강화, 확대를 지향한다. 인간의 몸과 정신이 통째로 데이터화, 디지털화되어 가상공간에 축적된다면 가상의 인간은 데이터가 지속되는 한 영속될 수 있을지 모른다(이창익, 2017). 인간의 모든 정보가 데이터화 되는 상황을 생각해본다면 인간의 사생활, 자신만의 고유한 후면영역이란 없어지는 것이다. 자신에 대해 성찰하는 존재로서 인간의 정체성도 위기상황인 것이다. 인간은 부단히 스스로의 정체성에 질문을 던지고 있으며, 기계와의 관계설정을 어떻게 해야 하는지 고민하고 있다. 한편에서는 역설적이게도 인간의 정체성을 기계와의 비교를 통해서 기계가 할 수 없는 것으로 확인하려고 한다. 예컨대 인류의 문명을 관통하는 것은 호기심이며, 이 호기심이야말로 인간이 가진, 기계와 다른 특성이며 능력이라고 보는 식이다(구본권, 2018).

둘째, 인간관계 측면이다.

① **인간-인간의 관계에서 인간-기계-인간의 관계로 변화이다.** 4차 산업혁명은 기계가 인간의 육체적, 지적 능력을 완전히 대체하는 것에 이어 인간의 관계에 근본적인 변화를 야기한다. 인간의 관계는 수평적 관계, 수직적 관계, 공동체 안에서의 관계, 개별적 관계 등 다양한 형태로 존재한다. 그런데 인간의 관계에 대해 심층적 이론을 발전시킨 고전사회학자 게오르

---

1) 트랜스휴머니즘(transhumanism)은 과학기술을 이용해 사람의 정신적, 육체적 성질과 능력을 개선하려는 지적, 문화적 운동이다. 이것은 장애, 고통, 질병, 노화, 죽음과 같은 인간의 조건들을 바람직하지 않고 불필요한 것으로 규정한다. 트랜스휴머니스트들은 생명과학과 신생기술이 그런 조건들을 해결해 줄 것이라고 기대한다. 트랜스휴머니즘 운동은 이익뿐만 아니라 위험도 있다. 트랜스휴머니즘은 1957년부터 등장한 단어이지만 1980년대 미국의 미래학자들에 의해 지금의 뜻을 갖게 되었다. 트랜스휴머니즘 사상가들은 인류가 더 확장된 능력을 갖춘 존재로 자신들을 변형시킬 것이라고 예언하면서, 이렇게 변형된 인간을 "포스트휴먼"(posthuman)으로 이름 붙였다. 그래서 트랜스휴머니즘과 포스트휴머니즘은 같은 뜻으로 쓸 때도 있다.

그 짐멜(Georg Simmel)에 의하면, 인간의 관계에 있어 1명과 다른 1명 간의 2자 관계는 그 2자 관계 사이에 새로운 1명이 들어올 때 엄청난 변화가 일어난다고 설명하고 있다. 즉 3자 관계가 될 때 2자 관계에서는 없었던 새로운 상호작용의 양상들이 나타난다는 것이다. 3자 관계에서는 2명의 관계에서는 없었던 질투가 나타나기도 하며, 2명의 갈등관계를 중재하는 모습도 나타나며, 2명의 갈등을 야기하여 자신의 이익을 챙기는 조작자도 나타난다. 또한 2명이 연대하여 1명을 소외시키기도 한다. 그렇기 때문에 짐멜은 인간 간의 관계가 사회학적으로 의미가 생기는 것은 2자 관계에서 3자 관계로 변화할 때라고 설명한 바 있다(Simmel, 1999). 4차 산업혁명시기에는 오랜 기간 동안 인간의 도구로만 존재해 오던 기계의 능력이 인간의 능력을 능가하는 부분이 있고 자의식을 갖는 방향으로 진화하게 되면서 인간과 인간의 2자 관계가 인간-기계-인간 간의 3자 관계로 변화할 것이다. 이는 짐멜이 설명한 것처럼 인간의 관계 속에서 벌어지는 상호작용의 양상을 근본적으로 변화시킨다.

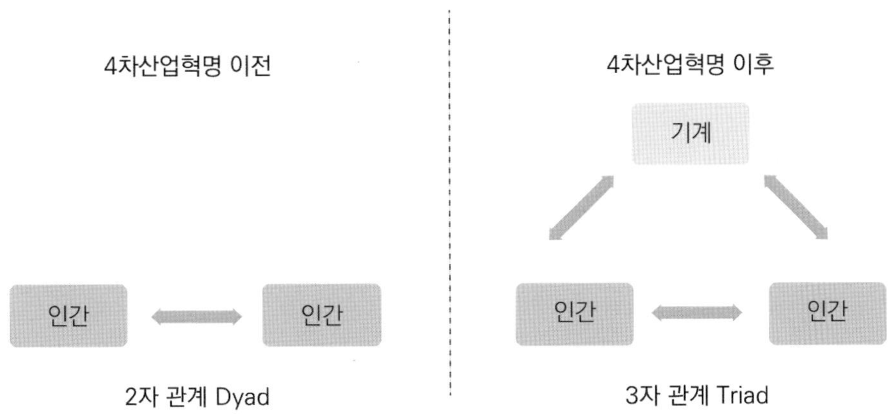

그림 1-3 4차 산업혁명시기의 인간관계의 변화

1970년대 정보화혁명이 시작되기 이전까지는 근대화를 이루기 위해 육체적 능력이 주로 활용되었다. 소위 블루칼라 직업군이 주된 노동력이었다. 근대 이전 농촌 등에서 자급하던 인간들은 농촌의 쇠락, 도시의 발전과 더불어 도시로 모여들어 공장의 컨베이어벨트에서 반복적인 작업을 하는 육체노동자가 되었다. 그런데 더 빠르고 정확한 생산과정을 원하는 자본가들은 노동자들의 육체적 능력을 대체해줄 자동화된 기계에 자연적으로 매력을 느낄 수밖에 없

었으며 점차 이 기계들로 노동자들의 자리를 대체하기 시작했다(김두환, 2017: 재인용). 인간 간 관계에 기계가 들어오기 시작한 것이다.

정보화혁명이 시작된 후에는 지식과 정보를 다루는 소위 화이트칼라 직업군이 대세가 되었다(Naisbitt, 1984). 화이트칼라가 되기 위해 교육에 대한 사회의 수요가 급증하였고 대학에 진학하는 이들이 크게 늘어났다. 문자와 숫자를 이해하고 해석하는 능력을 발휘하는 직업군들이 사회적으로 더 나은 보상을 받기 시작했다. 이어 4차 산업혁명시기에는 이러한 육체적 능력과 지적 능력 모두를 대체하는 기계들이 등장하기 시작했다. 4차 산업혁명시기에는 단순한 지적능력만이 기계에 의해 대체될 것이며, 인간의 고유한 분석적, 창의적 능력은 절대로 대체되지 않을 것이라는 전망이 있지만, 이 전망에 대해서는 이미 회의적인 시각들이 제기되고 있다. 빅데이터와 딥-러닝(Deep Learning)으로 무장한 인공지능 로봇들이 개별 의사의 분석능력을 넘어서 환자의 병의 원인이 무엇인지를 찾아내기 시작하고 있다. 미술, 음악, 문학과 같은 창의적 영역 역시 창의의 근본이 무(無)에서 유(有)를 창조하는 것이 아니라 수많은 예술작품을 접하면서 생긴 예술적 영감에 의해 만들어지는 것임을 생각한다면, 디지털화되어 빅데이터화될 예술작품들을 스스로 끊임없이 접하고 학습한 인공지능기계가 창의적인 예술작품을 만들어낼 잠재력은 풍부하다(Broudoux & Chartron, 2015). 또한 인공지능은 인간의 지적능력만을 대체하는 것을 넘어 인간의 감성적 능력까지 대체하는 방향으로 진화하고 있다. 인공지능은 감성을 지니지 않는다. 그러나 센서기술, 인간감성을 표현하는 다양한 징후(눈 표정, 얼굴표정, 입의 움직임, 언어 등)를 빅데이터 형태로 스스로 학습하여 자신 앞에 있는 인간이 현재 어떠한 감정인지를 이해하며, 이에 대해 적절한 감정적 대응을 해주는 기술로 진화하고 있다(Dejoux, 2011).

기존에 인간이 감정적 관계를 형성해 오던 다른 인간과의 2자 관계에 기계가 개입하게 된다. 질투, 미움, 소외, 사랑, 지지 등 다양한 감정적 상호작용이 인간과 인간 사이에만 나타나는 것이 아니라 인간-기계-인간 3자 사이에 나타나게 되는 것이다. 이러한 변화는 4차 산업혁명시기에 사회관계를 분석하고 해석하는 사회과학에서 대단히 중요한 현상으로 연구하게 될 것이다.

셋째, 인간과 기술의 관계이다. 3차 산업혁명 후반기에 등장한 소셜미디어 기술은 인간의 관계를 확장하고자 하는 능력을 보완하였다. 3차 산업혁명이 이전의 1-2차 산업혁명과 구분되는 것은 인간의 육체적 능력에 이어 지적 능력까지 기계에 의해 보완되기 시작했다는 것이다(Castells, 2002). 이렇게 인간의 능력이 기술에 의해 "보완"되어 오던 흐름을 4차 산업혁명은 기술에 의해 "대체"되도록 흐름을 전환시키고 있다. 인간이 시키는 대로 육체적 노동을 하던 로봇은 이제 스스로 판단하여 육체적 노동을 하는 로봇으로 변화하며, 뇌과학과 컴퓨터공학의 융합으로 이해하고 기억하며 추론하는 인간의 능력과 유사한 능력을 기계학습에 따라 기계가 갖추게 된 것이다.

① **일자리 상실 우려와 일자리 지형의 변화이다.** 일자리 감소가 과학기술에 의한 자동화나 기술의 뒷받침에 의한 전문가의 생산성 향상 외에도 세계화 추이에 의한 것이어서 과학기술 탓으로만 돌릴 수 없다(아벤트, 2018)고 하더라도 최근의 인공지능과 로봇의 발전을 보면서 사람들은 인간의 노동을 대체할 것이라는 불안감을 크게 느낀다. 인쿠르트(2016)에 의하면, 인간의 능력이 기계에 의해 대체되어 자신의 능력을 발휘할 수 없을 것이라는 두려움이 사회에 확산되고 있다. "내 업무는 로봇에 의해 대체할 수 있다?라는 질문에 대해 응답자의 64%가 대체할 수 있다"라고 답하였다. 이는 실제로 자신의 능력이 대체될 수 있을지를 정확히 모르는 상황에서도 무섭게 진화하는 인공지능과 지능형로봇이 결국은 자신이 하고 있는 사회적 역할을 완전히 "대체"할 수 있다는 두려움이 반영된 것이다. 이미 본궤도에 오른 4차 산업혁명기술을 흡수하고 활용하는 기술이용자들은 자신들의 삶의 편안함을 위해 기술을 적극적으로 활용할 것이 분명한 이상, 이 과정에서 지금까지 그 삶의 편안함을 위해 활용되고 보상을 받았던 인간의 능력들이 기술에 의해 소외당할 가능성이 대단히 높다.
한편 더 나아가 미래에 새로운 일과 일자리가 생길 것이라는 낙관적 전망을 제시하기도 한다. 이러한 낙관은 다음과 같은 근거로 제시되고 있다(최강식, 2018). i) 기계에 의한 생산이 증가하더라도 인간의 욕구가 무한하므로 이러한 욕구를 충족시킬 새로운 제품과 서비스가 창출될 것이라는 기대이다. ii) 미래 기술발달에 대한 예측이 기술발달을 위해 투입될 자원을 고려하지 않은 예측이라는 점에서 한계가 있다는 것이다.

② **노동 대신 여가 혹은 기계에 종속을 들 수 있다.** 4차 산업혁명시기에는 인간이 수행해 오던 능력들의 대부분이 기계에 의해 대체되거나, 기계의 도움으로 수월하게 수행할 수 있기 때문에, 인간은 과거에 비해 편안한 삶을 살

아갈 수 있으며, 노동하는 기계들을 감독하는 역할만 하면 될 것이라는 낙관적인 전망을 내놓고 있기도 하다. 과거 노예와 같은 하층민이 일을 하고 시민은 정치를 하고 문화와 예술을 하며 인생을 향유하였듯이 노동은 기계에 맡기고 인간은 여가를 누릴 수 있는 미래를 그리는 것이다.

넷째, 정치와 권력의 변화이다.

① **쉬운 연결, 연대를 통한 참여와 그 이면이다.** 4차 산업혁명의 기술변화는 인간의 권력관계 역시 변화시킨다. 3차 산업혁명시기에는 인터넷공간을 중심으로 작은 권력들이 제도권 안의 거대권력들과 경쟁을 할 수 있게 되었다. 프로슈머(prosumer) 권력, 인터넷시민공동체 권력들이 대표적인 사례였으며, 이 작은 권력들의 연결된 힘이 실제 공간에서 발현하여 크고 작은 사회적 변화를 가져왔다. 하지만 한편으로 3차 산업혁명의 핵심기술인 인터넷은 거대권력으로 하여금 일반시민들을 항시 감시하는 도구로도 사용되었다. 이렇게 3차 산업혁명시기의 기술은 이미 기존의 인간의 권력관계에 커다란 변화를 야기하고 있으며, 이러한 추세는 4차 산업혁명시기에도 지속될 것으로 전망된다.

② **노동에서의 권력의 변화를 들 수 있다.** 4차 산업혁명시기에는 무엇보다 지적능력에 의해 권력이 약해질 것이다. 이들의 지적역할을 대체하기 시작하는 기계 혹은 프로그램들이 사무실에 들어오게 됨에 따라 이들의 가치가 지속적으로 하락하게 될 것이다. 먼저 단순한 지식 해석과 분석을 하는 직업군들의 가치가 떨어지게 될 것이며, 곧이어 전문적 지식노동자들 역시 그 지위가 하락하게 될 것이다. 예를 들면, 병원에서 의사보다 더 정확한 병의 원인을 알아낼 수 있는 기계가 도입되면 의사들의 집단적 반발에도 불구하고 국가는 국민들의 보다 나은 건강생활을 위해 인공지능기계가 진료하는 병원들을 허가할 것이다. 이렇게 되면 기존의 단순한 육체적 노동은 이미 기계에 의해 대체되는 상황에서 지식노동까지 기계에 의해 대체될 수 있게 된다. 오히려 각광받게 되는 노동은 기계가 아무리 자동화가 되더라도 그 기계를 활용하는 것이 더 비용이 들며 인간의 노동력을 활용하는 것이 효율적인, 그런 노동이 될 것이다. 즉 전문적인 육체노동력을 갖춘 이들의 가치가 상승하게 될 것이다. 이미 호주, 프랑스와 같은 선진국에서는 전문적 육체노동력을 갖춘 이들에 대한 사회적

보상이 지식노동자들 못지않게 이루어지고 있다.

다섯째, 경제의 변화 측면이다. 4차 산업혁명은 궁극적으로 인간의 결정을 필요로 하지 않는 자율적 기계가 활성화되면서 기존의 플랫폼경제에 커다란 변화를 야기할 것이다. 플랫폼경제는 근본적으로 그 플랫폼 안에 들어와야만 그 플랫폼 안에 저장되고 공유되어 있는 지식과 정보들을 활용할 수 있고, 이를 위해 사용자는 플랫폼 소유자에게 비용을 지불해야 한다. 4차 산업혁명시기에는 인간과 모든 사물이 연결되는 기술이 활성화되면서 플랫폼을 반드시 거치지 않아도 인간이 다른 인간과 직접 연결되거나 다른 사물과 직접 연결될 수 있게 된다. 이른바 블록체인기술이 그것이다. 아직은 가상화폐 정도의 블록체인기술이 구체화되고 있지만, 향후 블록체인기술은 인간과 무인자동차를, 인간과 집을, 인간과 기계를 직접 연결시켜 주는 기술로 진화하면서 기존에 플랫폼을 장악하여 막대한 이윤을 챙겨왔던 거대 디지털기업들의 권력을 흔들게 될 것이다(Durana, 2015). 이렇게 되면 겉으로는 공유경제를 표방했지만 사실은 플랫폼을 독점하면서 공유경제를 자신들의 이윤증가에 도구화하였던 많은 기업들이 위기에 처하게 될 수 있다.

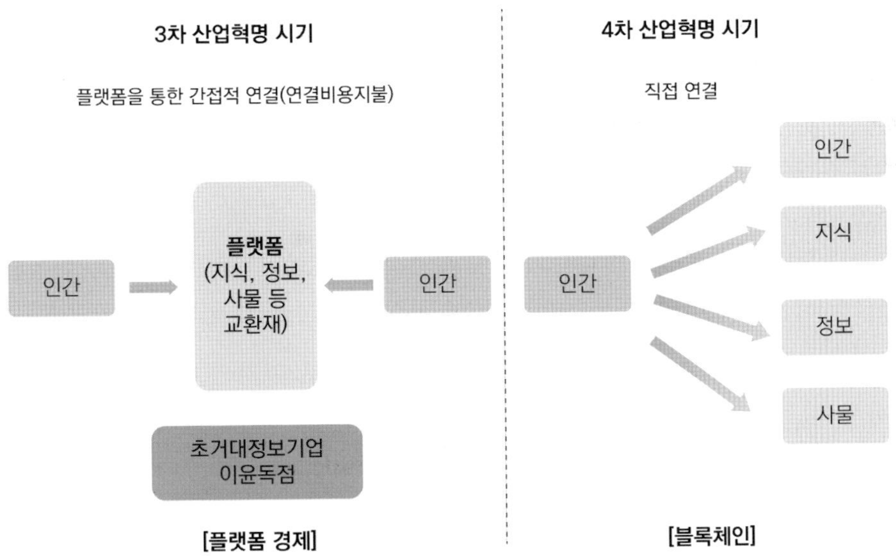

그림 1-4 플랫폼 경제와 블록체인의 대비

자료: 류방란 외(2018). 제4차 산업혁명시대의 교육: 학교의 미래. 연구보고 RR 2018-01. 진천, 충청북도: 한국교육개발원, p. 111.

제4절 4차 산업혁명시대와 교육

4절에서는 4차 산업혁명시대와 교육을 알아보기 위하여 **4차 산업혁명시대의 교육의 질적 변화와 미래 업무수행 시 필요한 핵심스킬**에 대하여 고찰하고자 한다(박경종 외, 2021; 김선아 역, 2021; 조난심, 2017).

첫째, 산업혁명시대의 교육의 질적 변화이다. 4차 산업혁명의 기술혁신은 많은 일자리가 없어지고, 전문직이 사라질 것이라는 전망이 가까운 미래 혹은 1~2년 후에 일어날 것처럼 보이지는 않는 듯하다. 그러나 모든 직업에서 일하는 내용이 바뀔 것이라는 점은 분명하다. 이 같은 미래의 일자리 변화에 대응하기 위해서는 교육과 직업훈련에 변화가 있어야 한다. 그렇다면 우리에게 기회가 여전히 있다고 보는 희망적 태도가 필요하다. 일자리가 없어질 것을 염려하기보다는 이동하는 일자리와 변화하는 직무에 어떻게 대응할 것인지 고민하고 남보다 먼저 실행에 옮긴다면 위기는 기회로 전환될 것이기 때문이다. 우리나라 교육은 산업화가 시작되면서부터는 중등교육과 직업교육 및 직업훈련을 병행해 적절한 산업인력을 공급했다. 그러나 1980년대 초반 대학교육의 급격한 확대는 대학교육 자체를 보편교육으로 바꾸어 놓았다. 예를 들어, 양적 팽창에 몰입된 채 교육의 질적 개선에는 소홀했던 것이다. 이러한 변화와 더불어 대학에서도 전통적으로 강조되던 인문학과 자연과학 등의 기본교육보다는 산학협력 등을 더 중요시함에 따라 전공교육에 더 치중하여 상대적으로 기본교육을 소홀한 측면이 있다. 그러나 향후 노동시장의 변화를 고려할 때 앞으로는 특정분야의 전문적 지식보다 공통적이고 범용적인 능력이 더 필요하다.

4차 산업혁명시대의 교육은 이 시대를 선도할 적합한 인재상을 제시하고 길러내는 역할을 해야 할 것이다. Daniel H. Pink(2012)는 「새로운 미래가 온다」에서 디자인, 스토리, 조화, 공감, 놀이, 의미라는 여섯 가지 인재의 조건을 제시한 바 있다. 그리고 박영숙 등은 2030~2050 미래 예측보고서에서도 이와 유사한 입장을 취하고 있다. 미래사회에서 요구되는 인재상은 전통적인 국어, 영어, 수학적 지식을 갖춘 사람이 아니라, 소통, 창의성, 분석력, 협업능력 등이 중요하다고 한다. 특히 미래사회에서 중요한 것은 적응력(adaptability), 복원력과 기개(resilience and grit), 지속적으로 배우려는 사고방식(mind set of continuous learning)이라고 한다. 이러한 정의적, 인성적 특성은 기존의 지식중심의 교과교육에서는 크게 강조하지 않았던 역량들이다. 곧 미래사회에서 갖추어야 할 역량은 단순히 지식과 정보를 알고 기억하는 것이 아니라, 이들을 적극 활용하고 이들을 이용하여 문제를 해결하며, 난관에 부딪쳤을 때 그것을 극복할 수 있는 인성적 특성이라는 것이다. 조난심(2017)은 미래사회에서 요구하는 인재는 "풍부한 지식과 정보를 암기하고 있는 사람이 아니라 새로운 상황에서 적응을 잘 하고, 창의적으로 사고하고 생산하며, 다양한 분야의 사람들과 협업할 수 있는 바람직한 인성역량을 갖춘 인재"라고 하였다. 공통적인 인재상의 요인으로 암기력, 이해력보다는 비판적 사고(critical thinking), 공감적 능력(communication/empathy), 창의력(creativity), 융합력(convergence), 문화적 다양성(cultural diversity), 협업(collaboration) 등이 더 중요해지고 있다. 이러한 맥락에서 4차 산업혁명시대의 인재는 전통적으로 인식되었던 인재상과는 다소 거리가 있다. 그런 측면에서 기존의 교육과 훈련시스템은 수정되어야 할 시점이다. 이러한 능력의 함양을 통해 급격하게 변하는 환경에 신속하게 적응하는 능력을 높여야 할 것이다. 따라서 향후 고등교육기관에서는 전공교육보다 교양교육(인문학, 자연과학)이 더욱 중요해질 것이다(신동엽 외, 2018).

둘째, 미래 업무수행 시 필요한 핵심스킬을 들 수 있다. 4차 산업혁명의 중심에는 인공지능기술과 데이터가 자리 잡고 있다. 인공지능기술과 데이터를 주도하느냐 못하느냐는 4차 산업혁명시대의 경쟁력을 좌우하는 핵심요소이다. 특히 머신 러닝(machine learning)과 모바일 로봇(mobile robot) 등 혁신기술들은 일자리에 큰 영향을 미칠 것으로 예상된다. 세계경제포럼(2016)의 「직업의 미래」(The Future of Job)보고서에 의하면 미래 직업능력 중 가장 중요한 역량은 복합적 문제해결능력이다. 이는 모든 직업의 30%에서 요구될 것으로 보이는데, 인공지능과 자동화기술의 보급에 따라 인간의 작업이 더 높은 역량을 요구하기 때문이다. 인공지능의 한 분야인 머신러닝은 사람의 인지기능을 대체하여 과거에는 힘들었던 인간의 의사결정까지도 기계가 대신 수행할 것으로 예측하고 있다. 그 외에 사회적 기술(social skill), 공정관리기술(process skill), 시스템기술(system skill), 인지능력(cognitive abilities) 등이 더 많이 요구될 것으로 보고 있다. 4차 산업혁명으로 요구되는 다양한 역량과 기술들을 참고해보면, 미래의 필요역량은 논리성과 추론능력에 기반을 둔 의사결정능력과 시스템 분석역량, 감성지능과 협상, 설득 서비스와 같은 대인관계 역량으로 구분할 수 있다. 또한 복합적 문제해결능력은 이들 두 가지 기초역량이 모두 활용될 경우에만 개선할 수 있다. 아울러 복합적 문제해결능력은 이들 두 가지 기초역량이 모두 활용될 경우에만 개선할 수 있다. 복합적 문제해결능력과 두 가지 역량군은 모두 과거보다 높은 인지능력을 요구하기 때문에, 자동화기술 도입과 함께 근로자의 능력향상이 이루어져야 할 것으로 보인다. 다각적인 문제인식 역량과 협상·설득능력 및 종합적 판단력 등 기계가 대체하기 어려운 인간 고유의 역량함양에 주력하는 것이 필수적이다. 하지만 우리의 인공지능기술은 경쟁국에 비해 뒤쳐져 있다. 인재양성 기반도 부족하고, 제도적 불확실성으로 인해 데이터의 활용과 유통도 원활하지 못한 실정이다. 정부는 국가의 사활이 걸렸다는 절박감을 갖고 인공지능과 데이터분야를 적극적으로 육성해야 한다. 단순한 대학졸업자 양산보다는 개별 산업분야의 전문지식을 기반으로 하는 '융합형 인공지능 인재'의 양성이 무엇보다 중요하다(4차 산업혁명위원회, 2019).

미래 업무수행 시 필요한 핵심스킬 비중은 **표 1-1**과 같다.

표 1-1 미래 업무수행 시 필요한 핵심스킬 비중

구분	필요 스킬	내용	비중
능력	인지능력	창의성, 수학적 논리, 시각화	15%
	육체적 능력	육체적 힘, 수작업 정교	4%
기초스킬	콘텐츠스킬	콘텐츠스킬 -적극적 학습, 구두표현, 독해, 작문, 정보통신기술 사용능력	10%
	프로세스스킬	경청, 비판적 사고, 모니터링	18%
복합스킬	사회적스킬	타인과 조장 능력, 감정지수, 협상, 설득	19%
	시스템스킬	판단과 의사결정, 시스템분석	17%
	복잡한 문제해결	복잡한 문제해결능력	36%
	자원관리스킬	재무적 자원관리, 자재관리, 인사관리	13%
	기술적 스킬	장비보수, 운영, 유지, 프로그래밍 등	12%

자료: 박경종 · 강마리아(2021). 4차 산업혁명시대 핵심역량. 서울: 동문사, p. 143.

제5절 사회변화에 따른 교육쟁점

인간의 인지능력을 기계가 대체하는 4차 산업혁명시기에는 이전의 산업혁명이 자져온 교육에서의 변화의 폭과는 차원이 다른 변화가 일어날 수 있다. 4차 산업혁명시기에는 교육과 학습을 통해 획득되어진 인간의 능력을 기계가 단숨에 대체해버릴 수 있는 상황이 벌어지고 있기 때문이다. 이제 우리는 어떠한 방식으로 인간의 능력을 키우는가가 아니라 기계에 의해 기존의 교육과 학습으로 확보한 능력이 대체되어버릴 인간이 어떠한 능력을 배양하는 문제, 도대체 인간에게는 기계에 의해 대체되지 않을 능력이 남아 있을 것인가, 그런 것이 있다면 어떠한 교육체제 속에서 길러야 하는가 등의 문제에 직면하고 있는 것이다.

5절에서는 **4차 산업혁명시대에 사회변화에 따른 교육쟁점**을 학생과 교사 측면, 교육내용, 학교체제, 학교의 사회적 기능 측면에서 고찰하고자 한다(구자억 외, 2021; 류방란 외, 2018; 정재승, 2018; 최항섭, 2017; 구본권, 2015; 김종길, 2008; Gerard, 1999).

첫째, 학생과 교사 측면이다.

① **학습자의 정체성이다.** 학교라는 맥락을 떠난 아동・청소년들은 다양한 모습을 보인다. 아동・청소년들은 이미 인간-기계・기술-인간의 관계에 익숙하다. 이들에게 학교보다 더 친숙한 곳이 디지털매체가 제공하는 공간이며, 또래 간의 소통 역시 매체를 매개로 활발하게 이루어진다. 이들은 또래나 어른들과의 관계에서 상호작용을 통해 기본적인 습관, 예의, 사회생활규범 등을 습득했던 과거와 달리, 어려서부터 또래와의 소통만이 아니라 언제 어디서나 원하는 콘텐츠를 볼 수 있는 유튜브 등의 매체를 통해 세상에 접하고 있다. 이러한 매체나 인터넷을 통해 사회에 접하고, 타인들과 관계를 맺는다. 자유롭게 자신을 표현할 수 있는 기회가 적은 학교라는 공간과는 달리 가상공간에서 아동・청소년들은 자유롭게 현실에서와는 다른 자신의 다중정체성을 구축하고 있다. 행위자들은 사이버 공간을 자신을 되돌아보는 성찰의 공간으로 삼기보다 자신의 감정이나 생각을 표출할 수 있는 곳이나 가벼운 관계를 쉽게 맺으며 다중자아를 형성하는 곳으로 활용한다(김종길, 2008). 그리고 아동 청소년들은 사이버 공간

에서 개방적으로 가벼운 관계를 맺으며 자유롭게 활용하지만 한편으로는 익숙한 이들과의 상호작용을 편안하게 생각한다. 언론사의 뉴스나 집단지성이 만든 '지식인 서비스'보다 페이스북이나 트위터를 통해 전해지는, 나와 관계를 맺고 있는 사람들이 주는 정보를 더 신뢰하고, 그를 통해 세상을 보기도 하는 것이다(정재승, 2018). 성인사회로 입문하는 데 성인들의 도움이나 인도가 필요했던 것과는 달리 성인보다 더 빨리 변화하는 세상을 다양하게 체험하고 있다. 하지만 실제로 아동·청소년들의 모습은 다양하다. 가상공간에서와 같은 자유로움을 학교에서 보장하여야 하는지, 다중자아를 통합하여 통합된 개인으로 성장할 수 있도록 도우려면 어떻게 해야 하는지, 사회적으로는 가벼운 관계와 연결이 아니라 공동체 내에서의 상호돌봄과 배려의 관계는 어떻게 형성될 수 있는지 등에 대한 고민과 논란이 예상된다.

② **교사의 역할변화이다.** 4차 산업혁명시대의 교육은 기계나 매체가 교사의 역할 일부를 맡게 될 수 있다. i) 교사의 역할을 기계에 맡기느냐의 여부는 사회적 판단이 필요할 것이다. 사회가 어떠한 방향을 잡느냐에 따라 교사역할이 기계에 의해 대체되는 수준과 폭이 달라질 수 있을 것이다. ii) 효율성을 제일의 가치로 추구하게 되면 지식교육에서나 기본적인 태도 및 습관형성에 로봇과 같은 기계가 활용될 수 있을 것이다. iii) 지식교육의 경우 내용이 정해지면 교사와의 불편한 상호작용 없이 모듈화하여 학습의 효율을 높이는 데 활용될 수 있을 것이다. 인간과 인간 사이에 빅데이터 처리 알고리즘이 내장된 초지능을 가진 인공지능이 있고, 이를 학습자의 학습효율을 위해 활용되는 상황을 그려볼 수 있다. iv) 온라인 학습시스템에서는 학습자가 특정문제를 푸는 데 걸리는 시간, 자주 틀리는 문제의 유형, 오답률, 문제를 풀기 위해 방문한 사이트 등을 파악하여 학습성취를 높이는 데 활용한다. 그리고 v) 여러 센서를 탑재한 사물인터넷을 통해 학습자의 모든 반응들을 데이터화할 경우 학습자의 행동예측은 물론 성향, 적성, 진로 등에 대한 판단을 제공할 수도 있을 것이다. vi) 태도나 습관형성 심지어 돌봄의 역할도 로봇이 수행할 수 있을 것이다. 그러나 돌봄이나 교육의 역할을 인공지능 로봇이 할 때, 바라는 점도 없고 토라지지도 않으며 화를 내지도 않는 로봇과의 상호작용에 익숙하게 될 경우 타인과의 성숙하고 건강한 관계를 발전시킬 수 있을까라

는 문제가 제기된다(최항섭, 2017; 구본권, 2015). 이러한 사항까지 고려하여 작은 갈등상황을 프로그램화할 수도 있을 것이다. 그러나 인간과 유사한 로봇과의 기계적인 관계형성이 인간과 인간과의 관계형성에 어떠한 영향을 미칠지는 더 깊은 성찰이 필요하다. vii) 이러한 상황에서 교사의 역할이 어떻게 바뀔지, 바뀌어야 하는지에 대한 논란이 제기될 것이다. 학습자나 학부모는 특히 학교교육에 대한 신뢰가 낮을 경우, 인간과 인간 사이의 관계, 상호작용을 통한 배움보다 기계를 매개로 한 배움을 선호하게 될지 모르며 인간에 의한 판단과 평가보다 기계에 의한 평가나 판단을 신뢰하게 되는 현상이 벌어질지도 모른다. 교사의 평가나 판단보다 기계를 신뢰하게 될 경우 교사의 역할은 변화되는 것이 아니라 축소될지도 모른다.

둘째, 교육내용 측면이다.

① **지식교육의 위기**이다. 학교교육의 핵심을 차지하였던 교과의 지식교육은 4차 산업혁명시기를 맞아 위기에 처하게 되었다. 위기상황을 제시하면 다음과 같다. i) 인공지능이 단순한 지식이나 수리능력을 넘어 뇌가 할 수 있는 지적능력을 보유하기 시작했으며, 지식을 스스로 학습하고, 기억하며, 추론하는 능력을 보유하고 있다. 이를 통해 인간보다 더욱 빠르고, 효율적으로, 그리고 정확한 방식으로 문제에 대한 답을 도출하는 능력을 보유하게 되었고, 이 능력은 가속적으로 발전할 것이다. 그렇다면 그동안 오랜 시간을 들여 이 능력을 보유하려고 했던 인간의 노력은 지속되어야 하는가라는 질문에 무엇이라 답할 수 있는가? ii) 인간이 지식을 습득하였다고 하더라도 그 효용이 없다면 계속 지식교육을 할 만한 동력을 얻을 수 있을지에 대한 회의적인 시각이다. 지식교육의 쓸모는 특히 학교를 졸업한 후 노동시장에서 확인할 수 있었다. 교과의 지식교육은 육체노동이 자동화될 때 사무직 노동수행을 위해 요구되는 것으로 받아들여졌다. 그런데 인공지능은 인간이 수행하던 사무직노동까지 대체 가능한 수준으로 발달하고 있는 상황이다. iii) 그동안 지식교육을 행했던 방식이 지식교육 자체에 대한 회의적 시각을 강화시키고 있다. 기계의 능력이 발달할수록 종래의 기계적인 방식은 무의미해지게 된다. 더 많은 지식을 집어넣고 암기하도록 하는 것은 기계가 훨씬 잘한다.

② **새롭게 요구되는 잠재되었던 능력**이다. 초지능, 초연결, 가상화, 이동성 등을 특징으로 하는 4차 산업혁명을 이끄는 기술발전은 인간에게 새로운 능력을 요구하고 있다. i) 이러한 능력은 인간이 논리적 공식과 틀을 벗어나 주체적으로 지식을 활용할 수 있는 능력, 논리적 추론을 벗어나 다양한 맥락을 파악하여 지식을 다양하게 활용할 수 있는 능력, 하나의 개인으로 능력을 계발하기보다 다른 인간들과 협업할 수 있는 능력들이다. 먼저 주체적으로 지식을 활용하는 능력은 정해진 공식과 틀을 이용하여 지식을 활용하던 기존의 방식을 극복하고 주체적으로 문제와 상황을 이해하며 분석하는 능력을 의미한다. 정답을 찾는 것이 주된 목적이 아니며, 문제의 과정과 그 문제를 둘러싼 상황 및 맥락을 이해하여 또 다른 대안들을 주체적으로 찾아내는 능력이다. 그리고 ii) 집단지성의 발휘는 복잡계 사회로 변화되는 4차 산업혁명시대에 요구되는 것이기도 하다. 하나의 사회현상에 대해 결과와 원인이 인과적으로 존재하는 것이 아니라 다양한 원인들이 서로 얽히고 얽혀 어떤 것이 가장 중요한지를 밝히기조차 어려운 복잡계 사회에서는 발생하는 문제들을 단선적으로 해결할 수 없는 경우가 많다. 하지만 4차 산업혁명의 인공지능기술은 지식을 논리적, 합리적으로만 활용할 수 있도록 프로그래밍화된다. 논리적, 합리적 문제해결에는 가장 효율적일 수 있지만, 다양한 맥락을 고려해야 하는 복잡계(complex system)적인 문제해결에는 위험한 문제해결책을 제시할 수도 있는 것이다. 이러한 복잡계 사회의 문제는 내가 논리적이고 합리적이라고 생각하는 것과 다른 사람이 논리적이고 합리적이라고 생각하는 것과의 간격을 인식하면서, 다양한 각도에서 문제를 접근할 때 비로소 제대로 된 해결책을 제시할 수 있다. 타인과 함께 토론하고 논쟁하며 협력하는 집단지성을 발휘하는 과정은 이성과 논리로만 되는 것이 아니다. 타인에 대한 깊은 공감력과 이해, 자신에 대한 성찰 등이 요구된다(정재승, 2018). 또한 iii) 4차 산업혁명시대에 다시금 소환된 창의성도 접근 방식을 달리할 필요가 있다. 사회변화, 교육의 위기 때마다 교육에서 길러야 할 중요한 능력으로 내세워진 창의성은 4차 산업혁명시기 때도 주목의 대상이 되고 있다. 창의력은 모든 학습자에게 길러야 할 것으로 간주된다. 즉 사회적인 사고방식, 시고습관으로서 접근해야 하며, 지속적으로 창의성이 발휘될 수 있는 사회조직과 조직운영이 필요하다(Gerard, 1999).

③ **윤리와 가치문제 대응에 대한 필요 증가**를 들 수 있다. 4차 산업혁명시대에는 사회문제, 인간관계의 문제 등에 대해 오랫동안 축적되어 온 대응방식, 규범, 가치가 바로 적용되기 어려운 새로운 문제들에 직면하게 된다. 인간의 고유한 특성은 무엇이고 인간의 가치나 존엄성은 어떻게 확보될 수 있는가? 빅데이터의 수집과 분석과정에서 인간의 사생활은 보장되는가? 학생들의 학습과정에 로봇을 활용할 것인가? 로봇활용에 따른 예기치 않는 문제에 대한 책임은 누가 져야 하는가? 가상현실에 몰입하여 중독되거나 현실세계에 부적응하는 현상에 직면하게 되면 누구에게 책임을 물어야 하는가? 이러한 문제들은 전례 없던 것이고 쉽게 답을 내리기 어려운 것들이 많다. 또한 예측하기 어려운 불확실한 미래에 어떤 문제에 직면하게 될지 모른다. 이러한 문제들에 대해 의미를 따지고 부여하며, 가치판단을 하기 위해 함께 논의하고 갈등하며 협의하는 것은 인간 사회가 할 수 있는 고유한 특성일지도 모른다.

셋째, 학교체제이다. 4차 산업혁명시기의 공장 변화, 제조업의 서비스화, 플랫폼경제, 공유경제, 블록체인 등을 모델로 한 학교는 어떤 모습일까? 과거 공장과 달리 사물인터넷, 빅데이터기술 등을 결합하여 제조과정을 제어하는 스마트 팩토리와 만들어진 상품이나 상품을 이용하는 고객의 경험을 사물인터넷을 통해 모니터링하여 새로운 가치를 창출하는 제조업의 서비스화(이호성, 2017)를 의미한다. 플랫폼 경제시스템이나 아마존이나 페이스북과 같은 모델 혹은 우버(Uber)나 에어비엔비(Air Bed & Breakfast)와 같은 모델을 그려볼 수 있을 것이다. 학교교육체제와 경제구조가 잘 연결될 수 있으려면, 학습자중심의 개별화교육, 학습자주문형교육이 가능한 네트워킹시스템을 구상해보아야 할 것이다(조난심, 2017). 그리고 학습자 개인의 요구, 주문에 유연하게 대응할 수 있는 네트워크화된 교육체제는 온라인상에서 유연하게 잘 구현될 수 있을 것이다. 학습자 요구의 다양성 수용을 고려하면 기존 학교체제의 수정만으로 가능할 것 같지 않을 것으로 예상된다. 스마트 팩토리 모델을 고려하면 교육과정의 단계별로 교수-학습과정을 모니터링하여 학습의 질을 높이고 학습자가 학습 후, 혹은 졸업 후의 상황까지 모니터링하여 필요한 것을 제공할 수 있는 체제여야 할 것이다. 플랫폼이나 공유경제 모델을 반영한다고 생각해보면 온갖 프로그램의 이용이 가능하며, 자신이 나눌 수 있거나 함께 하고자 하는 가르침 또는 배움을 자유롭게 만날 수 있는 플랫폼과 같은 체제를 구상해 볼 수 있을 것이다. 또한 이러한 플랫폼에서는 학습자들이 프로그램을 이용하며 남긴 흔적을 데이터화하여 필요하거나 선호할 것으로 예상하는 프로그램이나 활동을 제안받을 수 있을 것이다. 그러나 이러한 구상에는 몇 가지 논란이 따를 것이다.

i) 네트워크성, 개방성, 확장성 등을 기초로 학습자 요구나 주문의 수용성 면에서 현실의 다소 경직된 학교체제에 비해 강점을 지니는 플랫폼 혹은 블록체인과 같은 비트세계의 교육체제 구축을 구상해볼 수 있을 것이다. ii) 학교교육체제가 학생들의 요구나 필요에 유연하게 대응할 수 있게 되려면 현실적인 제도의 변화와 함께 온라인이나 가상세계 혹은 지역사회와의 결합이 불가피할 것이다. iii) 학교체제의 형성과 운영에 있어서 학생들의 요구나 주문이 중요하다고 하더라도 공적인 교육기관에서 학생들의 요구나 주문이 없어도 함께 경험하며 지향하여야 할 가치가 있을 수 있다. 이러한 것들은 어떻게 학교체제에 반영하고 운영하여야 할 것인지에 대한 문제도 심각하게 제기될 것이다.

넷째, 학교의 사회적 기능이다.

① 학교와 노동시장 연결이다. 인간의 육체적, 지적 능력을 대체할 기술들이 중심이 될 4차 산업혁명시기에는 기존의 능력들이 대체되어 직업을 잃게 되는 인간들이 늘어나게 된다면 인간의 정체성 문제가 사회적 이슈가 될 것이다. 초·중등학교 교육단계에서 대중교육을 고려하면 교육과 노동시장의 연결기능은 근본적으로 재검토될지 모른다. 이는 바로 교육의 기능, 교육활동의 특성에도 영향을 미칠 것이다. 과거 산업사회에서 기계에 의해 대체된 노동으로 절약된 시간은 더 많은 다른 일로 채워졌으며 자연의 시간 흐름에 의해서가 아니라 시간의 기계적 활용이 널리 퍼졌다. 인간의 지적 노동을 새로운 기계가 대체함으로써 여가가 늘어날지 혹은 또 다른 일이 채워질지, 일을 기다리는 시간을 보내야 할지 모를 일이다. 그러나 한편에서는 인간의 정체성을 꼭 직업과 노동에서 찾아야 하는가. 다른 이들로부터의 인정에서 찾아야 하는가 하는 질문이 제기될 수 있다. 그러나 인간의 일자리가 인공지능에 의해 대체될 것에 겁먹기보다 무슨 일을 할 수 있을까를 생각하는 것이 더 중요하다고 하였다. 우리가 고민해야 할 것은 일자리의 지형도가 아니라 업무지형도이며, 직업이 아

니라 작업일 것이라는 점에 초점을 맞추는 데 있다(정재승, 2018). 아울러 교육차원에서는 점차 경제나 노동시장의 직접적인 요구에서 자유롭게 되는 것이 학교에서 교육 본연의 기능을 수행할 수 있는 조건이 될 수 있는지, 교육이 진공 속에서 이루어지는 것이 아니라면 교육은 경제적 요구보다 앞으로 직면하게 될 유례없는 복잡하고 어려운 문제를 사회구성원들이 함께 풀어내야 하는 정치적 요구를 수용하게 될지, 어떠한 사회적 기능을 수행하여야 하며 그 의미나 가치를 부여받을 수 있는지에 대한 논의를 본격적으로 전개하여야 할 것이다.

② **사회불평등 심화, 격차에 대한 교육 대응 요구이다.** 4차 산업혁명시대에서 인간의 능력을 대체하는 기계는 다양한 수준으로 계발되어 차별화된 가격으로 시장에 출시될 것이다. 이때 가격차에 따라 그 기계의 효용성이 달라질 것이며, 이는 '경제적 조건의 차이에 따른 기술의 확보→그 기술의 효용성의 차이에 따른 새로운 불평등 양산'이라는 악순환의 고리를 만들어낼 가능성이 크다. 이러한 맥락에서 과학기술을 개발하거나 능숙하게 활용하는 사람들과 이를 두려워하고 제대로 사용할 줄 모르는 사람들의 불평등은 '기술계급사회'를 만들 수도 있다(정재승, 2018).

③ **대면관계 및 교육복지 요구 증대이다.** 청소년들의 사회화는 성인과의 상호작용 속에서만이 아니라 기술 기계가 제공하는 미디어를 통해 이루어지고 있다. 미래에는 학교교사가 아동 청소년들에게 미치는 영향력은 감소할지 모른다. 그러나 학교는 사회변화에 따라 과거에 비해 어떤 기능은 더 강화해야 할지 모른다. 현실공간에서 다양한 사람들을 만나는 것의 의미는 더욱 부각될 수 있을 것이다. 그리고 교육에 대한 계층격차의 심화에 따라 소수의 상류층을 제외하고는 아동 양육에 대한 부담이 더욱 커질 것이며, 사회 양육과 돌봄에 대한 요구가 증대할 것이다. 기계에 의해 대체된다고 하더라도 인간이 완전히 노동에서 벗어날 때까지 비록 일을 하지 않아도 일자리를 알아보기 위해서 아동에 대한 사회적 돌봄 요구는 커질 수 있다. 아동의 돌봄도 기술, 기계의 일로 간주될 수도 있지만 아동과 성인의 직접적 상호작용, 또래들과의 직접적인 상호작용을 하면서 돌봄이 이루어지도록 하려는 요구도 강화될 수 있을 것이다.

생각해 봅시다

1. 4차 산업혁명시대에 따른 교육의 쟁점을 학생과 교사, 교육내용, 시스템, 학교의 사회적 기능 측면으로 분류하여 생각해 봅시다.

• Chapter 02 •

4차 산업혁명시대의 학교

학습목표

1. 한국교육의 실상에 대해서 설명할 수 있다.
2. 4차 산업혁명시대의 교육시스템 변화를 이해할 수 있다.
3. 미래 학교교육 방향탐색을 파악할 수 있다.

Keyword

PISA, 한국교육 내재적 과정중심 평가, 한국교육의 외형적 평가, 대량교육, 미래학교 제도, 맞춤형교육, 테크놀로지 기반 및 맞춤형학습, 스캐폴딩, 미래학교의 교육과정, 미래의 교육평가, 과정중심평가, 성장참조평가, 지적역량평가, 정의적 영역 평가, ORF, PRF, 근대 학교교육 유지 모형(M1), 개인중심 · 자유경쟁 강조 접근모형(M2), 시민공동체 중심 · 공공성 강조 접근(M3)

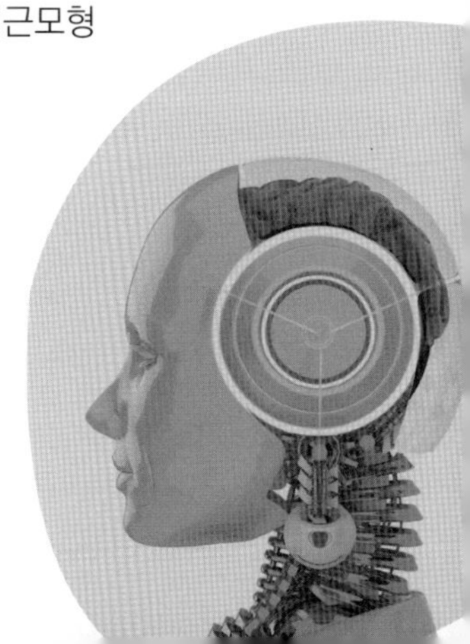

2장에서는 오늘날 한국 학교교육의 실상을 알아본 후 4차 산업혁명시대 교육시스템 변화 측면에서 미래학교제도, 미래학교의 교육과정, 미래의 교육평가, 미래 인재를 위한 교수-학습방법 등을 파악하고, 향후 미래 학교교육 방향 탐색에 대하여 고찰하고자 한다.

제1절 한국교육의 실상

한국교육의 실상에 대하여 거시적 접근에서 긍정적인 측면과 부정적인 측면을 살펴보면 다음과 같다. 긍정적인 측면은 외형적 성과중심의 양적 평가이며, 부정적 측면이란 내재적 과정중심의 질적 평가로 볼 수 있다(류방란 외, 2018; 정영수, 2012).

외형적 측면에서의 평가는 각종 교육에 관한 국제비교지표에서 볼 수 있듯이 한국교육은 괄목할 만한 성장을 국내외에 과시하고 있고, 한국교육의 우수성과 잠재적 발전가능성을 입증해 주고 있다. 예를 들면, OECD에서 만 15세 학생의 읽기, 수학, 과학에 대한 소양을 3년마다 평가하는 PISA 시험에서 꾸준히 상위권을 유지하고 있고, IEA(International Education Association)가 46개 회원국의 만 13세 8학년(중2)을 대상으로 수학 및 과학성취도를 평가하는 TIMSS(Trends in International Mathematics and Science Study) 시험에서도 1995년 이래 4년마다의 평가에서 상위권을 유지하고 있다. 또한 교육정보, IT 네트워크 인프라의 측면에서 세계 그 어느 나라보다 충실한 인프라를 갖추고 있다는 평가를 받고 있다.

경제협력개발기구(Organization for Economic Cooperation and Development, 이하 OECD)는 2019년 12월 3일 국제학업성취도평가(Programme for International Student Assessment; 이하 PISA) 2018 결과를 발표했다. PISA는 만 15세 학생의 읽기, 수학, 과학 소양의 성취와 추이를 국제적으로 비교하고, 교육맥락변인과 성취 사이의 관계를 파악하기 위해 3년을 주기로 시행하는 국제비교연구이다. 우리나라는 첫 주기인 PISA 2000부터 지속적으로 참여하고 있다.

PISA 2018은 전 세계 79개국(OECD 회원국 37개국, 비회원국 42개국)에서 약 71만 명이 참여하였으며, 우리나라는 188개교 총 6,876명(중학교 34개교 917명, 고등학교

154개교 5,881명, 각종학교 2개교 78명)이 참여하였다. 가장 최근에 이루어진 PISA 2018의 결과도 최상위권을 보여주고 있다. 이는 **표 2-1**과 같다.

표 2-1 PISA 2018 OECD 회원국의 영역별 국제 비교 결과

읽기			수학			과학		
국가명	평균	OECD 국가순위	국가명	평균	OECD 국가순위	국가명	평균	OECD 국가순위
에스토니아	523	1~3	일본	527	1~3	에스토니아	530	1~2
캐나다	520	1~4	대한민국	526	1~4	일본	529	1~3
핀란드	520	1~5	에스토니아	523	1~4	핀란드	522	2~5
아일랜드	518	1~5	네덜란드	519	2~6	대한민국	519	3~5
대한민국	514	2~7	폴란드	516	4~8	캐나다	518	3~5
폴란드	512	4~8	스위스	515	4~9	폴란드	511	5~9
스웨덴	506	6~14	캐나다	512	5~11	뉴질랜드	508	6~10
뉴질랜드	506	6~12	덴마크	509	6~11	슬로베니아	507	6~11
미국	505	6~15	슬로베니아	509	7~11	영국	505	6~14
영국	504	7~15	벨기에	508	7~13	네덜란드	503	7~16
일본	504	7~15	핀란드	507	7~13	독일	503	7~16
호주	503	8~14	스웨덴	502	10~19	호주	503	8~15
덴마크	501	9~15	영국	502	10~19	미국	502	7~18
노르웨이	499	10~17	노르웨이	501	11~19	스웨덴	499	9~19
독일	498	10~19	독일	500	11~21	벨기에	499	11~19
슬로베니아	495	14~18	아일랜드	500	12~21	체코	497	12~21
벨기에	493	15~20	체코	499	12~21	아일랜드	496	13~21
프랑스	493	15~21	오스트리아	499	12~23	스위스	495	13~23
포르투갈	492	15~21	라트비아	496	15~23	프랑스	493	16~23
체코	490	16~22	프랑스	495	15~24	덴마크	493	16~23
네덜란드	485	20~24	아이슬란드	495	16~24	포르투갈	492	16~24
오스트리아	484	20~24	뉴질랜드	494	18~24	노르웨이	490	18~24
스위스	484	19~25	포르투갈	492	18~26	오스트리아	490	18~25
라트비아	479	23~27	호주	491	20~25	라트비아	487	21~25
이탈리아	476	23~29	이탈리아	487	23~29	스페인	483	24~27
헝가리	476	24~29	슬로바키아	486	23~29	리투아니아	482	25~27
리투아니아	476	24~28	룩셈부르크	483	25~29	헝가리	481	24~28
아이슬란드	474	25~29	스페인	481	26~31	룩셈부르크	477	27~29
이스라엘	470	25~31	리투아니아	481	26~31	아이슬란드	475	28~30
룩셈부르크	470	29~31	헝가리	481	26~31	터키	468	30~32

읽기			수학			과학		
국가명	평균	OECD 국가순위	국가명	평균	OECD 국가순위	국가명	평균	OECD 국가순위
터키	466	30~32	미국	478	27~31	이탈리아	468	30~33
슬로바키아	458	32~34	이스라엘	463	32	슬로바키아	464	30~33
그리스	457	31~34	터키	454	33~34	이스라엘	462	30~33
칠레	452	33~34	그리스	451	33~34	그리스	452	34~35
멕시코	420	35~36	칠레	417	35	칠레	444	35
콜롬비아	412	35~36	멕시코	409	36	멕시코	419	36~37
-	-	-	콜롬비아	391	37	콜롬비아	413	36~37
OECD 평균	487		OECD 평균	489		OECD 평균	489	

※1. PISA 점수는 평균 500이고, 표준편차 100인 척도점수임
2. PISA 2006부터 각 국가의 순위를 범위로 제공하고 있음
3. OECD 평균은 OECD 37개국(읽기에서는 스페인 제외) 각각의 평균에 대한 평균임

표 2-1에서 살펴보았듯이, PISA 2018에서 우리나라 학생들은 상위 수준의 성취를 보였으며, 전 영역에서 OECD 평균보다 높은 평균 점수를 기록하였다. OECD 회원국 중 읽기 2~7위, 수학 1~4위, 과학 3~5위로 높은 성취를 나타냈다. 그러나 전체 79개국 중에서도 읽기 6~11위, 수학 5~9위, 과학 6~10위로 높은 순위를 기록하였다.

이에 반해 **한국교육의 내재적 과정중심의 평가**는 외형적 평가와는 상당히 다른 모습을 띠고 있다. 즉 그 이면에는 다른 모습을 볼 수 있다. 한국 학생들의 수학 성취도는 세계 최상위를 보여주지만, **그림 2-1**에 제시된 바와 같이 수학에 대한 흥미도는 크게 낮은 편이다(이주호, 2017). 과학의 흥미도도 평균보다 낮은 편이다(교육부, 2016).

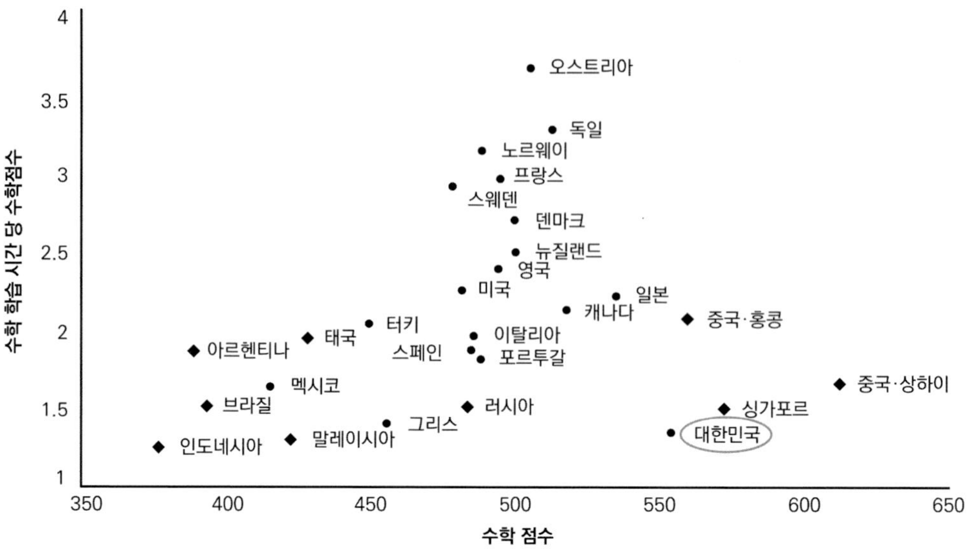

그림 2-1 학생의 수학성적과 수학흥미도의 국제비교

●: OECD 국가/ ◆: 비OECD 국가

A: OECD 국가의 수학 점수 평균 값/ B: OECD 국가의 수학 흥미도 평균 값

자료: 이주호(2017). 제4차 산업혁명이 요구하는 한국인의 역량과 교육개혁. 한국경제연구원.

낮은 효율성은 학생들의 학습시간 대비 성취향상 정도를 통해 산출되는데, PISA 2012에 따르면, 우리나라 청소년들의 주당 수학학습시간은 평균 7시간 6분으로, 조사대상에 포함된 전체 66개 국가(OECD 국가 34개국 포함) 중 베트남(8시간 21분)에 이어 전체 2위에 해당하며, 학습효율성은 OECD 34개국 중에서는 34위, PISA 2012에 참여한 66개 국가 중에서는 56위이다(한국직업능력개발원, 2017). 이러한 측면에서 볼 때, 한국의 학교교육은 외형적으로 교육선진국으로서 모습을 갖추고 있지만 교육목표 성취수준과 실제 학습자의 학습역량 신장과는 적지 않은 괴리가 있음을 나타내 보여주고 있다. 즉 미래지향형 지식기반 평생학습사회에서 중요시 여기는 학생의 학습에 대한 흥미와 성취에 대한 자신감을 불어넣어 주는 자기주도학습 경험과 능력은 최하위 수준에 있음을 보여준다. 교육 여건 또한 선진국 수준에 미치지 못함을 볼 수 있다. 실제로 인력공급의 수준에서 여전히 OECD 평균 수준에 비해 교사의 수, 학교 행정 인력, 학교 전산인력, 상담교사의 수가 절대적으로 부족한 실정이다.

그리고 **한국교육의 실상에 대하여 미시적으로 살펴보면**(정영수, 2012; 서정화, 2010),

① 초·중학교 교육현장에서는 그런대로 다양한 교육활동이 이루어지고 있는 셈이다. 그러나 대입을 앞두고 있는 고등학교의 경우 사정은 심각하다. 입시 위주의 교육이 시행될 수밖에 없는 상황이기 때문이다. 현재 학생들은 지나치게 정신적으로 심약하고 피곤해 있다. 적어도 각 반에 5% 정도는 초기 우울증 단계에 있지 않나 생각된다. 이런 상황은 기본적으로 상급학교 진학이나 대학입시에 대한 스트레스, 성적, 장래진로, 친구관계 등 여러 요인으로부터 기인할 것이다. 또한 ② 학생들의 체력도 너무 허약한 것으로 보인다. 그리고 공동체의식이라든지 안보의식, 국가관 등이 제대로 형성되도록 도와주고 있는가가 의문이다. 즉 21세기 창의적인 글로벌 인재육성이나 인성교육, 전인교육을 제대로 실천할 수 있는 계제가 못되고 있다. ③ 교사는 전문성 심화를 유도하지 못하는 학교조직 및 임용제도 때문에 자신의 비범한 역량을 발휘하지 못하고 전문적 수월성을 이끌어내지 못하고 있다. 비록 최고수준의 교사가 교직에 입문하지만, 교사들의 교육력신장을 유도·촉진·조장할 수 있는 시스템 부족으로 교사의 역량은 신장의 기회를 점차 상실하게 되고, 무기력화 되고 있다. 즉 교사 측면에서 교사는 교육의 전문적 능력을 마음껏 발휘할 수 있는 직무조건이 갖추어져 있지 못하고, 학생의 측면에서 모든 학생들은 일정한 교육목표에 도달할 수 있게 하는 효과적인 수업을 제공받지 못하고 있다. ④ 교장공모제와 관련하여 학교를 이끌어 가고 있는 경영층은 신뢰이익을 확보하지 못해서인지 경영층에 가까워지고 있는 교원들의 분위기는 무겁게 느껴지고 있다. 더욱이 연간 4회의 수업공개 의무화, 에듀파인 실시, 교육과정 개편, 학업성취도평가 및 진단평가 등의 실시로 교원들은 많은 부담을 느끼고 있는 것이다.

한편 **학교현장과 연계되어 있는 정책 관련 사안들의 문제점**들을 몇 가지 지적하면 다음과 같다(정영수, 2012; 서정화, 2010). ① 사교육비가 계속 증가되어 왔고 이러한 사교육의 창궐현상은 정상적인 학교교육운영을 어렵게 함으로써 학교교육에 대한 신뢰를 떨어뜨리고 있다. 사교육비 지출과 관련하여 학생의 교사평가 점수가 높을수록, 교사의 평균 학력이 높을수록, 수준별 이동수업을 하는 학교일수록 사교육비 지출은 감소되는 것으로 나타나고 있고, 최근에 방과 후 학교수업활성화 등으로 사교육비가 감소되는 경향이 보도되기도 하였다. ② 조기유학현상이다. 도시지역일수록, 학력이 높을수록, 그리고 소득수준이 높을수록 그러하다. 조기유학생 수가 계속 늘어나 2009년 2월 현재 27,300명이 넘는다. 이렇게 조기유학을 떠나는 것은 개인의 능력을 제대로 개발하도록 돕지 못하는 평준화교육, 과도한 사교육비, 대학입시제도 운영 및 학교교육 부실에 대한 불만뿐만 아니라 해외 명문대학 진학에 대한 기대 등 복합적 요인에 기인하고 있는 것으로 보인다. ③ 학교에서의 학업성취 격차가 크지만 수준별 차이를 감안한 교육활동이 아직 미흡하다. 교육조건, 교육의 과정, 학업성취 결과 등에서 학생 간, 학교 간, 지역 간의 차이가 크게 나타나고 있다. 이러한 문제를 해결하기 위해 능력별 반 편성 및 수업이 이루어지고 있지만 아직은 부분적이다. 학교의 교실 상황을 비롯한 여건이 지역마다, 학교마다 다르다. 학업성취수준의 미흡, 격차뿐 아니라 학력이 뒤처진 학생들의 생활지도 및 진로지도 한계와 소외계층 및 차상위 계층 등에 대한 배려와 지원의 부족 등도 지적할 수 있는 대목이다. ④ 다양성이 결여된 입시위주의 획일적인 교육방식은 신물 나게 제기되어 온 해묵은 사안이다. 학교현장의 교수-학습방식이 많이 바뀐 것은 사실이지만 아직도 별수 없는 주입식 수업방식이 계속되고 있는 것이다. 창의성과 자율성을 발양하는 교육이 이루어지기 어렵다는 이유다. 앨빈 토플러(Alvin Toffler, 1928~2016)의 지적처럼 "마치 공장 근로자들을 생산하기 위한 공장과 같은 기능을 학교가 하고 있는 셈이다." 단위학교의 특성을 살려 차별적이고 창의적 교육프로그램 운영이나 지원활동도 미흡하다. ⑤ 학생과 학부모는 대학입시 준비에 기력을 소진한 나머지, 머리와 가슴과 몸과 마음이 모두 지친 상태에 있다. 학생의 경우, 대학입시 준비에 함몰되어 자기자신의 꿈을 찾아 잠재적 능력을 발휘할 수 있는 진로를 찾아 나서지 못하고 있다. ⑥ 교원의 신뢰저하 및 교직사회의 폐쇄성 및 개방성 취약을 들 수 있겠다. 교직에 대한 신뢰가 높지 못한 가운데 일부 언론에서 전문적 자질이 부족한 일부 교원들의 실상이 간간이 보도되고 있거니와 실제로 사회적 감각이 미흡한 교원들이 없지 않은 것 같다. 한동안 일부 교원들의 과격한 투쟁방식으로 인해 학습권침해와 교원정책 및 교육문제에 관한 주장을 관철하려는 비교육적인 행태도 자주 드러남에 따라 사회적인 지탄의 대상이 되기도 하였다. 근자에는 점차 줄어드는 것 같지만, 이러한 교직의 전문직 특성의 취약을 드러내는 일은 교직 및 교원에 대한 학부모, 국민의 신뢰저하를 가져올 것이다. 또한 무차별적인 평등의식과 교직사회에 깔려 있는 집단 이기주의, 그리고 새로운 자극을 받아들이기를 거부하는 개방적 마인드가 부족한 일부 교원들의 의식도 문제점으로 지적될 수 있을 것이다. ⑦ 학교 거버넌스의 정황 또한 취약하다. 학교교육에 관한 의사결정과정에서 학부모를 비롯한 구성원의 참여가 미흡하여, 창의적이고도 다양한 의견을 수렴하는 데 한계가 있다. 게다가 학교운영위원회의 권위가 취약하여 학교폭력이라든가 비교육적 이념과 가치를 주입하는 행위, 교육책무성을 다하지 못하는 무능력하고 태만한 교사에 대해서 적극적 대처를 할 수 있는 어떠한 권한도 주어져 있지 못하다. ⑧ 교육관련 집단의 이해 상충 및 갈등을 지적할 수 있다. 그동안 숱한 갈등과 대립이 학교 내외적으로 계속 제기되어 왔거니와 아직도 일부 학교에서는 교육정책의 집행과 학사관리 운영과정에 있어서 마찰이 없지 않다. 경쟁과 경제논리를 강조하는 신자유주의 접근방식과 대립각을 세우고 서로 맞서는 반신자유주의 입장이 전선을 형성하여 소모적인 논쟁과 행동들이야말로 학교교육개선을 저해하는 걸림돌이라 하지 않을 수 없다. 이러한 상호불신과 대립은 아직도 일부 학교에서 계속 제기되고 있는 것이 사실이다. 이는 학교경영자의 리더십발휘에도 문제가 있겠지만, 일부 교사들의 전문적 자질 부족 및 안이한 자세와 열의 부족, 그리고 가치의 차이에 따른 데 기인한다고 볼 수 있을 것이다. ⑨ 학교개혁의 추진과정상 학교개혁정책과 학교현장 간 부정합 현상이 개혁과 변화의 걸림돌로 작용한다. 지금까지 수요자중심의 교육에 중점을 두고 단위학교 자율역량을 신장시키기 위해 다양한 정책을 펼쳐왔다. 광역교육청과 지역교육청의 중점 기능을 전환하여 학교현장 지원기능을 강화하고 컨설팅장학을 통하여 현장의 변화를 유도하는 정책을 지속적으로 추진하고 있다. 이렇듯 학교개혁을 지속적으로 추진하고 있는 과정에서 변화의 분위기가 상당히 일고 있는 것은 사실이지만, 외형적 변화와는 달리 학교현장의 내적 변화의 속도는 기대에 못 미친다. 지금까지 정부의 개혁정책은 학교현장을 변화시키기 위해 지속적 지원을 하고는 있지만, 근원적으로 학교를 변화시키는 지속적 동력을 창출할 수 있는 기제로서 자생적 동력추진체제를 만들어내고 있지는 못하다. 또한 학교개혁 추진과정에서 교원의 자발적인 개혁과 변화의지와 동기부여를 창출하는 데 한계가 적지 않다. 이러한 점은 효과적인 학교개혁정책이 현장에 연착륙하지 못하게 되는 요인으로 작용한다.

학교교육의 위기적 실상 및 배경을 다음과 같이 도식화하면 **그림 2-2**와 같다.

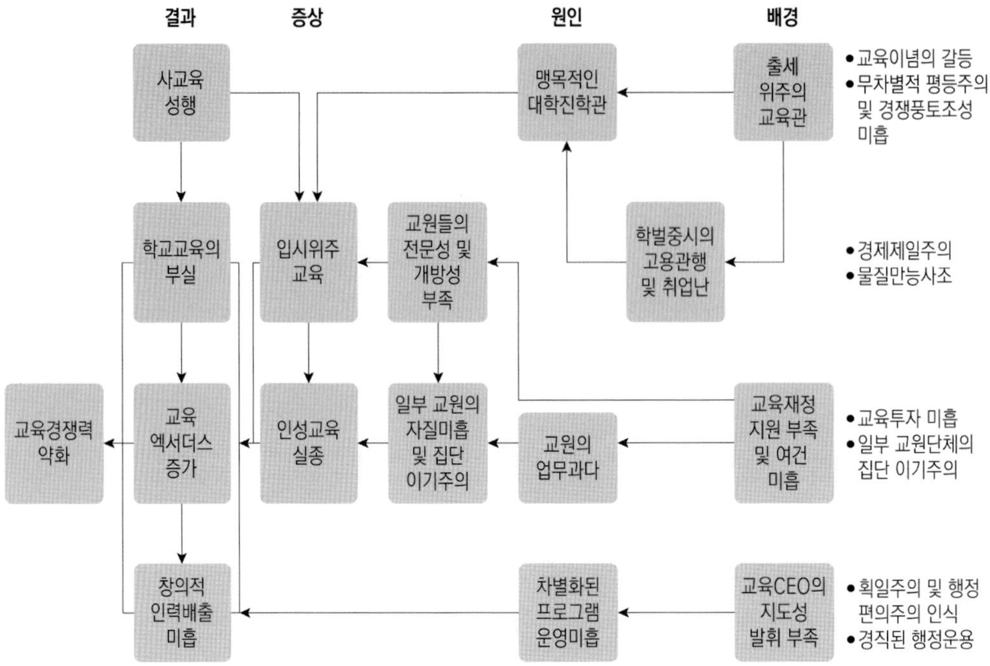

그림 2-2 학교교육의 위기적 실상

자료: 서정화(2010). 미래지향적 학교발전모형 탐색. 한국교육행정학회 제157차 학술대회(2010. 6. 12), p. 13.

제2절 4차 산업혁명시대 교육시스템 변화

현재의 학교는 기본적으로 학교급과 학년제를 명확하게 구분하고, 이에 따라 국가가 설정한 표준화된 교육과정을 운영하고 있다. 산업화사회의 특징이라고 할 수 있는 많은 학생을 효율적으로 교육시키는 '대량교육'(mass education)을 위해서는 표준화된 시스템으로 학교를 운영해야 하기 때문이다. 하지만 20세기부터 산업화사회의 산물인 학교교육에 대해서 많은 비판이 이루어져 왔다.

학교교육의 가장 큰 문제점은 학생 개인의 흥미와 소질, 적성에 따른 교육이 이루어지지 않고 공급자 위주의 교육이 이루어지고 있다는 것이다. 결과적으로 상당히 많은 학생은 학교교육을 통해 학습을 하지 못하는 현상이 발생고 있으며, 이로 인해 학교가 존재하는 이유에 대한 근본적인 의문이 제기되는 상황이다.

2절에서는 미래학교제도, 미래학교의 교육과정, 미래의 교육평가, 미래 인재를 위한 교수-학습 방법 등에 대해서 고찰하기로 한다.

1. 미래학교제도[1)]

4차 산업혁명이라고 지칭되는 미래사회의 변화는 새로운 인재상과 미래형 교육제도를 요구하고 있다. 미래형 인재상은 변화하는 사회에 적응할 수 있는 '인성과 사회성을 갖춘 창의적 인재'라고 할 수 있다. 미래형 인재를 키우기 위한 학교시스템의 기본방향은 모든 학생이 학습에 성공할 수 있도록 하는 것이다. 이를 구현하기 위해서는 '맞춤형교육'을 통해 모든 학생이 성공하도록 해야 한다. 그동안 많은 학자와 현장의 교사들이 학교에서 맞춤형교육을 위해 노력해 왔지만 여러 가지 장애요인으로 인해 실제로 구현되지 못하였다. 특히 '학습자 진단-맞춤형 처방-평가'의 과정이 이루어지는 학교제도를 구현하지 못해 온 것이다.

맞춤형교육은 학습내용과 집단구성의 방식에 따라 차별화(differentiation), 개인화(individualization), 개별화(personalization) 교육으로 구분할 수 있다. ① **차별화**는 모든 학생의 교육목표와 내용은 동일하지만 교수방법에 있어서는 학습속도와 선행학습 정도를 반영하여 소규모 집단별수업을 하는 것을 의미한다. ② **개인화**는 모든 학생의 교육목표와 내용은 동일하지만 교수방법에 있어서는 학습속도와 선행학습 정도를 반영하여 개인별지도를 해야 한다는 것이다. ③ **개별화**는 각 학생의 교육목표와 내용이 다르고 교수방법도 다르게 이루어지는 것을 의미한다. 미래학교에서의 학습자 맞춤형교육은 저학년 수준에서는 차별화와 개인화를 의미하며, 학습자로서 성숙하고 자기주도적 학습이 가능한 수준에 이른 경우에는 개인화와 개별화로 발전해 나가야 한다.

맞춤형교육시스템을 학교에서 구현하기 위해서는 지능정보사회의 새로운 테크놀로지를 활용하는 것이 필요하다. 지능정보사회의 핵심 테크놀로지는 인공지능, 사물인터넷, 클라우드, 빅데이터, 모바일 기기의 결합으로 정의할

1) 정제영(2021). 미래학교는 어떻게 변하나? 국제미래학회 · 한국교육학술정보원. 제4차 산업혁명시대 대한민국 미래교육보고서. 서울: 광문각, pp. 205~247에서 인용 및 재정리.

수 있다.

기존에 이루어진 학교교육에서의 테크놀로지 적용은 세 가지 수준으로 나누어 볼 수 있다.

① 1단계는 학생의 수행정보 및 교사의 평가결과 등의 자료를 디지털화하여 저장하고 활용하는 것으로 볼 수 있다.

② 2단계는 컴퓨터 보조학습으로 기존의 정보저장을 넘어서 교사의 수업 외에 보조적으로 컴퓨터를 통한 학습내용을 보충하여 제공하는 형태라고 할 수 있다. 현재의 학교는 거의 2단계 수준에서 테크놀로지를 활용하고 있다.

③ 3단계에서는 인공지능이 학습자에 맞추어 교수-학습 내용을 결정하고, 컴퓨터나 모바일기기를 통해 학습이 이루어지도록 하며, 그 결과를 평가하여 빅데이터로 관리하는 것이라고 할 수 있다.

현재 이루어지고 있는 테크놀로지 기반학습(technology-based learning)은 전자적 기술로 이루어진 학습과정을 의미한다. 테크놀로지 기반학습의 적용사례로는 모바일 또는 스마트기기 활용, 웹기반의 사회적 네트워킹 도구인 페이스북, 트위터 등이 활용되고 있는데, 결과적으로는 교사의 교수과정을 보조해주는 것으로 활용되어 왔다. 하지만 단순히 테크놀로지를 활용하는 것만으로는 학생의 학습효과가 촉진되지 않을 뿐 아니라, 테크놀로지 기반학습의 중요성에 대한 보편적인 인식에도 불구하고 행정적인 측면의 현실적인 제약 때문에 테크놀로지 기반학습이 적극적으로 활용되지 못하는 경우도 있다.

첫째, 지능정보사회의 학교에서 적용되어야 할 것으로 예상하는 것은 '테크놀로지 기반 맞춤형학습'이다. 테크놀로지 기반맞춤형학습은 테크놀로지를 활용하여 학생 스스로 학습하고, 이 과정에서 쌍방향 학습이 이루어지도록 하는 것이다. 자기주도적 학습이 이루어기 위해서는 초기에는 학습자들이 혼자서 스스로 성취하기 힘든 것을 성취가능하도록 해주는 전문가의 도움이 필요하고 이를 스캐폴딩(scaffolding)이라고 할 수 있다. 스캐폴딩은 교수자 또는 동료와의 상호작용을 통해 학습자에게 제공되는 모든 형태의 지원으로 의미가 확장될 수 있다.

지능정보사회의 테크놀로지는 맞춤형학습을 가능하게 하는 중요한 수단이 될 수 있다. 즉 학생의 흥미와 사전경험, 태도 등을 고려해 학습속도와 방법을 조정해 주고, 그 결과를 절대평가방식으로 점검하여 자기주도학습을 도와줄 수 있도록 활용되어야 한다. 현재 적용되고 있는 디지털교과서가 갖고 있는 근본적인 한계를 넘어서기 위해서는 지능정보사회의 새로운 테크놀로지를 활용하여 쌍방향 의사소통이 가능한 '맞춤형학습지원시스템'을 개발하여 적용해야 할 것이다.

둘째, 미래를 대비한 유연한 학교제도의 디자인을 들 수 있다. 미래사회에 필요한 인재인 '인성과 사회성을 갖춘 창의적 인재'를 양성하기 위해서는 학교제도 전반의 변화가 필요하다. 인성과 사회성은 인공지능 로봇의 기계성에 대응하는 인간 고유의 역량이라고 할 수 있다. 창의성은 다른 말로 자기주도학습능력이라고 할 수 있다. 궁극적으로 학생의 학습 필요에 민감한 탄력적인 학교제도로의 전환이 요구되는 것이다. 4차 산업혁명시대를 대비한 학교제도로 '학년제와 무학년제가 공존하는 유연한 학교제도'를 나타내면 **그림 2-3**과 같다.

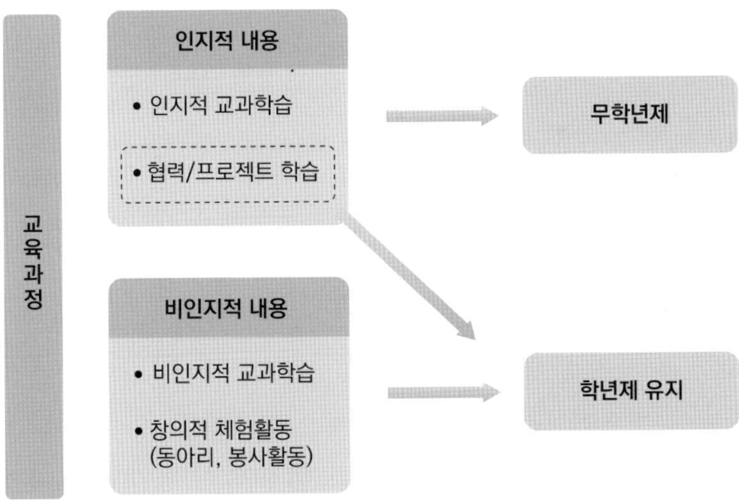

그림 2-3 학년제와 무학년제가 공존하는 유연한 학교제도

상기 **그림 2-3**에서 고찰한 바와 같이, **학년제와 무학년제가 공존하는 유연한 학교제도**에 대해 기술하면 다음과 같다.

① 맞춤형교육을 실현하기 위해서는 지식과 이해 위주의 인지적 교과학습의 영역에서 학습자 개개인의 학업성취수준과 학습속도에 맞추어 교육

과정을 운영하는 무학년제의 적용이 필요하다. 학생 개개인의 필요와 학습성과를 반영하여 다양하게 학습이 이루어질 수 있도록 하는 것이다.

② 인지적 학습에 적용되는 무학년제란 학년이나 계열과 관계없이 학생들의 능력과 흥미에 맞는 수준의 과정을 이수할 수 있도록 여러 가지 조건을 마련해 주는 학교제도를 의미한다. 무학년제 도입은 모든 학생이 맞춤형교육을 통해 성공적인 학습이 이루어질 수 있도록 지원하는 것을 목적으로 한다.

③ 무학년제가 적용되는 인지적 교과의 학습활동은 수월성의 원칙이 적용되어 모든 학생이 자신의 수준에 맞게 학습에 성공할 수 있는 기회를 제공하는 것이다. 다만 학습에 장애가 있거나 문제가 있는 학생의 경우에는 교사의 적극적인 문제해결 지원이 이루어져야 한다.

④ 반면에 인지적인 내용의 교과학습 중에서도 다른 학생들과의 협력적 학습방법이 필요한 프로젝트학습 등에서는 학년제를 유지하는 것이 필요하다.

⑤ 음악, 미술, 체육과 같은 비인지적 교과와 동아리, 봉사활동 등 창의적 체험활동의 경우에도 학년제를 유지하는 것이 바람직하다. 학년이 유지되는 팀학습과 비인지적 활동에서는 인성과 사회성을 기르기 위해 조화와 형평성의 원칙이 적용될 수 있다.

⑥ 맞춤형교육이 적용되기 위해서는 교육과정의 측면에서는 교사의 전문성과 자율성을 기반으로 하는 개별화된 교육과정이 도입되어야 한다. 개별 학습자의 필요와 수준에 맞춘 교육과정이 제시되어야 한다.

⑦ 학교에서는 더 이상 수동적으로 주어진 교과내용을 주입받는 것이 아니라 학습자 스스로 자신의 욕구와 동기에 의하여 자신의 학습활동에 대한 전반적인 기획과 학습을 자기주도적으로 수행할 수 있도록 해야 한다.

⑧ 학습자 자신의 학습흥미와 자발적인 의지에 따라 개인의 성취목표를 세우게 되고, 이를 해내기 위해서 배워야 할 학습내용 설정, 학습자원의 배분, 적합한 학습방법의 선택, 평가 및 피드백에 이르기까지 학습의 매 순간 자기주도적 학습역량을 함양하도록 해야 한다.

⑨ 학습자맞춤형교육과정을 운영하기 위해서는 모든 학생이 핵심성취기준을 반드시 이수할 수 있도록 학습을 지원해 주고, 이를 확인하는 학습성과 관리체제를 도입하여 학교교육의 책무성을 높여야 한다.

⑩ 교육평가측면에서는 모든 학습자가 학습의 과정에서 성공을 경험할 수 있도록 절대평가로 전환해야 한다. 평가의 개선을 위해서는 학생 상호간 경쟁심과 서열주의를 조장하는 상대평가보다 교육과정상의 목표와 준거에 비추어 평가하는 절대평가를 통해 '학습을 위한 평가'를 구현해야 한다. 결과중심의 선다형 문항위주 지필평가를 폐지하고, 학습과정중심의 수행평가로 전환하여, 종합적이고 다양한 실제 문제해결능력을 배양하는 방식의 평가를 확대해야 한다.

2. 미래학교의 교육과정[2)]

지능정보기술이 직업과 직무를 바꾸듯 이와 접목한 교과학습의 성격, 종류, 기능, 비중, 범위와 계열 및 탐구방법, 평가는 혁신적으로 바뀌게 된다. 해당 분야 학자를 기를 것처럼, 대학의 교과목을 쉽게 축약한 것처럼 학교교과목을 만드는 관행을 탈피하는 것이 급선무이다. 분야별·교과별 인공지능의 등장으로 학교의 학문적 교과는 산업사회의 구태로부터 환골탈태(換骨奪胎)가 시급하다. 과학혁명과 산업혁명의 제안에 맞게 학교에서 수학, 과학, 공학이 융합된 주제학습에 대한 비중은 지금보다 더 커져야 하고, 기본원리에 맞게 찬찬히 가르쳐서 가급적 낙오자가 없어야 하며, 이 분야를 튼튼히 하고 전문교육으로 나아가게 해야 인공지능시대에 대비가 가능해진다. 타 교과의 비중을 줄이거나 수업시수를 늘려서 정보(SW, 프로그래밍)를 초등부터 독립필수로 체계적으로 가르쳐야 하고, 다른 교과에도 정보를 통합하며, 인지적·창의적·협동적 문제해결형 프로젝트학습이 강화될 것이다.

세계화 추세에 따라 선진국에 뒤처지지 않게 학교교육과정의 국제통용성과 질적 수준 향상도 가속화될 것이지만, **교육과정의 변화의 방향과 목표가 매우 중요할 것이다.**

① **국어과에서는** 인공지능, 컴퓨터의 음성 인식, 자연어 처리, 즉시 통번역 등과 관련한 공부가 확대된다. 컴퓨터언어나 기계어(컴퓨터가 바로 해독할 수 있는 형식으로 된 프로그램 언어), 뉘앙스나 의미 재해석 등 특정 영역의 언어연구

2) 홍후조(2021). 미래학교의 교육과정, 어떻게 바뀔까? 국제미래학회·한국교육학술정보원. 제4차 산업혁명시대 대한민국 미래교육보고서. 서울: 광문각, pp. 224~228에서 인용 및 재정리.

가 늘어나거나, 외국어와 외래어로 '이두화하는 한글'의 위기 해소에도 관심을 두게 된다. 인간과 지능기계 및 만물과 소통하는 새로운 언어창출과 학습도 필요하다. 즉석 통번역의 발달로 외국어학습의 효용에 대한 의문이 증가하고, 알파벳과 기본단어와 문형을 배우는 기본수준으로 복수의 생활외국어를 습득할 수 있게 될 것이다.

② **사회과에서는** 세계사 속의 한국사, 국제적 정치 · 경제 · 외교 · 법률 공부가 강조된다. 부 · 소득 · 문화자본의 양극화 극복을 과제로 삼고, 지능기계와 공존과 협력, 유전자조작 등과 관련한 책임과 윤리 등이 새롭게 조명된다. 지리상의 발견은 끝났고 GPS와 기후생태계 변화로 지리와 지구과학은 더 가까워질 것이다. 주제통합적 프로젝트수행이 늘어나게 된다.

③ **수학과에서는** 공통 기초 생활 수학의 수준을 대폭 낮아지고, 진로별 · 분야별로 필요한 수학, 어떤 문제를 해결하는 데 쓰이는 수학적 사고활동이 강조된다. 즉 프로그래밍에 쓰이는 이산수학, 선형대수, 확률과 통계 등이 발달하며, 인공지능과 더불어 진행하는 수학탐구활동이 늘어난다. 융합 인재교육(STEAM)과 같은 통합과학이 확대되고, 직접 실험보다 혼합현실(MR)에서 모의실험하는 연구동(dry lab)이 늘어날 것이다. 슈퍼컴퓨터에서 계산하고 첨단기기의 도움으로 극소와 극대세계에 대한 새로운 도전이 가능해질 것이다.

④ **기술과에서는** 전기 자율주행차가 늘어나면 현재의 가솔린 내연기관에 대한 공부가 줄 듯 4차 산업혁명으로 직업과 직무의 종류와 형태가 바뀌어 학습할 필요가 줄어드는 분야가 급증할 것이다. 고급과 저급의 기술만 남고 프로그램화한 중급기술이 소멸할 가능성이 크다. 3D 프린팅, CAD (Computer Aided Design)와 같이 인공지능의 소프트웨어(SW) 도움을 받는 고급 창조자로서 장인교육과 더불어, 거꾸로 자연과 인간의 땀이 밴 일(made by human, made in nature)에 종사할 직무교육도 필요할 것이다.

⑤ **체육과에서는** 무병장수시대에 대비해 보건영역의 비중이 커지고 개인맞춤형 운동이나 지능기계의 코칭을 받거나 함께 하는 운동도 늘어날 것이다. 작사 · 작곡 · 연주 · 공연 · 문예창작 · 공작 · 영화제작 등에서 인공지능의 활약이 증가하고, 이들의 조력을 받는 예술활동이 늘어날 것이다. 딥드림(Deep Dream)처럼 기억과 데이터를 기반으로 한 지능기계는 새로운

문화예술작품을 창작해 내고 학교예술교육도 클래식 전통에 머물지 않게 될 것이다.

인간과 만물이 지능센서로 소통하는 신물활론 시대, 만물에 영혼(지능센서, AI 칩)이 깃들이는 범신론적 사회로 나아가고 있다. 이에 대비하여 학교교육에서도 정보교육, 지식정보교육을 넘어 지능정보교육으로 변화가 필요하다. 대다수 기성세대는 지능정보사회에 '입학'하지 않고 지능기계의 최종 소비자로 머물고, 기존의 산업사회의 낡은 교육과정으로 후대들의 입문도 가로막고 있는 형편이다. 규범적 인문학에 대한 경도된 학습이 근대 산업사회의 출현에 제약이 되었듯이, 수학, 과학, 공학에 대한 충실한 이해 없는 인문사회계 및 예체능계 학습은 장차 개인이나 사회발전에 매우 심각한 장애가 될 수 있다. 이러한 맥락에서 교육과정을 혁신하는 길은 다음과 같이 제시할 수 있다.

① 초·중등학교에서 학생들이 주로 과학, 기술공학(IT, SW) 등을 하고, 실험, 관찰, 제작, 실습해 가면서 차근차근 문제해결방식으로 공부하고 이후에 대학에서 과학기술, 인문사회, 예체능 등으로 옮겨가면, 특히 문예출신 사무직 근로자(white collar)의 실업대란을 막고 지능정보기술을 알게 되어 창업을 활성화하고, 기업가 정신에 눈떠서 직업 창출 능력을 제고할 수 있을 것이다.

② 지능정보화와 세계화도 거세졌지만 우리 앞에 놓인 다문화, 저출산 고령화, 친환경과 지속가능한 발전, 북핵과 통일준비, 대중영합주의 극복과 선진화, 반패권주의적 균세적(均勢的) 동아시아 공동체형성 등의 국가사회적·지구촌적 도전과 과제를 다른 세대가 슬기롭게 수용하여 주도하기 위해서는 패러다임 전환적 교육개혁이 요구된다. 그 출발은 학교교육과정의 선도적 개혁이다. 공교육의 학교는 주로 기초·기본이 되는 교양교육과 진로별교육의 기초를 형성해 줄 뿐이다. 평생학습으로 공통 교육과정의 수학기간이 짧아질 수 있다. 본격적인 진로별교육이나 특히 직업전문교육은 점차 학교 밖으로 이동하여 현장중심이 단기적·주기적으로 반복 수행될 것이다. 핀란드에서 보듯이 장기계열적 교과목 이수보다 통합주제적 프로젝트 수행이 더 늘어날 것이다.

③ 평생학습시대, 세계화, 지능정보화시대에 맞게 학교교육과 그 교육과정,

> 수업과 교육평가 및 대학입시를 재구조화할 필요가 있다. 지식의 체계적 전달과 습득을 통한 창의적 지성, 감성적 사회성, 심신의 건강과 평생학습 습관의 계발은 교육의 항구적인 과제이다. 후대가 전대의 가르침에 힘입어 삶을 개척할 가능성이 점점 열어지는 지능정보사회에서는 폭증하는 지식을 교과별로 나열할 것이 아니라 구조화하여 시행착오와 낭비를 줄이고 핵심에 이르는 지름길을 찾도록 도와주어야 할 것이다. 연구개발의 원심력적 발산만 아니라 학교교육에서는 구심력적 수렴과 종합이 더 많이 요구된다.

지능정보시대에는 거의 모든 연구개발의 성과가 SW로 나타나고, 교육도 그 영향 아래 있게 될 것이다. 여기에 적응하려면 기존 교과를 넘어 교육목표(역량), 통합적 주제(프로젝트) 등으로 학교교과를 재구조화해야 한다. 이는 결국 학교교육과정을 사회적 실용주의 위에서 학문의 구조주의와 학습자의 구성주의로 종합·절충하는 일이다.

3. 미래의 교육평가[3]

4차 산업혁명의 시대에 교육평가영역에서는 무엇이 어떻게 변화될 것인가? 미래 4차 산업혁명시대에 이루어질 교육평가방식의 변화 모습을 예측하기 위해서는 우선 현재 교육의 선진 첨단지점에서 발생하고 있는 평가방식의 변화와 그러한 변화가 리드하는 변화의 추세와 흐름을 파악하여야 한다. 그리고 4차 산업혁명이 주도하는 사회의 특징에 비추어 교육평가방식의 변화의 필연성과 가능성을 추론해 보면, 다음과 같은 변화가 기대된다.

① 학습의 '결과'보다는 '과정'을 중시하는 평가로의 변화를 들 수 있다. 최근 들어 평가는 학습과는 무관하게 학습의 결과를 단순히 기술하는 활동만이 아니라 학습의, 학습을 위한, 학습의 과정(assessment of, for, as learning)으로 보아야 한다는 입장이 강하게 제기되고 있다. 이러한 입장은 '결과로서의 평가'가 아니라 '과정으로서의 평가'라는 말과도 그 의미가 일맥상통

3) 허경철(2021). 미래의 교육평가, 어떻게 변화할 것인가? 국제미래학회·한국교육학술정보원. 제4차 산업혁명시대 대한민국 미래교육보고서. 서울: 광문각, pp. 229~240에서 인용 및 재정리.

한다. 그리하여 평가는 학습의 결과를 기술하기 위한 활동이 아니라 학습의 효과를 촉진하기 위한 활동이라는 생각이 미래를 지배하게 되고, 이러한 목적의 달성을 위한 평가활동이 적극적으로 전개될 것이다.

② **전통적인 의미의 '시험'이 없는 평가로의 변화이다.** 최근에 교육전문가들의 관심을 모으고 있는 평가방식이 소위 '은류(隱流)적 평가(stealth assessment)'이다. 평가가 학습의 과정에 물 흐르듯 이음새 없이 매끄럽게 짜여 들어가 평가로서 의식되지 않게, 즉 눈에 보이지 않게 이루어지는 평가를 의미한다. 4차 산업혁명시대에는 교육평가 양상은 학생의 학업성취 정도, 혹은 학생이 도달한 역량수준 정도가 교육의 특정시점에서 일 회, 혹은 수차례에만 이루어지는 것이 아니라 교육의 전 시점에서, 실시간으로 이루어질 수 있다는 점이다. 즉 학습의 전 과정에서 그들이 자연스럽게 표현하는 다양한 행위들이 센서 등과 같은 기계적 장치들을 통해 자동적으로 수집되고, 그 결과를 토대로 그들의 역량수준이 자동적으로 분석, 평가될 때 학생들은 평가라는 과정을 전혀 의식하지 못하게 된다. 또한 실시간적으로 수집, 분석되는 학생의 성취정도와 특성에 대한 결과는 교사와 학생 모두에게 다음에 이루어질 교수-학습활동에 대한 교정적 정보로서 제공 및 활용된다. 그리하여 평가가 학습의 전 과정이며, 학습의 결과를 촉진시키는 중요한 방법이라는 주장이 실제로 구현되는 거점이 마련된다. 미래의 평가는 거의 이러한 방식으로 이루어질 것이다.

③ **성장참조평가로의 변화이다.** 상대기준평가나 절대기준평가를 넘어 성장참조평가(능력 참조평가)가 강조되고 보다 적극적으로 시행될 것이다. 성장참조평가가 제대로 이루어지기 위해서는 교육활동이 시작되기 전 학습자의 발달수준 전반에 대한 모든 정보가 파악되어야 한다. 그리고 교육활동이 마무리된 상태에서의 학습자의 발달수준에 대한 포괄적인 정보가 수집되어야 한다. 측정, 평가의 기술이 발달하지 못한 열악한 상황에서는 학습자의 사전 발달수준은 물론 사후 발달수준도 제대로 파악될 수 없었다. 그러나 4차 산업혁명과 더불어 초래되는 놀랄만한 기술의 발전은 학생 개개인의 성장 발달에 관한 사전정보와 사후정보를 정확하게 수집하는 것이 얼마든지 가능하게 하고 있다. 이러한 평가방식이 보다 광범하게 사용될 것이다.

④ **지적역량평가를 강조하게 되는 방향으로의 변화를 들 수 있다.** 4차 산업혁명시대

에는 평가의 주 대상이 지식 그 자체(명제적 내용 지식)보다는 지적역량(창의력, 문제해결력, 협동능력)이 될 것이다. 특히 IT 기술로 인하여 백과사전 전체가 하나의 칩 속에 저장되고 그 칩이 우리의 머릿속에 이식될 수도 있다. 암기의 노력이 전혀 없이 거의 무한대의 지식들이 우리의 머릿속으로 자동 이전될 수도 있을 것이다. 이런 상황에서 지식의 암기를 위한 교육은 물론, 암기의 정도를 파악하기 위한 평가 역시 무용지물이 될 수밖에 없다. 그리하여 요구되는 능력이 바로 지식을 활용하여 여러 유형의 문제들을 새롭게 해결하는 넓은 의미의 창의력을 포함한 문제해결능력이다. 그러한 문제들이 아무리 힘들고 복잡하더라도 인공지능이 장착된 로봇에 의해 해결될 수 있다. 결국 지식이 아니라 최고급의 지적역량, 그것이 미래교육평가의 핵심 대상이 될 것이다.

⑤ **정의적 영역(인성)의 평가를 중시하는 방향으로의 변화이다.** 21세기에 진입하면서 인간 자체에 대한 통찰과 이해가 깊어지면서 인간의 정서적 능력은 지적인 능력만큼이나 인간의 발달과 행복에 중요한 것이라는 인식이 널리 퍼지게 되었다. 더구나 인간의 정체성이 지성보다는 감성에 의해서 보다 강력하게 담보될 수밖에 없는 미래 4차 산업혁명사회에서는 감정과 정서의 교육이 지성과 지혜의 교육보다도 더 중요할 수 있다는 주장이 지속적으로 제기되고 있다.

감정과 정서의 평가를 강조하는 현상은 현재에도 드러나고 있다. 대표적인 것이 PISA 국제학업성취도평가이다. 2000년부터 시작된 이 평가는 주로 학생들의 읽기, 수학, 과학 지식과 능력 등 지적 영역을 평가의 대상으로 삼아 왔다. 그러나 지식보다는 지적역량의 중요성이 강조되면서 2003년과 2012년에는 문제해결능력을 평가의 대상으로 성장하기 시작했다. 그러다가 2015년에는 현대와 미래의 인간생활에서는 협동이라는 사회적 능력이 중요하다는 점을 인식하여 협동적 문제해결능력을 평가의 대상으로 설정하였다. 협동이란 능력은 기본적으로 지적 능력이라기보다는 일종의 사회적, 정서적 능력영역에 속하는 인간특성에 가깝다. 정의적 영역의 교육이나 평가는 지적 영역의 교육이나 평가보다 매우 어렵다. 사례를 들면, 전 세계의 일류 선진학자들로 구성되고 막대한 예산과 행정 및 제도적 자원이 총동원되어 이루어지고 있는 PISA 평가에서도 정의적 영역의 평가가 PISA 평가가 시작된 지 15년이 지난 후인 2015년

에야 겨우 처음으로 시도되었다. 그것도 본격적인 정의적 특징이라기보다는 지적인 요소가 많이 포함된 '협동적 문제해결력'이라는 이름의 인간특성이었다. 그러나 이 평가에서 '협동'이라는 정의적 특성을 측정하고자 시도했다는 것 그 자체가 큰 의미를 지닌다. 비록 협동이라는 것이 인간감성의 극히 표면적이면서도 일부에 해당되는 정의적 특성이기는 하나, 이러한 인간특성을 평가하기 시작했다는 것은 평가사에 한 획을 긋는 사건임은 틀림없다. 이후부터 미래의 4차 산업혁명시대에서는 교육과 평가는 지성보다는 오히려 감성, 지식보다는 감정에 집중하게 될 것이 확실하다.

⑥ **컴퓨터 기반 평가가 일상화되는 방향으로의 변화이다.** 미래 4차 산업혁명사회에서의 평가는 컴퓨터를 기반으로 한 정보화기기를 일상적으로 활용하는 방식으로 이루어질 것이다. 사례를 들면, 토플시험이 컴퓨터로 치러지며 한국의 수능시험 역시 채점은 컴퓨터로 이루어진다. PISA 국제학업성취도평가에서도 2012년부터 검사와 채점은 모두 컴퓨터를 통해 이루어지고 있다. 미래에는 이러한 대규모 표준화시험뿐만 아니라 학교 내 교실 수업상황에서 이루어지는 평가에서도 컴퓨터 기기가 일상적으로 활용될 것이다. 컴퓨터를 활용한 검사와 평가는 여러 가지 강점을 지닌다. 컴퓨터 활용검사는 측정의 오차를 줄여 주며, 검사에 소요되는 시간도 줄여준다. 아울러 개별화수업이나 평가도 가능하게 한다. 학생들은 컴퓨터에 내장된 평가문항에 대한 자신의 반응 여하에 따라 서로 다른 속도로, 서로 다른 수준의 내용을 공부할 수 있게 된다. 소위 '학생맞춤형학습'이 가능하게 된다. 또한 교사들이 학생들의 학습진행 상황을 실시간으로 파악하는 것도 가능하게 한다.

4. 미래 인재를 위한 교수–학습 방법[4)]

인공지능시대에는 사회, 경제의 변화에 대응하기 위해 예방적 차원에서의 교육이 필요하므로 자원으로서 의미 있는 지식을 만들 수 있는 지식 서비스

4) 이경화(2021). 미래 인재를 위한 혁신적 교수-학습 방법은 어떠해야 하나? 국제미래학회 · 한국교육학술정보원. 제4차 산업혁명시대 대한민국 미래교육보고서. 서울: 광문각, pp. 241~247에서 인용 및 재정리.

종사자를 넘어, 새로운 패러다임을 기반으로 인적자원을 개발해야 한다고 드러커(Peter Ferdinarid Drucker, 1909~2005)가 주장한 바와 같이, 이제는 인재를 어떻게 양성하고 확보할 것인가가 중요한 문제로 대두되고 있다.

그리고 OECD(Organization for Economic Cooperation and Development)에서 발표한 미래학교 시나리오와 관련하여, 현 학교교육체제에서 교사들은 더 이상 학생들에 대한 통제력은 힘을 잃어가고, 학생들은 학생대로 학습에 대한 선택이 가능하지 않으며, 학교장은 제대로 의사결정을 하기 어려운 상황을 맞게 되어 결국에 학교는 붕괴되는 위기를 맞이하게 될지도 모른다. 지금의 우리 교실을 살펴보면, 학생들은 수업에 집중하지 않거나 잠을 자는 학생의 모습은 너무나 흔한 광경이다. 또한 일부에서는 21세기 아동과 청소년들을 일컬어 '신인류'라고 하며, 오늘날의 학생들은 과거 세대들과 뇌 자체에 차이가 있기 때문이라고도 한다. 즉 이들의 뇌의 특성은 충동성이 높고, 집중시간이 매우 짧다는 것이다.

이와 같은 문제를 해결할 수 있는 방안 중의 하나로 전통적 교수-학습방법의 대안으로 혁신적인 교수-학습방법을 찾아야 하는 것이며, 학생들이 학습할 내용과 방법에 대한 선택권과 통제권을 최대한 가질 수 있도록 해주는 것이다. 이러한 측면에서 **미래교육에서 고려되어야 할 교수-학습 모델**을 제안하면 다음과 같다.

① **글로벌 리더 육성을 위한 교수-학습 모형이다.** 글로벌 지식정보사회, 무한 경쟁시대에 효과적으로 대처하고 미래에 대비하는 능력을 갖추게 하기 위하여 학교는 자기주도적인 학습자, 미래에 대해 새로운 통찰을 할 수 있는 안목을 가진 학습자, 다양하고 융통성 있는 사고를 통해 가치 있는 산출을 할 수 있는 탁월한 학습자, 탁월성을 보이는 각 영역에서의 리더를 길러야 한다는 점을 취한다. 따라서 이처럼 글로벌 리더를 양성하기 위해서는 발달단계별로 학습자의 잠재능력, 재능을 발견하고, 각 영역별 기초지식과 전문성, 창의적으로 문제를 해결할 수 있는 능력은 통합적으로 계발되어야 할 것이다.

이와 같은 관점에서 융합형 교수-학습 모형인 글로벌 리더 모형을 개발하였다. 글로벌 리더 모형은 **그림 2-4**와 같다.

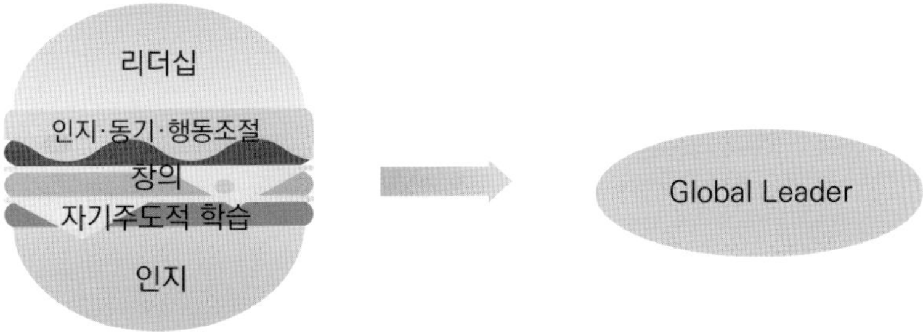

그림 2-4 글로벌 리더의 모형

자료: 이경화(2021). 미래 인재를 위한 혁신적 교수-학습 방법은 어떠해야 하나? 국제미래학회 · 한국교육학술정보원. 제4차 산업혁명시대 대한민국 미래교육보고서. 서울: 광문각, p. 244.

그림 2-4에서 살펴본 바와 같이, **글로벌 리더 모형**은 햄버거 모양과 같은데, 인지가 기반이 되며, 창의성이 주요 역량으로 작용하며, 전인교육 측면에서 인성과 리더십이 이를 감싸주는 모양으로 개발되었다. 이 모형에 따른 교수-학습에서는 학생들의 개인차와 잠재력을 고려하여 개인의 출발점을 진단한다. 그리고 인지적인 능력, 즉 학문적 재능을 기반하며, 창의적인 사고 및 태도와 창의적 문제해결력을 갖추고, 전체적인 상황을 판단한 후 문제를 인식하고 분석하며 이를 해결하기 위해 자신이 가지고 있는 지식과 정보를 최대한 활용하며, 자기주도적인 학습태도와 자기조절능력(인지조절, 동기조절, 행동조절)을 통해 집단구성원을 공동목표로 이끌 수 있어야 한다.

② **상보적 수업전략 활용 교수-학습 방법이다.** 최근 학습자 주도적, 전략적 수업활동으로 관심을 끌고 있는 상보적(reciprocal) 수업전략은 A. Brown & A. Palincsar에 의해 제안된 학습자 주도형 수업전략이다. 이 교수-학습은 학습과정에서 학생들이 적극적이고 주도적으로 참여할 수 있도록 유도하며, 초인지전략을 활용할 수 있도록 하는 미래형 수업방법으로, 교수-학습 방법에 인지심리학적 접근을 하기 시작하는 시점에 이경화(1991)에 의해서 제안되고 그 효과를 실험을 통해 확인한바 있다. 그러나 오히려 초인지가 강조되는 미래 교실환경에서 효과적인 교수-학습 방법으로 활용될 수 있을 것이라 예측된다.

그림 2-5의 '현시적 책임 이양 수업모델'은 상보적 수업전략을 사용하는 교수-학습 방법인데, 수업의 책임이 교사에서 학생으로 자연스럽게 이동되도록

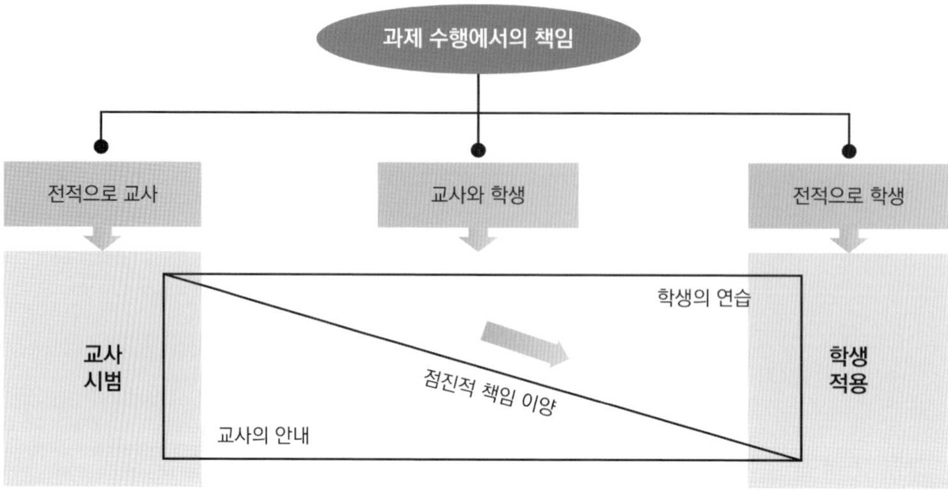

그림 2-5 현시적 책임 이양 수업모델

자료: 이경화(1991). 독해점검전략의 상보적 수업을 통한 아동들의 독해력 향상에 관한 연구. 숙명여자대학교 대학원 박사학위논문.

하는 전략이다.

그림 2-5에서 살펴본 바와 같이, 수업 초기에는 교사들이 초인지를 활용하는 전략을 현시적(explicit)으로 명확하게 시범을 보여주지만 점차 학생들이 소그룹에서 교사 역할을 함으로써 주도적으로 수업활동에 참여하여 학습할 수 있도록 하는 방법이다. 예를 들면, 4~5명의 소집단을 구성하고, 학생들에게는 학습할 텍스트가 주어진다. 교사는 처음에 전략적 읽기에 대한 시범을 보여주며, 점차 학생들은 주도적으로 교사 역할을 교대로 하며 요약하기, 질문 생성, 명료화, 예측하기 등의 독해전략을 활용하며 수업활동을 하게 된다.

제3절 미래 학교교육 방향탐색

4차 산업혁명에 대한 글로벌 담론이나 국내 사회체제의 대응은 학교교육에 어떤 영향을 미칠 것인가? 이 질문에 대한 대답은 결코 쉽지 않다. 학교교육이라는 장(field)은 외부변화를 여과 없이 단선적으로 반영하지 않기 때문이다. 4차 산업혁명이 미칠 학교교육의 변화는 거시적 구조와 미시적 구조, 그리고 행위자의 주도성이 어떻게 결합하는가에 따라 달라질 수 있다. 이를 설명하기 위하여 번스타인의 논리를 활용하고자 한다. 번스타인(Basil Bernstein)은 교육이란 외부 지식담론을 나름의 역동 속에서 변용하는데, 이를 재맥락화 장(recontextualisation field)으로 표현하였다. 재맥락화 장은 다시 공식적 재맥락화 장(Official Recontextualisation Field, ORF)과 교수적 재맥락화 장(Pedagogic Recontextualisation Field, PRF)으로 구분된다. ORF는 교육관련 국가기구(교육부, 교육청 등)에서의 담론 전개이다. PRF는 일선 학교, 대학, 학과, 전문잡지, 사설연구재단 등에서의 담론 전개이다. ORF만 있다면 교수(pedagogy) 자율성은 간과하게 되나, PRF를 고려하고 있어 교수담론에서 발휘되는 자율성을 파악할 수 있다(신재흡, 2020; Bernstein, 2000). 교수담론은 4차 산업혁명과 같은 새로운 외부담론을 "선택적으로 전용하고, 재배치하고, 초점을 새롭게 하고, 기존의 질서에 만들어낸다.

4차 산업혁명의 전개에 따른 교육의 변화는 번스타인이 언급한 재맥락화 장에서 경쟁하는 교육모델들이 어떻게 경합하는가에 따라 달리질 것이다. 어떠한 변화가 가능할지를 탐색하기 위해 경합의 지점을 몇 가지 차원에서 나타낼 수 있다.

① 사회문화에 깊이 박힌 학력주의, 능력주의, 변별·경쟁 중심, 표준화 등을 지향하는 교육관(본질주의 교육관)과 다원주의적, 개인발달, 사회정의 등을 지향하는 교육관(발달주의 교육관) 등이 상호 경합하는 지점이 있다. 이러한 관점들은 교사와 학생의 역할, 교육과정 구성, 교수방법, 평가원리, 교육행정 지원의 범위와 역할 등에 대해 대립적이다.

② 교육개혁의 방향과 방법을 둘러싼 경합을 고려할 필요가 있다. 특히 국가의 역할을 중심으로 볼 때 우리나라에는 다음과 같은 경향들이 재맥락화 장 안에 존재한다고 볼 수 있다.

이는 국가의 역할을 보는 관점에 따라 한국사회에서 진보와 보수교육관을 재배치한 것이다.

국가중심 교육담론의 지형은 **그림 2-6**과 같다.

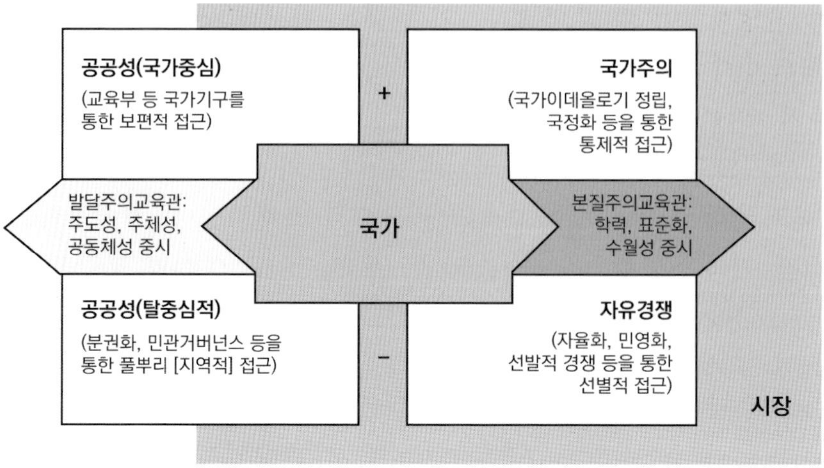

그림 2-6 국가중심 교육담론의 지형

자료: 류방란 외(2018). 제4차 산업혁명시대의 교육: 학교의 미래. 연구보고 RR 2018-01. 진천, 충청북도: 한국교육개발원, p. 169.

③ 번스타인이 제시하는 교수적 재맥락화의 장(PRF)으로 이는 학교현장, 지역사회교육현장에서의 구체적 담론 및 실천과 관련된다. 개별교사들이 어떤 교육관으로 실천하는가 하는 문제는 위의 4분면보다 훨씬 복잡하게 나타날 수 있고, 그 교육적 효과도 매우 다양할 것이다.

상기에서 살펴본 바와 같이, 종래의 교육이 향후 미래의 교육으로 어떻게 변모해갈 것인가를 전망하기 위해서는 다양한 역동을 종합적으로 고려하여야 할 것이다. 번스타인의 재맥락화 과정을 참조하면 산업혁명과 관련한 글로벌 담론, 국가의 역할(각종 국가정책을 통한 공식적 재맥락화), 교육적 재맥락화(교육의 여러 영역에서의 수용과 변용) 과정과 다양하게 결합되어 드러나게 될 것이다. 따라서 과거와 단절된, 온전히 새로운 것으로 대체된 미래가 아니라 종래 교육모델과 새로운 교육모델이 병존하기도 하는 중층성(Layering)을 보이며 전개될 수 있다(Mahoney & Thelen, 2010).

이러한 것들을 고려하면서 **4차 산업혁명시대 혹은 미래사회의 도래가 초래할 수 있는 미래교육의 거시적 방향을 이념형적으로 구분**하면 다음과 같다(류방란 외, 2018).

① **큰 변화 없이 현재제도가 상당한 정도로 유지되는 형태이다.** 학력이나 표준화, 입시 선발경쟁 등을 중시하는 기존의 교육문화가 강하고, 대안적 교육주

체들의 영향력이 약할 때 나타날 수 있다. **그림 2-6**에서 1과 2사분면의 특징이 중첩되어 나타나는데 1사분면의 특징이 더 강한 형태일 것이다.

② **디지털 기술의 발달 영향력이 갈수록 강해지면서 사회변화에 기능적 효율성을 높이는 방식으로 학교교육의 미래방향을 탐색하는 것이다.** 4차 산업혁명을 배경으로 하면서 교육의 변화를 주장하는 기존의 주류적 담론이 지향하는 방향이다. 이러한 방향은 글로벌화한 미래담론 및 관련 시장의 영향력이 강할 때 나타날 수 있는 변화이다. 이러한 변화는 **그림 2-6**에서 2, 3사분면에 걸친 특징이 중첩되어 나타나는데 가장 강력한 특징은 2사분면의 특징이다.

③ **교육이 미래 사회변화에 효율적으로 기능하는 수준을 넘어 인간적, 교육적 가치를 보다 주체적이고 적극적으로 실현할 수 있도록 적극적 개입과 변화 추동의 노력이 가해진 상태이다.** 이러한 변화는 **그림 2-6**에서 2, 3, 4분면의 특징이 중첩되어 나타나는데 가장 강한 특징은 3사분면의 특징이다.

이러한 세 갈래의 교육변화 방향은 구체적 장에서 이념적, 담론적 지형과 결합될 때 구현될 것이다. 이때 그 현실화과정의 중요한 요인은 시장이다. 자유경쟁이 완전하게 이루어지는 조건에서는 시장의 영향이 크게 나타나며, 이때 발생할 수 있는 불평등과 격차의 해소를 위해 보편주의적 공공성에 기반한 국가의 공공정책적 개입(교육격차 해소 및 교육복지 등에 대한 공공재원의 확보 등)이 요청될 수 있다. 미래사회에서는 유연한 노동력 확보와 동시에 시장에 적합한 의사소통능력 등을 중시할 것이므로 자유경쟁과 동시에 표준화한 학력이나 선발 등을 여전히 중시할 가능성이 있으며 격차해소를 위한 공공적 개입의 여지에 대해서도 개방적일 가능성이 높다. 따라서 이들 교육담론의 존재는 상호배타적으로 이루어지기보다 경쟁을 유지하면서도 상당한 정도로 중첩되어 나타날 수밖에 없을 것으로 본다.

이러한 논의들을 종합하여 한국사회의 교육담론 지형을 도식화해 보았다. 각 교육담론이 시장과 관련을 맺음으로써 미래사회에서 어떤 영향력을 발휘하는가에 대하여 근대 학교교육 유지(Mode 1), 개인중심, 자유경쟁 강조 접근(Mode 2), 시민공동체 중심, 공공성 강조 접근(Mode 3) 등 세 가지로 추정해 볼 수 있다. 한국사회의 교육담론 지형들을 제시하면 **그림 2-7**과 같다.

교육담론 지형과 시장

시민공동체 중심, 공공성 강조

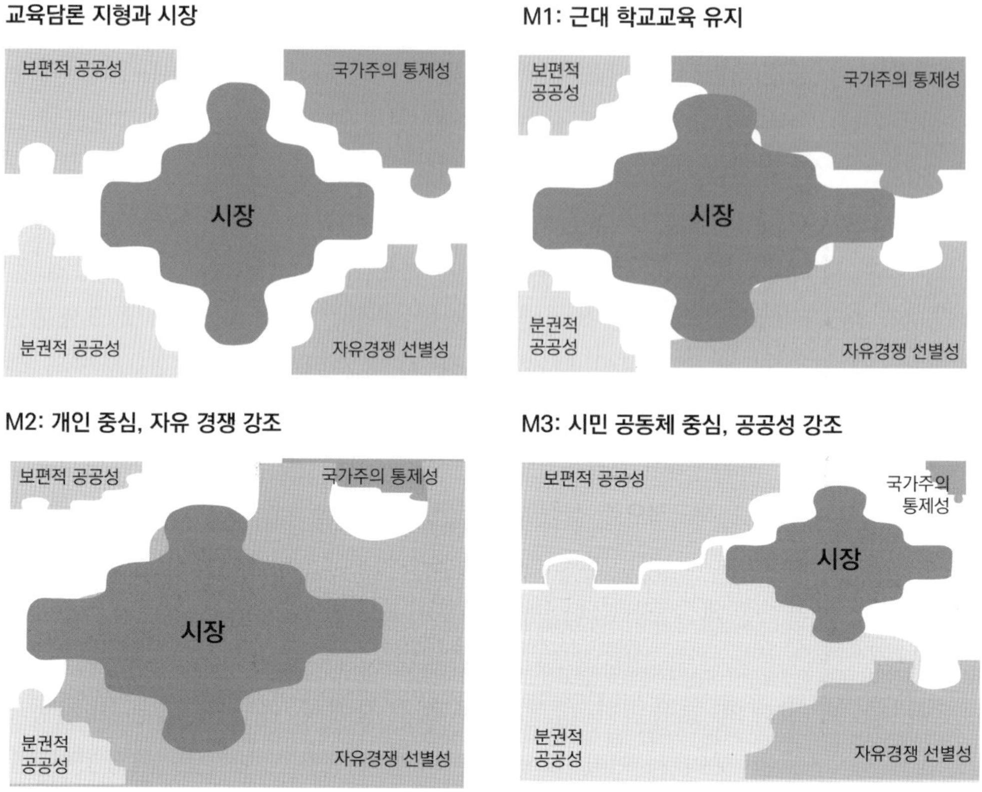

그림 2-7 한국사회의 교육담론 지형들

자료: 류방란 외(2018). 제4차 산업혁명시대의 교육: 학교의 미래. 연구보고 RR 2018-01. 진천, 충청북도: 한국교육개발원, p. 172.

상기에서 고찰한 바와 같이, ① Mode 1(근대 학교교육 유지)은 강력한 국가중심의 통제 하에 표준화된 교육을 제공하고, 학교는 자유경쟁의 장이며, 선발기제로서의 기능을 수행한다. 보편적 공공성에 대한 인식은 약한 편이며, 강력한 중앙집권적 국가권력이 행사되므로 분권적 공공성은 약하다. 현 체제가 그러하듯이 학교제도에 미치는 시장의 영향력은 강하다. 그리고 ② Mode 2(개인 중심, 자유경쟁 강조)는 미래교육에 대한 주로 담론에서 제안하고 있는 궤를 같이하는 방향이다. 이 방향에서는 시장의 자유가 크게 보장되어 있으며 사회 곳곳에 자유경쟁 담론이 지배적이다. 학교의 기능은 자유경쟁 속에서 우수한 인재를 선별하는 것에 맞추어져 있어 수월성을 강조한다. 획일적이고 통제적인 국가주의 특성은 최소화된다. 시장원리가 강조되기 때문에 학교조직, 인력 활용 면에서의 유연화, 개방화가 진행될 것이다. 이 방향에서는 자유경쟁으로 인한 격차가 문제시될 것이며, 이 문제에 대한 공공정책의 개입이 부분적으로 이루어지나 시장원리를 침해하지 않는 범위 내에서 이루어질 것이다. M2는 4차 산업혁명의 흐름을 이끌 수 있는 인재양성을 통해 시장에서의 가치창출과 성장을 추구한다. 성장의 결과는 결국 시장에서 자유롭게 경쟁하는 개인들에게 돌아갈 것으로 본다. 미래에 더 많은 가치를 창출할 수 있도록 학습자는 디지털을 비롯한 과학기술의 역량을 갖추고 한편으로는 기술, 기계를 발전시키며 동시에 이를 통제할 수 있는 전문성을 갖추어야 한다고 본다. 이 접근에 의하면, 학습의 장으로서 학교의 지위는 약화되고 유연하고 개방적으로 조직되며 발달한 디지털 기술을 적절히 적용함으로써 학습의 효율성 제고를 꾀할 것이다. ③ Mode 3(시민공동체 중심, 공공성 강조)에서는 큰 방향에서 다양성, 유연성, 주체성 등에 대한 요청이 미래사회에서 높아질 것으로 보아, 로컬(local) 수준의 풀 뿌리적, 분권적 공공성의 역할이 강화되는 것을 이상적으로 제시한 반면, 획일적이고 통제적인 국가주의의 영향은 최소화될 것으로 상정했다. 또한 자유경쟁 담론과 보편적 공공성 담론의 강도를 동등하게 설정했는데, 이는 시장의 자율성을 유지하되, 사회격차 등의 각종 문제에 대한 공공정책의 개입이 요구될 것이라고 상정했기 때문이다.

M3는 미래사회에 순기능적으로 작동할 요소들 외에 인간적 삶의 가치 등을 고려할 때 보다 적극적으로 추구되거나 보완되어야 할 요소들과 관련되며, 이는 주도적으로 미래를 여는 인간적이고 사회적인 역량의 함양과 관련된다. 미래사회는 글로벌 사회 및 과학, 기술, 산업시장으로부터 요구되는 자유경쟁적 요소들(시장주의)에 크게 영향을 받으면서도 개별 인간 주체들의 능동적 개입, 공동체의 협의를 통해 사회적 개입에 기반한 분권적 공공성을 지향하는 방향으로 고려해 볼 수 있을 것이다.

이상 4차 산업혁명에 따라 미래 학교교육의 세 방향의 특징을 제시하면 **표 2-2**와 같다.

표 2-2 미래 학교교육의 세 갈래 방향

구분	Mode 1	Mode 2	Mode 3
특징	• 근대 학교교육체제 전형으로서 관료화된 학교교육 틀 유지	• 사회적 효율성을 추구하며 자유경쟁원리의 적용을 통해 학교교육의 전면적 혁신	• 분권적 공공성 실현을 위한 시민공동체 주도의 학교교육 혁신 추구

구분	Mode 1	Mode 2	Mode 3
	• 혁신적인 변화보다는 점진적이고 지엽적인 개선	추구	
학생	• 미성숙한 존재로서 타율적 관리의 대상 • 교육과정개발 시 배제된 존재	• 창의성 등 실행 역량을 갖춘 개인 • 학습주체로서의 학생: 학생 '주도성' 강조 • 자신의 적성과 진로에 따른 '맞춤형교육과정 설계자' • 학습의 소비자이자 선택과 책임의 주체	• '사회적 대화' 참여자로서의 학생 • 공동체의 선에 기여하는 책임을 지닌 시민
	• 근면성실한 국민 지적 수월성 추구	• 스마트한 능동적 개인 융합적 창의성 추구	• 스마트한 공동참여적 시민 사회적 창의성 추구
교사	• 공교육 제도 내 지식교육의 권위자 • 학생 학업성취도 평가 및 성적관리자	• 학생중심 학습을 위한 '촉진자'로서의 교사	• 앎의 과정과 실천을 이끄는 '지혜'를 갖춘 전문가로서의 교사
교육내용	• 학문으로부터 파생된 교과 • 교과중심 교육과정	• '교과지식' 습득, '이론 지식'을 넘어 '수행능력', 역량 강조 • '분과'를 넘어 '융합'적 설계방식으로의 전환	• 수행능력을 넘어 '자질과 성향' 강조 • 사회적 대화를 통한 실천 역량 강조
학교	• 독점적 정규 학습기관: 고립된 형태 • 관료적 학습조직: 선형적, 위계적 구조	• 학습네트워크 중 하나: 교육기관의 '구심점' 역할 약화 • 탈관료적 유동적 수평적 구조	• 유연하고 수평적이며 개방적인 사회적 학습센터 • 학습생태계의 '핵심'으로서의 학교: '관계를 통한 앎'으로 차별화된 배움터
에듀테크	• 기존 체제 유지 분절적 도입	• 효율성, 경쟁력 강화를 위한 개방적 수용, 네트워크성 강화	• 공동체 가치지향적 수용, 네트워크성 강화

자료: 류방란 외(2018). 제4차 산업혁명시대의 교육: 학교의 미래. 연구보고 RR 2018-01. 진천, 충청북도: 한국교육개발원, p. 201.

상기 **표 2-2**에서 살펴본 바와 같이, 류방란 외(2018)는 미래 학교교육의 세 갈래 방향에 대한 질문에 답하기 위해 교육학 전문가 14명, 비교육학 전문가

14명을 대상으로 의견을 조사하였다.

전문가들은 10년 후, 20년 후 학교교육은 개인중심 자유경쟁 강조의 M2의 방향으로 진행될 것이라고 예상하였다. 전체 응답자의 절반 정도가 M2 방향이라고 응답하였다. 희망하는 방향으로는 시민중심 분권적 공공성 강조의 M3의 방향으로 꼽은 응답자가 가장 많았다.

그러나 현실적으로 일부 전문가들이 전망하듯이, M1, M2, M3는 어느 방향이 주도권을 잡느냐의 차이는 있지만 동시에 공존할 가능성이 있다. 전문가들이 M2 방향을 전망하고 있는 것은 현실적으로 시장경쟁의 규정력을 무시할 수 없다는 판단에 기초한 것이다. M3를 희망하는 방향으로 선택한 전문가들도 그것의 실현가능성에 대해서는 낙관적이지 않았다. 우리가 미래의 방향을 선택할 때 현실적인 사회적 조건을 무시할 수는 없을 것이다. 현실을 무시한 희망만을 선택하기에는 여러 어려움과 부작용이 따를 것이다. 그 방향에 문제가 있다면 문제점을 보완하는 정책을 펼 것이다. 전문가들의 의견을 종합하면 미래교육의 방향이 M2로 갈 것이므로 이에 대한 보완책으로 M3의 방향도 고려하여야 함을 말하고 있는 셈이다.

생각해 봅시다

1. 4차 산업혁명시대에 따른 교육시스템 변화를 학교시스템, 교육과정, 교육평가 교수-학습방법으로 분류해서 생각해 봅시다.

2. 미래 학교교육방향에 대하여 생각해 봅시다.

• Chapter 03 •

4차 산업혁명시대의 교육리더십

학습목표

1. 4차 산업혁명시대 한국 미래교육의 목적과 방향에 대하여 이해할 수 있다.
2. 4차 산업혁명시대에 필요한 핵심역량을 파악할 수 있다.
3. 한국 미래교육의 인재상을 이해할 수 있다.

Keyword

한국 미래교육의 목적 및 방향, 미래교육 프레임워크, 4차 산업혁명시대의 핵심역량, K-CESA, 협력역량, 비판적 사고역량, 자기관리역량, 의사소통역량, 창의성역량, 공감역량, 리더십역량, 회복탄력성역량, 디지털 리터러시역량, 문제해결역량, 다문화이해역량, 글로벌역량, 적응역량, 전문성역량, 디자인역량, 인지역량, 정서역량, 사회역량, 학습역량

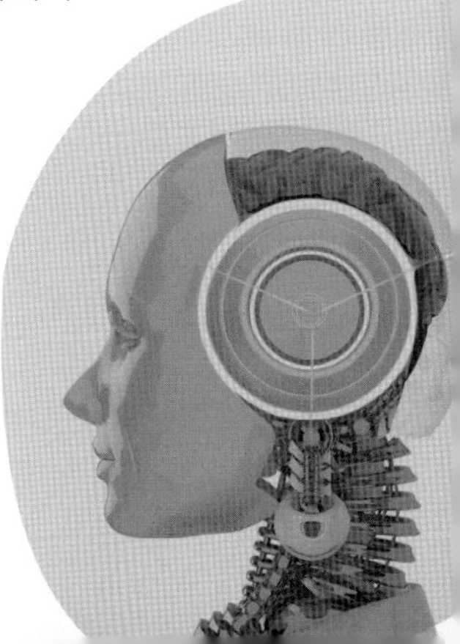

우리 사회는 이미 정보화를 지나 스마트사회와 초연결·초지능사회인 4차 산업혁명시대로 진입했다. 하지만 한국교육은 여전히 정보화 이전의 산업사회 패러다임에 맞춰져 있는 실정이다. 지금 우리 교육은 4차 산업혁명시대의 특성에 기반하여 초연결·초지능사회의 패러다임에 맞는 새로운 교육혁명이 요청되고 있다. 이러한 추세에 대응할 수 있는 한국 미래교육의 목적과 방향이 설정되어야 할 것이다.

3장에서는 4차 산업혁명시대 한국 미래교육의 목적과 방향, 4차 산업혁명시대에 필요한 핵심역량, 한국 미래교육의 인재상, 4차 산업혁명시대의 교육리더십 등에 대해서 고찰하고자 한다.

제1절 4차 산업혁명시대 한국 미래교육의 목적과 방향

우리 교육은 산업사회의 대량생산 방식 특성인 표준화, 규격화, 정형화된 교육방향을 탈피하여 4차 산업혁명시대의 주요 특성 변화인 다양성, 창의성, 유연성을 강화하는 방향으로 교육이 변화하여야 한다.

4차 산업혁명시대에는 산업사회와는 전혀 다른 역량을 갖춘 인재를 양성할 수 있도록 교육의 변혁이 필요하다. 이러한 교육의 변화는 부분적으로 진행되어서는 성공적으로 교육의 변화를 구현할 수 없고 교육과 관련한 모든 체계가 총체적으로 상호협력하면서 교육계 전반에서 동시적으로 혁명적인 변혁이 요구되고 있다. 학제 교육과정 입시 등의 미래교육시스템, 학교와 대학 모습과 교사의 역할 등의 미래학교, 미래역량을 함양할 수 있는 미래교육콘텐츠, 교육정책과 교육현장의 운영에 관한 미래교육 거버넌스를 포함한 총체적인 부분이 상호협력하면서 동시적으로 변화되어야 4차 산업혁명시대에 맞는 미래교육이 가능해진다.

미래교육 프레임워크는 **그림 3-1**과 같다.

그림 3-1 미래교육 프레임워크

자료: 안종배(2021). 4차 산업혁명시대 대한민국 미래교육의 목적과 방향. 국제미래학회·한국교육학술정보원. 제4차 산업혁명시대 대한민국 미래교육보고서. 서울: 광문각, p. 169.

1. 4차 산업혁명시대 한국 미래교육의 목적과 방향

4차 산업혁명시대에는 과학기술, 산업, 사회, 문화, 가치관이 변화하고 이에 대응할 수 있는 인재역량이 또한 변화하고 있다. 이에 따라 안종배(2021)는 **미래교육의 목적과 방향**에 대해서 다음과 같이 제시하고 있다.

미래교육의 비전은 4차 산업혁명시대를 주도할 세계 일류의 미래 창의혁신 인재를 양성하는 것이고, 미래교육의 목표는 글로벌 경쟁력을 갖춘 미래 창의혁신인재를 양성하는 교육, 개인의 창의성과 다양성이 존중되고 행복한 삶과 건강한 사회의 지속 발전에 기여하는 교육을 실현하는 것이어야 한다.

① 미래교육 시스템혁명으로 4차 산업혁명시대에 대응하는 유연한 학제, 자유적 교육과정과 평가, 다양한 진로 및 직업교육, 자율적 맞춤 입시제도, 변혁적 대학제도, 다양한 교육복지 변화가 실현되어야 할 것이다.

아울러 ② 미래학교혁명으로 4차 산업혁명시대에 대응하는 창의적 미래학교와 지역과 함께하는 학교, 교사 역할과 교사시스템 및 교사의 영역 변화, 교육공간의 변혁, 직업학교와 대학의 변화가 이루어져야 할 것이다.

③ 미래교육 콘텐츠혁명으로 4차 산업혁명시대에 대응하는 창의적 인지역량, 인성적 정서역량, 협력적 사회역량, 생애학습역량을 함양할 수 있는 교육

콘텐츠가 개발되고 실현되어야 한다.

또한 이러한 교육정책을 관장하는 ④ 미래교육 거버넌스 혁명이 4차 산업혁명시대에 대응하는 새로운 미래 교육정책결정 프로세스와 교육 거버넌스의 새로운 패러다임, 미래대학과 학교단위 거버넌스의 변화로 구현되어야 한다.

4차 산업혁명시대 미래교육 목적과 방향은 **그림 3-2**와 같다.

비전
- 세계 일류의 제4차 산업혁명시대를 주도할 미래 창의 혁신 인재 양성

목표
- 제4차 산업혁명시대에 대응하고 글로벌 경쟁력 갖춘 미래 창의 혁신 인재를 양성하는 교육
- 개인의 창의성과 다양성이 존중되고 행복한 삶과 건강한 사회의 지속 발전에 기여하는 교육

핵심 가치
- 학자의 창의성, 다양성, 유연성 실현

4대 교육혁신 방향

1. 미래교육 시스템 혁신	2. 미래 학교 혁신	3. 미래교육 콘텐츠 혁신	4. 미래교육 거버넌스 혁신
• 제4차 산업혁명시대에 대응하는 유연한 학제 • 자율적 교육과정과 평가 • 다양한 진로 · 직업교육 • 자율적 입시제도와 대학제도 • 다양한 장학 복지	• 제4차 산업혁명시대에 대응하는 창의적 미래 학교와 스마트 학교 • 지역과 함께하는 학교 • 교사 역할과 교사 시스템 및 교사의 영역 변화 • 교육 공간의 변혁 • 직업학교와 대학 모습의 변화	• 제4차 산업혁명시대에 대응하는 창의적 인지 역량 • 인성적 정서 역량 • 협력적 사회 역량 • 생애 학습 역량을 함양할 수 있는 교육 콘텐츠	• 제4차 산업혁명시대에 대응하는 새로운 미래교육 정책 결정 프로세스 • 교육 거버넌스의 새로운 패러다임 • 미래 대학 학교 단위 거버넌스의 변화

제4차 산업혁명시대로 인한 과학기술, 산업, 문화, 가치관 및 미래 인재 역량의 변화

그림 3-2 4차 산업혁명시대 미래교육 목적과 방향

자료: 안종배(2021). 4차 산업혁명시대 대한민국 미래교육의 목적과 방향. 국제미래학회 · 한국교육학술정보원. 제4차 산업혁명시대 대한민국 미래교육보고서. 서울: 광문각, p. 171.

제2절 4차 산업혁명시대에 필요한 핵심역량

2009년에 발표한 핑크의 저서 『드리이브』(Drive)에서 그는 돈이나 물질적 보상을 주는 '당근과 채찍' 같은 식의 동기부여 방식은 20세기에는 성공적인 방식이었지만 종종 달성하고자 했던 결과와 사뭇 반대되는 결과가 나오기도 한다는 점을 지적한다(Pink, 2019). 핑크는 외적인 보상으로 동기부여를 하려고 노력하는 대신 배우는 능력과 새로운 것을 창조하고 우리가 사는 세상을 개선한다는 것이 진정으로 중요한 동기부여가 될 수 있다고 논쟁한다. 그리고 일하는 동기부여는 내면에서 비롯되는 것이다.

지식근로자의 시대에 성공하기 위해 우리 자녀들에게 필요한 기술에 대해서 재정의하는 것은 비단 핑크(Daniel H. Pink)뿐은 아니다. 2006년 4월과 5월 『그들은 진정 일할 준비가 되었나?』(Are They Really Ready to Work?)라는 제목의 보고서가 '컨퍼런스 보드(conference board, 미국 민간경제연구소)', '일하는 가족을 위한 공동의 목소리', '21세기 역량을 위한 파트너십' 그리고 '워크포스 커넥션(Workforce connection)'을 포함한 협력단체들에 의해 발간됐다(Casner-Lotto & Barrington, 2006). 400명 이상의 기업가들에게 그들이 가장 중요하게 생각하는 기술이 뭔지 그리고 고등학생, 2년제 대학 또는 4년제 대학 졸업생이 기업가가 원하는 이런 기술들을 가지고 있는지 질문했다. 가장 많이 손꼽힌 최상위의 5개 기술들이 의사소통능력, 팀워크, 전문성, 문서 커뮤니케이션 능력, 비판적 사고 또는 문제해결 능력이라는 것은 흥미롭다. 그리고 응답자의 81퍼센트는 창의성과 혁신성을 매우 중요하게 고려한다고 답했다. 2절에서는 주목받고 있는 21세기 역량에 대해서 고찰하기로 한다(김선아, 2021; 박경종 외, 2021; 구자억 외, 2021; 김상무 외, 2018).

1. 주목받고 있는 21세기 역량

최근 4차 산업혁명과 함께 미래사회가 요구하는 인재상과 핵심역량에 대한 논의가 지속되고 있다. 여기에서 역량의 개념과 유형에 대해서 기술하고자 한다. 우리말에서 '역량(力量)'의 사전적 의미는 '일을 해낼 수 있는 능력 또는 그 능력의 정도'라고 풀이하고 있다(두산 동아, 2008). 예를 들면, '역량 있는 사업가', '학교장으로서의 역량을 충분히 발휘하다.' 등이다. 과업(task)을 달성하기 위하여 발휘되는 능력을 의미하는 것 같다.

역량(competency)의 개념에 대한 본격적인 연구는 McClelland로부터 시작되었다. 그는 인사관리 측면에서 대학 학점이나 지능검사에 의존한 기존 선발 방식의 문제점을 제기하면서 상사, 동료 및 고객의 평가에 기초하여 높은 성과를 나타내는 사람들과 평균적인 성과를 보인 사람들을 구분하였다. 이러한 과정을 거쳐 그가 높은 성과를 달성한 사람들의 사고와 행동방식을 분석하고 우수한 성과를 창출할 수 있는 사람을 찾아내는 방법을 제시한 것이 역량연구의 기원이 되었다(주현준, 2007). 역량연구의 접근법은 크게 우수한 수행자의 개인적 특성에 초점을 두는 방법과 표준을 규명하는 직무의 특성에 초점을 두는 방법의 두 가지로 대별된다. 현재 우리나라 역량연구의 대부분은 개인적 특성에 초점을 둔 접근법을 사용하고 있다(정재창, 1998).

일반 경영학분야에서 사용되고 있는 역량의 개념을 종합하면, 역량이란 지식, 스킬, 능력, 동기, 신념, 가치, 흥미가 복합된 개념으로 개인적 특성, 동기, 자기개념이 기술로 표출되어 직무성과를 높이는 데 발휘되는 요소로 정의되고 있다(Castetter, 1986; Klemp, 1980; Parry, 1996; Spencer & Spencer, 1993). 다시 말하면, 이는 직무를 효과적 또는 탁월하게 수행할 수 있는 개인의 특성을 의미하고 있다. 이와 같이 역량이란 특정상황이나 직무에서 준거에 따른, 효과적이고 우수한 수행의 원인이 되는 개인의 내적인 특성으로서 다양한 상황에서 일반적으로 나타나며 비교적 장시간 지속되는 행동 및 사고방식이라고 정의를 내릴 수 있다.

또한 OECD(2003)는 'DeSeCo'(Definition and Selection of Competencies) 프로젝트를 통해서 특정 맥락의 복잡한 요구를 태도, 감정, 가치, 동기 등과 같은 사회적, 행동적 요소뿐만 아니라 인지적, 실천적 기술을 가동시킴으로써 성공적으로 충족시키는 능력으로 개념을 정의하고 있다.

세계 주요국들은 4차 산업혁명의 변화 흐름에 맞추어 인재양성을 위한 교육혁신전략을 수립하여 추진하고 있다. 미국은 인지적 역량뿐만 아니라 비인지적 역량개발을 통한 창의인성교육을 강조하고 있으며, 뉴질랜드는 OECD에서 제안하고 있는 생애 핵심능력을 채택하고, 이를 보완하여 인지적, 비인지적 역량개발을 통한 창의인성교육개혁을 추진하고 있다. 핀란드에서는 국가 핵심 교육과정을 2016년에 개정하고 기업가정신을 강조하며 혁신에 대한 사항을 핵심적으로 다루고 있다(이경호, 2019).

인간은 이제 새로운 패러다임의 교육을 통하여 인공지능, 로봇, 아니면 자동화에 대응할 수 있는 힘을 기를 필요가 있다. 만약 미래세대가 인공지능으로 무장한 로봇과 같이 살아야 한다면 인간에게는 어떤 능력이 필요할까요? 아마도 기계와 공존할지도 모르는 미래세대에게는 기존과 다른 새로운 역량과 그리고 이를 길러주기 위한 새로운 교육이 필요할 것이다(구자억 외, 2021).

미래사회가 요구하는 역량에 대한 제 학자들의 견해를 제시하면 다음과 같다.

① **21세기 역량을 위한 파트너십**(2009)이 『21세기 학습을 위한 체계』(A Framework for 21st Century Learning)를 발간했다. 이 책에서는 필수과목 목록과 교과서 그리고 전문적 직업훈련을 위한 교사들의 매뉴얼도 포함되어 있다. 이들은 자신들이 진행한 사업설문지의 기반은 3R과 4C 접근법이라 요약했다. 3R은 표준적인 읽기(Reading), 쓰기(Writing) 그리고 셈하기(Arithmetic)이다. 그 어떤 자기존중적 학습접근도 이를 제외하고 논할 수는 없지만 우리의 현재 교육적 접근은 보통 이쯤에서 멈춘다. 하지만 이 체계는 이런 기본적인 기능을 넘어서 4C, 즉 비판적인 사고(Critical Thinking), 의사소통능력(Communication), 협력(Collaboration), 창의성(Creativity)을 상정하고 있으며, 이외에도 생활 및 직업기술들과 정보와 미디어 그리고 정보 미디어 문해력 같은 테크놀로지 능력 등이 요구되고 있다(Partnership for 21st Century Learning, 2019).

② **Hirsh-Pasek 등**(2009)은 그의 저서 『유치원에서 필수적인 놀이학습』(A Mandate for Playful Learning in Preschool)에서 아이들이 슈츠 앤 래더즈게임(Chutes and Ladders, 활강로와 사다리가 그려져 있는 판 위에서 하는 아동용 보드 게임)을 하면서 숫자 세는 법을 완벽하게 배우고 아더 왕과 원탁의 기사에 대한 전설을 통해 이야기를 이해해야 하는 과정에서 나타나는 일종의 능동적이고, 몰입하는 의미 있는 학습에 대한 은유로서의 놀이의 가치를 지지하는 내용이다. 아울러 이 책은 실천적인 교육과학을 기념하고 5C라고 명명한 21세기에 필요한 역량들을 소개한다. 5C는 협력, 의사소통(말하기, 듣기), 콘텐츠(읽기, 쓰기, 수학과 역사, 과학 인문학), 비판적 사고 그리고 창의적 혁신이다.

③ **세계경제포럼**은 2016년과 2017년 주요 주제로 4차 산업혁명에 필요한 역

량을 다루었다. 이 포럼에서는 21세기에 필요한 역량을 크게 세 가지 영역으로 구분하고, 열여섯 가지 핵심기술을 제안했다. i) 기초문해 역량(basic skills)은 일상생활에 적용하는 기본적인 기술인 적극적인 학습, 구두표현, 독해력, 문장표현력, ICT 문해력, 비판적 사고, 자신 및 타인을 모니터링하는 역량이다. ii) 인지 및 신체적 능력(Cognitive & Physical Abilities)이다. 인지적 능력요소인 사고의 유연성, 창의성, 논리적 판단, 문제 인식력, 수리적 추리, 시각화능력 및 신체적 능력으로 정교한 손동작 및 적절한 신체근육 사용능력 등을 포함한다. iii) 교차기능능력(Cross-functional skills)을 들 수 있다. 사회적 기술에는 타인과 협력하는 능력, 감성지능, 협상, 설득, 서비스 마인드, 타인을 가르치고 이끌 수 있는 능력 등이 있다. 복잡한 문제해결능력, 의사결정능력 등 시스템적 사고를 하는 능력, 자원관리능력(사람, 물질, 재정, 시간 등), 기계 및 장비를 설치하고 유지 및 관리하는 능력, 품질관리, 고장 탐구하는 능력 등이 포함된다.

④ 또한 **세계경제포럼**(2018)은 The Future of Jobs Report에서 2018년 현재와 비교하여 향후 5년 뒤에 점차 하향적인 경향을 보일 기술과 요구도가 상향될 것으로 예측되는 기술들을 발표했는데, 이를 반영하여 작성한 각각의 기술에 대한 설명이다. 이 보고서 작성에 참가한 대다수의 고용주는 2022년까지 업무를 수행하는 데 필요한 기술이 크게 바뀌게 될 것으로 예상하고 있다. 요구되는 핵심 기술 경향은 수동기술과 신체적 능력에 대한 요구는 지속적으로 감소하고, 기본적인 기계 및 장비설치, 유지관리 기술뿐만 아니라 재무 및 기타 자원관리와 관련된 기술에 대한 수요도 감소될 것이다. 2022년까지 지속적으로 눈에 띄는 기술로는 분석적 사고 및 혁신, 적극적인 학습 및 학습전략이 포함된다. 기술설계 및 프로그래밍과 같은 기술의 중요성이 급격히 증가하고, 창의성, 독창성, 이니셔티브, 비판적 사고, 설득 및 협상과 같은 '인간관계' 기술은 가치를 유지하거나 증가하며, 탄력성, 유연성 및 복잡한 문제해결, 서비스지향 마인드뿐만 아니라 감성지능, 리더십 및 사회적 영향력도 현재의 중요성에 비해 수요가 크게 증가하는 것을 볼 수 있다.

⑤ **국제조직인 교육과정 재설계센터**(Center for Curriculum Redesign: CCR)에서는 지식차원, 스킬차원, 인성차원, 메타학습차원 등으로 구분하고 있다(박경종

외, 2021: 재인용). i) 지식차원은 글로벌 문해력, 환경 문해력, 정보 문해력, 디지털 문해력, 시스템 사고, 디자인 사고 등이다. ii) 스킬차원이다. 여기에는 창의력, 비판적 사고, 의사소통, 협업 등으로 우리가 아는 것을 사용하는 방법과 관련된 것들이다. iii) 인성차원이다. 이는 마음 챙김(mindfulness), 호기심, 용기, 회복탄력성, 윤리성, 리더십 등으로 우리가 행동하고 참여하는 방법과 관련된 것들이다. iv) 메타학습차원은 성찰과 반성을 통해 목표를 수정하고 끊임없이 학습, 성장, 적응력을 키워나가는 메타인지, 성장 마인드 셋 등과 관련된 것들이다. 여기서 메타학습이란 학생들이 스스로 개선하고 성장해 나갈 수 있는 목표와 피드백 관리를 만드는 학습방법에 대한 학습(learning how to learn)을 말하며, 평생 자기주도적 학습을 해나가는 데 반드시 필요한 역량이라고 볼 수 있다.

⑥ **핑크**(2008)는 지금까지 좌뇌 중심의 논리적 사고, 지식중심의 사회에서 우뇌를 병행해서 사용하는 창조 및 공감능력이 더욱 필요하다고 주장한다. 그는 양쪽 뇌를 모두 사용하는 '전혀 새로운 사고'(A Whole New Mind)가 필요한 이유를 다음과 같이 제시했다. i) 단순한 기능만이 아니라 예술적이고 감성적인 가치를 만들어내는 디자인 능력을 말한다. ii) 의사소통에서 단순한 자기주장이 아니라 훌륭한 이야기를 만들어 상대를 설득할 수 있는 이야기를 만들어내는 능력, 즉 스토리 능력을 의미한다. iii) 단순 사안에 대한 분석이나 집중보다는 대상 간의 관계를 이해하고 새로운 것을 만들어 내는 창의성의 원천인 조화능력을 말한다. iv) 인간관계에서 다양성과 차이를 이해하고 상대를 존중하고 배려하는 공감능력이다. v) 웃음, 게임, 유머 등을 통해 함께 즐거워하고 이를 전파하는 놀이능력이다. vi) 물질의 축적만이 아니라 목적의식, 초월적 가치와 같은 정신적 의미를 추구하는 능력이다.

⑦ **트릴링과 페이덜**(Trilling & Fadel, 2012)은 21세기 스킬 파트너십 위원회에서의 다양한 논의를 바탕으로 미래사회가 요구하는 역량을 학습과 혁신을 위한 역량, 디지털 리터러시역량, 직업 및 생활역량으로 분류하여 다음과 같이 제시하고 있다. i) 학습과 혁신을 위한 역량(비판적 사고와 문제해결 능력), ii) 디지털 리터러시(digital literacy)[5]역량(효율적이고 효과적인 정보 접근, 비

---

5) 리터러시(literacy)를 대개 정확히 글을 읽고 쓸 줄 아는 능력이라는 의미에서 문해(文解)라고 번역한다. 그러나 디지털화된 21세기에서는 읽고, 쓰는 능력이 문자를 넘어선 다양한 디지털

판적이면서 능숙한 정보평가, 정확하고 창조적인 정보활용, 미디어 분석과 제작능력 구비, 정보 및 통신기술 이해능력), iii) 직업 및 생활역량(유연성과 적응력, 진취성과 자기주도성〈목표 및 시간관리, 독립적 활동, 자기주도적 학습능력〉, 타인과 타문화와의 상호작용능력, 생산성과 책무성, 리더십과 책임감) 등이다.

⑧ **최고의 컨설팅 회사인 맥켄지**(Mckinsey, 2018)는 2030년을 대비해 노동자들이 더 강화시켜 나가야 할 기술을 제시하였다. 향후에 자동화와 인공지능의 시대를 맞아 노동자에게 필요한 기술들로, 신체적 및 매뉴얼화된 기술(physical and manual skills), 기초 인지기술(basic cognitive skills), 고차원 인지기술(higher cognitive skills), 사회적 및 감성적 기술(social and emotional skills), 정보기술(technology skills)과 같이 다섯 가지를 제시했다. 하지만 신체적 및 매뉴얼화된 기술과 기초 인지기술은 그 중요성이 점차 감소될 것으로 보고 있다. 그리고 데이터 가공 및 분석능력과 같은 ICT 직무기술에 대한 중요성이 가장 강조될 것이며, 타인과의 공감능력과 갈등을 관리할 수 있는 사회적 그리고 감성적 기술에 대한 요구가 높아질 것으로 전망했다.

⑨ **국내에서는 대학생 핵심역량 진단도구 K-CESA**(Korea Collegiate Essential Skills Assessment)를 교육부와 한국직업능력개발원에서 개발하여 2010년부터 시행해 오고 있다. K-CESA의 목적은 대학생의 핵심역량을 측정하여 사회적 변화 및 기업의 요구에 부응하는 인재를 양성하기 위한 것이다. 또한 진단을 통하여 개인의 핵심능력 및 역량 정도를 진단하여 대학생의 취업능력 제고를 위한 자기계발 가이드로서의 역할이 가능하다. K-CESA는 대학생들의 핵심역량을 다음과 같이 여섯 가지 영역으로 설정하였으며 하위역량 분류는 **표 3-1**과 같다.

매체의 활용까지를 포함한다고 이해하면 문해로는 무언가 부족하다. 따라서 여기서는 일단 리터러시라는 영어를 그대로 사용한다(Trilling & Fadel, 2012).

표 3-1 K-CESA 핵심역량 평가영역

상위요소	핵심역량(essential skills)	하위영역
인지적 요소	의사소통역량	읽기, 쓰기, 말하기, 토론과 조정
	자원 · 정보 · 기술 활용역량	내용 영역: 자원, 정보, 기술 수행 영역: 수집, 분석, 활용
	종합적 사고력역량	분석적 사고력, 추론적 사고력 대안적 사고력, 평가적 사고력
	글로벌역량	외국어 능력 글로벌 환경에 대한 노출 타문화 이해 및 수용능력
비인지적 요소	대인관계역량	정서적 유대, 협력, 중재, 리더십, 조직에 대한 이해
	자기관리역량	자기주도적 학습능력 목표지향적 계획수립 및 실행능력 정서적 자기조절능력 직업의식

자료: 박경종 · 강마리아(2021). 4차 산업혁명시대 핵심역량. 서울: 동문사, p. 241.

상기에서 K-CESA의 핵심역량을 고찰한 바와 같이, ⅰ) 의사소통역량은 전통적인 듣기, 읽기, 쓰기, 말하기 능력과 최근 강조되고 있는 갈등해결을 위한 조정능력을 의미한다. ⅱ) 종합적 사고력역량이다. 고차원적인 사고능력으로 문제상황을 명료화여 인식하고 과제해결을 위해 추론하며, 준거에 비추어 아이디어를 판단하고 가장 타당한 해결책을 제시하는 능력이다. ⅲ) 자원정보기술의 활용역량이다. 이는 시간, 예산, 인적 및 물적 자원과 문자, 숫자, 그림정보, 정보통신, 과학기술, 기기작동기술 등을 수집분석, 활용하는 능력을 의미한다. ⅳ) 글로벌역량은 세계화시대에 적합한 국제적 감각과 자세 및 이에 필요한 능력을 의미한다. '다문화이해 및 수용능력'은 유연성 및 적극성, 타문화에 대한 지식 및 이해, 글로벌화 및 글로벌 경제에 대한 이해를 포함한다. ⅴ) 자기관리역량은 문제상황을 진단하고 이를 해결하기 위해 자신을 관리하는 능력으로 자기주도적 학습능력을 포함한다. ⅵ) 대인관계역량은 다양한 인간관계와 사회적 상황 속에서 공동의 목표를 달성하기 위해 필요한 정서적 유대, 협력, 중재, 리더십, 조직에 대한 이해도를 평가한다.

⑩ 4차 산업혁명의 최일선에서 세계를 주도하고 있는 **구글**은 핵심역량으로 네 가지를 제시하고 있다(Tom Popomaronis, 2019; 박경종 외, 2021: 재인용). ⅰ) 일반 인지역량(general cognitive ability)으로 빠르게 학습하고 적응하는 능력, ⅱ) 리더십역량(leadership)으로 자신이 나서서 리더십을 발휘할 때와 조용히 지낼 때를 아는 능력이다. ⅲ) 구글다움(googlyness)이란 역량으로 모호하고 불확실한 상황을 받아들이고 협력하는 능력이다. ⅳ) 전문성역량(role related knowledge)으로 자신이 맡은 역할에 대한 경험과 전문지식을 갖추는 능력이다. 타인들이 흥미 없어 하는 것을 즐기는 것, 자신이 틀릴 수 있다는 것을 인정하는 지적 겸손, 일하는 주인의식, 일을 추진할 때의 느긋하고 개방적인 자세, 과감하게 실행하는 용기를 의미한다. 핵심역량에 있어서도 창의적이고 혁신적인 모습을 보이고 있는 회사가 구글(google)이라는 것을 알 수 있다.

⑪ **대한상공회의소**(2018)에 의하면, 국내 100대 기업이 꼽은 인재의 최우선 덕목은 소통과 협력이다. 이어서 전문성, 원칙과 신뢰, 도전정신, 주인정신, 창의성, 열정, 글로벌역량, 실행력 순으로 제시했다.

⑫ **박경종 외**(2021)는 대학생 핵심역량 진단평가 항목과 국제조직인 '교육과정 재설계센터(CCR: Center for Curriculum Redesign), 세계경제포럼의 The Future of Jobs Report(2018)를 토대로 해서 핵심역량으로 인지적 역량, 기술적 역량, 인성적 역량 등으로 구분했다. ⅰ) 인지적 역량(지식)은 기초적 문해력, ICT 문해력, 과학기술 문해력, 글로벌역량, 디지털 문해력(digital literacy)을 포함한다. ⅱ) 기술적 역량(기술)은 의사소통 및 협업능력, 복잡한 문제해결능력, 비판적 사고, 시스템적 사고, 창의력, 리더십 등이 있다. ⅲ) 인성적 역량(인성)은 대인관계, 공감과 배려능력, 인간관계기술, 자기관리능력, 자기주도적 학습태도, 회복탄력성 등이 함유된다.

상기에서 미래사회에서 요구하는 핵심역량에 대한 제 연구자의 입장을 정리하면 **표 3-2**와 같다.

표 3-2 미래사회에서 요구하는 핵심역량에 대한 제 연구자의 입장

구분	연구자	핵심역량
1	21세기 역량을 위한 파트너십(2009)	• 3R: 읽기(Reading), 쓰기(Writing), 셈하기(Arithmetic) • 4R: 비판적 사고, 의사소통능력, 협력, 창의성
2	Hirsh-Pasek (2009)	• 5C: 협력, 의사소통(말하기, 듣기), 콘텐츠(읽기, 쓰기, 수학, 역사, 과학, 인문학), 비판적 사고, 창의적 혁신
3	세계경제포럼 (2016/2017)	• 기초문해역량: 적극적 학습, 구두표현, 독해력, 문장표현력, ICT 문해력, 비판적 사고, 모니터링 • 인지 및 신체 역량: 사고의 유연성, 창의성, 논리적 판단, 문제 인식력, 수리적 추리, 시각화능력, 정교한 손동작, 신체근육 사용능력 • 교차기능역량: 협력, 감성지능, 협상, 설득, 서비스 마인드, 리딩능력, 시스템적 사고능력(문제해결능력, 의사결정능력), 자원관리능력, 기계 및 장비 유지 및 관리능력, 품질관리능력, 지역탐구능력
4	세계경제포럼 (2018)	• 분석적 사고 및 혁신, 적극적인 학습 및 학습전략, 기술설계 및 프로그래밍 • 인간관계역량(창의성, 독창성, 이니셔티브, 비판적 사고, 설득, 협상) • 탄력성, 유연성, 복잡한 문제해결, 서비스지향 마인드, 감성지능, 리더십, 사회적 영향력 등
5	교육과정 재설계센터	• 지식역량: 글로벌 문해력, 환경 문해력, 정보 문해력, 디지털 문해력, 시스템 사고, 디자인 사고 • 스킬역량: 창의력, 비판적 사고, 의사소통, 협업 • 인성역량: 마음 챙김, 호기심, 용기, 회복탄력성, 윤리성, 리더십 • 메타학습역량: 반성적 학습, 성장 및 적응력, 자기주도학습
6	핑크(2008)	• 논리적 사고, 창조 및 공감능력, 디자인능력(예술 및 감성적인 가치 생성), 스토리 능력, 조화능력(대상들 간의 관계 조정), 공감능력(상대 존중, 배려), 놀이능력(웃음, 게임, 유머), 자아실현 추구능력
7	Trilling & Fadel(2012)	• 학습과 혁신을 위한 역량: 비판적 사고능력, 문제해결능력 • 디지털 리터러시역량: 정보접근 능력, 비판적인 정보 평가능력, 창조적인 정보활용, 미디어 분석, 정보 및 통신기술 이해 능력 • 직업 및 생활 역량: 적응력, 진취성, 자기주도성(목표 및 시간관리, 독립적 활동, 자기주도 학습능력), 타인 및 타문화의 상호작용, 생산성, 책무성, 리더십, 책임감

구분	연구자	핵심역량
8	Mckinsey(2018)	• 신체적 및 매뉴얼화된 기술: 점차 감소됨 • 기초인지기술: 점차 감소됨 • 고차원인지기술: 메타학습 강조 • 사회적 및 감성적 기술: 타인과의 공감능력, 갈등관리할 수 있는 사회적 그라고 감성적 기술의 요구 높아짐 • 정보기술: 데이터 가공 및 분석능력과 같은 ICT 직무기술의 중요성이 부각
9	교육부 · 한국직업능력개발원 (2010)	• 의사소통역량: 읽기, 쓰기, 말하기, 토론, 조정 • 자원정보활용역량: 인적 및 물적 자원 활용능력, 다양한 자료 분석 활용능력 • 종합적 사고력역량: 분석적 사고력, 추론적 사고력, 대안적 사고력, 평가적 사고력 • 글로벌역량: 외국어 능력, 글로벌 환경에 대한 노출, 다문화이해 및 수용능력 • 대인관계역량: 정서적 유대, 협력, 중재, 리더십, 조직 이해 • 자기관리역량: 자기주도적 학습능력, 목표 계획수립 및 실행능력, 정서적 자기조절능력, 직업의식
10	구글(2019)	• 일반 인지역량: 학습 적응능력 • 리더십역량 • 구글다움(googlyness): 불확실한 상황을 수용하는 협력 • 전문성역량: 지적 겸손, 주인의식, 개방적인 자세, 실행 용기, 창의성, 혁신성
11	대한상공회의소 (2018)	• 소통, 협력, 전문성, 원칙과 신뢰, 도전정신, 주인정신, 창의성, 열정, 글로벌역량, 실행력
12	박경종 외(2021)	• 인지적 역량(지식): 기초적 문해력, ICT 문해력, 과학기술 문해력, 글로벌역량, 디지털 문해력 • 기술적 역량(기술): 의사소통, 협업능력, 문제해결능력, 비판적 사고, 시스템적 사고, 창의력, 리더십 • 인성적 역량(인성): 대인관계, 공감능력, 배려능력, 인간관계 기술, 자기관리능력, 자기주도 학습태도, 회복탄력성

표 3-2에서 살펴 본 바와 같이, 미래사회에서 요구하는 핵심역량에 대한 제 연구자의 입장을 정리했다. 이를 핵심역량 키워드(Keyword)별로 나타난 빈도수를 정리하면 **표 3-3**과 같다.

표 3-3 핵심역량 키워드(Keyword)별로 나타난 빈도수

21C 파트너십 (2009)	Hirsh-Pasek (2009)	세계경제 포럼 (2016~7)	세계경제 포럼 (2018)	교육과정 재설계센터	핑크 (2008)	Trilling & Fadel (2012)	Mckinsey (2018)	교육부 등 (2010)	구글 (2019)	대한상공 회의소 (2018)	박경종 외 (2021)	빈도수
의사소통/기초 문해역량	의사소통	기초 문해역량	서비스 지향 마인드	의사소통				의사소통 역량		소통	의사 소통	8
비판적 사고	비판적 사고	논리적 판단/시스템적 사고	비판적/분석적 사고	비판적/시스템 사고	논리적 사고	비판적 사고 능력		종합적 사고력			비판적/시스템적 사고	9
				글로벌 문해력				글로벌 역량		글로벌 역량	글로벌 역량	4
협력	협력	설득, 협상	설득, 협상	협업	조화/스토리 능력			조직 이해	협력	협력	협업/대인관계	10
		적극적 학습	적극적 학습	자기주도	자아실현	자기 주도성		자기관리 역량	개방 및 실행 용기	주인 정신	자기관리/자기주도	9
				적응력	놀이능력	적응력			학습 적응능력			4
		리딩 능력	리더십	리더십		리더십		리더십	리더십 역량		리더십	7
				전문성역량				직업의식	전문성 역량	전문성		4
창의성	창의적 혁신	창의성	창의성/독창성	창의력	창조					창의성	창의력	8
		문제해결 능력	문제해결			문제해결 능력	갈등관리				문제해결력	5
		감성지능	감성지능	인성/윤리성	공감능력	책임감/실행력	타인과의 공감능력			실행력	공감능력/배려	8
				회복 탄력성		진취성		자기조절 능력	불확실한 상황 수용해서 추진	도전정신, 열정	회복탄력성	6
		기계 장비 및 유지관리 능력		정보/디지털 문해력		디지털 리터러시 역량	정보기술	자원정보 관리			디지털 문해력	6
		유연성	탄력성/유연성			다문화이해/상호작용		다문화 이해 수용능력				4
			기술설계 및 프로그래밍	디자인 사고	디자인 능력			계획수립/설계/디자인 능력				4

미래사회에서 요구하는 핵심역량에 대한 제 연구자의 견해를 종합 정리한 후 이를 토대로 핵심역량 키워드(Keyword)별로 나타난 빈도수를 제시하면 다음과 같다.

협력역량(10)[6] > 비판적 사고역량(9) = 자기관리역량(9) > 의사소통역량(8) = 창의성역량(8) = 공감역량(8) > 리더십역량(7) > 회복탄력성(6) = 디지털 리터러시역량(6) > 문제해결역량(5) > 다문화이해역량(4) = 글로벌역량(4) = 적응역량(4) = 전문성역량(4) = 디자인역량(4) 순으로 나타났다.

4차 산업혁명시대에 필요한 핵심역량 15개를 도출하였다. 이를 구체적으로 기술하면 다음과 같다.

① **협력역량**(Collaboration Competency): 다양한 분야의 사람들과의 협력하는 능력으로 설득, 협상, 협업, 조화, 스토리 능력, 조직 이해, 원만한 대인관계를 의미한다.

② **비판적 사고역량**(Critical thinking Competency): 종합적 사고력 능력으로 분석적 사고력, 추론적 사고력, 대안적 사고력, 평가적 사고력 등 고차원적 사고능력으로 문제상황을 명료하게 인식하고 과제해결을 위한 추론하며, 준거에 비추어 아이디어를 판단하고 가장 타당한 해결책을 제시하는 능력이다.

③ **자기관리역량**(Self-management Competency): 문제상황을 진단하고 이를 해결하기 위해 자신을 관리하는 능력으로 목표 및 시간관리, 독립적 활동, 자기주도적 학습능력, 목표지향적 계획수립 및 실행능력, 정서적 자기조절능력, 직업의식 등을 포함한다. 적극적 학습, 자아실현, 자기주도성, 주인정신 등을 의미한다.

④ **의사소통역량**(Communication Competency): 읽고, 쓰고, 말하기, 토론과 조정능력, 갈등해결 조정능력, 기초 문해역량, 서비스지향 마인드 등을 의미한다.

⑤ **창의성역량**(Creativity Competency): 단순 사안에 대한 분석이나 집중보다는 대상과의 관계를 이해하고 새로운 것을 만들어 내는 역량, 창의성 혁신, 독창성, 창의력 등을 의미한다.

---

6) (10) ( ) 안의 수는 4차 산업혁명시대 핵심역량에 대한 제 선행연구자들의 연구에 나타난 빈도수를 나타낸다.

⑥ **감성역량**(Emotional Competency): 인간관계의 다양성과 차이를 이해하고 상대를 존중하는 역량, 타인과의 공감능력, 감성지능, 인성, 윤리성, 공감능력, 책임감, 실행력, 타인과의 공감능력, 배려 등이 포함된다.

⑦ **리더십역량**(Leadership Competency): 리더는 복잡성, 모호성, 불확실성에 대처할 수 있는 능력을 발휘하는 역량이며, 그리고 자신이 나서서 리더십을 발휘할 때와 조용히 지낼 때를 아는 능력을 의미한다.

⑧ **회복탄력성역량**(Resilience Competency): 불확실한 상황을 수용해서 추진하는 능력으로, 이는 크고 작은 다양한 역경과 시련, 실패에 대한 인식을 도약의 발판으로 삼아 더 높이 뛰어오르는 마음의 근력을 의미한다. 역경으로 인해 밑바닥까지 떨어졌다가도 강한 회복탄력성으로 다시 튀어오르는 사람들은 대부분 원래 있었던 위치보다 더 높은 곳까지 올라갈 수 있다. 지속적인 발전을 이루거나 커다란 성취를 이뤄낸 개인이나 조직은 대부분의 경우 실패나 역경을 딛고 일어섰다는 점이 공통된 특징이다. 즉 도전정신, 열정, 자기조절능력을 의미한다. 4차 산업혁명시대에는 회복탄력성을 구비하기 위해서는 관계성을 길러야 하고, 어려움 속에서 의미를 탐색하고, 낙관적이 되어야 한다. 그리고 결단력을 갖추면서 변화는 삶의 일부분이라는 것을 수용해야 될 것이다(박경종 외, 2021).

⑨ **디지털 리터러시역량**(Digital Literacy Competency): 효율적이고 효과적인 정보접근, 비판적이면서 능숙한 정보평가, 정확하고 창조적인 정보활용, 미디어 분석과 제작능력 구비, 정보 및 통신기술 이해능력, 데이터 가공 및 분석능력, ICT 직무기술능력 등이다. 자원정보관리, 디지털 문해력, 기계장비 및 유지관리능력 등을 의미한다.

⑩ **문제해결역량**(Problem-solving Competency): 인공지능과 자동화기술 보급에 따라 인간의 작업이 더 중요하기 때문에 미래 직업능력 중 문제해결이 가장 중요한 역량이다. 여기에는 갈등관리능력을 포함한다.

⑪ **다문화이해역량**(Multiculture comprehension Competency): 타인과 타문화와의 상호작용능력, 타문화에 대한 지식 및 이해 및 수용능력을 의미한다.

⑫ **글로벌역량**(Global Competency): 외국어능력, 글로벌 환경에 대한 노출, 타문화이해 및 수용능력, 국제적 감각과 자세 및 이에 필요한 능력을 의미한다.

⑬ **적응역량**(Adaptation Competency): 4차 산업혁명시대에 급격하게 변화하는

환경에 신속하게 적응하는 능력을 의미하며, 놀이능력, 학습 적응능력 등을 의미한다.

⑭ **전문성역량**(Professionalism Competency): 자신이 맡은 역할에 대한 경험과 전문지식을 갖추는 능력이다. 지적 겸손, 일하는 주인의식, 직업의식, 개방적인 자세, 과감하게 실행하는 용기 등을 포함한다.

⑮ **디자인역량**(Design Competency): 예술적이고 감성적인 가치를 만들어 내는 역량이다.

제3절 한국 미래교육의 인재상[7)]

4차 산업혁명시대에 대응하여 한국교육이 신속하게 바뀌어야 미래세대가 산다. 일방적으로 지식을 주입하고, 암기하게 하여 확인 평가하고, 서열화하는 전통방식의 교육은 더 이상 존립 가치가 상실되고 있다. 4차 산업혁명시대에는 창의성과 팀워크 및 미래 대응능력과 인성을 함양하는 교육 등으로 획기적으로 변환되어야 한다.

이에 미래의 인재를 양성해야 하는 학교는 단순히 지식전달의 장에 머물러서는 안 된다. 학교는 미래사회에 꼭 필요한 창의적으로 생각하는 역량, 공동체에서 협업하는 역량, 그리고 미래변화에 대응하기 위해 자율적으로 계속 학습할 수 있는 역량, 인간됨과 감성을 강화하는 인성을 함양하는 새로운 교육의 장이 되어야 한다. 이에 따라 학교에서의 평가도 서열화가 아니라 개인의 특성과 역량을 개별적으로 진단하는 방식으로 변화되어야 한다.

또한 학교에서 교사의 역할이 바뀌어야 한다. 기존의 교수-학습 방식에 의한 지식전달자로서의 교사 역할은 이미 대체 가능한 것이 많고 인공지능이 교육에 도입되면 대체가 더욱 가속화될 것이다. 더욱이 인공지능이 교육에 적용되면 학생 개개인의 지식수준에 맞춘 1대 1 개인 학습지도가 가능해져 지식전달자로서의 교사 대체가 가속화될 것이다. 교사는 이제 학생들의 미래 적응학습과 창의력 배양 및 팀워크와 인성함양을 위한 미래 가이드, 조력자, 동

7) 안종배(2021). 대한민국 미래교육의 인재상. 국제미래학회 · 한국교육학술정보원. 제4차 산업혁명시대 대한민국 미래교육보고서. 서울: 광문각, pp. 175~176.

기부여자, 카운슬러, 멘토의 역할을 담당해야 한다.

4차 산업혁명은 초지능사회를 시사하고 있다. 학교교육은 4차 산업혁명에 대비하기 위해 미래 핵심역량을 갖추고 변화하는 전문역량을 익혀 지속가능한 미래공동체를 위해 함께하는 인성과 시민의식을 갖춘 미래 인재를 양성하는 방향으로 총체적인 변화가 모색되어야 할 것이다. 한국 미래교육의 인재역량은 **그림 3-3**과 같다.

그림 3-3 한국 미래교육 인재역량

자료: 안종배(2021). 대한민국 미래교육의 인재상. 국제미래학회·한국교육학술정보원. 제4차 산업혁명시대 대한민국 미래교육보고서. 서울: 광문각, p. 175에서 인용 및 재정리

4차 산업혁명시대에 필요한 미래 창의혁신인재는 4대 핵심 기반역량을 바탕으로 이루어진다. 이 네 가지 역량은 개별적인 것이라기보다는 상호연결되면서 수업을 통해 동시적으로 함께 함양돼야 한다.

① 창의로운 인지역량 영역으로 비판적 사고력, 창의성, 문제해결, 전문성

등을 말한다.

② 인성을 갖춘 정서역량으로는 감성, 회복탄력성, 다문화이해, 디자인 등의 역량이 해당된다.

③ 협력하는 사회역량은 의사소통과 협력, 글로벌, 리더십과 관련된 역량이다.

④ 생애주기 학습역량은 적응, 자기관리, 디지털 리터러시 등이 해당된다.

이러한 미래 인재에게 기본이 되는 4대 핵심 기반역량을 바탕으로 하여 4차 산업혁명시대에 필요한 영역별 융합적 전문역량을 함양하여 건강한 미래사회를 주도할 수 있는 창의적으로 사고하는 인성을 갖춘 인재를 양성하여야 할 것이다.

제4절 4차 산업혁명시대의 교육리더십

4차 산업혁명시대의 환경변화는 조직의 근본적인 변화를 가져와 새로운 리더의 도전을 요구하고 있다. 이로 인해, 조직과 공동체를 잘 이끌어갈 리더십이 절실히 필요하게 되었다. 이렇게 급하게 변하는 미래사회에서는 기존의 생각과 방법으로는 대응하기에 한계가 있기 때문에 새로운 방식의 혁신적인 리더십이 요구되고 있다.

4절에서는 왜 교육리더십의 변화가 필요한가?, 미래사회의 리더십 핵심역량, 4차 산업혁명시대의 교육리더십 트렌드 제시 등을 고찰하고자 한다.

1. 왜 교육리더십의 변화가 필요한가?

초지능사회와 초연결 사회를 의미하는 4차 산업혁명의 특징은 그 규모, 범위, 속도와 깊이, 시스템 충격이 지금까지 인류가 겪었던 어떤 것보다도 심오하게 우리의 삶과 일, 사고방식과 인간관계의 방식을 근본적으로 변화시키리라고 예고되고 있다. 미래사회는 지식과 기술과 자격증 위주의 학력이나 경력에 의존하는 인재보다 스스로 문제를 포착하고 현장경험을 통해 문제를 해결하고 새로운 가치를 창출해 내는 '창의 융합 인재'를 필요로 하고 있다. 또한 교육자들과 학생들, 교육과정, 교육방법, 교육시스템과 교육시설 등 교육환경은 물론 교육문화가 미래교육방향을 반영하도록 재교육되고 재편되어야 한다. 이와 같이 새로운 프레임 속에서 사람, 시스템, 문화가 모두 혁신되려면 새로운 교육리더십이 필요하다. 하지만 우리 사회와 교육계는 여전히 지식정보화사회 이전의 산업화사회의 패러다임에 매여 있어 위계적인 조직 하에서 리더는 구성원들을 지휘하고 통솔하며 명령과 지시를 위주로 의사소통하며 권한과 책임을 독점하는 경향을 가지고 있어 구성원들은 리더에게 의존적이고 수동적인 모습을 보여주고 있다(이경숙, 2021).

그러나 4차 산업혁명시대의 리더는 변화에 도전하여 기회를 발굴하고 이를 혁신으로 실행하는 리더십이 필요하며 아울러 조직구성원들이 자율적이고 적극적이며 창의적으로 변화에 적응하도록 그들과 소통하고 그들을 이해하고 설득하며 수평적인 의사소통이 가능한 리더십이 발휘되어야 할 것 같다.

2. 미래사회의 리더십 핵심역량

미래사회에서 살아남기 위해서는 조직사회에서 요구하는 새로운 리더십의 역량을 발휘해야 한다. 조직문화 창조에 있어서 구성원이 열정을 쏟고 의욕을 북돋을 수 있는 미래사회 리더십역량은 조직의 성패를 좌우하는 핵심적인 키(key)가 되기 때문이다. 이러한 조직문화를 만들기 위해 리더는 네트워크 안에서 서로 소통하고 소셜미디어 전문가집단으로 변해야 한다. 그렇지 않으면 살아남을 수 없다. 새로운 조직문화의 구축은 시대와 사회적 배경에 따라 다양한 형태로 변하고 있다. 이처럼 급변하는 시대에 리더십역량에 대해서 고찰하고자 한다(양애경 외, 2019).

리더십역량이란 리더가 리더십을 발휘하여 구성원 개개인들이 자신의 업무를 성공적으로 수행하도록 하는 능력을 의미한다. 구성원 개개인들이 주어진 어떤 일에 자신이 가지고 있는 다양한 방법을 동원하여 업무를 성공적으로 해결하는 힘이나 능력으로 재개념화한다. 최근 리더십 핵심역량의 개념이 변하고 있다. 이러한 시대를 대응하기 위해서는 이에 대응할 수 있는 능력을 지닌 사람이 요구되고 이러한 사람을 교육이나 훈련을 통해 양성해내야 한다. 새로운 미래에 걸맞은 교육으로 우리 사회가 추구하는 가치나 비전을 달성할 수 있도록 해야 할 것이다. 급격한 사회 환경변화는 조직에 근본적인 변화를 가져와 새로운 리더십의 도전과 혁신을 필요로 하고 있다. 이러한 변화는 전통적인 리더십패러다임에서 새로운 패러다임으로 전환을 필요로 한다.

Richard L. Daft(정진철 · 최승준 역, 2011)는 **현대조직의 변화와 미래사회 리더십**에 대해 기술하고 있다.

첫째, 안정 → 변화로 이동이다. 예전에는 조직의 안정을 유지하는 것을 성공한 것이라는 견해가 보편적이었지만 오늘날은 모든 것이 불확실하기 때문에 위기관리 리더십을 요구하고 있다. 오늘날 리더는 변화와 위기에 대해 이를 인정하고 동기부여와 자기혁신의 계기로 인식해야 한다.

둘째, 통제 → 임파워먼트로 이동이다. 권한을 독점하기보다는 공유하고 조직 내 모든 사람의 몰입과 참여를 통한 브레인 파워를 증대시키려 한다. 따라서 구성원들의 지적 능력을 최대한 활용할 수 있는 환경을 창출한다.

셋째, 경쟁 → 통합으로 이동이다. 새로운 형태의 글로벌 조직은 독립된 회사들 간의 네트워크 형태로 구성하며 우수한 리더를 공유한다. 팀워크와 협력을 중시하며 부서 간의 장벽을 무너뜨리고 정보를 확산한다.

넷째, 획일성 → 다양성으로 이동이다. 과거에는 일사불란하게 움직이는 조직이 목표를 도달하는 데 도움이 되었으나 다변화 사회에서는 리더 한 사람의 의견보다는 다양한 사람의 의견을 모아 변화하는 사회에 적응하는 다양성이 요구된다. 획일성보다는 다양성이 장점으로 작용하고 다양한 목소리를 반영하는 사회로 나아가고 있다.

다섯째, 이기적 목표 → 윤리적 목표로 이동이다. 과거의 기업은 이윤을 추구하였으나 오늘날 기업은 이익 추구와 더불어 사회적 기여도 및 공헌도를 동시에 고려하고 사회적 가치를 반영하는 윤리적 경영이 중요시되고 있다.

여섯째, 영웅적 역할 → 평범한 역할로의 이동이다. 과거의 리더는 외모가 잘생기고 많이 배우고 글을 잘 쓰거나 판단력이 우수한 사람이라고 생각했다. 한 사람의 리더가 모든 것을 판단하고 결정하면 조직구성원은 리더의 지시에 따르면 되었다. 그 결과 나폴레옹, 히틀러와 같은 절대 권력을 가진 영웅이 사회를 지배하였다. 그러나 현대사회는 한 사람의 의견에 모든 것을 맡기기에는 사회가 너무 복잡하고 급변한다. 리더는 팔로워들에게 조직이 나아갈 비전과 이를 수행할 수 있는 동기를 제공하며 한 사람의 구성원으로서 동행하는 것을 요구하는 사회가 되었다.

미래사회는 기존의 리더십방식으로 새로운 시대에 대응하기에는 한계가 있기 때문에 새로운 방식의 혁신적인 리더십이 필요하다. 4차 산업혁명시대에 역량을 발휘할 수 있는 리더십을 길러내기 위해서는 자기 스스로 변화를 주도하고 적응하며 기존의 다양한 지식을 바탕으로 서로 협력하여 새로운 것을 창조하는 인재를 양성하는 교육과 훈련이 이루어져야 할 것이다.

미래 교육리더십은 전통적인 리더십과 달리, 정의 및 패러다임과 스타일, 특징에서 새로운 모델을 필요로 하고 있다. 전통적으로 리더십은 특정인의 소유하고 있는 선천적으로 타고나는 능력이므로 리더십을 알려면 리더 개인에 대한 연구를 통해야 한다고 보고 있다. 하지만 미래의 리더십은 과정론적 관점에서 해석하여 리더십은 특정인에게만 국한되는 선천적 능력이 아니고 누구나 가지고 있고 요구되는 보편적 인간능력이므로 교육과 훈련으로 계발가능하며 관계를 통해 리더십을 조명할 수 있고 리더의 행동과정에서 관찰될 수 있는 동사적 개념을 가지고 있다고 보고 있다. 그래서 리더십이란 공동의 이익을 위해 설정된 목표를 달성하기 위해 한 구성원이 조직의 다른 구성원들에게 영향력을 미치는 과정이라고 정의할 수 있다.

따라서 미래 교육리더십은 비전과 목표를 제시하고 이를 달성하기 위해 도전정신과 용기를 보이며, 창의적이고 긍정적인 사고방식으로 새롭게 생각하는 습관을 가지며, 공감적인 경청을 통해 신뢰성과 책임감을 보여주어야 한다. 또한 헌신과 배려로 섬김을 실행하여 구성원들이 자발적으로 문제해결과 혁신에 참여하도록 할 때 리더십을 발휘할 수 있다.

미래 교육리더십이 실제 교육현장에 적용되려면 다음과 실천전략이 강구되어야 할 것이다(이경숙, 2021).

① **비전과 목표를 세우고 행동해야 한다.** 뚜렷한 비전과 정교한 목표를 세우는 일은 자기자신을 비롯해 다른 사람들에게 희망과 용기를 갖게 만든다. 비전은 장기 미래설계도이자 명확한 미래청사진이다. 이는 구성원들의 공감대를 형성하고 활력을 모으는 구심점이 된다. 리더는 디자인적인 사고방식으로 미래사회를 총체적으로 전망하고 가시적인 마스터플랜을 제시하여 구성원들의 화합을 도모할 수 있는 구체적인 방법을 모색할 수 있어야 한다. 비전을 공유함으로써 사람들은 기대감을 갖고 목표에 집중할 수 있다. 이처럼 방향을 제시하는 비전은 잠재력을 깨우는 발전의 원동력이 된다. 아울러 현재와 미래를 연결해 주는 희망의 고리역할을 한

다. 그리고 2015년 세계교육포럼에서 교육기본법 제2조에 명기된 홍익인간의 이념을 발전시켜 향후 15년간 세계를 이끌어갈 좌표로 '세계시민교육'을 제시했다. 교육개혁목표로 홍익인간 육성이 아니라 홍익인간 되기를 내세웠다. 이는 미래교육은 가르치는 사람과 배우는 사람을 구분하는 교육과 학습이 아니라 서로가 배우고 가르치는 입장이 되어 함께 변화하고 성장해야 한다는 것이다. 학생이 홍익인간이 되기 위해서는 이미 홍익인간으로 솔선수범해서 실천하며 살고 있는 역할모델을 보고 배워야 하므로 교사, 학부모, 지역사회구성원 모두가 사람을 사랑으로 섬기며 세상을 이롭게 하기 위해 헌신하는 리더십을 보여주어야 한다는 것이다.

② **도전정신과 용기를 가져야 한다.** 비전과 목표를 달성하려면 도전정신과 용기가 있어야 한다. 결국 비전을 가진 사람은 그것이 실현될 때까지 절대로 포기하지 않는 도전정신과 용기를 가진 사람이다. 도전정신은 실패와 역경과 시련과 두려움과 좌절을 경험하게 하나 열정과 끈기와 인내심으로 이를 극복하면 성공의 열매를 맛볼 수 있다. 더불어 인생의 승리를 체험하게 되어 자신감을 얻게 되고 인격의 성장과 성숙의 기회를 갖게 된다.

③ **창의적이고 긍정적인 사고방식을 가져야 한다.** 창의성이란 개인 또는 집단이 인간, 사회, 문화적 맥락 속에서 알고 있는 지식을 활용해 독창적인 아이디어를 제시하고, 이를 유용한 현실적인 사물을 만들어 내는 능력을 말한다. 그리고 창의적인 생각이나 기발한 발상을 가진 리더는 고정관념을 버리고 정해진 프레임 속에 갇히지 않고 항상 유연한 사고와 열린 마음으로 우연히 생긴 일도 무시하지 않고 끊임없이 새롭게 생각하고 행동하는 습관을 가진 사람이라는 것이다. 창의력을 높이기 위해서는 모든 일에 대해 긍정적으로 생각하고 말하는 태도와 자세가 되어 있어야 한다는 것이다.

④ **공감적인 경청으로 소통하고 협력해야 한다.** 조직구성원들은 조직의 목표에 자발적으로 집중하게 하려면 원활한 의사소통이 이루어져야 한다. 매리비안 법칙에 의하면, 상대방에게 의사를 전달할 때 영향을 미치는 것은 말(7%)이나 억양, 음색 높낮이, 속도 등 소리 요소(38%)보다 표정, 몸짓, 자세, 태도 등 동작 요소(55%)가 더 크다. 조직의 비전을 함께 이루려면 정보가 공유되고 자유로운 토론이 가능한 투명하고 개방된 조직을 만들

어야 한다. 조직의 투명성과 개방성은 구성원들이 의사결정에 참여하는 기회를 가지게 하므로 주인의식과 충성심을 가지게 된다. 상대방의 말을 공감하고 경청해 주는 것이 가장 효과적인 대화의 방법이라고 할 수 있다. 공감적 경청이란 상대방을 진정으로 이해하려는 의도를 가지고 경청하는 것이다. 포용력을 가지고 귀 기울여 듣고 격려하면서 수평적인 의사소통이 원활할수록 구성원 상호 간에 이해가 깊어지고 강한 신뢰감이 생겨 구성원들의 협력을 이끌어낼 수 있다.

⑤ **신뢰성과 책임감을 가져야 한다.** 성공한 사람들은 모두 신뢰를 얻기 위해 노력한다. 이를 위해서는 나보다 상대방을 먼저 생각하고 배려하며 여러 입장에서 문제를 보고 해결해야 한다. 신뢰는 말과 행동이 일치되고 한번 약속한 것은 형편이 불리해져도 지키도록 해야 쌓인다. 리더와 구성원 간에 신뢰 수준이 높으면 서로에게 솔직하게 되고 자기중심적 반응에서 벗어나 공감적 반응으로 나아갈 수 있으므로 책임감을 가지고 능률적인 작업을 할 수 있다.

⑥ **헌신과 배려로 섬기는 문화를 만들어야 한다.** 리더의 권위와 영향력은 구성원에 대한 섬김과 헌신, 배려로부터 나온다. 구성원들을 리더 자신과 같이 존중하고 본인이 대접받고 싶은 대로 구성원들을 대접할 때 그들은 마음을 열어 자발적으로 협력한다. 이러한 섬김과 헌신의 문화는 개인과 조직의 성장으로 이어진다. 영향력을 가진 사람일수록 자신은 봉사자라는 생각을 해야 조직문화가 섬기는 문화로 변한다.

3. 4차 산업혁명시대의 교육리더십 트렌드 제시

4차 산업혁명시대에 필요한 핵심역량으로 협력역량, 비판적 사고역량, 자기관리역량, 의사소통역량, 창의성역량, 공감역량, 리더십역량, 회복탄력성역량, 디지털 리터러시역량, 문제해결역량, 다문화이해역량, 글로벌역량, 적응역량, 전문성역량, 디자인역량 순으로 나타났다.

그리고 **한국 미래교육 인재역량**을 다음과 같이 제시했다.

① 창의로운 인지역량 영역으로 비판적 사고력, 창의성, 문제해결, 전문성 등을 말한다.

② 인성을 갖춘 정서역량으로는 감성, 회복탄력성, 다문화이해, 디자인 등의

역량이 해당된다.

③ 협력하는 사회역량은 의사소통과 협력, 글로벌, 리더십과 관련된 역량이다.

④ 생애주기 학습역량은 적응, 자기관리, 디지털 리터러시 등이 해당된다.

이러한 미래 인재에게 기본이 되는 4대 핵심 기반 역량을 바탕으로 하여 4차 산업혁명시대에 필요한 영역별 융합적 전문역량을 함양하여 건강한 미래사회를 주도할 수 있는 창의적으로 사고하는 인성을 갖춘 인재를 양성하여야 할 것이다.

그리고 **미래사회의 리더십 핵심역량**으로 안정 → 변화, 통제 → 임파워먼트, 경쟁 → 통합, 획일성 → 다양성, 이기적 목표 → 윤리적 목표, 영웅적 역할 → 평범한 역할로 이동이다.

또한 **미래사회의 교육리더십의 실천전략**으로 ① 비전과 목표를 세우고 행동해야 한다. ② 도전정신과 용기를 가져야 한다. ③ 창의적이고 긍정적인 사고방식을 가져야 한다. ④ 공감적인 경청으로 소통하고 협력해야 한다. ⑤ 신뢰성과 책임감을 가져야 한다. ⑥ 헌신과 배려로 섬기는 문화를 만들어야 한다 등으로 제시했다.

상기에서 살펴본 바와 같이, 4차 산업혁명시대에 필요한 핵심역량 15개, 한국 미래교육 인재역량 4개 영역, 미래사회의 리더십 핵심역량의 이동과정, 미래사회의 교육리더십의 실천전략 등을 기반으로 4차 산업혁명시대의 리더십 트렌드로 변혁적 리더십, 문화적 리더십, 도덕적 리더십, 서번트 리더십, 감성적 리더십, 카리스마 리더십, 수퍼 리더십, 셀프 리더십, 분산적 리더십, 수업리더십, 가부장적 리더십, 기러기 리더십, 가치부가적 리더십, 여성리더십, 히딩크 리더십, 참여적 리더십, 윤리적 리더십, 체인지 리더십, 피그말리온 리더십, 반향촉진 리더십 등으로 분류하고자 한다.

• Chapter 04 •

4차 산업혁명시대의 교육리더십 트렌드

학습목표

1. 4차 산업혁명시대의 교육리더십 트렌드를 이해할 수 있다.

Keyword

변혁적 리더십, 문화적 리더십, 도덕적 리더십, 서번트 리더십, 감성적 리더십, 카리스마 리더십, 수퍼 리더십, 셀프 리더십, 분산적 리더십, 수업리더십, 가부장적 리더십, 기러기 리더십, 가치부가적 리더십, 여성리더십, 히딩크 리더십, 참여적 리더십, 윤리적 리더십, 체인지 리더십, 피그말리온 리더십, 반향촉진적 리더십

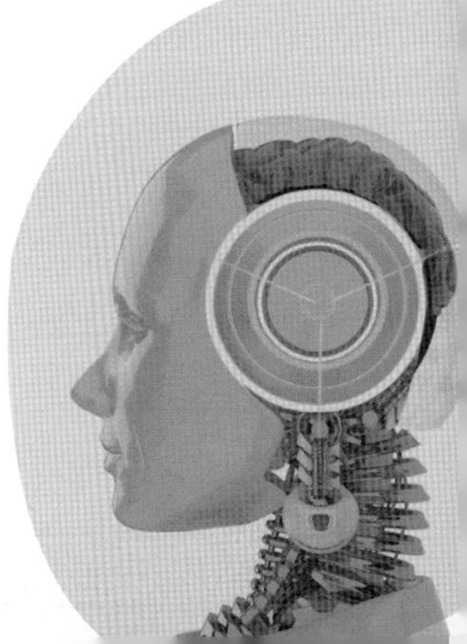

현재와 단절된 미래로 가는 길은 구상하기 어렵다는 것을 인정하지 않을 수 없는 것이다. 현재 진행되고 있고, 향후 더욱 속도를 낼 4차 산업혁명시대가 10년, 20년, 30년, 40년을 내다보며 교육리더십의 동향에 대하여 고민해보고자 한다.

이러한 맥락에서 4차 산업혁명시대의 교육리더십 트렌드를 현재 존재하는 리더십으로 보고자 한다. 즉 변혁적 리더십, 문화적 리더십, 도덕적 리더십, 서번트 리더십, 감성적 리더십, 카리스마 리더십, 수퍼 리더십, 셀프 리더십, 분산적 리더십, 수업리더십, 가부장적 리더십, 기러기 리더십, 가치부가적 리더십, 여성리더십, 히딩크 리더십, 참여적 리더십, 윤리적 리더십, 체인지 리더십, 피그말리온 리더십, 반향촉진적 리더십 등 20개로 설정하고자 한다.

위에서 제시된 리더십 가운데는 이전부터 강력하게 리더십의 영향력을 발휘한 것들도 있고, 또한 일부 리더십은 그동안 제안되었던 리더십들이 제대로 실현되지 않은 채로 있던 탓도 있을 것이다. 이러한 다양한 교육리더십의 유형들은 추후 연구를 거쳐 4차 산업혁명시대의 교육리더십의 구체적인 방안과 전략으로 발전시켜야 할 것이다.

따라서 4장에서는 제시된 리더십 트렌드에 대하여 구체적으로 고찰하고자 한다.

제1절 변혁적 리더십

4차 산업혁명시대의 교육조직은 디지털의 전환, 인구구조의 변화 등에 따라 사회, 경제, 교육 등 전 분야에 걸쳐 변화의 가속화, 불확실성의 심화로 교육을 대전환하는 데 있다. 이러한 맥락에서 변혁적 리더십의 개념, 변혁적 리더십과 거래적 리더십, 변혁적 리더십 특성과 활동, 하위변인 등을 고찰한 후 4차 산업혁명시대와 연계시켜 기술하고자 한다.

1. 변혁적 리더십의 개념

주요학자들이 바라보는 **변혁적 리더십에 대한 관점**(transformational leadership)을 제시하면 다음과 같다. ① Burns(1978)는 "변혁적 리더십은 리더와 구성원들이 서로에게 높은 차원의 동기와 도덕성을 갖도록 해주는 사람들 간의 관계와 관련된다"고 했다. ② Harris 등은 "변혁적 리더들은 조직의 구조를 관리할 뿐만 아니라 조직의 변화를 위해 의도적으로 조직문화에 영향을 가한다"고 했다. ③ Duigan과 Macpherson(1992)은 "변혁적 리더십의 관점은 리더의 도덕적 가치와 가치있는 활동에 초점을 두며, 이러한 것들이 어떻게 다른 사람들에게 나타나게 할 것인지에 초점을 둔다"고 했다. ④ Hodgkinson(1991)은 "변혁적 리더십은 기술과학(technical science, 규칙이 정해져 있는 정적인 것)이라기보다는 도덕적 예술(moral art, 도덕성에 바탕을 둔 동적인 것)에 가깝다"고 제시했다. ⑤ Blase(1989)는 "변혁적 리더들은 사람들을 통제하려고 하기보다는 사람들과 함께 힘을 발휘하려고 하거나 사람을 통해 힘을 발휘하려고 노력한다"고 주장했다. ⑥ Avolio와 Bass에 의하면, "변혁적 리더는 조직목표달성을 위한 적절한 상황을 창조한다"고 했다. ⑦ House와 Singh(1987)은 "변혁적 리더십은 변화를 목적으로 하는 발전지향적이며, 추종자 개개인의 발전에 관한 리더의 관심은 조직의 성장을 주도하기 위하여 부하의 과업성과를 향상시키는 데 두고 있다"고 주장한다. ⑧ Waldman, Bass, Einstein(1987)은 "변혁적 리더십은 거래적 리더십을 증대시킨다. 또한 변혁적 리더십은 부하의 만족, 효과성 그리고 초과 노력에 관련하여 부하를 지도하고 개발시키며, 그것의 주목표는 부하 스스로 문제를 해결하도록 부하의 능력을 발전시키는 것이며, 경우에 따라 다른 사람의 문제해결을 돕는 것이다. ⑨ Peters와 Austin(1985)은 "변혁적 리더는 치어리더(cheerleader), 열광자(enthusiast), 방랑자(wanderer), 극작가(dramatist), 코치(coach), 촉진자(facilitator), 건설자(builder)의 특징을 갖는다"고 했다. ⑩ Bass(1985)는 "변혁적 리더는 진취적이고, 구성원들의 관심사와 이해관계를 파악하고 있으며, 구성원들 본인이 지닌 능력 이상을 발휘할 수 있도록 도와준다"고 했다. ⑪ 신재흡(2010)은 "변혁적 리더십은 조직구성원의 가치관, 신념, 목적과 조직문화를 변혁시켜 하위자들로 하여금 기대이상의 과업을 수행하도록 동기를 유발시키며, 조직구성원의 욕구와 능력을 인정하며, 그들의 잠재력을 상승 및 고양하여 더욱 훌륭한 인물(great man)로 향상시키는 리더십으로 볼 수 있으며, 리더십과정을 통하여 리더와 팔로워 양측이 더 높은 수준의 동기유발과 도덕성을 소유하도록 유도함으로써 리더와 팔로워 모두에게 변혁적 효과를 가져 온다"를 의미한다. ⑫ 노종희(1994)는 "변혁적 리더십은 인

습적인 사고와 발상에서 벗어나 새로운 관점에서 낡은 관행에 대해 문제를 제기하고, 미래지향적 발전방향을 제시하고, 교사들에게 도전적인 목표를 부과하며 새로운 교육이론을 수용하고 혁신적인 수업방법을 채택하도록 교사들을 독려한다"고 했다. ⑬ **주삼환**(2009)은 "변혁적 리더십은 리더가 추종자들의 내재적 동기를 인식하여 고차원의 욕구를 만족시키도록 자극하며, 부하들과 전인적 관계를 형성하여 리더와 하위자 간의 상호자극과 고양의 관계를 형성해 가며, 이러한 변혁적 리더십은 리더와 팔로워 모두의 인간적인 행위와 열망의 수준을 높인다는 점에서 도덕적인 것이 되며, 리더와 팔로워 모두에게 변혁적 효과를 갖는다"고 했다.

이상으로 제 학자들의 변혁적 리더십에 관한 개념들을 근거로 하여 정의하면, **변혁적 리더십**은 성장욕구를 자극하여 동기화시킴으로서 조직구성원의 태도와 신념을 변화시켜 자신감을 갖게 하며, 리더십과정을 통하여 리더와 팔로워 양측이 더 높은 수준의 동기유발과 도덕성을 소유하도록 유도함으로써 리더와 팔로워 모두에게 변혁적 효과를 가져오는 리더십이다.

2. 변혁적 리더십과 거래적 리더십

일반적으로 변혁적 리더십의 포괄적인 관점은 1980년대 이전의 거래적 리더십과 대비되는 새로운 관점의 리더십이론을 의미하나, 협의의 관점은 Burns(1978)와 Bass(1985)가 강조한 기대이상의 직무성취를 가능하게 하는 리더십을 의미한다. 이처럼 리더와 구성원들 간의 계약에 기초한 거래적 리더십(transactional leadership)은 기존의 전통적 리더십이라고 할 수 있다. 이러한 거래적 리더는 구성원들과의 보상 혹은 교환의 관계에 있기 때문에, 리더는 그들의 요구사항을 제시하고 그 요구를 완성하면 리더는 직원들에게 인정, 보수인상, 승진을 약속함으로써 과업을 수행하게 된다. 때로는 이와는 반대로 좋은 성과를 내지 못하는 구성원들은 제재를 받기도 한다. 이러한 리더와 구성원 사이의 계약 또는 교환은 전통적 리더십에서 효과성의 기준이 되어 왔다. 이와 같이 거래적 리더십은 조직구성원들의 자발적인 문제해결이나 조직에의 적극적인 헌신 등과 같은 고차적인 질적 변화를 이해하는 데에는 부족한 측면이 있다. 따라서 변혁적 리더십은 리더와 구성원들 간의 관계를 타협이나 거래, 교환적인 활동에 기초한 거래적 리더십을 비판하는 데서 대두되었다(이병진, 2003).

거래적 리더십은 ① 목적과 기대를 설정하고, 교직원들이 업무를 성취할 때 인정과 보상을 제공한다. 거래는 전형적으로 리더의 이익과 교직원들의 이익을 모두 만족시키는 것을 추구한다. 그리고 ② 리더가 바라는 행동을 교직원들이 효과적으로 수행하면, 교직원들은 계약된 보상을 받을 것이라는 가정에 근거한다. 리더와 교직원들의 관계는 리더가 기대를 명확하게 하고, 교직원들이 리더의 기대를 충족시키면, 교직원들이 보상을 받는다. ③ 거래적 리더십은 리더와 교직원들의 관계는 사회적 거래관계로 설명된다. 거래관계는 리더와 교직원들의 혜택이 각자 투입된 경비보다 더 많으면, 계속 유지된다. 그리고 리더가 교직원들에게 존경과 반응의 대가로 그만큼의 가치 있는 것을 제공하면, 공정한 거래를 하게 된다. 교직원들에게 보상이 균등하게 배포되면, 교직원들은 거래가 공정하다고 믿는다. 또한 ④ 거래적 리더십에서 리더와 교직원들은 상대방을 자신의 욕구를 만족시키기 위한 잠재적 도구로 생각한다. 리더는 교직원들이 욕구를 만족하고 보상을 획득하기 위해 거래를 완수하도록 교직원들이 수행하여야 할 것을 명확하게 한다. 그리고 교직원들이 순응을 하지 않으면, 리더는 교직원들의 행동을 정정하려고 한다. 교직원들이 보상을 획득하거나 벌을 회피하는 것은 교직원들의 성공적인 순응과 업무의 완성에 의하여 결정된다.

한편 **변혁적 리더십**은 ① 기존 질서의 변화와 인간적 성장을 도모하기 위하여 교직원들의 요구에 변화를 도모한다. 변혁적 리더는 교직원들이 비전의 변화 기제로 자신들을 묘사하면서 중요한 것을 성취하고, 리더 자신이 윤리적으로 향상되도록 한다. 리더는 윤리적으로 향상되고, 교직원들의 흥미에 관심을 갖는다. ② 또한 변혁적 리더십은 경영에서 거래적 리더십보다 더 많은 효과를 갖는다. 거래적 리더십은 기대된 산출을 갖게 한다. 그러나 변혁적 리더십은 기대된 것 이상의 좋은 성취를 갖게 한다. 그리고 교직원들은 조직의 목적을 성취하기 위하여 자신의 이익을 희생한다. 그리고 ③ 변혁적 리더십은 리더와 교직원들이 하나가 되는 분위기를 창조하고, 서로의 마음을 조사하여 행동과 반성적 과정을 갖는다. 교직원들에게 개별화된 배려를 하며, 교직원들은 하위계층의 낮은 지위상태로 격하되지 않고, 리더와 균등한 지위에 존재한다. 리더는 교직원들의 관심과 요구를 중요한 것으로 고려한다. ④ 변혁적 리더는 변화로 확인한다. 그리고 교직원들이 리더십 없이 정상적으로 성취할 수 있는 것 이상으로 개선하도록 영향을 미친다. 변혁적 리더십은 변화의 과정을 개선하고, 모든 교직원들에게 비전을 제시한다. 리더는 변화의 과정을 관리하면서 생산성과 질을 유지하기 위하여 기획, 조직, 교직원인사, 지시, 통제, 의사소통, 문제해결, 의사결정과 같은 기능을 수행한다(권기욱, 2009: 100~102).

상기에서 거래적 리더십과 변혁적 리더십의 차이점을 살펴보았다. 변혁적 리더십은 거래적 리더십의 효과를 보강시켜 주는 역할을 하지만, 궁극적인 가치는 팔로워들의 동기부여에 의해 가외의 노력을 유도한다는 점이다. 거래적 리더십과 변혁적 리더십의 차이를 배스(Bass, 1985)는 **그림 4-1**과 같이 제시하고 있으며, 또한 Bass(1990)는 거래적 리더와 변혁적 리더의 차이를 **표 4-1**과 같이 제시하고 있다.

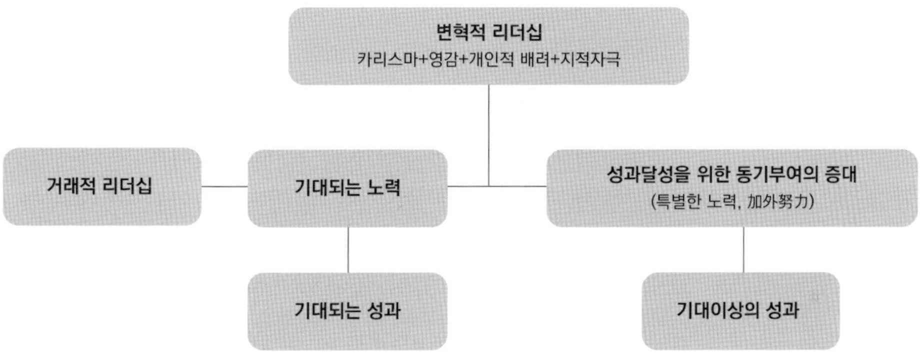

그림 4-1 거래적 리더십과 변혁적 리더십

자료: Bass, B. M.(1985). *Leadership and Performance Beyond Expectations*. New York: Free Press, p. 23.

표 4-1 거래적 리더와 변혁적 리더의 차이

거래적 리더	변혁적 리더
• 팔로워의 노력과 업적에 따른 보상과 칭찬 • 높은 성과에 따른 보상의 약속 • 팔로워 행동에 대한 감독, 관찰 및 시정 • 책임 전가, 중요 의사결정의 회피	• 비전과 임무제시, 신뢰와 자긍심 유발 • 팔로워의 지혜, 합리성, 문제해결력 등을 일깨움 • 개별 팔로워에 대한 존중과 개별적 관심 • 목표의 이해, 동기부여를 통한 높은 기대, 영감

자료: Bass, B. M.(1990). From Transactional to Transformational Leadership: Learning to Share the Vision. *Organizational Dynamics, Winter*, p. 22.

3. 변혁적 리더십의 특성과 활동

최근 40여 년간 변혁적 리더십이론이 리더십분야를 지배해 왔다. 변혁적 리더십은 리더들에게 무엇을 하도록 제시해 주는 모형이라기보다는 변혁을 하거나 변혁적 상황에서 업무를 수행하는 리더들의 전형적인 특성이 무엇인가에 대한 일반적인 내용을 제공한다(노종희 외, 2003). 제 학자들의 변혁적 리더십의 특성과 장단점을 살펴본 후에 활동을 고찰하기로 한다.

Burns(1989)는 효과적인 리더십을 면밀히 분석하여 **변혁적 리더십의 주요 특성**을 다음과 같이 다섯 가지로 제시하고 있다. ① 리더십은 집단적 특징을 가진다. 이는 리더가 자기자신의 동기에 부합될 때 부하의 동기에 호소하는 의미로 해석된다. 부하들이 반응할 때 서로 함께 결속하는 공생적 관계가 발전한다. ② 리더십은 갈등적 특징을 가진다. 유의미한 갈등은 유망한 리더를 만들고 이들을 더 많은 갈등을 일으킨다. 갈등이 있음으로 인해서 리더가 부하에게 더욱 가까이하게 하고 협조관계를 가질 수 있게 된다. ③ 리더십이 상징적이거나 의례적인 것이 아니라 인과관계의 특징을 가진다. 이는 조직 내에서 변화를 일으키는 리더와 부하의 동기 및 목적에 있어서 변화를 초래하는 것이다. ④ 리더십이 도덕적인 목적성을 지닌다. 모든 진정한 리더는 도덕적 대행자로서 행동한다. 이는 리더십이 목적을 성취하기 위한 수단으로서 목적지향적 특징을 가지고 있음을 의미한다. ⑤ 리더십은 고양적(elevating) 특징을 가진다. 이것은 리더십이 도덕적인 틀(moralistic)에 박힌 것이 아니라 도덕의식(moral)을 고양시킨다는 의미이다.

Tichy와 Devanna는 **변혁적 리더의 주요 특징**을 제시하고 있다(노종희, 1996 재인용). ① **변혁적 리더는 자신을 변화촉진자로 인식한다.** 그는 자신의 이미지를 조직혁신과 발전에 헌신하는 사람으로 설정한다. 그는 조직변혁을 통해서 자신의 차별성을 부각시킨다. ② **변혁적 리더는 용기 있는 사람이다.** 용기가 있다는 것은 어떤 문제에 대하여 자신의 입장을 분명히 하고, 신중하게 모험을 감행할 수 있으며, 조직의 보다 큰 이익을 위해 현상유지에 대항할 수 있다는 것을 의미한다. 용기 있는 행동에는 지적인 요소와 정의적인 요소를 함께 내포하고 있다. 지적으로는 설령 어려움이 따른다고 해도 현실을 직시할 수 있는 시각을 가지고 있다. 정의적인 측면에서는 다른 사람들이 듣기 싫어하더라도 진실을 말할 수 있다. 용기가 있다는 것은 일탈자라는 비웃음과 그렇게 해서는 된다는 사회적 압력에 기꺼이 대응할 수 있음을 의미한다. ③ **변혁적 리더는 부하들을 신뢰한다.** 그는 독재자가 아니며 부하들에 대해서도 매우 높은 관심을 가진다. 궁극적으로 부하에게 권한을 위임해준다. 그는 팀의 결집력을 높이기 위해 응원단장, 코치, 카운슬러 그리고 리더로서의 역할을 동시에 수행한다. ④ **변혁적 리더는 가치지향적이다.** 그는 핵심적인 가치체계를 정립하고 있으며, 이에 부합되는 행동을 보여준다. 조직의 가치와 개인의 가치가 일치하는 조직문화를 형성하기 위해 노력한다. 부하들에게 자신의 가치관을 명확하게 제시하고 이를 공유시키기 위하여 십계명과 같은 교훈적인 말로서가 아니라 솔선수범으로 직접 보여준다. ⑤ **변혁적 리더는 평생학습자이다.** 그는 계속적인 자기학습과 자기개발에 대한 왕성한 욕구를 가지고 있으며, 자기변혁과 자기혁신을 위한 매우 높은 내재적 동기를 가지고 있다. 또한 배움에 대한 강한 집념과 높은 헌신성을 가지고 있다. 또한 그는 실수를 실패로 보지 않고 오히려 배움의 기회로 삼는 적극성을 가진다. ⑥ **변혁적 리더는 복잡성, 모호성 그리고 불확실성에 대처할 수 있는 능력을 가지고 있다.** 그는 변화무쌍한 세상에는 당면하는 숱한 문제들에 잘 대처하고 처리하는 능력을 가지고 있다. 그는 조직 내의 문화적, 정치적 문제뿐만 아니라 기술적 문제까지도 매우 정교하게 다룰 줄 안다. 그는 주먹구구식 경영을 하지 않으며, 사업을 운영하는 데 있어서 허무맹랑한 접근방법을 사용하지 않는다. 그는 이론을 형성하고 원리를 정교화시키며, 가설을 검토하면서 문제해결에 임한다. ⑦ **변혁적 리더는 새로운 비전을 제시할 수 있다.** 그는 미래를 설계할 수 있고 또 그것을 부하들의 공유할 수 있도록 격려한다. 그는 부하들에게 실현할 수 있는 이미지를 심어주고, 그들이 바라는 미래를 향해 전진할 수 있도록 동기를 부여할 수 있다.

그리고 **변혁적 리더십의 장점**은 다음과 같다(권기욱, 2009; 노종희 외, 2003). ① **변혁적 리더는 직관적 호소력을 가지고 있다.** 변혁적 시각은 리더가 어떻게 선두에서 변화를 주장하고 옹호하는가를 설명하고 있다. 리더가 미래에 대한 비전을 제공한다는 것은 매력적인 직관력이 아닐 수 없다. ② **변혁적 리더십은 리더십을 부하들과 리더 사이에 일어나는 과정으로 간주한다.** 이 과정은 부하의 욕구와 리더의 욕구 모두를 결합하는 과정이기 때문에 리더십은 리더 혼자만의 책임이라기보다는 리더와 부하 간의 상호작용으로부터 나오는 현상이라고 할 수 있다. ③ **변혁적 리더십은 다른 리더십모형을 비판하는 광범한 관점을 제공한다.** 많은 리더십모형은 성취에 보상을 교환하는 방법에 초점을 두고 있다. ④ **변혁적 리더십은**

보상의 교환과 교직원들의 요구와 성장에 관심을 갖는다. 그리고 교직원들의 요구, 가치, 도덕을 강조한다.

한편 변혁적 리더십의 이러한 좋은 점에도 불구하고 다음과 같은 비판을 받고 있다. ① 변혁적 리더십은 개념적으로 명료성이 부족하다. 비전의 창조, 동기화, 변화의 기제, 신뢰의 형성 등과 같은 광범한 영역을 대상으로 하기 때문이다. ② 변혁적 리더십은 인간이 학습할 수 있는 행동보다 인간의 성격특성이나 인간의 기질을 다루고 있다. 리더가 교직원들의 특성을 변화하는 방법을 가르치기가 어렵기 때문에 리더의 훈련은 더 많은 문제를 갖게 한다. ③ 변혁적 리더십은 엘리트적이고 비민주적이다. 리더는 변화를 창조하고 비전을 설정하고 새로운 방향을 주창하는 데 직접적 역할을 수행한다. 이것은 리더가 교직원들의 요구와 별개로 자신을 놓고, 교직원들과 독립적으로 행동하는 인상을 제공한다. ④ 변혁적 리더십은 목적의 성취를 지향하며, 대규모 조직과 사회적 관계성보다 2명의 관계성을 강조한다. 그리고 리더가 특정상황에서 성공하기 위하여 행동해야 하는 방법들을 명확하게 제공하지 못한다. 이상, 영감, 혁신, 개인의 관심을 강조하는 일반적 사고방법을 제공한다.

또한 학교에서의 변혁적 리더십은 다음과 같은 네 가지 핵심활동이 나타난다고 볼 수 있다(Leithwood et al., 1999). ① 방향설정(setting directions)이다. 학교의 비전을 만들고, 학교구성원들의 목적을 일치시키며, 학교구성원들에게 높은 기대를 갖도록 한다. ② 인적개발(developing people)이다. 학교구성원들에게 개별적인 지원을 제공해 주고, 지적인 자극을 갖도록 하며, 학교의 목적에 중요한 가치와 실제의 모델을 정하도록 한다. ③ 조직화(organization)이다. 교직원들의 도덕적 책임에 의해 동기를 부여받도록 하는 학교문화를 만들고, 학교의 의사결정과정이 공유되도록 구조화하는 학교문화를 만들며, 문제해결능력을 신장하도록 하는 학교문화를 만든다. ④ 학교공동체(school community)이다. 학교공동체의 관계를 건설한다.

이러한 변혁적 리더십이 존재하는 학교에서는 교사들의 협동이 높아지고, 교사들이 교직에 대한 동기부여를 받으며, 교사들의 자기효능감이 높아진다. 그리고 변혁적 리더십과 학교개선 간에는 정적 관계가 성립된다는 증거들이 있다. 이것은 변혁적 리더십이 학교의 문화를 개선시키는 데 직접적으로 공헌한다는 점을 보여주는 것이다(Leithwood et al., 1999). 변혁적 리더가 학교의 문화를 개선한다는 것은 구체적으로 학교의 규범, 가치, 신념, 그리고 지속적인 전문성개발의 개선과 변화를 통해서 이룩하는 것이다(Harris et al., 2003).

4. 변혁적 리더십의 하위변인

Burns(1978)는 Maslow의 욕구계층이론과 Kohlberg(1958)의 도덕성발달이론에 기초한 정치적 지도자들에 대한 분석을 통하여 기존의 리더십연구가 리더와 팔로워 간의 관계를 거래적 관계(exchange relationship)로만 국한시킴으로써 파생되는 문제점들을 지적하고, 현대의 조직상황에 적용할 수 있는 새로운 리더십모형으로 거래적 리더십(transactional leadership)과 변혁적 리더십(transforming leadership)을 제시하였다. **거래적 리더십**은 지도자가 지시하거나 기대하는 바에 하위자가 순응하는 대가로 임금인상이나 특권을 부여받는 식의 리더십과정을 의미하며, 리더와 팔로워 간에는 하위자가 자신의 공식적인 의무를 수행하기 위하여 열(熱)과 성의(誠意)를 다해야 하는 범위를 규정해 주는 어느 정도 암묵적인 계약관계가 존재한다. 이러한 범위 내에서 발휘되는 리더십은 리더와 하위자가 보다 더 원대한 목표를 서로 간에 끊임없이 추진할 수 있도록 결속시켜 주지 못한다. 거래적 리더가 중시하는 가치는 정직성, 공정성, 책임감, 호혜성 등에 국한되며, 개인적 권력에 근거하여 영향력을 행사하기보다는 관료제적 권한에 바탕을 둔 영향력을 행사하는 것이다.

반면에 **변혁적 리더십**은 리더가 구성원들의 내재적 동기를 인식하여 고차원의 욕구를 만족시키도록 자극하며, 구성원들과 전인적 관계를 형성하여 리더와 구성원 간의 상호자극과 고양의 관계를 형성해 간다. 리더가 이러한 관계형성을 통해 구성원은 현재의 모습을 훨씬 뛰어넘는 새로운 모습으로 변혁되어 가는 것이다. 따라서 변혁적 리더십은 구성원들의 욕구와 능력을 인정하고 그들의 잠재력을 일깨워 사람들로 하여금 보다 더 훌륭한 사람으로 향상시키는 리더십이며, 리더십의 과정을 통하여 리더와 구성원들이 상대방으로 하여금 더 높은 수준의 동기유발과 도덕성을 갖도록 고양시킨다. 이러한 리더십은 궁극적으로 리더와 구성원 모두의 인간적인 행위와 열망의 수준을 높인다는 점에서 도덕적인 것이 되며, 리더와 구성원 모두에게 변혁적 효과를 갖는다는 것이다.

또한 Bass(1985)는 Burns(1978)와 House(1977)의 이론을 바탕으로 변혁적 리더십이론을 정립시키면서 발전시켰다. Bass는 Burns와 마찬가지로 변혁적 리더십과 거래적 리더십으로 구분하여 변혁적 리더십을 설명하고 있으나, 그 내용 측면에서는 Burns의 것보다 심층적인 수준에서 변혁적 리더십을 개념화하고 있다. Bass는 전통적인 리더십이론들은 팔로워가 리더의 기대에 순응하는 데 대해 리더가 보상을 해주는 거래(교환)관계로 보는 패러다임 내에서 논의되고 있다는 것이다. 이러한 시각의 리더십이론들은 리더와 팔로워 자신들의 기대수준 이상으로 부하들이 성과를 높이기 어렵다는 문제점을 지니고 있다는 것이다. 따라서 거래적 리더십은 하위자로 하여금 평범한 성과(mundane performance)와 비범한 성과(extraordinary performance) 간의 차이를 가져오는 추가적인 노력을 기울이도록 하기에는 충분치 않다는 것이다. 변혁적 리더십을 발휘하는 리더는 팔로워들이 자신들에게 주어지는 기대이상의 노력을 행하도록 영향력을 발휘하게 되며 그에 의해 부하들로부터 기대이상의 성과(performance beyond expectation)를 이끌어낼 수 있다고 주장한다.

Bass는 변혁적 리더십을 구성원들이 과업을 기대이상으로 수행하도록 고차원적 욕구를 자극하고 동기화하는 영향력으로 보고 있으며, 다음과 같은 방식으로 동기부여 시킨다고 지적하고 있다. ① 변혁적 리더는 부하들에게 특정한 목표와 수단의 중요성에 대한 의식을 일깨우며, ② 집단, 부서, 조직의 이익을 위하여 부하에게 자신의 이해관계를 초월하도록 유도하면서, ③ 변혁적 리더는 Maslow(1970), Alderfer(1969)의 욕구계층에 있어서 팔로워의 욕구를 안정 및 소속의 욕구와 같은 하위욕구에서 자아실현과 같은 상위수준의 욕구로 변화시킨다. 이런 세 가지의 요소를 결합시켜 구성원들이 더 높은 목표에 대한 가치를 상승시키는 것으로 볼 수 있다(신재흡, 2010: 188~189).

거래적 리더십이론에 대한 변혁적 리더십의 다양한 특성을 살펴보았다. 이러한 **변혁적 리더십의 하위변인**은 제 학자들에 따라 다양하게 제시되고 있다. 이를 제시하면 **표 4-2**와 같다.

표 4-2 변혁적 리더십의 하위변인

구분	연구자	변혁적 리더십 하위변인
1	Bennis & Nanus(1985)	비전제시, 신뢰, 학습촉진
2	Tichy & Devanna(1986)	비전제시, 변화촉진, 신뢰, 학습촉진, 용기, 대처능력
3	Kouzes & Posner(1987)	비전제시, 솔선수범, 여건 조성
4	Avolio & Bass(1990)	개인적 배려, 지적자극, 카리스마, 영감
5	Podsakoff et al.(1990)	비전제시, 개인적 배려, 솔선수범, 목표수용, 지적자극, 성과기대

구분	연구자	변혁적 리더십 하위변인
6	Sergiovanni(1990)	비전제시, 목표수용, 학교문화, 권한위임, 공동가치
7	Leithwood(1994)	비전제시, 개인적 배려, 솔선수범, 목표수용, 지적자극, 성과기대, 학교문화, 변화촉진, 집단참여, 용기, 권한위임
8	Leithwood, Tomlinson & Genge(1996)	비전제시, 개인적 배려, 솔선수범, 목표수용, 지적자극, 성과기대, 학교문화, 카리스마, 영감, 집단참여,
9	노종희(1994)	개인적 배려, 솔선수범, 변화촉진
10	권인탁(1994)	개인적 배려, 지적자극, 카리스마
11	노종희(1996)	비전제시, 개인적 배려, 솔선수범, 목표수용, 지적자극, 성과기대, 학교문화, 집단참여
12	조평호(1998)	비전제시, 개인적 배려, 솔선수범, 성과기대
13	김창걸(1999)	비전제시, 개인적 배려, 솔선수범, 목표수용
14	이종재(2001)	비전과 열정과 인격, 목표에 대한 합의, 높은 성과 기대, 개인적 배려, 지적자극, 모델링, 상황에 따른 차등적 보상, 학교조직의 구조화, 문화의 형성
15	신재흡(2001)	카리스마, 지적자극, 개인적 배려
16	최연인(2005)	카리스마, 지적자극, 개인적 배려
17	윤순희(2006)	개인적 배려, 비전제시, 선도적 추진성, 성과기대
18	강경석(2006)	개인적 배려, 비전제시, 선도적 추진성, 성과기대
19	이정로 · 박세훈(2006)	지적자극, 개인적 배려, 비전제시
20	유길한(2007)	지적자극, 개인적 배려, 비전제시, 이상적 영향력
21	김현진 · 김상돈(2009)	카리스마, 지적자극, 개별적 관심, 결속촉진

자료: 전용환(2010). 교육리더십. 서울: 동문사, p. 104~105 인용해서 편집함.

상기에서 변혁적 리더십의 하위변인을 종합하면, **표 4-2**와 같이 다양하게 제시되고 있음을 알 수 있다. 그 가운데 가장 높은 것은 비전제시, 개인적 배려, 솔선수범, 지적자극, 목표수용, 학교문화, 카리스마, 영감, 변화촉진, 집단참여 순으로 나타났다. 이와 같이 제 학자들에 따라 변혁적 리더십의 행동 차원이 다양하게 제시되고 있음은 그만큼 변혁적 리더십의 개념적 실체가 복잡하다는 것을 의미한다고 볼 수 있다.

학교장의 변혁적 리더십의 측정도구는 **표 4-3**과 같다.

표 4-3 학교장의 변혁적 리더십의 측정도구

학교장의 변혁적 지도성 측정						
• 응답 요령: 다음 문항들은 학교장의 변혁적 지도성에 관한 내용입니다. 귀 학교의 교장선생님이 나타내는 행동특성이 아래에 진술한 내용과 얼마나 일치하는지 해당란에 V 표를 해주십시오. 〈설문문항〉 우리 교장선생님은 …………		아주 일치	일치	보통	불일치	전혀 불일치
번호	설문내용					
1	(우리 교장선생님은) 교사들에게 성공적인 교육자의 상징으로 여겨진다.					
2	교직원의 좋은 모델이다.					
3	낙관적으로 미래를 보게 한다.					
4	존경할 만한 점들이 많다.					
5	미래 지향적인 목표를 추구한다.					
6	함께 근무하는 것에 대한 자부심을 느끼게 한다.					
7	내가 목표를 이룰 수 있다는 확신감을 심어준다.					
8	어떤 어려움을 극복할 수 있다는 믿음을 준다.					
9	나 자신의 능력 이상을 해낼 수 있다고 동기를 부여한다.					
10	과업에 대한 사명감을 가지게끔 한다.					
11	개별적으로 조언하는 데 많은 시간을 보낸다.					
12	교사들의 개인적인 고충에 관심을 보인다.					
13	교사들의 입장을 이해하려고 노력한다.					
14	교사들과 함께 하는 데 많은 시간을 할애한다.					
15	나의 능력을 발휘하도록 도와준다.					
16	행동하기에 앞서서 사려 깊게 생각할 것을 요구한다.					
17	직무상 어려움을 극복하기 위하여 지적 능력을 활용하도록 자극한다.					
18	세미나 참석 등을 통하여 새로운 아이디어를 얻도록 요구한다.					
19	가능한 새로운 방식으로 생각하고 업무를 처리하도록 한다.					
20	내가 생각하지 못하는 업무수행 방법을 제시한다.					
21	교사들이 직무를 적절하게 수행하고 있는가를 확인한다.					
22	어떠한 문제에 대하여 다양한 시각을 가지도록 만든다.					

자료: 신재흡(2002). 교사가 지각한 학교장의 변혁적 지도성과 학교조직문화 및 학교조직효과성 간의 관계연구. 교육행정학연구 제19 제3호.
주: 학교장의 변혁적 지도성은 카리스마(1-10), 지적자극(16-22), 개인적 배려(11-15) 변인으로 구성됨.

상기에서 변혁적 리더십의 개념, 변혁적 리더십과 거래적 리더십과의 비교, 변혁적 리더십의 특성과 활동, 변혁적 리더십의 하위변인 등을 고찰한 결과 나타난 **주요 키워드**는 동기, 도덕성, 조직문화, 도덕적 가치, 도덕적 예술, 조직목표달성, 발전지향적, 문제해결, 치어리더, 열광자, 극작가, 코치, 촉진자, 건설자, 교사 독려, 내재적 동기, 상호자극, 고양, 열망, 변혁적 효과, 성장욕구자극, 동기화, 태도 및 신념 변화, 자신감, 교직원 변화, 윤리적 향상, 흥미, 개별화된 배려, 비전과 임무제시, 신뢰, 자긍심유발, 문제해결력, 존중, 목표 이해, 기대, 영감, 변화촉진자, 공생적 관계, 협조관계, 도덕적 목적성, 도덕적 대행자, 도덕의식, 조직변혁, 용기, 모험감행, 신뢰, 권한위임, 가치관제시, 평생학습자, 학습, 자기개발, 직관적 호소력, 비전창조, 동기화, 혁신, 방향설정, 인적개발, 학교공동체, 전인적 관계, 상호자극, 상황 창조, 도덕성, 학습촉진, 대처능력, 솔선수범, 목표수용, 성과기대, 공동가치, 집단참여, 열정, 인격, 모델링, 선도적 추진성, 이상적 영향력, 결속촉진, 도덕적 예술, 지적자극, 카리스마, 개인적 배려, 문제해결, 열광(정) 등으로 나타났다. 이러한 키워드는 **4차 산업혁명시대의 협력역량, 비판적 사고역량, 자기관리역량, 감성역량, 창의성역량, 리더십역량, 문제해결역량, 다문화이해역량, 적응역량 등과 관련되는 것으로 보인다. 이러한 맥락에서 변혁적 리더십은 4차 산업혁명시대에 각광받을 리더십으로 볼 수 있다.**

제2절 문화적 리더십

조직경영에 대한 전통적인 접근은 조직구성원의 개인적 선택은 공식적 규칙, 권한, 책임 그리고 합리적 행동규범에 의해 영향을 받는 것으로 간주하였다. 하지만 조직은 나름대로의 조직문화를 가지고 있으며, 조직문화는 리더의 리더십과 조직이 어떻게 운영되어야 하는가에 관한 깊은 신념을 가지고 있다. 결국 조직은 문화적 규범, 가치, 신념 및 가정들에 의해서 통제를 받는 것으로 본다. 조직 리더의 중요한 역할 중의 하나는 조직이나 집단의 문화를 창조하고 개발하는 것이다(Schein, 1985).

따라서 4차 산업혁명시대의 문화적 리더십과의 연계성을 파악하기 위하여 문화적 리더십의 개념, 문화형성을 위한 학교장의 역할, 학교장의 문화적 리더십발휘 전략, 문화적 리더십의 하위변인 등을 고찰한 후에 디지털 전환기에 문화적 리더십역량에 대해서 기술하고자 한다.

1. 문화적 리더십의 개념

학자에 따라 문화를 여러 가지로 정의하지만, 간단히 정의하면, "특정집단이 공유하고 있는 규범, 가치, 신념, 전통, 예식, 의식, 신화"(Geertz, 1973)라고 할 수 있다. 그래서 이 문화나 문화의 요소들이 수업계획, 수업, 직원회운영, 식당, 환경정리 등 모든 활동에 상징적으로 나타나게 구성원들이 의미를 공유하게 된다. 학교문화는 맨 밑바닥에 ① 기본가정이 깔려 있고, 이 가정이 ② 가치와 신념으로 나타나고, 맨 위에 ③ 가시적인 인공상징물의 표현으로 나타나게 되는 것이다. 학교마다 독특하고 긍정적인 문화가 형성되어야 학교의 성과가 올라갈 수 있다는 생각에서 학교문화, 학습문화가 강조되고 있다. 미국에서 1980년대 교육개혁을 한다고 주정부가 주도하여 구조(structure)를 바꾸는 일에 열을 올렸으나 실패하였다는 것이다. 주정부 중앙에서만 개혁에 바빴고 학교의 교사와 학교장, 학부모, 학생이 개혁에 구경꾼으로 내몰려지고, 근본적으로 학교문화가 바뀌지 않아 실패했다는 것이다. 이후로 문화개혁에 열을 올리게 되었는데 이를 교육개혁의 제2의 물결이라고 한다(주삼환, 2009). 이와 같이 문화적 리더십은 매우 중요하다고 볼 수 있다.

문화적 리더십에 대한 제 학자들의 견해를 고찰하기로 한다. ① Stolp와 Smith (1997)는 "문화적 리더십이라는 장(field)에서 학교문화의 전환(transformation)을 위해서는 i) 가치의 공유를 촉진하고, ii) 이야기로 해설하고, iii) 하루의 학교생활의 스케줄을 짜고, iv) 일관된 모범을 보이고, v) 유능한 교직원을 채용하고, vi) 교직원을 인정해야 한다"(Smith & Piele, 1997)고 하였다. ② Sergiovanni(2006)는 "긍정적인 학교문화와 학습문화의 형성을 위해서는 문화 리더십으로 i) 학교의 목적과 사명을 구체화하고, ii) 새로운 교직원의 사회화를 돕고, iii) 신화의 강화를 유지하고 이야기를 하고, iv) 표준처리절차(SOP)를 설명하고, v) 독특성을 정의하고, vi) 상징체계의 강화를 개발 전시하고, vii) 문화를 반영하는 사람에게 보상을 해주는 것"이 예시로 들 수 있다. ③ Cunningham과 Gresso(1993)는 "그들의 문화적 리더십이라는 저서에서 수직적 팀, 결핍보다는 비전, 동료관계, 신뢰와 지원, 권력과 지위보다는 가치와 흥미, 폭넓은 참여, 지속적 성장, 장기적 전망에 따른 현재의 생활, 질 높은 정보에의 용이한 접근, 개선의 유지와 지속, 개인적인 권한부여를 강조하였다. 아울러 리더는 높은 기대, 헌신, 상호존중, 자신감, 계속적 개선, 실험정신과 모험감행, 배우고자 하는 의욕과 같은 학습과 교수에 유용한 학습문화를 형성해야만 성공적인 학교가 될 수 있다"는 것이다. ④ Schein(1985)은 "문화적 리더십이 조직의 기존문화에 극적인 변화를 일으키거나, 다른 문화를 가진 새로운 조직으로 출발하는 문화적 혁명을 강조한다"고 했다. ⑤ Trice와 Beyer(1990)는 "문화적 리더십이 문화적 변화뿐만 아니라 유지에 필요한 리더십과 함께 갖추어야 한다고 보고, 기존문화를 유지하는 리더십을 강조하였다. 문화를 유지하는 것은 훨씬 덜 적극적이지만, 그러나 이런 리더십유형은 상대적으로 안정적인 환경에서 조직의 계속적인 효과성을 위하여 매우 중요하다"고 제시했다. ⑥ 전용환(2010)은 "문화적 리더십은 조직목적의 달성을 위하여 구성원들에 의해 이해되는 규범, 가치, 믿음, 전통, 신화를 포함하는, 역사적으로 전승된 의미 중 바람직한 방향으로 구성원의 행동에 영향을 주는 행정가의 행위라고 할 수 있으며, 학교조직에서의 문화적 리더십은 조직구성원들이 학교현장에서 느끼는 가치체계 또는 신념체계를 리더가 조직문화를 통해서 구체적으로 학교현장에 나타나도록 하는 리더십"이라고 정의했다. ⑦ 유현의(2005)는 "문화적 리더십은 도덕적 리더십의 표현형이다. 문화적 표현으로서의 리더십이라 함은, 학교가 무엇을 중요하게 생각하는지를 다른 사람에게 상징적으로 보여주고, 행정과 업의 도덕적 본질이 목표설정 과정에서나 또는 공유된 가치의 형태로 구체화되어서 문화로 나타나도록 한다는 의미를 포함한다. 즉 구성원이 공유하는 가치체계 또는 신념체계를 관리하는 과정이 바로 문화적 리더십"이라고 했다.

상기에서 여러 학자들의 **문화 리더십에 대한 정의를 종합하여 정리**하면 다음과 같다. **문화적 리더십**이란 조직의 목적을 효과적으로 달성하기 위해 조직구성원들에 의하여 이해되어지는 규범, 가치, 믿음, 전통, 신화를 포함하는 역사적으로 전승된 의미 중 바람직한 방향으로 구성원의 행동에 영향을 주는 리더의 행위로 개념화할 수 있다. 결국 학교조직구성원들에게 내면화되어 조직생산성을 제고할 수 있도록 구성원들에게 효과적인 영향력을 발휘하는 행위로 볼 수 있다.

2. 문화형성을 위한 학교장의 역할

Deal과 Peterson(1999)은 학교문화를 주제로 삼아, 학교에서 문화가 갖는 중요성을 크게 강조하면서 바람직한 학교문화를 형성하는 일이 학교리더십의 핵심이 되어야 한다고 주장했다. 그들은 학교가 자라나는 아이들에게 얼마나 중요한 곳인지를 깨닫고 그 아이들이 마땅히 누려야 할 최선의 학습의 장을 만들어 내는 것이 우리가 해야 할 일이라고 말한다. 그러한 학교를 만드는 일은 좋은 문화를 만드는 일을 떠나서는 불가능하다면서, 그런 문화를 형성하는 일에 학교리더들은 최선을 다해야 함을 강조한다.

학교문화의 형성과 이를 위한 리더십의 중요성을 이렇게 강조하고 있는 Deal과 Peterson(1999: 87~99)은 **문화형성을 위해 학교의 리더가 수행해야 할 역할**을 여덟 가지로 분류하여 제시하고 있다. 그것들은 문화형성을 위한 학교리더의 역할로서 일반화하기에 하나의 좋은 범례(範例)가 될 수 있을 것으로 보인다. 그 역할들의 요지를 다소 해설적 서술을 곁들여 정리하면 다음과 같다(허병기, 2008: 497-498).

① **역사가로서의 역할이다.** 리더는 학교에 있었던 과거의 위기, 도전, 성공, 그리고 영웅시 되는 인물과 리더들에 대한 이야기를 재해석함으로써 현재의 상황을 이해한다. 그렇게 함으로써 리더는 학교 내외에서 일어나는 사건의 기저에 있는 구성원들의 심층적인 문화를 이해할 수 있다. 이러한 이해를 바탕으로, 리더는 학교의 현재를 과거의 문화적 유산과 연결시킴으로써 학교의 역사와 문화를 재창조해 나간다.

② **인류학적 탐정으로의 역할이다.** 리더는 학교의 일상적인 활동과 의식(儀式) 속에서 현재의 문화를 이루고 있는 단서들을 찾아내고, 기존의 규범과 가치를 평가한다. 학교의 문화와 관련하여 영향력을 갖는 인물들을 알아내어 이들이 비공식적인 일상적 생활 속에서 어떠한 역할을 하는지에 주목하기도 한다. 리더는 여러 가지 방편을 동원하여 문화의 현 상태를 보다 정확히 이해하는 데 필요한 정보를 수집 및 분석한다.

③ **비전제시자로서의 역할이다.** 리더는 학교의 미래에 대한 희망과 꿈을 찾아내고, 이를 구성원들에게 전달한다. 또한 학교의 여러 목표와 임무들을 끊임없이 학교의 비전과 연계시킨다. 비전은 미래의 가치와 활동을 지시하고 이를 포괄적으로 인도하는 기본지표로서, 조직 내의 신념과 지향을 형성하는 데 있어 중요한 몫을 차지한다. 리더는 이러한 비전을 구상하여 구성원들에게 내면화시키는 일을 해야 한다.

④ **상징으로서의 역할이다.** 학교의 모든 구성원은 리더를 주시한다. 리더의 말과 행동, 그리고 리더가 일하는 방식은 그 자체가 하나의 상징이 되어 학

교구성원들의 가치와 신념에 영향을 미친다. 리더의 복장, 언어, 관심표명, 시간사용 등 그가 생활하고, 일하고, 상호작용하는 여러 방식들은 구성원들에게 어떤 가치를 지향해야 하고 무엇을 중시해야 하는지를 암시하거나 명시적으로 전달한다. 리더는 그 자신이 무엇인가를 표현하는 매개체가 되어 구성원들에게 의미 있는 메시지를 전달하게 된다.

⑤ **도예가로서의 역할이다.** 리더는 도예가가 진흙을 가지고 형태를 완성지어 나가는 것처럼 학교의 문화를 만들어간다. 학교의 문화를 형성하는 데 필요한 여러 요소들을 재간 있게 다루어 원하는 형태의 문화를 만들어낸다. 리더는 학교의 의식과 행사를 주관하고, 본받을 만한 인물에게 찬사를 보내며, 중요한 상징을 만들어낸다. 특정의 가치와 이상이 담긴 이야기를 선택적으로 말하기도 한다. 이런 모든 것들은 조화 속에 전체적 완성도를 갖는 문화를 조형해 가는 방편과 과정이 된다.

⑥ **시인으로서의 역할이다.** 리더는 언어를 통해 학교구성원들에게 무엇인가를 전달한다. 잘 선택된 언어로 구성된 말은 복합적인 사상을 더 효과적으로 표현하여 전달할 수 있으며, 추상적인 생각에 감정과 정서를 곁들일 수 있다. 리더가 사용하는 세련되고 정취 있는 언어는 구성원들에게 독특한 인상과 감동을 유발할 수 있고, 그들의 정신과 마음에 특별한 의미를 남길 수 있다. 문화를 다루는 리더는 훌륭한 언어사용자여야 한다.

⑦ **배우로서의 역할이다.** 학교는 갖가지 활동들이 드라마처럼 펼쳐지는 하나의 무대라 할 수 있다. 그 무대 위에서 '드라마'가 어떤 방식으로 펼쳐지느냐에 따라 거기에 특별한 자극이나 의미유발의 효과가 나타날 수도 있고, 그렇지 않을 수도 있다. 리더는 학교에서 전개되는 각종 사건과 의식들이 갖는 극적인 요소들을 잘 관리하고 활용함으로써 그 과정이 문화형성에 도움이 되도록 할 필요가 있다.

⑧ **치유자로서의 역할이다.** 학교문화형성에는 항상 변화가 따르게 된다. 변화는 대부분 긴장과 스트레스를 동반하게 되고, 누군가에게 더욱 심한 상처를 가져다주기도 한다. 리더는 변화의 과정에서 일어나는 이러한 심리적 압박과 상처를 적절히 치유하는 역할을 한다. 그렇게 함으로써, 구성원들로 하여금 문화형성의 과정에 보다 원활하게 참여하면서 새로운 질서에 잘 적응해 갈 수 있게 한다.

Deal과 Peterson(1999)이 제시한 이와 같은 리더의 역할은 문화를 다루는 리더십이 예술적 면모를 갖게 될 것임을 거의 직접적으로 말해준다. 상징으로서의 역할, 도예가로서의 역할, 시인으로서의 역할, 배우로서의 역할에는 예술적인 것에서 중시되는 표현, 의미, 감정, 상징, 조화, 직관과 즉흥, 창조 등의 요소와 성질들이 다분히 담겨 있다. 그 밖의 역할들에도 대상에 대한 섬세한 식별력이나 창의적 구상과 같은 예술적인 것의 속성이 내재되어 있음을 알 수 있다.

3. 학교장의 문화적 리더십발휘 전략

학교교육에서의 질적 수월성을 추구하는 데에는 다양한 길이 있다. 그러나 어떤 길이든 일단 특정의 방법이 선택되어지면, 이때 반드시 필요한 것이 협동정신이다. 이 관점에서 보면, 학교장의 역할은 비전의 개발자라기보다는 비전의 촉진자이며, 그러한 역할수행은 강한 문화로 학교를 변형시킬 수 있는 좋은 전략이 될 수 있다. 또한 학교에서의 교육의 수월성을 추구하는 다른 방법은 교장의 개인적 비전이 학교 내의 모든 교직원이 동의하는 비전이 되도록 하는 것이다. 학교장은 비전의 특성을 조정하는 것보다 모든 교사와 직원, 학부모, 학생들이 그들의 공통된 비전을 결정하도록 하는 과정을 촉진하는 것이 바람직하다. 결국 학교장은 과정을 부드럽게 하고, 파악된 공감대를 위한 지원과 자원을 모으는 것이다. 문화적 리더십을 발휘하는 최상의 방법은 교직원과 학생들이 자신들의 창의적인 아이디어들을 자유롭게 제시할 수 있는 편한 분위기를 장려하는 것이다.

학교에서 편한 분위기를 조성할 수 있는 방법을 Liontos(1993)는 다음과 제시하고 있다. 학교장의 강한 봉사정신, 그를 솔선수범하는 능력, 교장의 대인관계에서의 개방성과 사교성, 실천능력, 교장의 의견과 일치하지 않아도 좋다고 사람들이 깨닫도록 하는 능력, 실패나 위험부담에 대한 장려와 새로운 아이디어에 대한 시도 능력, 실수하거나 실패하여도 괜찮다고 사람들이 느끼도록 하는 능력, 교직원들에 대한 강한 지원능력 등으로 언급했다.

따라서 **학교장의 문화적 리더십발휘 전략**으로 이야기의 사용, 시간표조직, 일관된 행동모델의 유지, 능력 있는 교직원의 선발, 교직원들에 대한 적절한 보상 등에 대해서 고찰하기로 한다(노종희 외, 2003: 191~196).

첫째, 이야기의 사용이다. 이야기하기는 학교장이 문화적 변화에 영향을 줄 수 있는 하나의 방법이다. Deal과 Peterson(1990)은 이야기처럼, 그것은 듣는 사람과 학교공동체에게 직접적인 설교 없이 교장의 가치가 무엇인지를 보여줄 수 있는 것은 없다고 한다. 이야기를 활용하는 과정의 중요한 두 가지 성공적인 요소는 ① 청중 및 상황에 맞는 내용을 갖고 그들에게 친숙한 이야기를 사용하는 것과, ② 쉽게 그 의미를 이해할 수 있도록 하는 것이다. Firestone과 Wilson(1993)은 기관의 가치들을 전달하기 위하여 예전 사람들의 예를 사용할 것을 제안한다. 과거의 고용인들과 예전의 졸업생들을 통하여 학교 역사의 이야기들을 자세히 기술할 수 있으므로 경험이 부족한 사람들에게 역할모델로서 쉽게 제공될 수 있기 때문이다. 이와 같은 과거 기관의 역사 이야기를 듣는 사람들은 주인의식과 학교에 대한 자부심을 높이는 긍정적인 연결고리를 만들 수 있다. 이들 '예전 사람들'은 또한 중요한 의식들을 높이거나 재건하는 데 핵심적인 역할을 할 수 있다.

둘째, 시간표 조직이다. 학교에서 일일 시간표를 작성하는 것은 학교문화를 결정하는 데 작은 요인처럼 보일지 모르나, 실제적으로 가장 커다란 문화요소 중의 하나이다. 학교에서 시간표를 작성하는 것을 ① 학생측면에서 보면, 학생들이 어떻게 그룹화 되고, 그들이 어떻게 그들의 자유시간을 활용하고, 그들이 어떤 선택을 하는가를 결정짓는다. ② 교사측면에서는 교사들이 수업을 어떻게 준비하고, 그들의 자유시간에 무엇을 하며, 조직 내에서 그들 자신들을 어떻게 인식하는가에 영향을 준다. 또한 Maehr와 Buck(1993)은 학교시간표를 작성하는 행동은 학교문화를 결정하고 변형하는 데 결정적이며, 학생들의 학습과 동기화에 영향을 미치는 중요한 방법이라고 말한다.

셋째, 일관된 행동모델의 유지이다. 말보다 행동이 언제나 더욱 큰 효과를 발휘한다. 문화를 바꾸는 가장 효과적이며 효율적인 방법은 학교를 위해 필요한 중요한 신념들, 가치를 행동에 옮기는 것이다. 모든 사람들에 대한 배려와 관심을 갖고 행동하는 교장은 유사한 행동을 장려할 것이다. 한편 직원들과 학생들을 위한 시간이 거의 없는 교장은 이기적인 문화를 창조하게 될 것이다. 결국 행동으로서 이끄는 교장은 눈으로 잘 목격할 수 있는 학교조직의 신념과 가치를 만들며, 다른 사람들이 그의 예를 따르도록 격려한다.

넷째, 능력 있는 교직원의 선발이다. 바람직한 학교문화 건설을 염두에 둔 교장은 기술적으로 유능한 능력을 소유한 교원뿐만 아니라 그의 가치가 학교 수월성 비전과 일치하는 교직원을 찾기 마련이다. Deal과 Peterson(1990)에 따르면, 교장들은 좋은 교직원들을 학교에 배치하는 것이 건강한 학교문화의 창조에 있어서 본질적인 요소로 보고 있다고 주장한다. 또한 학교장들은 새로운 교사모집과 선발뿐만 아니라 학교장과 교육의 가치나 신념을 함께 공유하지 못하는 교사들이 다른 학교에 배치될 수 있도록 도와주어야 한다.

다섯째, 교직원들에 대한 적절한 보상이다. 교사들에 대한 보상과 인정은 중요함이 틀림없다. 그것의 목적은 교직원들의 사기를 높여주고, 학생의 학업성취에 대한 높은 기대감 같은 중요한 가치를 이끌어낸다. 직원들에 대한 비공식적 또는 공식적인 보상과 인정은 다양한 방법이 동원될 수 있다. 교직원회의에서 말 한 마디, 이-메일이나 메시지, 손으로 작성한 메모, 재미있는 안부인사 등은 교장이 교사들에게 제공할 수 있는 좋은 보상과 인정 수단이다. 교사들을 회식에 초대하거나 집으로 초대하며, 혹은 교사들과 함께 짧은 여행을 떠나는 것도 교직원들에 대한 보상과 인정을 위한 수단으로 고려해 볼만하다. 공식적인 보상방법으로 유용한 것은 교육청이나 정부차원의 국가적 시상에 유공교사들을 자주 추천하는 것이다. 교장들은 교육행정기관 공무원들에게 새로운 상을 제정하도록 말하거나 이미 이용할 수 있는 상들에 대하여 교사들을 추천할 수 있다. 그리고 승진을 위한 각종 연수에 교사들을 적극 추천하는 것도 좋은 공식적 보상이 된다. 지역신문과 같은 언론이나 방송, 다양한 교육출판물들도 교사들의 힘든 일에 대하여 자주 보도케 하는 것이 교사 전체를 보상하는 방법으로 이용될 수 있다.

4. 문화적 리더십의 하위변인

문화적 리더십은 개인의 신념과 가치체계에 의해서 발달된 이론이라고 하였다. Cunningham과 Gresso(1993)는 **그림 4-2**와 같이 조직문화를 향상시키기 위해서는 고정되어진 조직구조와 조직행동을 리더는 문제점을 교정하여 조직의 수행력을 향상시켜야 한다고 했다.

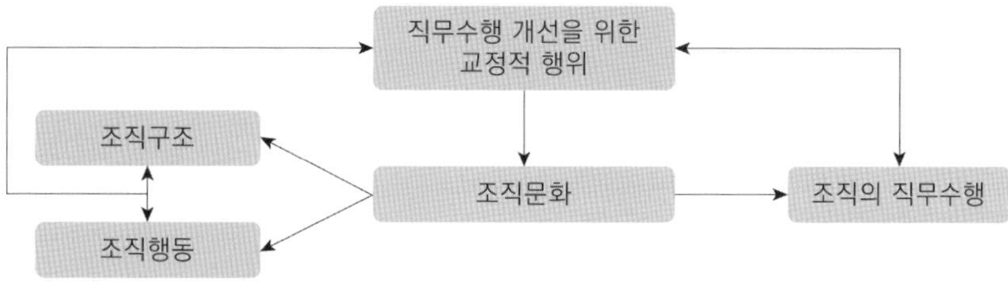

그림 4-2 리더십에 대한 문화적 접근

자료: Cunningham, W. G., & Gresso, D. W.(1993). *Cultural Leadership: The Culture of Excellence in Education*. Boston: Allyn & Bacon, p. 20.

문화적 리더십의 접근모형으로 문화는 모든 행정실제의 구심점이 되어, 조직행동, 조직구조, 조직수행에 영향을 주고 수행 향상을 위한 기제가 된다. 문화에 영향을 받는 행동과 구조는 자연스럽게 진전될 것이고, 그것은 다시 적절한 문화를 발전시키고 지원한다고 보았다.

문성숙(2003)에 따르면, 조직문화를 리더십의 종속변인으로 보고 리더십에 대한 문화적 접근법의 한 유형으로 문화 리더십으로 보았으며, 문화적 접근법을 강조하는 학자들의 공통적인 주장은 과거 교육현장의 교육개혁이 실패했던 원인을 대부분의 정책결정자들이 구조적 접근법, 인간관계 접근법 또는 정치적 접근법에만 의존했기 때문이라고 분석하고, 성공적인 리더십을 문화적 접근법을 강조할 때 가능하다고 제안했다. 그는 학교현장의 교육당사자들이 바라는 **학교장의 문화 리더십**은 최종적으로 네 가지의 요인으로 분석되었다. 요인별 문화에서 드러나는 인식체계에 근거하여 요인별 명칭을 명명하였다.

① **지원적 배려이다.** 지원적 배려는 학교장이 가부장적 책임감으로 외부환경으로부터 교사 개개인을 보호하고, 그들의 전문적 성장 및 개인적 발전을 위하여 관심을 가져주며, 필요한 지원을 제공해주는 리더십행위를 반영하는 요인이다.

② **온정적 포용력이다.** 이는 학교장의 염려, 예의, 친절하고 자상함, 너그러움, 격려, 신의 등 교사들에게 보여주는 리더십 특성을 대표하고 있다.

③ **도덕적 규범이다.** 이 요인은 청렴결백, 일관성, 공평한 기준 적용 등 학교장이 올바르고 합당한 도리를 솔선수범하여 윤리적 실천의 정도를 나타내는 문항들로 구성되어 있다.

④ **열정적 성실성이다.** 이 요인의 항목들은 교사와의 관계가 아닌 개인으로서의 학교장이 자신의 삶과 직업에 임하는 자세를 보여준다. 그들은 직무

에 임할 때가 아니면 일상의 삶에서나 매사에 성실하고 열정적이다.

문화적 리더십의 측정도구를 나타내면 **표 4-4**와 같다(문성숙, 2003: 121~122).

표 4-4 학교장의 문화적 리더십의 측정도구

학교장의 문화적 리더십						
• 응답 요령: 다음 문항들은 학교장의 문화적 리더십에 관한 내용입니다. 귀 학교의 교장선생님이 나타내는 행동특성을 진술한 내용과 얼마나 일치하는지 해당란에 V 표를 해주십시오. 〈설문 문항〉 우리 교장선생님은(에게) …………(1~37)		아주 불일치	불일치	보통	일치	매우 일치
번호	설문내용					
1	[우리 학교 교장선생님은(에게)] 교사들이 주어진 환경에서 자신의 꿈을 이룰 수 있도록 지원해 준다.					
2	부하직원이 영전할 수 있도록 최선을 다하여 도와준다.					
3	노력한 만큼의 보상을 해준다.					
4	교사들의 성장 발전에 필요한 조언을 많이 해준다.					
5	교사들의 성장 발전을 관심 있게 지켜본다.					
6	의사결정을 하기 전에 교사들의 의견을 많이 듣는 편이다.					
7	교사들의 발전에 필요한 일이라면 기꺼이 도움을 주고자 한다.					
8	교사들의 개인적인 고충을 같이 고민해 준다.					
9	어려움에 처한 교사들에게는 도움을 주고자 애쓴다.					
10	관계 관청의 압력으로부터 교직원들을 보호하려고 노력한다.					
11	교사들을 인정해 준다.					
12	교사들의 건강을 늘 염려한다.					
13	교사들을 마치 가족처럼 대한다.					
14	우리 교사들을 믿는다.					
15	교사들 간에 신뢰로운 관계가 형성되도록 노력한다.					
16	나의 실수를 다른 교사들 앞에서 감추어 준다.					
17	인사를 하면 친절하게 받아준다.					
18	교사들을 항상 자상하게 대해 준다.					
19	"교사에게 늘 수고하십니다. 고생 많으십니다."라는 말로 격려해 준다.					
20	개인적인 이익과 영달을 위하여 교사들을 이용하지 않는다.					
21	교육자로서의 품위에 손상 가는 일을 하지 않는다.					
22	사생활에 있어 교사들에게 모범을 보인다.					
23	학교 관련 사업자들과 불필요한 접촉을 하지 않는다.					
24	교사들에게 대가성 있는 금품을 받지 않는다.					
25	업무를 추진하는 데 있어 일관성이 있다.					
26	매사에 기준이 명확하다.					
27	학교의 비품을 사적으로 사용하지 않는다.					
28	개인의 이익보다는 학교의 이익을 위하여 우선적으로 일한다.					
29	학교를 아끼고 사랑한다.					

30	열성적으로 직무에 임한다.					
31	끊임없이 공부하는 모습을 보여준다.					
32	직장에서 위계서열에 적합한 책임과 의무를 존중한다.					
33	교사들의 이름과 신상을 완전하게 파악하고 있다.					
34	분명한 삶의 철학이 있다.					
35	교사들의 중요한 경조사에는 대부분 참여한다.					
36	교양인으로서의 학식이 풍부하다.					
37	학교의 발전을 위하여 많은 에너지를 투자한다.					

자료: 문성숙(2003). 학교장의 한국적 문화지도성 요인 분석. 창원대학교대학원 박사학위논문, 121~122에서 인용 및 편집.

주: 문화적 리더십의 하위변인〈지원적 배려: 1~10번, 온정적 포용력: 11~19번, 도덕적 규범: 20~28번, 열정적 성실성: 29~37번〉

상기에서 문화적 리더십에 대한 개념, 문화형성을 위한 학교장의 역할, 학교장의 문화적 발휘 전략, 문화적 리더십의 하위변인 등을 고찰한 결과 나타난 **키워드**를 제시하면, 학교문화, 학습문화, 가치공유(형태), 이야기 해설, 롤-모델, 학교목적 및 사명의 구체화, 상징체계 강화, 상호존중, 자신감, 문화적 혁명, 조직문화, 역사가의 역할, 인류학적 탐정의 역할, 비전제시자 역할, 상징, 도예가의 역할, 언어사용자 역할, 배우 역할, 치유자 역할, 비전촉진자, 창의적 아이디어 제시, 강한 지원능력, 봉사정신, 개방성, 사교성, 실천능력, 시간표 작성, 행동모델 유지, 효과적인 교직원선발, 적절한 보상, 지원적 배려, 온정적 포용력, 도덕적 규범, 열정적 성실성 등으로 나타났다. 이러한 키워드는 **4차 산업혁명시대의 협력역량, 창의성역량, 의사소통역량, 감성역량, 리더십역량 등과 관련된 것으로 볼 수 있다.**

제3절 도덕적 리더십

다양하고 상이한 가치들이 상존하는 4차 산업혁명시대에서 학교장에게 요구되는 리더십 가운데 무엇보다도 중요한 것이 바로 윤리적 책임의식과 가치 확립이라고 할 수 있다. 왜냐하면 오늘날 우리 사회에서 만연된 도덕 불감증으로 인한 불신풍조는 위험 수위에 이르고 있으며, 사회지도층에서부터 일반인에 이르기까지 만연된 이 같은 도덕 경시풍조는 학교조직 구성원에게도 부정적 학습효과를 유발하고 있기 때문이다. 단위학교장은 리더로서 스스로 학교의 운영에 적합한 신념, 가치관, 태도를 가지고 진실하고 일체적인 교감 속에서 학교조직구성원들이 바람직한 신념과 가치관을 형성할 수 있도록 이끄는 리더십을 발휘해야 한다(강경석 · 박청원, 2009).

따라서 4차 산업혁명시대의 도덕적 리더십과의 연계성을 파악하기 위하여 도덕적 리더십의 개념 및 의의, 학교장과 도덕성, 학교장의 도덕적 리더십, 도덕적 리더십의 하위변인 등을 고찰한 후에 디지털 전환기의 도덕적 리더십역량에 대하여 기술하고자 한다(전용환, 2010; 강경석, 박청원, 2009; 주삼환, 2009; 신재흡, 2007; 김재덕, 2005; 이병진, 2003; 김필녀, 2002; 명제창, 1999).

1. 도덕적 리더십의 개념

지금까지 진행되어 온 리더십이론은 기존의 교육행정이론들을 지나치게 합리성과 능률성을 추구한 나머지 조직중심적 차원에 관한 연구에 중점을 두고, 실증적 검증을 요구하는 가설연역적 접근에 집중되어 왔다(김재덕, 2005). 그 결과 조직 내의 개인의 독특한 측면인 도덕적 및 윤리적 · 가치적 접근은 무시되는 결과를 초래하게 되었다. Sergiovanni(1992: 3)는 '종래의 리더십연구를 실패로 단정하고, 그 실패 원인을 리더십을 이해함에 있어 도덕적 권위를 너무 무시하고 관료적, 심리적, 기술-합리적 권위를 주로 강조했기 때문이다'라고 지적했다. 아울러 그는 이에 대한 새로운 대안의 리더십연구로 '학교리더는 구성원들을 통합하는 공동체의 가치와 이상을 확립하고, 구성원들을 자기관리자가 되도록 하여 지도자의 기질이 덕(virtue)과 능력으로 나타나도록 하는 도덕적 리더십을 분석대상으로 삼아야 한다'고 주장했다. 최근 우리나라도 교육조직에서 도덕적 리더십의 중요성에 관해 선행연구자들에 의해 제시되어 왔다(허병기, 1998; 명제창, 1999; 이석열, 2005; 김재덕, 2005). 하지만 이러한 중요성에도 불구하고 도덕적 리더십에 대한 연구가 아직 미흡한 실정이다. 따라서 이에 대한 연구가 지속적으로 수행되어야 할 것이다.

도덕적 리더십에 대한 선행연구자들의 개념 정의를 살펴보면, 도덕적인 학교의 리더가 된다는 것에 대한 근본적인 중요성을 이해하는 데 도움을 주었던 학자는 Greenfield(1995)였는데, 그는 우리가 학교조직의 인간적인 특성을 이해하고, 조직의 교육적인 목적을 이해하고, 행정가의 도덕적인 본질을 이해하는 데 많은 기여를 했다. **주삼환**(2009)은 학교구성원들이 자발적으로 학교 교육목표달성에 헌신하도록 교장이 덕으로 이끄는 도덕적 리더십을 학교 교육개선의 핵심적인 힘으로 파악했다. **허병기**(1998: 265)는 '도덕적 리더십'이란 리더 스스로 학교의 운영에 적합한 신념, 가치관, 태도를 내면화한 가운데 학교구성원과의 진실하고 일체적인 교감 속에 그들의 바람직한 신념과 가치관 및 태도를 형성하고 이끄는 리더십으로, 현 학교상황에서 가장 필요한 '리더십' 이라고 주장했다. **홍장성**(1999)은 성공한 학교장의 역할수행 문화연구에서 성공한 교장으로 불리기 위해서는 덕(德)을 갖추고 조직구성원들에게 도움을 주는 사람으로서 인정받아야 한다고 강조하고 있다. **명제창**(1999)은 '한 조직에 있어서 리더의 도덕성은 그 조직의 정책을 결정하는 리더의 판단으로 나타나며, 리더로서의 도덕적 품성은 조직구성원들로부터 인정받고 그들의 가치를 이끌어 내기 위한 중요한 기반과 그들의 윤리적·도덕적 판단은 조직의 정책결정에 큰 영향을 끼친다'고 제시하면서 리더의 도덕적 리더십을 강조하였다. 따라서 도덕적 리더십연구는 리더가 무엇으로(what) 구성원들에게 영향을 미치는지를 밝혀내려는 기존의 연구에서 벗어나 리더와 구성원들이 학교조직에서 리더십을 어떻게 형성해 나가느냐에 초점을 두는 것이다(이석열, 2005). **김용구**(2005)는 효과적인 학교의 자율성 요인 중의 하나로 학교장의 도덕성을 제시하고 있는데 도덕성을 경영의 투명성과 동의어로 사용하고 있으며, 효과적인 학교장은 원칙과 투명성, 공정성, 책임의식, 솔선수범, 헌신, 공감할 수 있는 의사결정, 권한위임, 금전으로부터의 자유 등의 특성을 발휘한다고 보고 있다.

이상의 논의된 내용을 토대로 학교장의 도덕적 리더십이란 학교장이 자신의 도덕적 품성과 능력을 바탕으로 구성원의 존경과 신뢰를 획득하고, 나아가 그들의 능력을 계발하고, 자율적 직무수행을 조장하여 궁극적으로 효과적이고 도덕성이 강한 학교가 될 수 있도록 이끄는 리더십으로 정의할 수 있다.

2. 학교장과 도덕성

도덕성은 도덕적 행위를 할 수 있는 능력 또는 성향이며(이돈희, 1981), 모든 도덕적 내용이란 어떤 규범 자체를 말하며, 개체가 이러한 규범을 어떻게 지키는가 하는 것이 도덕성의 본질이다(Piaget, 1972). 즉 인간은 조직의 규범 속에서 존재하는 하나의 개체라고 할 수 있다. 그렇다면 학교조직의 개체들을 이끌어가야 하는 학교장은 도덕성과 어떤 관계가 있는가?

조직의 리더란 자신의 문화적 및 윤리적 특성을 발전시키고 조직에 자신의 신념과 행위와 윤리적 특질을 주입시켜 조직문화를 창조하여 변화시킬 수 있는 경영윤리와 보편적인 사회책무가 요구되는 사람일뿐만 아니라 조직의 도덕성을 확립하는 사람이다(Dickson et al., 2001). 이러한 측면에서 볼 때, 학교조직의 리더인 학교장은 교직원들의 삶의 방향과 학교조직목표에 막대한 영향을 주는 사람인 동시에, 막대한 권한을 갖는 학교리더로서의 도덕적 책임을 져야 하는 사람이다. 특히 교육행정가는 도덕성과 윤리성을 지녀야 한다. 아울러 교육자는 교육 실제를 반성하면서 도덕적 및 윤리적 신념의 본보기로 살아가기 때문에(Maxcy, 2002), 학교장은 도덕성을 확립하고 발전시키는 사람이어야 한다. 또한 학교장은 공직자로서 공직윤리를 준수해야 할 의무를 가지는 사람이다. 공직윤리는 바른 정책과 법, 제도 그리고 서비스행정을 위해 추구되어야 할 가치의 내용이 무엇이며, 이들의 가치들이 공직의 구체적인 실행과정에서 어떻게 직무행위의 표준으로서의 의미를 갖는가 하는 규범에 중점을 두고 있다. 이는 바로 공직자의 도덕성을 말한다(정진환 외, 2001). 그러므로 학교장의 도덕성은 학교조직의 의사결정을 하는 리더의 판단과 가치를 형성하는 중요한 기틀이 되는 규범적 가치행위가 된다. 실제로 개인이나 조직이 도덕성을 상실하게 되면 개인은 고립감이나 이탈감을 갖게 되기 쉽고 조직은 기능을 제대로 발휘하지 못하고 약화된다. 조직의 도덕성이 확고하지 않으면 구성원들은 기존의 규범을 따르지 않아도 된다고 느끼기 때문에 조직의 응집성은 붕괴되어 개인의 정체성, 임무, 목표에 대한 의식 등이 존재하지 않는다. 이렇듯 도덕성은 조직의 구성원들을 묶어주는 역할을 한다. 이런 측면에서 학교장은 도덕성을 바르게 확립하고 도덕적 분위기를 조성해 나가야 한다.

결국 학교조직은 교육을 통하여 지식뿐만 아니라 다양한 가치들을 성취해야 하는 다른 상황에 놓여 있는 도덕적 기업이기 때문에(Greenfield, 1995: 61), 도덕적 조직을 경영하는 학교장의 리더십은 먼저 도덕성을 확보하고 도덕적 가치를 소중히 하는 도덕적 풍토를 조성하는 데 힘써야 할 것이다(김재덕, 2005).

3. 도덕적 리더십의 하위변인

도덕적 리더십의 하위변인은 학자들마다 다양한 견해를 피력하고 있으며, 이를 소개하면 다음과 같다. ① Machiavelli는 군주론에서 리더의 성공은 행운과 덕성 및 역량 등 두 가지 요소에 의해 좌우된다고 보고, 덕성과 역량을 기르려면 '끊임없이 혁신을 추구하는 능력', '조직통합능력', '대화능력', '설득능력', '신뢰구축능력' 등을 갖추어야 한다고 주장했다. 그는 훌륭한 리더는 자비와 냉혹을 모두 갖추어야 하며 상황에 따라 때로는 사자(lion)가 되고, 때로는 여우(fox)가 되어야 한다고 주장했다(신중식, 1999). ② **김필녀**(2002)는 초등학교장의 도덕적 리더십의 하위변인을 리더의 품성(청렴성, 사명감, 공정성, 책임감)과 리더의 능력(권한부여, 비전제시)으로 구분하고 있다. ③ **박수연**(2001)은 미래의 학교리더는 도덕적 리더십을 발휘해야 한다고 강조하면서, 리더가 지녀야 할 가치관으로 다른 사람에 대한 관심, 존경, 참여, 공평성, 목표달성을 위한 지식, 확실성, 지속성 등을 제시하고 있다. ④ **명제창**(1999)은 도덕적 지도자 개념을 적용하여, 리더의 기본적 품성으로 청렴성, 사명감, 공정성, 책임감, 비전제시, 권한부여를 제시했으며, 조직구성원의 자율성으로 공동체규범확립, 전문직업적 이상, 내재적 만족, 동료의식을 제시했다. **청렴성**은 교장이 자신의 공적인 생활은 물론 사적인 생활에 있어 자신의 양심에 따라 떳떳하게 처신해야 하는 행동규범이다. **사명감**은 교장이 자신이 수행하는 직무에 긍지를 갖고, 직무의 중요성을 인식하며, 학생교육을 위해 전력을 다해야 하는 행동규범이다. **공정성**은 교장이 직무수행 과정에서 직원들에 대한 차별을 배격하여 직원과의 관계에 있어서는 물론 직원 상호 간에 갈등이 유발되지 않도록 하는 행동규범이다. **책임감**은 교장이 자신에게 부과된 직무상의 역할과 직원과 학생들에 대한 약속을 충실하게 이행해야 하는 행동규범이다. **권한부여**는 교장이 교사들의 능력을 계발하고 신장시켜 그들의 직무능력을 개선시켜야 하는 행동규범이다. **비전제시**는 교장이 미래에 대한 통찰력을 갖고 학교가 나아가야 할 방향과 목표를 제시하고 그 구성원들이 목표달성에 전념하도록 하는 행동규범이다. 구성원의 자율성인 **공동체규범확립**은 학교구성원 상호 간에 준수해야 할 규범이 효과적으로 수립되도록 보장하는 교직원의 행동규범이다. **전문직업적 이상**은 교사들이 전문직업의 행동규범에 따라 교직을 수행하는 교사들의 행동규범이다. 내재적 만족은 교사들이 교직생활에서 외적인 보상보다는 교직 그 자체에 흥미를 갖고 헌신하며 보람을 느끼는 교사들의 행동규범이다. 동료의식은 교직원 상호 간에 지원과 친밀감을 경험하도록 하는 교직원들 간의 행동규범이다.

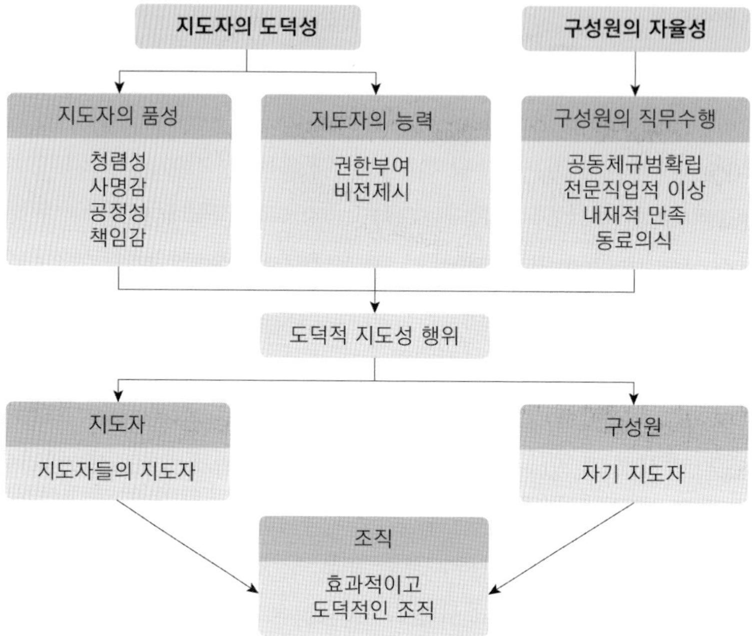

그림 4-3 학교조직의 도덕적 리더십모형

자료: 명제창(1998). 학교조직에서의 도덕적 리더십 측정에 관한 연구. 충남대학교대학원 박사학위논문, p. 93.

또한 명제창의 도덕적 리더십의 기술 질문지 유형은 **표 4-5**와 같다.

표 4-5 도덕적 리더십의 기술 질문지(Moral Leadership Description Questionnaire)

영역		소영역	문항
교장 행동 특성	품성	청렴성	• 사생활에 있어서 교사들에게 모범을 보인다.
		사명감	• 교직을 최고의 천직으로 알고 행동한다.
		공정성	• 개인적 연고보다는 합리적 절차에 따라 직원인사를 한다.
		책임감	• 학교 내의 잘못된 정책과 관행을 과감하게 고쳐 나간다.
	능력	권한부여	• 교사들의 능력을 인정해 주고 높은 직무수행을 기대한다.
		비전제시	• 교사들에게 자신이 지향하고 있는 학교의 모습을 설명한다.
교사 직무수행 특성		공동체규범 확립	• 문제해결을 위한 각종협의회에 진지하게 참여한다.
		전문직업적 이상	• 자신에게 맞는 수업모형을 개발하려고 노력한다.
		내재적 만족	• 성의를 다하여 학생생활지도에 임하고 있다.
		동료의식	• 가족과 같은 화목한 분위기를 경험하고 있다.

자료: 명제창(1998). 학교조직에서의 도덕적 리더십 측정에 관한 연구. 충남대학교대학원 박사학위논문, 191~195.

⑤ Boatman과 Adams(1992)는 "리더십은 공동의 이익을 증진시키는 공유된 비전을 성취하기 위해 타인들에게 권한을 부여하는 과정이다"리고 말하면서 리더의 자질로서 권한부여, 비전, 윤리가 필요하다고 하였다. ⑥ **유영대**(2007)는 성공한 사람들의 공통점은 높은 도덕성에 있다고 보고 도덕성을 나타내는 지표로서 정직과 성실, 약속 이행, 즉 언행일치, 봉사와 공정성, 신뢰감, 자신의 행동과 결정에 대한 책임을 제시하고 있다.

상기에서 살펴 본바와 같이, 여러 학자들이 제시하고 있는 **도덕적 리더십의 하위변인** 중 비교적으로 빈번히 지적되는 변인은 다음과 같다(김필녀, 2002).

① **청렴성이다.** 청렴성은 공직을 미끼로 하여 개인의 이권을 확장하는 행위를 하지 않는 것을 말한다. 직무와 관련된 어떤 뇌물이나 향응을 금지하는 것은 행정의 부패를 막고 공직의 윤리를 세우는 일차적 조건이다. 따라서 리더의 청렴성은 부정부패를 막고자 하는 행동규범이라고 할 수 있다.

② **사명감이다.** 자기직업에 대한 사명감은 우리 조상들이 자신의 일에 긍지

와 자부심을 가지고 정성을 다하는 장인정신으로 기독교 문화권에서는 직업을 신의 부름으로 보는 직업소명설과 천직의식으로 표현되어 왔다. 이러한 의식은 사람들로 하여금 각자가 자기직업을 소중히 여기고, 자기 직업에 정성과 최선을 다하여 근면하고 성실하게 직분에 임하도록 자극한다. 주삼환(1996)은 “성직자와 교육자는 국가를 지키는 최후의 보루이다. 성직자와 교직자가 무너지면 끝장이다. 우리 교육자가 이렇게 중요한 일을 맡고 있다는 데 보람과 긍지를 지니지 않을 수 없다”고 하면서 교육자에 있어 사명감의 중요성을 강조하였다. 또한 “교육조직은 계산에 의하여 이루어지는 조직이 아니다. 교육조직은 조직 속에서 도덕과 규범을 지키고 유지하고자 하는 조직이고, 조직구성원도 이미 조직의 도덕과 규범을 지키고 유지하고자 하는 조직이고, 조직구성원도 이미 조직의 도덕과 규범적 힘을 수락하고 가입한 조직이다”라고 하면서 교직원들의 사명감이 학교를 유지 및 발전시키는 원동력이 될 수 있음을 지적하고 있다. 이러한 사명감은 조직구성원들로 하여금 자발적인 과업목표를 설정하여 성취하게 함은 물론 조직에 헌신하게 하고, 학교조직 내에서 헌신하고자 하는 구성원의 의지는 교직원들로 하여금 학교조직과 자기자신을 동일시하게 하며, 조직과 그 목표에 대한 강한 소속감과 충성심을 불러일으키게 될 것이다.

③ **공정성이다.** 공정성은 학자마다 주장하는 내용이 다르고, 형평성, 정의, 평등, 적법 절차, 불편 부당성이란 용어와도 구별하기 어려우며, 이들 유사 개념들이 서로 구별되지 않고 사용되어 오고 있다. 김영종(1995)은 정의라는 개념이 흔히 공정성 또는 형평성의 개념과 거의 같은 뜻으로 사용되며, 불편 부당성은 정의의 요소로서 가장 중요하게 인식되고 있고, 공정성은 정의의 핵심적 요소로 인정된다고 했다. 이러한 공정성은 선악(善惡), 정사(正邪), 그리고 미추(美醜)에 관한 것들을 분별하고 그 정도를 평가할 때에는 가능한 한 객관적이고 중립적인 입장에서 정확하게 판단하는 것을 뜻한다. 인사행정을 포함한 학교행정에서는 연고주의보다는 능력주의에 따라 객관적인 기준이나 자격에 위한 리더십이 요청된다.

④ **책임감이다.** 책임감은 자기에게 부여된 임무를 성실히 수행해 내는 마음으로 사회의 기능을 원활하게 하는 필수적 요소이며, 모든 행위의 기초가 된다. 그리고 책임감이 결여되면 인간관계에 있어서 신뢰감의 저하를

가져오게 된다. 책임감이 강한 사람은 각자 자기의 역할에 충실하고 약속을 잘 지키는 사람이라고 할 수 있다. 지도자의 지도자, 봉사지도력 스타일은 청지기정신이 담긴 책임감을 행정가의 역할의 핵심으로 가미한다. 청지기정신은 주로 신뢰의 행위를 뜻하며, 이를 통해서 사람들과 기관은 리더를 믿고 일부 의무를 맡겨서 자신들 대신 수행하도록 하는 것이다. 청지기정신은 또한 리더가 자신의 생활을 제대로 관리할 수 있는 개인적인 책임이 있어야 하는데 타인의 권리와 공동의 복지에 대한 적절한 배려라는 관점에서 책임을 져야 한다. 마지막으로 청지기정신에는 스스로 이념과 이상을 실현하기 위해 노력해야 하고 또 성취하려고 헌신하는 타인들을 위해서도 노력해야 한다. 청지기정신의 개념은 리더십을 멋진 모습으로 장식해 주고 있다. 왜냐하면 그것은 공동체로서의 학교가 모든 구성원들을 포함하고 있고, 또한 봉사받고 있는 모든 사람들을 포함하고 있기 때문이다. 부모, 교사, 행정가들은 학생들을 위해서 청지기정신이 담긴 책임감을 공유하고 있는 것이다. 학생들은 타인들과 합세해서 배움의 공동체인 학교를 위한 청지기정신이 담긴 책임감을 발휘해야 한다. 리더의 행위와 결정은 불가피하게 조직과 그 구성원에게 영향을 미치기 때문에 직무를 수행하는 데 책임감이 필요하다. 도덕적인 리더는 자신의 결정에 적절한 윤리적 기준을 적용하면서 역할수행에 있어서 책임을 다하는 사람이라고 할 수 있다.

⑤ **권한부여이다.** 명제창(1998)은 권한부여를 추종자들의 자율적 통제와 내적 잠재력에 대한 신뢰를 전제로 하여, 추종자들로 하여금 그들의 느낌, 생각, 그리고 행동을 지원해 주는 능력이라고 설명하며, 권한부여의 결과로 추종자들은 고도의 창의성과 예술적 기교, 일에 대한 안목과 직관, 충성심과 애정으로 표현되는 높은 열정을 향유하게 되고, 조직은 수월성을 견지하게 된다고 하였다. 교장은 이와 같은 행동규범을 준수할 경우 그는 교사들을 신뢰하고, 그들의 능력을 존중하며, 능력발휘의 기회를 제공하고, 교사들의 능력을 이끌어 내는 기법을 구사하게 될 것이다. 권한부여는 사람들에게 자신의 삶을 책임지도록 돕고 자신의 행위에 대한 자존감과 자발성을 계발시켜 주기에 학교장의 권한부여는 중요하다고 본다. 권한의 강력한 원천은 공유된 약속이 촉진된다고 했다. 이렇게 리더에게 권한을 부여해 줌으로써 팔로워들을 적극 지원해 줄 수 있는 능력

이 생기므로 리더에게 권한부여란 리더십만큼이나 중요하다고 본다.

⑥ **비전제시이다.** 비전제시는 학교장이 미래에 대한 통찰력을 갖고 학교에 나아가야 할 방향과 목표를 제시하고 그 구성원들이 목표달성에 전념하도록 하는 행동규범이다. 이계윤(1991)은 학교장의 비전은 학교장이 학교조직을 대상으로 구성원들에게 의도하고 발휘하는 영향력 행사의 표적으로, 학교조직이 장차 실현할 이미지라고 설명하며 따라서 효과적인 교장은 학교가 어떻게 되기를 원하는지에 대한 분명하고도 확고한 비전을 갖고, 이를 교사에게 제시하며, 그 비전을 실천하기 위해 능동적인 노력을 해야 한다고 했다. 학교장이 이 행동규범을 준수할 경우 그는 학교의 문제점을 진단하여 학교가 성취해야 할 목표를 제시하고 조절하며, 구성원들이 목표달성에 동참하도록 자극하게 될 것이다. 이러한 비전제시는 미래에 대한 통찰력을 갖고 학교가 갖고 있는 목표달성에 전념할 수 있는 행동규범이라고 할 수 있다.

김필녀(2002)의 도덕적 리더십의 설문 문항을 소개하면 **표 4-6**과 같다.

표 4-6 학교장의 도덕적 리더십의 측정도구

학교장의 도덕적 리더십						
• 응답 요령: 다음 문항들은 학교장의 도덕적 리더십에 관한 내용입니다. 귀 학교의 교장선생님이 나타내는 행동특성을 진술한 내용과 얼마나 일치하는지 해당란에 V 표를 해주십시오. 〈설문 문항〉 우리 교장선생님은(에게) …………(1~24)		아주 불일치	불일치	보통	일치	매우 일치
번호	설문내용					
1	[우리 학교 교장선생님은(에게)] 예산집행과정에서 행정실직원들에게 약점이 있다.					
2	교사들의 근무환경에 많은 관심을 갖고 있다.					
3	학교에서 절약과 검소한 생활의 모범을 보인다.					
4	학교에서 사적인 일에 시간을 낭비하지 않는다.					
5	공직자로서 자신의 역할이 갖는 중요성을 알고 있다.					
6	교직을 최고의 천직으로 알고 행동한다.					
7	학생의 교육에 있어 솔선수범하는 자세를 갖는다.					
8	학생에 대한 봉사에 최고의 가치를 둔다.					
9	신임교사에게 무리한 업무를 배정하지 않는다.					
10	교사에 따라 결재하는 방식과 시간에 차별을 두지 않는다.					
11	교직원들 간에 갈등이 생기지 않도록 한다.					
12	개인적인 연고보다는 능력과 내규에 따라 부장교사를 임명한다.					

13	교실수업이 잘 이루어지도록 충분한 지원을 한다.					
14	학생들의 전인교육을 위한 다양한 활동을 권장한다.					
15	학교 내 잘못된 정책과 관행을 과감하게 고쳐 나간다.					
16	전보하는 교사들이 영전할 수 있도록 관심을 갖는다.					
17	교사들의 아이디어와 창의성 발휘를 장려한다.					
18	교사들의 능력을 인정해 주고 높은 직무수행을 기대한다.					
19	교사들의 새로운 업무를 통해 능력을 계발하도록 장려한다.					
20	교사들에게 수업에 대한 의욕과 자신감을 갖도록 격려한다.					
21	현실에 만족하지 않고 새로운 학교로 발전시키고 있다.					
22	학교 발전계획을 학교 교육목표에 반영시키고 있다.					
23	교사와 학생들에게 학교의 장단기적 목표를 제시한다.					
24	교육지원청의 교육방침을 반영하여 창의적인 교육목표를 세운다.					

자료: 김필녀(2002). 초등교장의 도덕적 지도성과 교사의 활력화가 학교조직의 효과성에 미치는 영향. 국민대학교대학원 박사학위논문, pp. 123~124에서 인용 및 편집.

- 도덕적 리더십의 하위변인
  ① 지도자의 품성(청렴성: 1~4번; 사명감: 5~8번, 공정성: 9~12번, 책임감: 13~16번),
  ② 지도자의 능력(권한부여: 17~20번; 비전제시: 21~24번)

한편 명제창(1998)의 도덕적 리더십의 측정도구를 소개하면 다음과 같다.

표 4-7 학교장의 도덕적 리더십의 측정도구

학교장의 도덕적 리더십						
• 응답 요령: 다음 문항들은 학교장의 도덕적 리더십에 관한 내용입니다. 귀 학교의 교장선생님이 나타내는 행동특성을 진술한 내용과 얼마나 일치하는지 해당란에 V 표를 해주십시오. 〈설문 문항〉 우리 교장선생님은(에게) …………(1~24)		아주 불일치	불일치	보통	일치	매우 일치
번호	설문내용					
1	[우리 학교 교장선생님은(에게)] 사생활에 있어서 교사들에게 모범을 보인다.					
2	자신에 관한 나쁜 소문으로 곤란을 겪지 않는다.					
3	예산집행과정에서 행정직원들에게 약점이 있다.					
4	학교와 관련된 상인들과 불필요한 접촉을 하지 않는다.					
5	학교에서 절약과 검소한 생활의 모범을 보이지 않는다.					
6	교사들에게 대가성 있는 금품을 받지 않는다.					
7	교사들에게 자신의 개인적 문제로 부담을 주지 않는다.					
8	학교에서 사적인 일에 시간을 낭비하지 않는다.					
9	공직자로서 자신의 역할이 갖는 중요성을 알고 있다.					
10	교직을 최고의 천직으로 알고 행동한다.					
11	학생에 대한 봉사에 최고의 가치를 둔다.					

12	학생의 교육에 있어 솔선수범하는 자세를 보인다.					
13	학교 내의 잘못된 정책과 관행을 과감하게 고쳐 나간다.					
14	교육에 방해가 되는 외부기관의 요청을 거절한다.					
15	상급기관의 요청과 지시에 소신 없이 따르지는 않는다.					
16	학생교육에 도움이 되는 지원을 아끼지 않는다.					
17	교직원들의 애경사나 차별에 두지 않고 참여한다.					
18	대화의 상대가 특정교사에 편중되지 않는다.					
19	교사에 따라 결재방식과 시간에 차별을 두지 않는다.					
20	교사들에 대한 연가나 휴가규칙을 공정하게 적용한다.					
21	선호하는 연수를 특정교사에게 편중되지 않게 한다.					
22	같은 일을 누가 했느냐에 따라 평가를 달리하지 않는다.					
23	개인적 연고보다는 합리적 절차에 따라 직원인사를 한다.					
24	아첨하는 교사보다는 묵묵히 일하는 교사를 높게 평가한다.					
25	자신에게 교사들이 충성경쟁을 벌이도록 유도하지 않는다.					
26	교사들이 수업을 충실히 하도록 자극한다.					
27	교실수업이 잘 이루어지도록 충분한 지원을 한다.					
28	교직원들 간에 갈등과 불화가 최소화하도록 노력한다.					
29	학생들의 전인교육을 위한 다양한 활동을 권장한다.					
30	외부의 압력으로부터 교사들을 보호하려고 노력한다.					
31	전보하는 교사들이 영전할 수 있도록 관심을 갖는다.					
32	교사들과 한 약속은 반드시 지키려고 노력한다.					
33	교외활동과 함께 교내 역할도 충실히 수행하고 있다.					
34	교사들에게 수업에 대한 의욕과 자신감을 갖도록 격려한다.					
35	교사들의 능력을 인정해 주고 높은 직무수행을 기대한다.					
36	교사들의 아이디어와 창의성 발휘를 장려한다.					
37	교사들에게 실수를 통해서 배울 수 있다고 격려한다.					
38	교사들이 협의를 통해 문제를 해결하도록 위임한다.					
39	교사들에게 직무수행에 필요한 정보를 제공한다.					
40	교사들이 새로운 업무를 통해 능력을 계발하도록 자극한다.					
41	교사들 스스로 도전적인 과업을 만들어 보도록 권장한다.					
42	학교의 발전계획을 학교 교육목표에 반영한다.					
43	교사들에게 자신이 지향하고 있는 학교의 모습을 설명한다.					
44	교사와 학생들에게 학교의 장단기적 목표를 제시한다.					
45	교사들에게 자신의 계획이 갖는 의미와 중요성을 설명한다.					
46	학교목표에 따라 교사들이 할 일을 구체적으로 밝힌다.					
47	교육청의 방침을 반영하여 창의적인 학교목표를 세운다.					
48	교육목표의 추진 상황을 확인하고 문제점을 보완한다.					
49	교사들이 교직에서 원대한 꿈을 갖고 실천하도록 격려한다.					
50	학교운영에 자신들의 의견을 수렴하여 반영하려고 노력한다.					
51	문제해결을 위한 각종 협의회에 진지하게 참여한다.					
52	학교 내의 정보를 비교적 많이 공유하며 의견을 나눈다.					

53	학생회에서 의결한 사항을 학교정책에 반영하고 있다.					
54	자신의 이해관계 때문에 인사내규를 바꾸려들지 않는다.					
55	학교내규를 정할 때 활발하게 자신의 의견을 밝힌다.					
56	직원회의 전달사항을 학생들에게 잘 전달한다.					
57	학생들의 의견을 반영하여 교내행사를 실시한다.					
58	상급자가 없다고 해서 다르게 처신하지는 않는다.					
59	교직을 전문직으로 생각하고 자기연찬에 힘쓴다.					
60	자신에게 맞는 수업모형을 개발하려고 노력한다.					
61	혁신적 수업방법에 대하여 관심이 많다.					
62	수업에 도움이 되는 자료를 서로 교환한다.					
63	교과지도에 관해서 많은 대화를 나눈다.					
64	수업의 질 향상을 위해 많은 노력을 한다.					
65	쉬는 시간에 잡담을 하기보다는 책을 읽는다.					
66	자기계발을 위한 연구나 연수에 관심이 많다.					
67	학생들의 학교생활에 관심이 많다.					
68	성의를 다하여 학생생활지도에 임하고 있다.					
69	조례와 종례시간을 소중하게 활용하고 있다.					
70	방과 후 학생들과 대화를 자주 나누고 있다.					
71	자신의 모든 정열을 바쳐 직무에 임한다.					
72	책임감을 갖고 학교문제를 해결하려 한다.					
73	교직에 대한 자기 비하적 발언을 하지 않는다.					
74	교사가 된 것을 만족스럽게 생각한다.					
75	교직에 생계유지 그 이상의 가치를 부여한다.					
76	학교에서 많은 보람과 성취감을 느끼고 있다.					
77	다른 교사들의 도움 요청에 기꺼이 응한다.					
78	상호 간에 문제를 제기하면서 그 해결에도 앞장선다.					
79	대부분 교직원 친목행사가 있을 경우 참여한다.					
80	잘못된 관행을 서로 협력하여 고쳐나간다.					
81	다른 교사에게 일이 몰리면 도와준다.					
82	상호간에 자기노출을 꺼려하지 않는다.					
83	연고주의에 의한 파벌이나 이질감을 느끼지 않는다.					
84	상호간에 반목이나 대립을 일으키지 않는다.					
85	가족과 같은 화목한 분위기를 경험하고 있다.					

자료: 명제창(1998). 학교조직에서 도덕적 지도성 측정에 관한 연구. 충남대학교대학원 교육학박사학위논문, pp. 192~195.

- 도덕적 리더십의 하위변인

① 교장 행동특성 변인(청렴성: 1~8번/사명감: 9~16번/공정성: 17~25번/책임감: 26~33/권한부여: 34~41번/비전제시: 42~49번)

② 교사 직무수행특성 변인(공동체규범확립: 50~58번/전문직업적 이상: 59~66번/내재적 만족: 67~76번/동료의식: 77~85번)

상기에서 도덕적 리더십의 개념, 학교장과 도덕성, 도덕적 리더십의 하위변인 등을 고찰한 결과 나타난 **주요 키워드**는 윤리적 책임의식, 가치 확립, 바람직한 신념, 가치관 및 태도형성, 공동체가치와 이상확립, 덕과 능력, 도움과 배려, 학교목표달성, 도덕적 품성, 윤리적·도덕적 판단, 경영의 투명성, 원칙, 공정(평)성, 책임의식, 솔선수범, 헌신, 공감, 능력계발, 자율적 직무수행, 도덕성이 강한 학교, 조직문화창조, 경영윤리와 보편적 사회책무, 도덕적 책임, 도덕성, 윤리성, 본보기, 공직윤리, 서비스행정, 규범적 가치행위, 도덕적 가치와 풍토, 품성, 청렴성, 사명감, 책임감, 권한부여, 비전제시, 관심, 존경, 참여, 확실성, 지속성, 공동체규범확립, 전문직업적 이상, 내재적 만족, 동료의식 등으로 나타났다. 이러한 키워드는 **4차 산업혁명시대의 비판적 사고역량, 자기관리역량, 감성역량, 리더십역량, 다문화이해역량, 디자인역량 등과 관련되는 것으로 보인다.**

제4절 서번트 리더십

4차 산업혁명시대의 서번트 리더십과의 연계성을 파악하기 위하여 서번트 리더십의 배경, 개념, 이론, 하위변인, 서번트 리더의 역할, 리더십 모델과의 비교 등에 대해서 고찰한 후에 4차 산업혁명시대와 서번트 리더십과의 관계를 기술하고자 한다.

1. 서번트 리더십의 배경

서번트 리더십(servant leadership)은 서로 상반된 개념인 서번트(servant)와 리더가 합쳐진 것으로 추종자의 성장을 도우며 팀워크(team work)와 공동체를 형성하는 리더십으로 Greenleaf(1970)의 「리더로서의 서번트(The Servant as Leader)」에서 소개된 이후 이론적으로 정립되기 시작하였다. Greenleaf는 Hese가 쓴 「동방으로의 여행」(The Journey to the East, 1957)이라는 책에 나오는 서번트인 레오(Leo)의 이야기를 통해 서번트 리더십의 개념을 설명하였다. 이 이야기 속에서 진정한 리더의 역할은 누가 담당하고 있는가? 언뜻 보기에는 명랑하고 대접을 받다가 불평에 빠진 귀족들이 리더로 보인다. 하지만 Greenleaf

는 이 여행에서 리더십을 발휘한 사람은 귀족들이 편의를 제공하고 방향을 제시한 하인 레오(Leo)[1]라고 이해한다. 즉 자신이 갖고 있는 정보와 힘으로 귀족들을 열심히 섬긴 종 레오가 참 리더인 것으로 보고 있다. Greenleaf는 모든 인간은 서번트의 천성을 갖고 있다고 가정하였다. 모두가 서번트의 천성을 가지고 있지만 이러한 천성이 사회환경, 조직환경 등에 의하여 퇴색되어 있을 뿐이라고 주장하였다. 지시-통제중심의 관리환경에서 성장하다 보면 서번트의 천성은 잊고 리더란 지시하는 사람, 명령하는 사람으로 왜곡된다는 것이며, Greenleaf의 철학에서 서번트 천성의 회복은 바로 인간성의 회복이라고 하였다. 위대한 리더는 먼저 서번트로 비춰져야 하는데 인간 본연의 서번트 의식이 다른 사람들을 배려하고 이들에게 봉사하고 헌신하는 것을 가능하게 하기 때문이라는 것이다. 훌륭한 관리자와 임원 그리고 최고경영자는 '무엇보다도 다수 구성원들에게 서번트로 비춰져야 하며, 리더라는 자리는 서번트의 천성을 갖고 있는 사람에게 일시적으로 주어진 것일 뿐이고 사람은 언제든지 리더의 자리에서 물러날 수 있지만 서번트 천성은 없어지지 않는다고 하였다.

Greenleaf에 의해서 세워진 로버트 그린리프 서번트 리더십센터는 그가 창안한 리더십의 새로운 개념을 통해서 의사결정, 리더십개발을 위한 훈련을 오랫동안 실시해 오고 있는데 해마다 많은 사람들이 세계의 각 곳으로부터 참여하고 있다(정성현, 2007).

2. 서번트 리더십의 개념

전통적 리더십 모델들에 대한 대안 중의 하나로 제시되는 서번트 리더십은 Greenleaf(1970)에 의해 최초로 제시된 개념으로 타인을 위한 봉사에 초점을 두며 조직구성원, 고객 및 지역공동체를 우선으로 여기고 그들의 욕구를 만족시키기 위해 헌신하는 리더십이다.

서번트 리더십에 대한 선행연구자들의 개념 정의를 살펴보면 다음과 같다.

---

1) 귀족들이 여행을 하는데 레오라는 하인이 있었다. 레오는 여행을 하는 데 필요한 현지의 정보를 잘 알고 있었고 귀족들이 무엇을 필요로 하는지도 잘 알았다. 그래서 레오는 귀족들의 여행을 잘 인도했다. 그러나 여행이 길어짐에 따라 귀족들은 지치고 불필요한 불평들을 늘어놓기 시작했다. 불평이 심해지면서 레오는 불평을 견디다 그 자리를 비키고 말았다. 그러자 귀족들은 어디를 가야 할지 무엇을 해야 할지 분간하지 못하고 허둥대기 시작했다. 결국 귀족들의 여행은 엉망진창으로 끝이 나게 되었다.

Greenleaf(1970)는 “서번트 리더십은 부하를 존중하고, 그들에게 창의성을 발휘할 기회를 제공함으로써 성장을 돕고, 부서 혹은 조직이 진정한 공동체를 이루도록 이끌어가는 리더십”으로 규정했다. Spears(1995)는 “서번트 리더십의 특징을 경청(listening), 공감(empathy), 치유(healing), 설득(persuasion), 인지(awareness), 통찰(foresight), 비전의 제시(conceptualizations), 청지기의식(stewardship), 구성원의 성장(commitment to growth of people), 공동체형성(community building)”으로 제시했다. Sims(1997)는 “팔로워들의 창조적 역량을 일깨워 주는 것이 서번트 리더십”이라고 주장했다. Wheaton(1999)은 실증적 연구결과를 통해 서번트 리더십에서 제시된 하위변인의 특징을 가진 지도자는 효과적인 리더라고 발표했으며, Hunter는 서번트 리더십을 “공동의 최선을 위해 설정된 목표를 향해 매진할 수 있도록 사람들에게 영향력을 발휘하는 기술인 동시에 사람들의 신뢰를 형성하는 인격”으로 정의하고 있다(김광수 역, 2006). Boyer(1999)는 “서번트 리더십을 섬세하며 경청하는 리더, 부하들과 동료들의 발전을 장려하고 권한을 위임하는 리더로 제시하고, 아울러 그는 서번트 지도자를 구분해 내기 위한 기준으로 질문하여 이해하려고 노력하는 사람, 격려하고 보살피며 편안한 분위기를 만들려고 노력하는 사람, 부하를 존중하는 사람, 도덕성을 갖추고 신뢰할만한 사람, 권한을 위임하고 학습을 장려하는 사람, 관계와 공동체를 형성하는 사람, 부하의 가능성을 신뢰하는 사람”이라는 일곱 가지 특성을 제시했다. Levering(2000)은 “일하기에 가장 훌륭한 부서와 회사를 구축하기 위한 노력으로 조직구성원들과 상사 및 경영진과의 관계를 서번트 리더십이라고 했으며, 그 하위변인을 진실성, 존중성, 공정성”으로 제시했다.

그러나 서번트 리더십의 개념 정의에 대한 합의가 이루어지지 않고 있다. 상기에서 살펴본 바와 같이, 결국 **학교장의 서번트 리더십**이란 인간존중을 토대로 조직구성원들에 대한 지원을 통해 그들의 잠재적 능력을 발현시키며 이를 통해 최대의 성과를 얻은 리더십이며 아울러 조직구성원들이 공동의 목표를 이루어 나가는 데 있어 정신적 및 육체적으로 상호협력과 좋은 환경적 조건을 조성해 주는 리더십으로 보고자 한다(신재흡, 2010).

3. 서번트 리더십의 이론

정성현(2007: 30~35)은 서번트 리더십의 이론으로 목표집중과 신뢰, 경청과 이해, 다양화와 권한이양, 공동체 조직 등 네 가지로 제시하고 있다.

1) 목표집중과 신뢰

그린리프는 리더가 단순히 방향을 지시하고 길을 보여주는 것보다 더 이상의 위치에 있다고 보았다. 그는 안내하다(guide), 조정하다(manage), 지시하다(direct)라는 말은 있는 상태를 유지하는 의미가 있지만 지도하다(lead)라는 말은 창조적 모험과 위험을 감수하고 나간다는 의미를 함유하고 있다고 한다(Greenleaf, 1996). 그러므로 리더는 보이지 않는 비전과 목적을 향해서 가도록 하는 사람이다. 그런데 꿈이나 비전은 현실이 아니기 때문에 이루어진 것이 아무것도 없다. 목적이라는 말 안에는 사람들이 접근은 하지만 이루어지지 않은 궁극적 완성, 큰 꿈, 목적지에 도달되지 않는 의미를 갖고 있다. 그래서 모든 꿈과 목적에 이르기까지는 불확실성과 의심이 도사리고 있다. 그러므로 리더는 불확실성과 의심을 넘어서는 방법을 찾아내야 한다. 그러면 불확실성과 의심은 어떻게 제거할 수 있을까? 모든 불확실성과 의심은 믿음이 없어서 오기 때문에 리더는 신뢰와 믿음을 이끌어 내야 한다. 이런 신뢰를 이끌어내기 위해서 리더는 목표를 확실히 진술해야 한다. 목적을 명확하게 진술하거나 재진술함으로 리더는 목적에 다다르는 데 어려움을 지닌 사람들에게 확실성과 목적을 선명하게 보여줌으로써 신뢰를 획득할 수 있다. 서번트 리더십에 있어서 목적설정은 실용성보다는 가치중심적이고 말씀 중심이다. 그래서 그린리프는 올바른 가치관을 가지고 비전을 볼 것을 강조하고 있다. 전술한 대로 서번트 리더십이론에서는 리더는 자신이 섬기고 봉사하는 부하들로부터 신뢰를 우선으로 하고 있다. 일반적인 리더십은 상사가 부하를 신뢰하느냐 안 하느냐가 중요하지만 서번트 리더십은 상사가 부하들로부터 신뢰를 받느냐 못 받느냐가 중요하다. 서번트 리더는 구성원들의 잠재적 능력과 자기성장이 일어날 수 있는 환경조성에 많은 노력을 기울인다. 그래서 서번트 리더는 구성원들이 항상 편안한 상태에서 일할 수 있도록 한다.

서번트 리더가 신뢰경영을 추구하는 것은 조직 내에 신뢰도가 높게 축적된 직장에서는 구성원들 간의 자발성과 협력의 질이 높기 때문에 정보와 지식의 흐름이 원활하고 활발하기 때문이다. 또한 신뢰에 근거한 정보 인프라와 그러한 인프라를 바탕으로 한 시스템이 좋은 결과를 드러내고 고(高) 성과조직으로 성장을 거듭할 수 있기 때문이다. 그러나 조직 내 신뢰도가 낮은 직장은 구성원들의 자발성이 약하고 협력의 질이 낮기 때문에 저(低) 성과조직으로 힘겨운 게임을 할 수밖에 없다. 그러므로 서번트 리더는 가치 있는 목적설정으로 신뢰를 심어가는 것이 우선되어야 한다.

2) 경청과 이해

서번트 리더십에서 중요한 것은 경청과 이해이다. 왜냐하면 구성원을 섬기면서 이끌어 가기 위해서는 이해관계자의 요구(needs)를 잘 파악해야 한다. 구성원들이 무엇을 생각하고 무엇을 필요로 하는지를 파악하지 못한다면 아무리 열심히 섬기려 해도 구성원들이 부담스럽게 생각할 수 있다. 그러므로 서번트 리더는 자신이 좋은 대로 섬기는 것이 아니라 섬김을 받는 자의 관점에서 베풀고 섬겨야 한다. 이런 섬김을 위해서 서번트 리더는 고객이 무엇을 필요로 하는지 무엇을 원하는지 인지할 필요가 있다. 결국 그린리프는 집단이나 고객의 요구를 명확하게 알기 위해서는 경청이 필요하다고 한다. 남의 이야기를 들어주는 것이 중요한 이유는 상대방의 이야기를 진지하게 듣다보면 문제의 답을 쉽게 얻어낼 수 있거나 바른 깨달음에 이를 수 있기 때문이다. 이런 이유 때문에 많은 이들이 진지하게 들으려고 한다.

그러나 많은 경우에 이야기를 듣는 척하다가 자신들의 생각으로 답을 내고 만다. 이런 경청은 참 경청이 아니라 유사경청이라고 한다. 유사경청은 화자의 입장에서 듣는 것이 아니라 자신의 입장에서 말을 듣는 척하기 때문에 화자의 뜻을 이해하기 어렵다. 참된 경청은 편견과 전제 없이 마음을 열고 상대방의 이야기에 귀를 기울이는 것이다.

상대가 왜 그런 이야기를 하고 어떤 고충이 있는지를 이해하려고 한다. 그래서 상대방의 요구가 무엇인지 정확하게 파악한다. 서번트 리더는 고객이 요구하고 희망하는 일이 자신이 추구하는 가치와 어떻게 일치하고 있으며 어떤 면에서 상충되는지를 명확히 인식하려고 한다. 그린리프는 경청은 상대방의 가치를 인정하는 최선의 방법으로 이해하며 이런 능력을 키우기 위해서는 스킬(skill)보다는 상대를 어떻게 보느냐 하는 인식의 문제로 보고 있다. 결국 서번트 리더는 참된 경청을 통해서 구성원들이 동참하도록 하고 조직의 비전과 의지를 공유해 가는 것이다. 경청의 중요성과 결과에 대해선 Nelson Mandela의 이야기를 음미해 볼 필요가 있다.

> 나는 남아프리카 공화국의 리더로서 이 땅을 전설적일 만큼 훌륭한 곳으로 만들기 위하여 가장 기본적인 원칙을 지켜 왔다. 나는 어떤 회의, 토론의 장에서든 내 자신의 의견을 말하기 전에 참석한 사람들이 각자 무엇을 말하려는지 경청하기 위해 노력했다. 그러한 과정에서 나는 많은 경우 내 자신의 의견이 단지 내가 경청했던 토론의 합일점을 대변하는 정도에 지나지 않는다는 것을 깨달았다(William, 2000).

상기와 같이 서번트 리더십은 참된 경청을 통해서 추종자들이 자신의 일처럼 행하도록 하는 것이다. 그러므로 서번트 리더십은 리더가 원하는 일을 다른 사람들이 스스로 원해서 하도록 하는 고차원의 리더십이라고 할 수 있다.

3) 다양화와 권한이양

오늘날 교육조직이 처해 있는 상황은 매우 다양하다. 사람들의 요구가 매우 다양하며 사회적 변화도 매우 빠르다. 인터넷을 통해서 세계가 모두 거미줄처럼 연결되어 정보의 홍수 속으로 빠져들어 가고 있다. 이러한 때에 학교가 필요한 정보를 부장교사 몇 사람이 독점하고 나머지는 업무지시나 받고 있으면 다른 회사들과 경쟁에 뒤질 수밖에 없다. 그러므로 21세기 급변하는 변화를 보면서 시대에 맞는 교육조직과 경영방침에 따른 기법이 필요한 것이다. 학교의 목적과 꿈을 이루기 위해서는 여러 사람들이 동원되어야 한다. 그리고 동원된 여러 사람을 묶는 것이 조직으로 볼 수 있다. 그러므로 조직은 목적을 이루어가는 그릇인 것이다. 만약 조직이 전략을 따라가지 못하면 여러 가지 비효율적인 일들이 발생한다. 전에는 대부분의 조직이 매트릭스 구조를 가지고 상명하복의 형태로 움직여 왔다. 그러나 이러한 조직구조를 가지고는 현대사회의 요구에 부응할 수가 없다. 그것은 우리사회의 요구가 너무나 다양하고 급박하기 때문에 매트릭스(matrix) 구조로는 다양한 요구를 수용할 수 없고 시간적으로도 따라갈 수가 없다. 그러므로 다변화되고 급하게 변해가는 상황에서는 기업의 조직과 운영방법이 바꾸지 않으면 안 된다. 이런 맥락에서 서번트 리더십은 고객의 다양한 요구를 감당할 수 있는 분산화정책을 통해 네트워크형 조직구조를 선호한다. 그린리프가 일했던 AT & T(American Telephone & Telegraph Company, 미국 전화·전신회사)는 1980년대에 회사조직을 생산중심의 조직구조에서 마케팅중심의 조직구조로 변환시켰다. 마케팅중심의 조직구조로 전환되었다 함은 모든 결정이 최고책임자에 의해서 이루어지는 것이 아니라 회사를 구성하는 구성원들이 현장에서 부딪히는 고객들의 요구에 순간순간 결정하고 응답할 수 있는 형태인 것이다. 이 일을 위해서 서번트 리더십은 명령체계를 분산하고 많은 권한을 위임했다. 학교 내에서 구성원들이 교장의 명령을 받고 작은 명령을 내리는 것이 아니라 모두가 섬기는 사람들로서 자발적으로 참여한 것이다. 이렇게 함으로써 모든 구성원들은 강압적인 종이 아니라 스스로 섬기는 사람이 되어 통제에서 벗어난다. 그리고 리더는 과감한 권한이양을 통해서 자신의 짐을 가볍게 하고 구성원들을 통제하는 부담에서 벗어나 리더로서 새로운 일을 감당할 수 있다. 최근에 나오고 있는 팀경영, 디지털경영은 모두 중앙집중형 경영방식이 아니고 모두가 서번트의 기능을 감당하는 방식이다. 그러면 리더는 자신의 권한을 위임해 버리고 자신이 하는 일은 무엇인가? 통제와 감시 명령의 짐에서 벗어난 리더는 조직 외에 일에 관심을 가질 수 있다. 즉 기업과 관련된 고객들을 만나서 그들의 요구가 무엇인지 파악할 수 있고 다른 경영자들과 만나서 새로운 정보를 찾아내고 조직의 비전설정과 장기적인 계획을 감당하는 것이다.

4) 공동체 조직

일반적으로 리더는 조직 내에서 개인의 경쟁심을 부추기며 생산성을 높이려 한다. 그리고 경쟁에서 우수한 부하에게는 당근을 주고 생산성이 낮은 부하에게는 채찍으로 다스린다. 리더와 구성원(팔로워) 사이에 커뮤니케이션 과정도 상호쌍방적 대화를 이루어 공동체를 만들어 가기보다는 일방적인 지시로 부하에겐 오직 순종만이 강요된다.

이런 분위기 속에서는 구성원들이 눈치를 보며 자신의 의견과 생각을 내어놓지 않는다. 그래서 조직의 자발성이 약하고 협력이 잘 안 된다. 그린리프는 우리시대의 이러한 분위기가 공동체라는 것에 대해서 잃어버린 지식이 되게 했다고 한다. 이에 반해 서번트 리더십은 목표수립과정에서 커뮤니케이션을 매우 중요하게 생각한다. 서번트 리더십은 팔로워들의 참여와 협력을 통해서 가능하면 많은 이들이 자발적으로 참여시키길 원한다. 그래서 조직구성원들은 일하는 자리가 놓여진 목적을 향해서 열심히 움직이는 기계부품이 아니라 자신의 생각을 이야기하고 상대방의 이야기를 듣고 나누는 즐거운 인간관계가 이루어지는 자리가 직장이 되도록 하는 것이다. 즉 서번트 리더십은 관계형성을 통해서 업무달성을 이루려 한다고 볼 수 있다. 그런데 지금까지 수십 년 동안 기업과 회사에 뿌리내려진 관리방법은 Taylor식이었다. 테일러식이란 회사조직을 거대한 기계로 생각하고 회사 속에 있는 직원은 한 부품으로 이해된다. 그래서 한 부품으로 서 있는 개인은 각자에게 부여된 업무만을 잘 감당하면 된다. 한 예로 한때 일본의 자동차 생산공장에서는 팬벨트식의 생산구조를 갖고 있었다. 각 개인은 자기가 서 있는 제한된 공간 안에서 자신의 역할만 잘 감당하면 되었다. 때로는 그 일이 지극히 단조롭고 지루해도 자기 일을 잘 감당해야 했다. 물론 작업현장에서 인간관계의 나눔도 생각할 수 없었다. 결국 이런 생산시스템은 인간의 기본욕구를 무시한 구조였기 때문에 생산성이 저하되고 불량품이 많이 나오게 되었다.

이런 것을 극복하기 위해서 팀제가 도입되고 인간관계의 나눔과 생산성이 함께 이루어지는 것을 선호하게 되었다. 최근에 와서 테일러식 관리방법을 주장하는 사람은 별로 없다. 오히려 회사구성원들이 한 가족이 되어 생산과 삶이 함께 어우러지는 경영을 추구한다. 이런 면에서 서번트 리더십은 개인의 상황을 배려하며 생산을 이루어 가는 총체적이고 공동체를 지향하는 관리방법으로써 적합한 것이라고 볼 수 있다.

4. 서번트 리더십의 하위변인

서번트 리더십에 대한 연구들이 진행되면서 서번트 리더십의 하위변인들에 대한 실증분석 결과들이 축적되고 있다. 이러한 연구성과가 축적되면서 서번트 리더십의 하위변인도 다양하게 제시되고 있는 실정이다.

먼저 Greenleaf(1970)가 서번트 리더십을 주창한 이후 서번트 리더십의 과학화에 가장 공헌했다고 할 수 있다. ① Spears(1995)는 하위변인으로 i) 구성원의 의견을 주의 깊게 듣는 경청(listening), ii) 상대방의 입장에서 생각하고, 상대방을 이해하고자 노력하는 공감(empathy), iii) 상대방의 정신적 및 감정적 상처로 인한 고통을 완화시키는 치유(healing), ⅳ) 다양한 상황을 통합적인 시각으로 바라보는 인지(awareness), ⅴ) 집단 안에서 합의를 도출하는 설득(persuasion), ⅵ) 조직의 비전과 일상적인 삶을 연결시키는 비전제시(conceptualization), ⅶ) 과거와 현재에 대한 이해를 바탕으로 미래를 예상하는 통찰력(foresight), ⅷ) 사회적 정의에 부합하도록 조직을 유지하며, 사회와 타인에 대한 봉사를 강조하는 청지기정신(stewardship), ⅸ) 모든 사람이 직업과 인간적인 측면에서 성공할 수 있도록 지원하는 성장지원(commitment to the growth of people), ⅹ) 직장 내에서 구성원 간의 신뢰와 상호존중을 통해서 삶을 풍성하게 하는 공동체구축(community building)의 열 가지로 제시했다. ② Patterson(2003)은 서번트 리더십 하위변인으로 ⅰ) 아가페적 사랑(agapao love), ⅱ) 겸손한 행동(acts with humility), ⅲ) 이타주의(altruistic), ⅳ) 추종자를 위한 비전제시(visionary for the followers), ⅴ) 신뢰(trusting), ⅵ) 서비스(serving), ⅶ) 추종자에게 권한위임(empowers followers) 등을 제시했다. ③ Laub(1999)는 서번트 리더십 측정도구를 사람에 대한 존중, 구성원의 성장을 위한 지원, 도덕성, 공동체형성, 리더십발휘, 리더십공유 등 여섯 가지 차원으로 구분하였다. ④ Barbuto와 Wheeler(2006)는 Spears의 행동특성에 소명을 추가하여 요인 분석한 결과 이타적 소명(altruistic calling), 감성적 치유(emotional healing), 지혜(wisdom), 설득(persuasion), 조직의 청지기정신(organizational stewardship)의 다섯 가지 하위변인을 추출했다. ⑤ Sims(1997)는 서번트 리더십 하위변인을 솔직한 대화, 상대의 입장을 이해, 공유비전의 촉진, 타인의 필요를 위한 노력, 성장, 공동체형성과 협력장려 등으로 구분하였다. ⑥ Boyer(1999)는 ⅰ) 질문하며 이해하려고 노력하는 사람, ⅱ) 격려하고 보살피며 편안한 분위기를 만들려고 노력하는 사람, ⅲ) 부하를 존중하는 사람, ⅳ) 도덕성을 갖추고 신뢰할 만한 사람, ⅴ) 권한을 위임하고 학습을 장려하는 사람, ⅵ) 관계와 공동체를 형성하는 사람, ⅶ) 부하의 가능성을 신뢰하는 사람 등 일곱 가지 특성을 제시했다. 그리고 ⑦ Levering(2000)은 진실성, 존중성, 공정성 세 가지로 하위변인을 제시했다. 그리고 국내연구자의 서번트 리더십 하위변인을 소개하면, ⑧ 황인경(2001)은 Spears(1995)가 제시한 서번트 리더십의 10개 차원 중 경청, 공감, 치유, 설득 등의 4개 차원을 묶어 '공감대형성'이라는 하나의 차원을 도출하였으며, 이를 제외한 나머지 차원은 각각의 차원으로 도출되었다. 결국 황인경은 서번트 리더십 하위변인을 공감대형성, 인지, 통찰, 비전의 제시, 청지기의식, 구성원의 성장, 공동체형성 등의 7개 변인으로 설정했다. ⑨ **정기산**(2002)은 서번트 리더십 하위변인을 공동체형성, 경청, 인지, 비전의 제시, 치유 등 5개 차원으로 설정하였다. ⑩ **신재흡**(2010)은 Levering(2000)이 제시한 척도를 적용하여, 그 하위변인을 진실성, 존중성, 공정성으로 구분하였다. 진실성 변인은 교사들이 지각하는 학교장과의 커뮤니케이션, 역량, 업무추진능력, 비전추구능력, 성실성 및 신뢰성 정도를 추구하는 수준의 반영 등을 의미한다. 존중성 변인은 학교장이 교사들에게 존중을 받고 있다고 지각하는 것을 나타내는 것으로 인격적인 대우뿐만 아니라 전문가로서 성장하기 위한 지원 및 협조를 받고 있다고 지각하는 수준을 의미하며, 공정성 변인은 학교장과 학교정책에 대한 것으로 평가, 보상, 승진에 대한 공정성, 학력, 학연, 지연 및 성별에 따른 편애가 없다고 교사들이 지각하는 수준을 반영하는 지표 등을 나타낸다. 서번트 리더십의 측정도구는 **표 4-8**과 같다.

표 4-8 신재흡의 학교장의 서번트 리더십 측정도구

학교장의 서번트 리더십						
• 응답 요령: 다음 문항들은 학교장의 서번트 지도성에 관한 내용입니다. 귀 학교의 교장선생님이 나타내는 행동특성을 진술한 내용과 얼마나 일치하는지 해당란에 V 표를 해주십시오. 〈설문 문항〉 우리 교장선생님은(에게) ············(1~34)		아주 불일치	불일치	보통	일치	매우 일치
번호	설문내용					
1	[우리 학교 교장선생님은(에게)] 자신의 기대사항을 명확히 제시한다.					
2	항상 중요한 이슈나 변화사항을 나에게 알려준다.					
3	합리적인 질문이나 건의를 하면 솔직한 피드백을 얻을 수 있다.					
4	쉽게 다가가 편안하게 대화할 수 있다.					
5	조직을 이끌어 가는 능력이 우수하다.					
6	인사배치와 조정을 잘하고 있다.					
7	일일이 챙기지 않더라도 선생님들이 업무를 잘 수행할 것이라고 믿는다.					
8	교사들에게 자율적으로 결정할 수 있는 권한을 많이 부여한다.					
9	학교조직의 비전과 그 달성 방법을 명확히 파악하고 있다.					
10	약속을 잘 지킨다.					
11	언행이 일치한다.					
12	업무수행 과정에서 정도(正道)를 지킨다.					
13	업무수행에 필요한 사항을 제때 지원하고 있다.					
14	교사들에게 전문적인 성장을 위한 교육 및 경력 개발 등의 기회를 부여한다.					
15	좋은 업무성과의 노력을 인정해 준다.					
16	교사들이 최선을 다한 경우에는 실수가 있더라도 수용한다.					

17	교사들로부터 좋은 제안이나 아이디어를 구하기 위해 노력한다.					
18	교사들의 업무에 영향을 미치는 의사결정에 당사자를 참여시킨다.					
19	교사들이 업무를 추진하는 데 편리한 작업 및 실내환경을 구비한다.					
20	교사들이 편안한 마음으로 일할 분위기를 만든다.					
21	교사들이 업무를 추진하는 데 좋은 환경과 인프라를 구비한다.					
22	교사들에게 직장생활과 개인생활이 조화를 이룰 수 있도록 배려한다.					
23	나를 단순한 구성원이 아니라 하나의 인격체로 존중해 준다.					
24	교사들에게 개인적인 시간을 갖도록 배려한다.					
25	교사들에게 특별하고 고유한 혜택들을 부여한다.					
26	교사들이 일한 만큼 공정한 보상을 받도록 한다.					
27	교사들이 직급에 관계없이 중요한 구성원으로 대우(존중)해 준다.					
28	내가 열심히 업무를 수행하면 인정해 준다.					
29	교사들에게 학연, 지연에 관계없이 공정하게 대한다.					
30	교사들에게 성별에 관계없이 공정하게 대한다.					
31	교사들에게 연령에 관계없이 공정하게 대한다.					
32	특정인을 편애하지 않는다.					
33	내가 부당한 대우를 받았을 때, 이의를 제기하면 공정하게 처리한다.					
34	승진, 승격을 실행할 때, 개인의 능력과 성과에 따라 공정하게 실시한다.					

자료: 신재흡(2012). 학교장의 서번트 리더십과 학교조직문화가 학교조직효과성에 미치는 영향 분석. 교육종합연구 제10권 제1호, 19~41.

주: 서번트 리더십 하위변인: 진실성(1~12번), 존중성(13~25번), 공정성(26~34번)

5. 서번트 리더의 역할

서번트 리더의 행동특성에 대해 여러 문헌에서 제시하고 있는 내용은 기본적으로 리더는 섬기는 역할을 하게 된다는 것과 구체적으로 상황에 적절한 역할을 한다는 것을 알 수 있었다. 피라미드 구조의 전통적인 조직은 리더가 피라미드의 정점에 위치해 있으나 Greenleaf의 이론을 토대로 Spears 등이 제시한 서번트 리더의 특성은 조직원들이 최적의 기능을 하도록 고무시키는 일을 우선시 한다는 점에서 원(circle)이나 다이아몬드 구조에 가깝다. 앞서 서번트 리더십의 개념, 구성요소를 검토하여 서번트 리더의 역할을 비전제시, 인간에 대한 존중, 구성원의 성장지원, 공동체형성 등으로 구분하여 제시하고자 한다(최남례, 2006: 21~30).

1) 비전제시

비전은 조직이 도달하여야 할 모습과 목표에 대한 긍정적인 이미지로써 비전제시는 리더십의 핵심이라고 할 수 있다. Greenleaf는 비전이란 다양성과 가치를 가지고 미래를 내다보는 것으로 서번트 리더십의 기본적 측면으로 보았다. 리더는 구성원의 참여와 유지, 개발을 위해서 명확한 비전을 제시할 필요가 있다. Blanchard(1998)는 조직구성원들은 자신에게 분명한 방향과 목표가 주어질 때 잠재력을 발휘하여 최상의 성과를 거둘 수 있다고 하였다. 따라서 비전은 공유되어야 한다. 그리고 Senge(1990)는 조직의 비전이 개인적인 비전과 연결될 때 진정한 의미와 공유가 가능하다고 하였다. 비전제시를 위해서는 통찰력과 인식력(awareness)이 있어야 한다. 리더는 정보가 충분하지 않더라도 결정해야 하는 고뇌가 따른다. 확보한 정보와 필요한 정보 사이에는 간격이 있기 마련인데, 리더십이 바로 그 간격을 메우는 능력이다. 인식과 지각(awareness and perception)의 문을 열고 다른 관점에서 볼 수 있어야 하고 추종자들이 예측하지 못하는 것도 예측할 수 있는 직관력이 필요하다. 누구나 볼 수 있는 것 이상을 보는 사람, 타인의 요구를 알아내고 충족시키기 위해서는 그들의 생각을 미리 내다볼 수 있어야 한다. 구성원의 욕구와 가치, 봉사하고 싶은 열망, 개인의 강점, 영향력, 분명한 비전, 자신과 다른 사람의 진정한 동기가 무엇인지 깨닫는 것이 서번트 리더가 고려해야 할 관리스타일의 핵심이다(Tate, 2003).

그런데 미래에 있을 일을 추측하는 예견력은 현재의 정신상태에서 비롯된다. 미래는 동떨어진 것이 아니라 과거와 현재의 자료로 계산해 낼 수 있는 것으로 당면한 문제에 좀 더 밀착되어 있을 때 직관적 혜안을 제시할 수 있다(Greenleaf, 1991). 실질적인 결정을 내려야 할 때 부족한 정보를 예측력으로 보장하려면 직관을 살리는 능력을 개발해야 한다. 또한 비전은 내용이나 표현 자체보다도 그것이 얼마나 조직구성원들의 마음속에 공유되고 내면화되는가가 중요하다(이승주, 2005). 아무리 중요한 목표와 비전이 있어도 공유되지 않으면 즐거움도 흥미도 관심도 떨어지게 마련이다. 따라서 참여를 통한 공감대를 형성하는 것이 무엇보다도 중요하다.

2) 인간에 대한 존중

Kouzes와 Posner(1993)는 사랑과 존중은 모든 최고관리자들의 공통적인 리더십 특성이라는 것을 발견하였다. Cohen(1990)은 종업원들은 자기를 존귀하게 대우해 주는 사람들과 함께 일하는 것을 가장 중요한 요인으로 생각한다고 하였다. Herbert(2003)는 서번트 리더십과 직무만족도와의 관계연구에서 리더가 가치를 인정하고 존중해 줄 때 가장 만족도가 높다는 결과를 보여주었다. 이러한 특성은 일(과업)이나 관계에서 리더의 성공에 기본적인 요소가 된다. 정중함과 예의범절은 존중의 전통적인 특성이지만 오늘날 이러한 가치들은 급격히 붕괴되고 불손함과 무례가 날로 심각해지고 있다. 자신이 존중받는다는 느낌을 갖게 되면 다른 사람에게도 공손하게 대할 수 있기 때문이다. 존중이 일상화되면 다른 사람의 권리에 대해 배려하는 마음을 가지게 된다. 배려는 상대방의 성장과 발전에 대해 관심을 갖고 타인의 이익을 자신의 이익과 동일하게 혹은 더욱 중요하게 생각하는 것이다.

Noddings(1984)는 배려란 타인에 대해서 감정적, 도덕적으로 전념하고 부담을 갖는 것으로서 상대방의 성장을 돕게 되는데, 배려하고 배려받는 경험을 통해서 발달된다고 하였다. 상대방에 대한 진실한 관심과 사랑을 가지고 헌신하는 것이 배려이고 안정감, 친근감, 자신감, 용기를 주며 위험과 갈등을 줄여주는 성향이고 마음을 치유하게 만드는 사랑의 태도와 행위라는 점에서(김수동, 2002), 배려는 지성적이기보다는 정서적 및 도덕적 개념으로 볼 수 있다. 진정한 관심과 배려는 구성원의 조직에 대한 몰입과 헌신을 이끌어내는 동인이 된다는 것은 당연할 것이다. 이렇게 존중하고 배려하기 위해서는 경청해야 한다. 진정한 경청은 조용히 마음을 열고 상대방의 이야기에 귀를 기울이는 것이다. 경청은 상대방의 가치를 인정하는 최선의 방법이다. 따라서 경청은 스킬의 문제가 아니라 듣는 사람이 상대방을 어떤 시각에서 보는가 하는 인식의 문제이다(이관응, 2001). 경청이 제대로 이루어질 때 비로소 듣는 사람과 말하는 사람이 서로 심적 교류를 느끼게 된다.

서번트 리더는 경청하고 상대방의 입장에서 들으려 하기 때문에 안 되는 이유보다 될 수 있는 방법을 더 많이 고민한다. 이렇게 리더가 구성원의 욕구에 초점을 맞추고 둘러싸고 있는 환경에 더 민감해야 한다(Hardin, 2003)는 점에서 서번트 리더십은 상당히 고차원의 리더십으로 간주된다. 구성원의 인식, 감정, 처해 있는 환경에 대해 잘 알고 있어야 하며 무엇이 필요한지, 장애가 무엇인지를 파악하고 적절히 대응하고 지원해 줌으로써 생산성을 높일 수 있기 때문이다.

3) 구성원의 성장지원

서번트 리더십 철학은 조직구성원들의 잠재적인 가능성, 내생적 가치와 능력에 대한 믿음을 갖고 조직에서 가장 가치 있는 자원은 사람이라고 인식한다(Spears, 2001). 전통적인 리더는 자기존재를 다른 사람을 이끌어 조직의 목적을 달성하는 사람으로 인식하여 자신의 능력과 권한을 최대한 사용하지만 서번트 리더는 자신을 서번트 또는 지원자(supporter)로 인식하기 때문에 리더는 이끄는 사람이 아니라 다른 사람들이 일을 잘 추진할 수 있도록 서비스해야 한다고 믿는다. 조직의 목적을 달성하기 위하여 구성원들을 이용하는 것이 아니라 구성원들이 자신의 잠재적 능력을 개발하고 새로운 가능성에 도전할 수 있는 환경을 조성함으로써 성장을 촉진시키는 역할을 하게 된다. 또한 사람들에게 봉사하기 위해서 위임받는 자리(Hardin, 2003)라는 사실에 충실하게 된다. 따라서 구성원의 성장을 위해서 전념하고 지원하는 것을 바탕으로 조직의 목적을 달성해 가는 인간중심적 가치에 기반을 두고 일한다. 성장시킨다는 것은 구성원에게 학습의 기회를 제공하고 적극적인 지원과 함께 인정해 주고 격려해 줌으로써 스스로 역량을 발휘할 수 있도록 하는 것이다(Laub, 1999). 이러한 리더는 구성원들에게 학습의 사회와 환경을 조성해 줄 뿐만 아니라 자신도 배움에 열려 있다. 리더는 인간이란 누구나 실수할 수 있다는 점을 인정하고 실수를 질책의 단서가 아니라 배움의 기회로 활용할 수 있어야 한다. 또한 지식과 정보가 빠른 속도로 변해가기 때문에 리더와 구성원 모두가 서로에게서 배우고 내면의 성숙을 끊임없이 추구하면서 겸손하게 자신을 낮출 때 자신은 물론 조직구성원들이 더욱 강하게 성장할 수 있을 것이다.

성장에 관심이 있는 리더는 자신의 지위와 권한은 조직목적을 달성하기 위한 도구라고 생각하며 혼자 독점하지 않고 구성원들과 공유하는 데 관심을 갖게 될 것이다. 성과에 대한 인정과 보상은 모든 구성원들에게 배분하며 구성원들이 업무의 효율을 최대로 높일 수 있도록 권한을 적절히 위임하게 된다.

사람은 누구나 중요한 위치에 있는 사람으로부터 자신의 능력이나 공로에 대해 인정받기를 원한다. 인정해 주는 것은 강력한 동기부여 요인이 된다. 서번트 리더는 동기부여자가 될 필요가 있다. 조직구성원들에게 동기부여는 더 많은 성장과 성취의 기회가 된다. 또한 격려를 통해 설정한 목표를 이루어 나가도록 해야 한다.

4) 공동체형성

공동체(community)란 개인의 목적과 공동의 목적을 달성하기 위하여 구성원들이 공통적인 관심을 가지고 상호작용하는 집단을 의미한다. 조직에서 공동체는 함께 일하는 사람들이 공동의 목표를 달성하기 위하여 서로 배려하고 협력하는 팀이 된다. 공동체가 형성된다는 것은 구성원이 자신을 전체에서 유기적인 한 부분으로 인식하여 구성원들은 자기에게 주어진 일만 완수하면 임무가 끝났다고 생각하지 않고 개인적인 성과보다 팀의 성과를 중요하게 평가한다. 그렇기 때문에 구성원 간에 배려와 협력을 바탕으로 관계의 질을 높이기 위하여 노력한다. 서번트 리더가 형성한 공동체에서 구성원들은 개인 간의 지나친 경쟁보다는 협력을 통해 목표를 달성하는 데 보다 큰 비중을 두기 때문에 시너지효과가 높게 나타난다.

따라서 팀워크를 극대화하는 능력을 가진 사람이 선임지도자 역할을 할 때 최적의 성과를 거둘 수 있다. 리더는 구성원 모두가 공동의 목적을 위해 노력할 수 있도록 공감을 이끌어 내야 한다. 그들 스스로 움직이게 하기 위해 강압적인 지시보다는 대화와 설득을 통해 일을 추진하는 기술이 필요하다. 설득이란 둘이나 그보다 많은 관점이 있어 갈등하고 있는 상황에서 성립되며(O'Conor, 1991), 강제력이 아닌 계몽으로 변화시키는 것이다. 리더는 서로 다른 생각과 관점으로 인해 갈등상황에 있는 구성원들이 동참할 수 있도록 설득함으로써 공감대를 확장시켜 나가야 한다. 구성원들은 리더가 제시하는 방향이 설득력이 있을 때 자발적으로 그 길을 따라가기 때문이다(이관응, 2001).

이러한 리더십을 갖기 위해서는 많은 시간과 훈련이 필요하다. 특히 대화와 협상, 갈등해결, 임파워먼트의 기술을 익혀야 한다(Kagan, 1994). Senge(1995)는 자기의 관점만을 강하게 주장하는 토론보다는 서로의 관점에 대해 대화를 나누는 데서 공동체가 형성된다고 했다. 물론 설득시키기 위해서는 신뢰가 있어야 한다. 신뢰가 높다는 것은 구성원은 물론 상하관계의 질이 높다는 것을 의미하며 관계의 질(quality of relationship)은 솔직한 커뮤니케이션과 지속적인 협력을 가능하게 하는 요인이 된다(이관응, 2001).

5) 리더십 모델과의 비교

여기에서는 전통적 리더십과 서번트 리더십의 차이를 살펴본 후에 변혁적 리더십과 서번트 리더십과의 비교를 해보기로 한다.

첫째, 전통적 리더십모형의 핵심적인 개념은 통제와 의존성을 강조하는데(Bass, 1990), **서번트 리더십모형에서는 개인, 관계, 조직 등이 보다 능동적이고 지속적으로 재창조하는 방법을 강조했다**(Senge, 1995). 또한 서번트 리더십은 일방적으로 지시하고 통제하는 데서 벗어나 조직의 가장 중요한 자산인 조직구성원을 존중하고, 배려하는 것을 우선 가치로 삼는다(Laub, 1999). 다른 사람의 성장을 돕는 가운데 그들을 이끌어 가는 것이 바로 서번트 리더십이다. 전통적 리더십과 서번트 리더십의 차이를 살펴보면 **표 4-9**와 같다.

표 4-9 전통적 리더십과 서번트 리더십의 차이

구분	전통적 리더십	서번트 리더십
자원에 대한 인식 측면	• 조직구성원을 자신이 활용할 수 있는 자원 중의 하나라고 생각 • 조직구성원들은 자신이 지시한 것의 결과를 만들어 내는 대상 • 일의 결과, 추진과정 및 방법에 관심	• 조직목적을 달성하는 데 가장 중요한 자원이 조직구성원이라고 생각 • 조직구성원들의 성장을 도와주고 능력을 육성시키는 것이 리더의 역할이라고 생각
조직의 생산성 측면	• 인간보다는 과제중심 • 가시적이며 양적인 기준을 중심으로 평가	• 과제보다는 인간중심 • 구성원들의 자발적인 행동의 정도를 평가
구성원에 대한 믿음과 임파워먼트	• 자신의 경험과 지식이 조직구성원의 지식보다 우위에 있다고 생각 • 조직구성원들의 비판이나 반대 의견을 무시하는 경향	• 조직구성원의 능력을 믿음 • 조직구성원들의 판단을 존중하고, 권한을 위임 • 조직구성원들의 능력이 부족한 경우, 필요한 자원을 지원
투자와 커뮤니케이션 방법	• 상의하달식의 일방적 커뮤니케이션에 익숙	• 구성원들의 애로사항을 경청 • 목표 수립과정에서 조직구성원과의 커뮤니케이션을 활성화시켜 크고 작은 정보를 모두 공유

자료: 김성철(2006). 사회복지사가 지각한 기관장의 서번트 리더십의 조직몰입에 미치는 영향에 관한 연구. 숭실대학교대학원 박사학위논문, p. 19.

① 자원에 대한 인식 측면에서 전통적 리더십은 조직구성원을 자신이 활용할 수 있는 여러 가지 자원 중의 하나이다. 이들은 과제를 우선적으로 보기 때문에 조직구성원들은 자신이 지시한 것의 결과를 만들어 내는 대상으로 생각한다. 반면에 서번트 리더십은 조직목적을 달성하는 데 있어서 가장 중요한 자원이 조직구성원들이라고 생각하고 조직구성원들의 업무추진과정에서 조직구성원들의 성장을 도와주고 능력을 육성시키는 것이 리더의 역할이다. ② 조직의 생산성 측면에서는 전통적 리더십은 인간보다는 과제중심의 관리에 치중하기 때문에 시간이나 경비 또는 생산량 등 가시적이며 양적인 기준을 중심으로 평가한다. 이에 반해 서번트 리더십은 조직의 생산성을 측정할 때 조직의 과업이 사람보다 먼저일 수 없다는 사람중심의 리더십 철학을 가지고 일의 결과와 함께 조직구성원들의 자발적인 행동의 정도를 평가하게 된다. ③ 조직구성원에 대한 믿음과 임파워먼트 측면에서 전통적 리더십은 자신의 경험과 지식이 조직구성원의 지식보다 우위에 있다고 생각하기 때문에 조직구성원들을 자신의 틀 안에 가두려 하고 조직구성원들의 비판이나 반대의견을 무시한다. 하지만 서번트 리더십은 조직구성원들이 스스로 움직일 때 조직의 성장에 가장 큰 힘이 된다는 믿음 하에 조직구성원의 능력을 믿으며, 업무와 관련하여 그들의 판단을 존중하고, 조직구성원들에게 권한을 위임하고 조직구성원들이 그러한 권한을 행사하면서 업무를 추진할 수 있도록 필요한 자원을 지원해 준다. ④ 투자와 커뮤니케이션 방법 측면에서 전통적 리더십은 상의하달식의 일방적인 커뮤니케이션에 익숙한 반면 서번트 리더십은 자기 시간 중 많은 시간을 조직구성원을 위하여 사용하여 조직구성원들의 애로사항을 경청하고 이를 해결하기 위하여 대부분의 시간을 할애한다. 또한 목표수립과정에서 조직구성원과의 커뮤니케이션을 활성화시켜 크고 작은 정보를 모두 공유한다. 상기의 내용을 정리하면, 전통적 리더십은 인간보다는 과업중심의 관리에 치중하여 양적인 기준을 중시하는 반면, 서번트 리더십은 조직구성원들에게 권한을 위임하고 조직구성원들이 그러한 권한을 행사하면서 업무를 추진하는 사람중심과 관계중심의 관리형태이다.

둘째, 변혁적 리더십과 서번트 리더십과의 비교하면 다음과 같다. 변혁적 리더십은 Maslow의 욕구단계설과 Kohlberg의 도덕발달이론을 적용한 리더십으로 고차원적인 가치관과 도덕성을 자극하여 동기화시키는 것을 특징으로 한다(신응섭 외, 2005). 한편 서번트 리더십도 도덕성과 윤리성을 강조하고 있다는 점에서 상호관련성을 갖는다. Livovich(1999)는 서번트 리더십을 변혁적 리더십으로 분류하고 있으나, Graham(1991)은 도덕성과 윤리성을 강조하고 추종자와 동등성이라는 측면에서 서번트 리더십은 변혁적 리더십과 다르다고 주장하여 변혁적 리더십보다 서번트 리더십이 더 윤리성을 강조하는 것으로 보았다(정성현, 2007). 변혁적 리더십과 서번트 리더십은 여러 측면에서 많은 유사성을 가지고 있음에도 불구하고 두 개의 리더십은 궁극적으로 분명하게 구별되는 이론적 틀이 있는데, 그것은 리더십을 통해 리더가 집중하고자 하는 방향이라고 할 수 있다. 변혁적 리더이든 서번트 리더이든 모두 부하들에 대한 관심을 보이는 것으로 나타나고 있지만, 서번트 리더들이 보이는 관심에서 가장 핵심이 되는 것은 부하들에게 서비스를 제공한다는 리더의 인식이다. 한편 변혁적 리더는 부하들에게 조직의 목표에 대해서 관여를 시키고 이를 지지할 수 있도록 하기 위해 부하들에게 커다란 관심을 가지고 있다. 변혁적 리더십은 조직의 목표에 몰입할 수 있도록 상황을 만드는 데 있으며 부하들을 개발시키고 권한을 위임시켜서 조직의 목표를 달성시키는 것에 관심을 가지고 있다. 대조적으로 서번트 리더는 부하들에게 집중하고 있기에 결과보다는 부하들에 대한 서비스 그 자체에 중요성을 두고 있다. Lubin(2001)은 서번트 리더의 가장 중요한 의무는 관계와 사람이며 이러한 관계는 업무와 제품보다 앞서는 것이라고 주장하고 있다. 이러한 측면을 정리하여 변혁적 리더십과 서번트 리더십의 주요 특징을 비교하면 **표 4-10**과 같다.

표 4-10 서번트 리더십과 변혁적 리더십의 비교

구분	서번트 리더십	변혁적 리더십
이론의 본질	규범적	규범적
리더의 역할	부하에 대한 봉사	조직목표를 향한 부하의 고취
부하의 역할	현명하고 자유롭고 자율적인 사람이 되는 것	조직의 목표를 추구하는 것
도덕성 요인	명시되어 있음	특별히 명시하지 않음
기대결과	부하만족, 성장, 봉사에 몰입, 사회적 개선 등 정신적인 것을 생성하는 문화	목표와의 일치, 노력의 증가, 만족, 조직이 얻는 생산성 등 역동적인 문화를 형성
동기부여	부하에게 선(善)을 제공-부하들에게 최선인 것을 실행	조직에 선(善)을 제공-조직의 사명을 수행
배경	정적인 외부환경	개조/변화

구분	서번트 리더십	변혁적 리더십
카리스마의 원천	겸손, 정신적인 통찰력	리더훈련과 기술
상황	상호관계적인 힘	일 방향적인 힘
카리스마적 재능의 본질	섬김에 초점을 둔 삶의 방식의 실행과 비전	리더 혹은 조직의 목표달성, 구성원의 개인적 발전
부하들의 반응	리더의 섬김에 대한 모방	고양된 동기, 추가적인 노력
카리스마의 결과	구성원의 자율성과 도덕적 발전, 공동선의 강화	리더 혹은 조직의 목표달성, 구성원의 개인적 발전
개인 수준	봉사를 희망	지도를 희망
개인 간 수준	부하에게 봉사하는 리더	부하를 고취하는 리더
집단 수준	구성원들의 욕구와 일치하는 집단에 봉사하는 리더	집단의 목표를 추구하는 집단을 결합
조직 수준	공동체에 봉사하는 조직을 준비하는 리더	조직의 목표를 추구하는 부하를 고취하는 리더
사회적 수준	사회의 개선을 위한 긍정적인 유산을 남기는 리더	분명한 목표를 추구하도록 국가나 사회를 고취하는 리더

자료: Barbuto, J. E., & Wheeler, D. W.(2006). Scale Development and Construct Clarification of Servant Leadership. *Group & Organization Management*, 31(3), p. 305 인용해서 수정함.

상기에서 서번트 리더십의 배경, 서번트 리더십의 개념, 서번트 리더십의 이론(목표집중과 신뢰, 경청과 이해, 다양화와 권한이양, 공동체 조직), 서번트 리더십의 하위변인, 서번트 리더의 역할(비전제시, 인간에 대한 존중, 구성원의 성장지원, 공동체형성, 리더십 모델과의 비교) 등을 고찰한 결과에서 나타난 **주요 키워드**는 종(僕), 서번트 의식, 봉사, 헌신, 부하존중, 창의성 발휘, 진정한 공동체, 경청, 공감, 치유, 설득, 인지, 통찰, 비전의 제시, 청지기의식, 구성원의 성장, 공동체형성(구축 · 조직), 창조적 역량, 신뢰형성, 권한위임, 학습장려, 진실성, 존중성, 공정성, 인간존중, 잠재적 능력 발현, 공동의 목표, 상호협력, 목표집중과 신뢰, 다양화, 권한이양, 신뢰, 믿음, 가치중심, 봉사, 자기성장, 자발성, 협력, 이해관계자 요구 파악, 섬김, 상대방의 가치인정, 조직의 의지공유, 분산화정책, 팀경영, 디지털경영, 자발적 참여, 즐거운 인간관계, 관계형성, 공감대형성, 인지, 통찰력, 성장지원, 상호존중, 아가페적 사랑, 겸손한 행동, 이타주의, 서비스, 도덕성, 리더십발휘·공유, 이타적 소명, 감성적 치유, 지혜, 솔직한 대화, 협력장려, 업무추진능력, 비전추구능력, 성실성, 신뢰성 추구, 잠재력발휘, 통찰력, 인식력, 인식, 지각, 직관력, 구성원의 욕구와 가치, 직관적 혜안, 공감대형성, 배려, 안정감, 친근감, 자신감, 용기, 관심, 조직몰입·헌신, 지원자, 잠재적 능력개발, 능력 및 공로에 대한 인정, 동기부여자, 인간중심, 구성원들의 자발적인 행동, 필요한 자원지원, 애로사항 경청, 커뮤니케이션 활성화, 정보공유, 도덕성, 윤리성, 부하들에 대한 서비스, 부하에 대한 봉사, 부하만족, 봉사에 몰입, 사회적 개선, 겸손, 정신적인 통찰력, 도덕적 발전, 공동선의 강화 등으로 나타났다. 이러한 **서번트 리더십에 나타난 키워드는 4차 산업혁명시대의 협력역량, 비판적 사고역량, 자기관리역량, 의사소통역량, 창의성역량, 감성역량, 리더십역량, 디지털 리터러시역량, 다문화이해역량, 적응역량 등과 관련되는 것으로 보인다. 이러한 맥락에서 서번트 리더십은 4차 산업혁명시대에 매우 근접한 리더십으로 볼 수 있다.**

제5절 감성적 리더십

감성은 조직연구에서 거의 다루어지지 않거나 감성을 변화에 대한 구성원의 저항을 줄이기 위한 전략으로 취급되어 개인의 차원에서 해결해야 할 문제로 다루어졌다. 그러나 최근 조직연구에서 감성이 조직성과에 영향을 미칠 수 있다고 인식되면서, 조직차원에서 감성을 연구하기 시작했으며, 최근 연구들은 감성적 리더십이 조직의 성격과 과정을 결정하는 데 중요한 역할을 하는 요인임을 밝혀냈다(Gabriel et al, 2002). 학교조직도 감성적 리더십의 개념을 적용하여 학교조직에서 외부환경변화에 스스로 적응하는 기제를 가질 필요가 있다. 여기서 기제란 조직의 가치와 원칙을 가지고 새로운 대안을 탐색하는 자기조절능력으로서 조직감성을 의미하는 것이다. 이러한 조직감성은 감성적 리더십에 의해 더욱 바람직한 방향으로 창출될 수 있다.

따라서 4차 산업혁명시대의 감성적 리더십과의 연계성을 파악하기 위하여 감성적 리더십의 등장, 개념, 감성적 리더십과 구성원의 정서, 학교조직에서 감성적 리더십의 효과, 감성적 리더십의 하위변인 등을 고찰한 후에 디지털 전환시대와 문화적 리더십에 대해서 기술하고자 한다(전용환, 2010; 김정서, 2009;

신동한, 2008; 이창준, 2007; 이석열, 2006).

1. 감성적 리더십의 등장

1980년대에 진입하면서 리더십연구는 새로운 패러다임이 형성되면서 큰 변화를 가져오게 되었다. 특히 감성적 리더십은 리더의 감성지능과 맞물리면서 2000년 이후에 주목을 받았고 감성지능의 효과를 리더십 성공의 지표로까지 접근하게 되었다(Collins, 2001). Goleman(2002) 등은 유능한 리더들은 높은 수준의 감성능력을 가지고 있다는 점이 유사하다고 하면서 리더십의 발휘에 있어서 지능과 특성도 중요하지만 감성능력은 더욱 더 중요하다고 주장했다. 이러한 경향을 반영하여 조직연구에서 감성에 대한 관심이 높아지고 있고 조직구성원들 간의 상호작용은 이성적 요인보다는 감성적 요인이 더 중요하다는 관점에서 감성역량, 감성리더십, 조직감성을 다루기 시작했다(강경석 · 김철구, 2007).

Gabriel(2002) 등은 그동안 조직연구에 있어서 감성적인 측면보다는 합리적이고 규범적인 면이 연구의 주 관심사가 되어온 것이 사실이며, 하지만 최근 연구동향은 리더들은 감성이 조직의 성과에 영향을 미칠 수 있다고 인지하게 되었다고 하면서, 그 이유로 조직 내에서 이루어지는 구성원 간 상호작용이 바로 이성적 요인보다는 감성적인 요소에 의해 영향을 받기 때문이라고 했다. 아울러 그들은 감성과 관련한 용어로 감성역량, 감성리더십, 조직감성 등이 조직에서 연구되기 시작했으며, 특히 감성리더십이 조직의 성격과 과정을 결정하는 데 중요한 역할을 하는 요인임이 밝혀졌다.

우리나라에서 학교장의 감성적 리더십에 관한 연구의 시작은 이석열(2006)이 교장의 감성리더십 진단척도를 개발하면서 시작되었다고 할 수 있다. 이미라(2007)는 이 진단척도를 활용하여 "학교장의 감성적 지도성 · 조직감성 · 조직학습 간의 관계연구"를 시도하였으며, 한편 강경석 외(2007)는 "학교장의 감성적 리더십과 교사의 학교조직몰입과의 관계"를 탐색했다. 신동한(2008)은 "학교장의 감성리더십이 교사의 교직헌신도를 매개변인으로 하여 학교조직효과성에 미치는 인과효과의 분석"을 시도했으며, 신중식 외(2009)는 "학교장의 감성적 지도성과 학교조직개방성이 학교조직효과성에 미치는 구조적인 영향 관계를 설명하는 이론모형의 적합도"를 검증하였다. 김정서(2009)는 "학교장의 감성리더십이 학교조직문화와 조직역량의 모든 하위요인에 영향력이 있음"을 제시했고, 또한 이윤식 외(2009)는 "학교장의 수업지도성과 감성지도성이 교사효능감과 교사헌신 간의 구조관계를 파악하기 위하여 구조방정식 모형분석"을 실시하였다. 그리고 김일형(2009)은 "학교장의 감성지능 요인이 교사의 직무만족과 직무몰입에 긍정적인 영향력이 있음"을 제시했다. 상기의 연구결과에서 나타났듯이, 조직을 이끌고 나가는 지도자들의 감성적 리더십이 학교조직몰입, 교사헌신 및 효과성, 조직학습, 조직문화, 조직역량, 직무만족, 직무몰입, 교사효능감에 영향을 미칠 수 있다는 연구결과가 보고되었다. 이러한 연구의 결과는 감성리더십이 조직의 효과성을 결정하는 데 중요한 역할을 하는 변인으로 볼 수 있다.

학교조직효과성에 결정적으로 기여하는 사람이 바로 학교장이라고 보았을 때, 학교장은 단위학교 교육의 성패를 좌우하는 경영책임자로서 학교교육의 근본 목적인 학생들의 인지적, 정의적, 신체적인 성장을 이루는 데 중요한 역할을 한다. 이런 중요한 역할을 수행하기 위해 학교장은 기존의 리더십에 대한 보완으로 감성적 리더십의 발휘가 요구되고 있다. 특히 자율적인 성격이 강한 학교조직에서 학교장의 감성적 리더십은 변혁적 리더십을 비롯한 기존의 리더십을 보완해 줄 수 있는 리더십이론으로 탐색해 볼만한 충분한 가치가 있는 것으로 판단된다(신중식 · 김현진 · 김상돈, 2009).

2. 감성적 리더십의 개념

감성적 리더십에 대한 여러 학자들의 견해를 언급하면 다음과 같다. ① Neff, Citrin과 Brown(1999)은 "미국에서 가장 성공적으로 기업을 이끌고 있는 최고경영자 50명을 분석한 후 밝힌 15가지 공통자질을 제시한 후에 이러한 자질들 가운데 세 가지 요인만이 지적 · 기술적 능력과 관련되었을 뿐, 나머지 요인은 감성지능으로 되어 있음을 주목할 필요가 있다"고 제시했다. ② Goleman과 Boyatzis 및 McKee(2002)는 감성적 리더십을 "지도자 스스로 자신의 내면을 이해하고, 구성원의 감성 및 필요를 배려함과 동시에 조직의 구성원들과의 관계를 자연스럽게 형성하여 조직의 감성역량을 높이는 능력"이라고 정의하면서, 또한 이들은 "감성지능이 리더십유효성에 중요한 요인이며, 특히 팀을 이끄는 지도자에게 더욱 중요하며, 조직의 상위계층으로 가면 갈수록 감성지능이 더욱 중요하다"고 제시했다. 한편 ③ 이미라(2007)는 감성적 리더십을 "지도자가 자신이 가지고 있는 감성적이고 사회적 능력을 개발하고, 구성원들의 감성을 이해하고 배려함과 동시에 비전을 제시하고 자연스럽게 조직구성원들에게 영향력을 행사하는 것"으로 규정했다. ④ Rafaeli와 Worline(2001)은 감성적 리더십을 "조직구성원들에게 영향력을 행사하고 감독하기 위해서 가장 강력한 방법의 하나인 감성적 역동(emotional dynamics)을 사용하는 능력"으로 정의했다. ⑤ 신중식 외(2009)는 학교장의 감성적 리더십을 "학교장 스스로 자기인식과 자기관리를 통하여 자신의 감성과 학교구성원들의 감성을 명확하게 이해하고, 학교구성원들과의 사회적 관계를 효과적으로 관리하는 학교장으로서의 능력"으로 보았다. ⑥ 신동한(2009)은 감성리더십이란 "리더 스스로가 자기의 가치와 능력을 인식하고 자기를 통제하고 관리하는 능력이 있으며 또한 다른 사람들의 감정을 이해하고 배려할 수 있는 감성이 있는 동시에 새로운 방향과 비전을 제시하여 다른 사람에게 영향력을 행사하고 목표를 이루게 하는 감성능력"이라고 했다. ⑦ 전용환(2010)은 감성적 리더십은 리더가 자신의 내면을 잘 이해하고, 구성원의 감성과 필요를 이해하고 배려함과 동시에 공동의 비전을 제시하고 자연스럽게 조직의 구성원들을 리드할 수 있는 능력을 의미한다고 본다. ⑧ 김정서(2009)는 학교장의 감성적 리더십을 "학교장이 스스로 자신의 내면을 이해하고 학교구성원의 감성과 필요를 배려함과 동시에 학교조직구성원들과의 관계를 자연스럽게 형성하여 학교조직의 감성역량을 높이는 능력이다"라고 정의했다. 그리고 "학교구성원에는 학생, 학부모, 교사, 직원 등이 모두 포함되며, 감성리더십이 발휘되는 분야는 관리, 교수, 정치적 측면이 모두 고려되어야 하며, 특히 교육적 측면이 강조되어야 한다"고 했다.

상기의 제 학자들의 감성리더십에 대한 견해를 종합하면, **감성리더십이란** 학교장 스스로 자기인식과 자기관리를 통하여 학교구성원들의 감성을 명확하게 이해하고, 아울러 비전을 제시하고 자연스럽게 조직구성원들에게 영향력을 행사하고 목표를 이루게 하는 감성능력이며, 동시에 학교조직구성원들과의 관계를 자연스럽게 형성하여 학교조직의 감성역량을 높이는 능력을 의미한다고 볼 수 있다.

3. 감성적 리더십과 구성원의 정서

다양한 정서에 대한 이론적 모형에도 불구하고 일반적으로 정서는 정서원형모형(circumplex model of affect)에 따라 논의되어 왔다(Larsen & Diener, 1992). 정서원형모형은 인간이 경험하는 모든 감정이 개념적으로 독립된 두 개의 차원-기쁨 혹은 슬픔의 정도를 말하는 쾌-불쾌의 감정가(emotional valence)와 흥분, 고요함의 정도를 나타내는 감정의 활성화(arousal or activation) 정도-에 따라 여덟 개의 감정범주와 이와 관련된 다양한 감정들이 배치될 수 있음을 **그림 4-4**에서 보여주고 있다(Larsen & Diener, 1992).

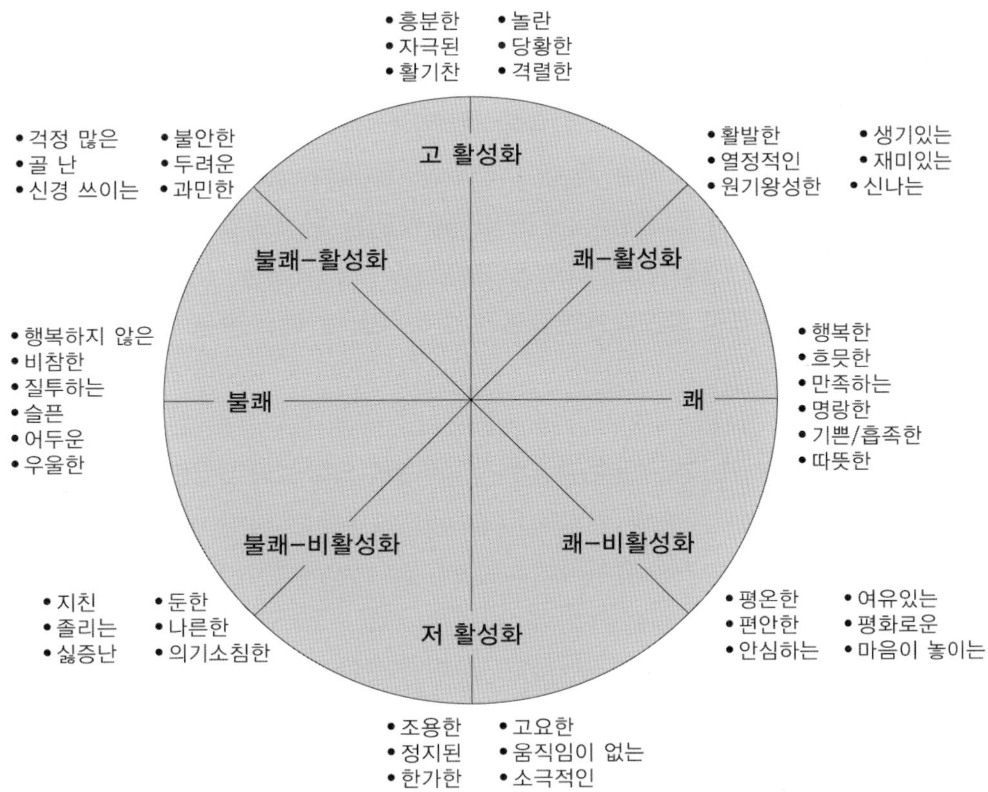

그림 4-4 정서원형모형

자료: Larsen, J. R., & Diener, E. E.(1992). Promises and Problems with the Circumplex model of Emotion. In M. S. Clark(eds.), *Review of Personality and Social Psychology: Emotion and Social Behavior*, p. 38.

정서원형모형에서는 구성원들이 경험하는 긍정적 정서로 쾌-활성화의 정서(흥미/열정)와 쾌의 정서(기쁨/만족)를 주목하였다. 이 두 정서에 주목하는 이유는 정서원형모형에 의하면 여러 정서의 차원들 중 이 두 정서가 가장 대표적인 긍정적 정서라 할 수 있다(Larsen & Diener, 1992). 먼저 **긍정적 정서차원**으로서 **쾌-활성화의 정서인 〈흥미와 열정〉**은 변화나 새로움을 통해 유발되고, 학습과 기술의 개발, 창의적인 노력에 대한 높은 동기를 제공한다(Izard, 1977). <흥미와 열정>의 정서는 관심의 방향과 주도성, 탐구적 행동을 고무함으로써 사람들의 내재적 동기와 밀접한 관련을 가지고 있다(Reeve, 1989). 또한 <흥미와 열정>의 정서는 미래에 대한 잠재적 기대를 가지고 있을 때 일어나는 것이기 때문에(Lawler & Yoon, 1996) 자연스럽게 새로운 세계에 대한 호기심, 학습, 탐구적 활동에 대한 높은 참여, 성취에 대한 높은 열망과 자신감, 미래에 대한 기대와 희망 등을 유발한다.

또 다른 긍정적 정서차원으로 **쾌의 정서인 〈기쁨/만족〉**은 흡족했던 과거 경험에 대한 평가에서 비롯되는 감정이라고 할 수 있다(Lawler & Yoon, 1996). 이러한 감정을 광범위하게 경험하는 조직구성원들은 현재생활에 대한 심리적 만족감과 즐거움을 경험하고, 사람들 간의 정서적 애착을 강화함으로써 보다 높은 응집력, 협력적 태도, 현재상태를 지속하고자 하는 행동 등을 유발할 수 있다.

쾌-활성화의 정서인 <흥미/열정>이 카리스마적 리더들로부터 유발되는 것과 달리 **쾌의 정서인 〈기쁨/만족〉은 감성적 리더들에 의해 보다 유발될 것이라고 추측할 수 있는데 그 이유**는 다음과 같다. ① 감성적 리더들은 자신 및 타인의 감정에 대한 이해와 조절능력이 뛰어나기 때문에 집단 안에 존재하는 부정적 정서에 누구보다 민감하게 반응할 것이다. 이들은 부정적인 정서가 가져오는 파장을 이해하고, 이를 적극적으로 제거함으로써 구성원들에게 심리적인 안정감, 평온함을 제공하려 할 것이다(Huy, 2002). 동시에 이것은 카리스마적 리더와 비교할 때 집단생활에 대한 평온함과 만족감을 유발하는 행동으로 쾌의 정서인 <기쁨/만족>을 보다 유발할 것이다. ② 감성적 리더들은 개별구성원들에 대한 공감(empathy)행동을 통해 유용한 사회적 지지와 긍정적인 대인관계를 형성하고(George, 2000) 높은 만족감을 유발한다(Wolff, Pescosolido & Druskat, 2002). 이 공감행동은 보다 긍정적이고 건설적인 상호작용을 조장, 우호적인 정서를 유지하는 중요한 역할을 수행할 것이다. Goleman(1998)도 감성지능의 각 차원들이 효과적인 관계관리에 보다 중요하다고 지적했고, 감성지능이 높은 리더들은 관계관리를 통해 구성원들의 심리적인 소속감과 애착심을 높일 것이라고 보았다(Lewis, 2000). 결국 감성적 리더는 개별구성원들의 감정에 대한 민감성과 공감행동을 통해 정서적 밀착과 연대를 더 잘 이끌어 내기 때문에 쾌의 정서인 <기쁨/만족>을 보다 더 잘 조장할 것이라고 추측할 수 있다.

4. 학교조직에서 감성적 리더십의 효과

학교조직에 대한 감성적 리더십의 효과에 대한 연구물들을 소개하면 다음과 같다.

첫째, 신동한(2008)은 "학교장의 감성리더십과 학교조직문화와 학교조직효과성의 관계연구에서 학교장은 교사의 감성을 자극하여 바람직한 학교조직문화를 창출하는 방향으로 감성리더십을 발휘해야 할 것이고 이러한 감성리더십의 발휘가 궁극적으로 학교조직효과성에 중요한 영향을 미친다는 것을 밝혔다. 학교장은 효과적인 학교를 만들기 위하여 리더 스스로가 자기의 가치와 능력을 인식하고 자기를 통제하고 관리하는 능력과 다른 사람들의 감정을 이해하고 배려하고 동시에 새로운 방향과 비전을 제시하는 리더십을 배양해야 한다. 또한 학교조직문화의 분위기를 친화적이고 합리적이며 진취적으로 개선하려고 노력해야 할 필요가 있고 기존에 내재되어 있는 보존적 문화는 점차 감소시키는 방향으로 리더십을 발휘해야 할 필요가 있다. 이러한 리더십의 발휘가 학교조직효과성에 영향을 줄 수 있다는 점을 학교장들은 주목할 필요가 있다"고 제시했다.

둘째, 신중식 · 김현진 · 김상돈(2009)은 "학교장의 감성적 지도성과 학교조직개방성이 학교조직효과성에 미치는 영향에서 학교장의 감성적 지도성은 학교조직효과성에 직접적인 영향을 미칠 뿐만 아니라 학교조직의 개방성을 통해서 간접적으로 영향을 미치고 있다. 특히 학교장의 감성적 지도성이 학교조직효과성에 미치는 직접효과보다는 학교조직개방성을 매개로 학교조직효과성에 간접적으로 미치는 간접효과가 더 많은 영향을 미치고 있다. 이는 학교장의 감성적 지도성이 학교조직개방성에 직접적인 효과와 학교조직개방성을 매개로 한 간접적인 효과가 부가되어 전체효과가 강하게 나타나고 있음을 보여주고 있다. 또한 학교장의 감성적 지도성은 학교조직의 개방성을 높여 주어, 학교조직의 효과성이 잘 일어나도록 영향을 미치고 있을 뿐만 아니라 학교조직의 개방성은 학교의 조직효과성이 잘 일어나도록 영향을 미치는 중요한 매개변인으로 작용하고 있기 때문에 학교조직의 효과성을 높이려면, 학교조직의 개방성이 매우 중요하다는 것을 시사하고 있다. 학교조직효과성을 높이는 데 있어서 학교장의 감성적 지도성은 중요하지만, 학교조직의 개방성도 매우 중요하기 때문에 학교장의 감성적 지도성이 어떠하든지 간에 개방적인 학교분위기를 유지하면서 학교조직의 효과성이 높아지고 있음을 반증하고 있다"고 제시했다.

셋째, 신재흡(2010)은 "학교장의 감성적 리더십과 임파워먼트가 학교조직효과성에 미치는 영향 분석에서 감성적 리더십·임파워먼트·학교조직효과성 간에는 유의한 상관관계가 있으며, 학교조직에서 감성적 리더십 변인 가운데 사회적 인식과 관계관리, 임파워먼트 하위요인인 의미감과 역량 변인과 직무만족 변인, 감성적 리더십 하위변인인 사회적 인식 및 관계관리 변인과 조직생산성을 고려할 때 한층 학교조직효과성이 확대될 수 있다고 했으며, 또한 감성적 리더십과 임파워먼트의 하위변인들이 전체적으로 학교조직효과성에 미치는 영향력 측면에서 임파워먼트 하위변인으로 의미감, 역량, 영향력 변인이 학교조직효과성에 영향력이 있는 것으로 나타났다. 이는 교사 자신의 직무와 관련한 활동들은 교육목표달성에 도움이 된다는 의식을 갖고, 교사들이 직무에 필요한 기술 및 지식에 숙달되어야 하며, 교사 자신의 부서업무에서 발생되는 일에 대해서 상당한 영향력을 행사할 때 학교조직효과성을 고양하는 것으로 나타났다. 결국 학교장은 임파워먼트 변인 중 의미감, 역량, 영향력 변인을 활용하면서 적극적으로 교육활동에 반영되도록 노력하여야 함을 시사했고, 그리고 학교조직효과성에 대한 단계별 영향력 측면에서 감성적 리더십을 투입했을 때보다 감성적 리더십과 교사들의 임파워먼트를 동시에 투입했을 때 학교조직효과성이 더 높아졌다. 따라서 교사들은 학교장의 감성적 리더십뿐만 아니라 임파워먼트까지 인식할 때 교사집단의 학교조직효과성이 더 높아짐을 알 수 있다. 결국 신재흡(2010)은 교사집단의 학교조직효과성을 증대하기 위해서는 감성적 리더십 변인 중 사회적 인식, 관계관리와 임파워먼트 변인 가운데 의미감, 역량, 영향력 변인을 활용하는 것이 교육조직의 성과와 질을 개선할 수 있음"을 보여주었다.

5. 감성적 리더십의 하위변인

리더십에 관한 새로운 패러다임은 1980년대에 들어서서 발생하기 시작했다. 전통적인 리더십연구 방식인 특성이론에서 행동이론과 상황이론을 거쳐 현대적 접근의 대안적 리더십이론으로 발전하게 되었다. 그 중 하나인 감성리더십은 리더의 감성지능의 역량의 중요성과 맞물려 최근에 주목을 받게 되었고 감성지능의 효과를 리더십 성공의 지표로 연구하게 되었다(Collins, 2001). Mayer와 Salovey(1990)는 감성지능(emotional intelligence)의 개념을 최초로 확립하면서 그 구성요소가 자기감정평가, 다른 사람의 감정평가, 감정조절과 감정의 활용 등으로 구성되어 있다고 제시하였다. 그리고 Goleman(1995)은 Mayer와 Salovey가 확립하여 놓은 개념을 근간으로 하여 '감성지능'이란 저서에서 감성지능은 자기인식(self-awareness), 자기관리(self-management), 자기동기화(self-motivation), 감정이입(empathy) 그리고 대인관계기술(social skill) 등의 다섯 가지 구성요소로 나누어 설명하였다. 그 후 Goleman(2002) 등은 원래의 감성지능 모형을 보다 단순화하여 감성지능의 영역을 자기인식(self-awareness), 자기관리(self-management), 사회적 인식(social awareness), 관계관리(relationship management) 등 네 가지로 구분하고 종전 25개로 이루어졌던 특성을 18개로 단순화하면서 감성리더십의 개념을 확립하였다.

Goleman(2002) 등은 감성지능을 기초로 하여 감성리더십의 개념을 정립하였는데 그들은 감성리더십을 "리더 스스로 자기인식과 자기관리를 통하여 구성원들의 감성을 명확하게 이해하고 구성원들과의 사회적 관계를 효과적으로 관리하는 능력"이라고 하였다. 그들은 감성리더십의 하위변인을 제시하면 **표 4-11**과 같다.

표 4-11 감성리더십의 하위변인

영역	하위변인	정의	특성
개인 능력 (personal competence)	자기인식 (self-awareness)	• 자신의 감정, 정서, 욕구뿐만 아니라 그것이 미치는 영향을 이해하고 인지하는 능력	• 감성적 자기인식 (emotional self-awareness) • 정확한 자기평가 (accurate self-assessment) • 자기확신(self-confidence)
	자기관리 (self-management)	• 파괴적인 충동이나 기분을 교정하거나 통제하는 능력 • 행동하기 전에 생각하고 판단을 유보하는 성질	• 감성적 자기통제 (emotional self-control) • 투명성(transparency) • 적응력(adaptability) • 성취력(achievement) • 주도성(initiative) • 긍정주의(optimism)
사회적 능력 (social competence)	사회적 인식 (social awareness)	• 공감, 다른 사람들이 느끼는 방식에 맞출 수 있는 능력 • 그룹을 이끄는 우선순위와 공유된 가치를 감지하는 능력	• 공감(empathy) • 서비스 방향 정하기 (service orientation) • 조직적 인식 (organizational awareness)
	관계관리 (relationship management)	• 다른 사람의 정서적 기질을 이해하는 능력 • 그들의 정서적 반응에 따라 사람들을 다루는 능력	• 영감을 주는 리더십 (inspirational leadership) • 영향력(influence) • 다른 사람 개발하기 (developing others) • 변화촉진(change catalyst) • 갈등관리자 (conflict manager) • 팀워크와 협동(teamwork and collaboration)

자료: Goleman, D., Boyartzis, R., & McKee, A.(2002). *Primal Leadership: Learning to Lead with Emotional Intelligence*. Boston: Harvard Business Press.

Goleman(2002) 등은 **감성적 리더십의 하위변인**을 구체적으로 소개하면 다음과 같다.

① **자기인식능력이다.** 자기인식이란 자신의 감정, 능력, 한계, 가치, 목적에 대해 깊이 이해하는 것을 말한다. 자기인식의 능력을 갖춘 리더는 자신의 가치, 목표, 꿈이 무엇인지 제대로 이해하고 있다. 자기인식이 투철한 사람들은 자신의 가치관에 부합하는 결정을 내리기 때문에 자신들의 일에 그만큼 열정을 가지고 임하게 된다. 자기인식능력을 갖추고 있음을 가장 잘 보여주는 것은 자신의 생각을 따져보는 마음과 숙고하는 자세이다.

자기인식능력을 갖춘 사람들은 객관적으로 조용히 따져보는 여유를 갖고 있는 사람들이다. 그렇게 함으로써 그들은 충동적으로 행동하기 전에 몇 번이고 자신의 결정에 대해 생각해 볼 수 있는 것이다.

② **자기관리능력이다.** 자기관리능력은 자기인식능력에서 비롯된다. 자기관리능력이란 리더가 목표를 성취하기 위해 갖춰야 할 보다 구체화된 힘이다. 자기관리능력은 우리가 감정의 노예가 되지 않도록 만들어주는 감성지능의 한 요소이다. 그것은 리더십을 갖추기 위해 필요한 것으로, 우리를 정신적으로 깨어 있게 만들고 우리의 힘을 한 곳으로 모으는 역할을 한다. 그리고 그것은 우리를 혼란시키는 감정이 생길 때 우리가 궤도에서 이탈하지 않도록 지켜주는 역할도 한다. 리더로서 잊지 말아야 할 가장 중요한 임무는 자신의 마음상태를 다스리는 것이다. 리더십을 제대로 발휘하기 위해서는 자신의 흔들리는 마음을 다스리고 대신 긍정적인 감정을 표현할 수 있는 능력이 필요하다.

③ **사회적 인식능력이다.** 감성지능이 높은 리더가 갖추어야 할 것은 사회적 인식능력, 즉 감정이입의 능력이다. 감정이입의 능력은 다른 사람의 얼굴과 목소리를 통해 그 사람의 감정을 읽어내고 대화 도중에 상대방의 감정에 동조하는 능력을 말한다. 사회적 인식능력, 특히 감정이입능력은 공감을 불러일으켜야 하는 리더의 과업에서 매우 중요한 것이다. 특정한 순간에 사람들이 느끼고 있는 것에 동조함으로써 리더가 그에 걸맞은 말과 행동을 할 수 있는 것이다. 이처럼 집단구성원들의 감정에 동조하는 리더는 그 집단을 이끌어나갈 수 있는 공동의 가치관과 올바른 일의 순서를 파악할 수 있다. 감정이입을 통해 리더는 사람들의 감성적 채널에 주파수를 맞추게 되고 그리하여 공감을 불러일으킨다.

④ **관계관리능력이다.** 자기인식, 자기관리, 감정이입이라는 세 가지 요소는 감성지능의 마지막 요소인 관계관리능력에서 결국 하나로 엮인다. 관계관리능력을 통해 리더십에 있어 가장 가시적인 형태의 도구들이라고 할 수 있는 설득, 갈등관리, 협동 등을 이루어 나갈 수 있다. 관계를 노련하게 관리한다는 것은 곧 다른 사람의 감정을 잘 다룬다는 말이다. 이를 위해서도 역시 리더는 자신의 감정을 자각하고 있어야 하며, 감정이입을 통해 자신이 이끄는 사람들의 감성에 파장을 맞출 수 있어야 한다. 특히 오늘날의 조직이 기능적 틀에서 벗어나게 됨에 따라 점점 더 많은 팀의 리

더들이 다른 역할을 맡은 조직과 교류하며, 다른 팀의 동료들과 정기적으로 협력하여 일을 하고 있다. 이때 관계를 제어하는 능력을 갖춘 리더는 자신의 감성지능을 발휘하여 업무의 효율을 더욱 높여 나갈 수가 있다.

Goleman(2002) 등의 Primal Leadership에서 고찰한 바와 같이, 감성지능은 자기인식능력, 자기관리능력, 사회적 인식능력 그리고 관계관리능력의 네 가지 능력으로 구성되어 있다. 우리 사회의 새로운 트렌드인 감성지능은 훌륭한 리더십의 역할을 수행하기 위한 요소가 될 수 있다고 할 수 있다. 따라서 이상의 것을 종합하여 감성리더십은 리더 스스로가 자기의 가치와 능력을 인식하고 자기를 통제하고 관리하는 능력이 있으며 또한 다른 사람들의 감정을 이해하고 배려할 수 있는 감성이 있는 동시에 새로운 방향과 비전을 제시하여 다른 사람에게 영향력을 행사하여 목표를 이루게 하는 감성능력이라고 할 수 있다(신동한, 2008: 25).

감성적 리더십의 측정도구는 **표 4-12**와 같다.

표 4-12 이석열의 학교장의 감성적 리더십 측정도구

학교장의 감성적 리더십 측정						
• 응답 요령: 다음 문항들은 학교장의 감성적 지도성에 관한 내용입니다. 귀 학교의 교장선생님이 나타내는 행동특성을 진술한 내용과 얼마나 일치하는지 해당란에 V 표를 해주십시오. 〈설문 문항〉 우리 교장선생님은 …………(1-48)		아주 불일치	불일치	보통	일치	매우 일치
번호	설문내용					
1	(우리 학교 교장선생님은) 추구하려는 가치나 목표가 분명하다.					
2	평소에 밝게 행동하려고 한다.					
3	자신의 장점과 약점을 잘 알고 있다.					
4	새로운 접근을 위한 계속적인 학습과 자기개발에 관심을 갖는다.					
5	바람직한 의사결정을 내릴 수 있다는 자신이 있다.					
6	자신의 가치나 능력에 대해 긍정적으로 생각한다.					
7	다른 사람에게 확신에 찬 인상을 심어 주는 편이다.					
8	여러 사람으로부터 참신한 아이디어를 찾아낸다.					
9	문제의 본질적인 해결책을 찾으려고 노력한다.					
10	문제해결을 위해 먼저 새로운 해결방법을 찾으려고 한다.					
11	자신의 목표를 성취하기 위해 노력하는 결과지향적이다.					
12	일에 추진력이 있다.					
13	자신의 성과를 개선하기 위한 방법을 학습한다.					

14	더 큰 학교목표를 충족하기 위해 개인적인 희생을 감수한다.					
15	학교조직의 사명을 달성하기 위해서 여러 가지 기회를 적극적으로 모색한다.					
16	학교조직의 구체적인 목표를 달성하기 위해 헌신한다.					
17	요구되거나 기대되는 일 이상의 목표를 추구한다.					
18	색다르고 모험적인 노력으로 다른 사람들을 움직인다.					
19	항상 새로운 일에 도전한다.					
20	다른 사람의 요구와 감정에 맞게 도와주려고 한다.					
21	다른 사람의 입장을 내 자신의 입장처럼 공감하는 편이다.					
22	다른 사람의 어려운 처지를 도와주려고 노력한다.					
23	다른 사람의 말에 귀 기울이고, 상대방의 요구를 충족시켜 주기 위해 노력한다.					
24	다른 사람의 장점이나 성취 그리고 발전 등을 인정해 주고 그것에 대한 보상을 해준다.					
25	학교에서 편견이나 편협함을 해결하기 위해 노력한다.					
26	학교에서 구성원의 다양성을 존중하고 가치 있게 여긴다.					
27	무엇인가를 발표할 때 청중에게 잘 어필한다.					
28	자신의 메시지를 전달할 때에는 감정적인 단서를 효과적으로 사용한다.					
29	잘 듣고, 상호이해를 추구하며, 충분하게 정보를 공유하는 것을 좋아한다.					
30	학교의 비전과 사명을 교직원, 학부모, 학생 그리고 지역사회에 효과적으로 알린다.					
31	조직 내에서 공유하는 비전이나 임무를 성취하기 위한 열정을 자극하고 분명히 전달한다.					
32	타 교사들이 책임감을 가지고 교육적 성취를 이룰 수 있도록 안내해 준다.					
33	타 교사들에게 직무를 수행할 수 있도록 격려하는 가치 · 신념 · 태도를 보여준다.					
34	학교변화를 위해서 불필요한 장애요인을 없앤다.					
35	변화를 옹호하고, 다른 사람이 변화를 추구하는 데 참여한다.					
36	다른 사람이 기대하고 있는 변화의 모델이 된다.					
37	조직갈등을 찾아내고 서로의 입장을 이해할 수 있도록 도와준다.					
38	상호 간에 이익을 얻을 수 있는 관계를 장려한다.					
39	조직구성원들 간의 토론이나 토의를 장려한다.					
40	다른 사람과의 친근한 래포(친밀감)를 형성하고 있다.					
41	동료와 개인적인 친교를 만들고 유지하고 있다.					
42	교사들과 대화를 하는 것을 즐겁게 생각한다.					
43	계획, 정보, 자원을 공유하는 데 협력한다.					
44	친밀하고 협력적인 풍토를 만들기 위해 노력한다.					
45	동료교사를 믿고 편하게 상의하고 함께 일을 한다.					
46	모든 구성원이 적극적이고 활동적으로 참여하도록 유도한다.					
47	팀의 정체성, 가치, 헌신 등을 강조하여 동료의식을 형성한다.					
48	학생과 교직원을 가치 있게 생각하고, 함께 하는 것을 보람 있게 여긴다.					

자료: 이석열(2006). 교장의 감성리더십 진단척도개발. 교육행정학연구 제24권 제3호, p. 75~77.
• 주: 감성적 리더십 하위변인:
1) 감성적 리더십 변인 중 감성인식능력(자기인식능력, 1~2; 자기평가능력, 3~4; 자기확신능력, 5~7),
2) 감정관리능력(혁신성, 8~10; 성취력, 11~13; 헌신성, 14~16; 진취성, 17~19),
3) 사회적 인식능력(감정이입, 20~22; 서비스정신, 23~24; 다양성 활용, 25~26),
4) 관계관리능력(영향력, 27~28; 의사소통, 29~31; 리더십, 32~34; 변화촉진, 35~37; 갈등관리, 38~39; 유대형성, 40~42; 협동능력, 43~45; 팀역량, 46~48) 등 총48개 문항

상기에서 감성적 리더십의 등장, 감성적 리더십의 개념, 감성적 리더십과 구성원의 정서, 학교조직에서 감성적 리더십의 효과, 감성적 리더십의 하위변인(자기인식, 자기관리, 사회적 인식, 관계관리) 등을 고찰한 결과 나타난 **감성적 리더십의 주요 키워드**는 조직성과, 자기조절능력, 감성역량, 조직감성, 조직학습, 학교조직몰입, 조직효과성, 조직개방성, 교사효능감, 교사헌신, 직무만족, 직무몰입, 조직역량, 직무몰입, 구성원의 감성 및 필요 배려, 감성적인 사회적 능력개발, 비전제시, 감성적 역동, 자기인식, 자기관리, 사회적 관계관리, 자기가치 및 능력인식, 자기통제 및 관리능력, 리더십배양, 자기동기화, 감정이입, 대인관계기술, 감정적 자기인식, 정확한 자기평가, 자기확신, 감성적 자기통제, 투명성, 적응력, 성취력, 주도성, 긍정주의, 공감, 서비스 방향정하기, 조직적 인식, 영감을 주는 리더십, 영향력, 타인 개발하기, 변화촉진, 갈등관리자, 팀워크, 협동, 설득, 갈등관리 등으로 나타났다. 이러한 **감성적 리더십의 키워드는 4차 산업혁명시대의 협력역량, 비판적 사고역량, 자기관리역량, 의사소통역량, 감성역량, 리더십역량, 다문화이해역량, 적응역량, 문제해결역량, 전문성역량 등과 관련되는 것으로 보인다.**

제6절 카리스마 리더십

21세기 글로벌시대에 접어들면서 리더십연구의 중요성이 크게 대두하기 시작하였다. 지난 1980년대 초까지 리더십이론의 일반적인 연구동향은 특성이론, 행동이론, 상황이론이 주축이었다. 이러한 리더십연구의 동향 속에서 1980년대 후반부터 1990년대 말에 이르기까지 카리스마 리더십이론이 각광을 받아온 것은 아마도 두 가지 이유가 있기 때문일 것이다. ① 카리스마 리

더십이 성과와 높은 상관관계를 갖는다는 점이고, ② 비전과 혁신이라는 시대적 욕구를 이론의 핵심내용으로 다루고 있다는 점이다. 카리스마 리더십은 팔로워들의 개인적 성과에만 영향을 미치는 것이 아니라 조직의 성과에도 직간접적으로 영향을 미치는 것으로 나타났다(Baum et al., 1988). 또한 카리스마 리더십이론이 핵심내용으로 하는 창조적 파괴와 새로운 비전의 추구는 20세기 말 전 세계적으로 조직경영의 주체가 되고 있는 '조직혁신운동'과 맞물려 커다란 파고를 형성하게 된 것으로 판단된다(구연성, 2004).

따라서 4차 산업혁명시대의 카리스마 리더십과의 연계성을 파악하기 위하여 카리스마 리더십의 개념, 카리스마 리더십의 절차, 카리스마 리더십의 특성, 카리스마 리더십의 영향력 과정, 카리스마 리더십의 하위변인, 카리스마 리더십과 변혁적 리더십과의 비교와 적용 등을 고찰한 후에 디지털 전환 시대와 카리스마 리더십역량에 대해서 기술하고자 한다(신재흡, 2010; 전용환, 2010; 권기욱, 2009; 신응섭, 2004; 이병진, 2004; 이창준, 2007; 구연성, 2004).

1. 카리스마 리더십의 개념

독일의 사회학자 Weber가 '카리스마'라는 용어를 최초로 사용하였다. 카리스마(charisma)는 그리스어이며, 재주(gift)라는 말에서 유래하며 논리적으로 설명할 수 없는 권력을 의미한다. Weber는 카리스마를 리더가 발휘하는 특징에 대하여 팔로워가 인식하는 리더의 영향력으로 보았다. 결국 카리스마란 리더의 특징과 행동에 대한 부하들의 지각에 의해 결정되며 부하들의 지각은 리더십이 발휘되는 상황과 부하들 개인의 욕구 및 전체의 욕구에 의해 영향을 받는다는 것이다.

본래 카리스마 리더십의 연구는 심리학자 Freud의 초기연구인 한 개인이 다른 개체에게 영향을 미칠 수 있는 히스테리와 성격을 가지고 있다는 점에서 시작되었다. 특히 한 방면에 대한 깊은 감정적 집착이 일어날 때에 어떠한 반응이 대두되는가에 관한 연구와 관련된다. 히스테리적 징후의 근본은 타인에 대한 개인의 무의식적 사랑으로서 그 사랑은 그 대상에 대한 환상에서 이상으로 발전할 수 있는데, 그런 과정에서 대상과 강한 감정적 유대감을 갖게 된다는 것이다. 이러한 유대감을 리더의 카리스마적 특성과 연결시킨 것이다(구연성, 2004).

카리스마 리더십에 대한 제 학자들의 견해를 제시하면 다음과 같다.

첫째, Weber에 따르면, ① 카리스마 리더는 항상 숭고한 사명(mission)을 내세우며 다른 사람들로 하여금 그를 믿도록 하는 능력이 뛰어나다. 자신이 내세우는 사명과 자신의 운명을 동일시하며 사람들로 하여금 고귀한 사명의 달성을 위해서 자신에 복종하고 따르도록 요구한다. 흔히 리더의 사명은 구성원들이 간절히 바라는 욕구와 꿈을 내용으로 하고 있는 경우가 많다. Weber에 의하면, 카리스마를 갖는 리더는 이러한 사명을 최우선시 하여 기존의 관행, 법, 그리고 전통 등의 모든 가치체계를 쉽게 무력화시킨다. ② 리더는 비범한 성과나 사건을 만들어냄으로써 자신의 카리스마를 추종자들에게 수시로 입증해야 한다. 카리스마 리더십은 추종자들의 인식의 틀 속에서 실제보다 상당히 부풀려진 상태로 존재하는 리더에 대한 이미지이다. 그러므로 그들의 능력과 힘에 대한 인식이 소멸하면, 카리스마도 자연스럽게 수명을 다하게 된다. 기적이나 마술에 대한 인식이 소멸하면, 카리스마도 자연스럽게 수명을 다하게 된다. 기적이나 마술에 해당하는 전설적 사건과 이야기들을 적절한 시기에 공급해 줌으로써 그러한 인식을 유지할 수 있게 된다. 뿐만 아니라, 추종자들은 사명을 추구함으로써 얻는 혜택이 있어야 카리스마에 대한 신뢰를 유지한다. ③ 카리스마 리더가 이끄는 집단의 추종자들 중 몇몇은 그들의 리더에 준하는 카리스마를 갖게 된다고 한다. 결국 종교집단 내의 계층처럼, 카리스마 리더를 정점으로 나름대로의 질서를 가지게 되며 이를 Weber는 '카리스마 집단(charisma community)'이라고 칭하고 있다.

둘째, 스펜서(Spencer)는 카리스마의 의미를 ① 카리스마는 리더의 초자연적 능력을 의미하며, 카리스마 리더는 그의 부하들에게 어떤 증표로서 천부의 능력을 예시하고 그를 따르는 부하들은 리더에 대한 그들의 믿음에 의해 리더에게 복종한다. ② 카리스마는 집단이나 역할 또는 사물들의 신성한 속성을 의미하기도 한다. ③ 카리스마는 일상적이고 세속적인 의미에서 리더의 개성적 자질을 의미하기도 한다. 이런 의미는 본래의 초자연적 속성이라는 의미에서 완전히 벗어나 매력적이고 정치적인 개인적 자질로서 세속화되어 통용되어져 왔다(Bryman, 1992).

셋째, Conger와 Kanungo(1987)는 카리스마 리더십은 리더 또는 리더의 개인적 자질에만 근거하기보다는 리더의 속성과 필요, 신념, 가치, 부하들의 지각 간의 상호작용에 근거한다고 했다.

넷째, Willner(1984)는 카리스마 리더십을 퍼스낼러티를 바탕으로 하는 것도 아니고 상황적으로 결정되는 것도 아니며, 오히려 그 현상은 주로 관계적(relation)이고 지각적(perceptual)인 것이라고 했다.

다섯째, House(1977)는 카리스마 리더는 구성원들에게 많은 영향을 미치고, 리더에게 애정을 가지며, 집단의 사명에 정서적으로 몰입하고, 리더는 구성원들이 사명을 성취하는 데 기여할 수 있다고 믿으며, 실제로 목적의 성취가 매우 많다.

카리스마란 용어는 학자마다 각기 다르게 정의되고 있지만, 그들의 주장을 종합해보면 상당히 유사성이 발견되고 있다. **카리스마란** 리더의 특성과 행동에 대한 부하들의 지각에 의해 결정되며, 부하들의 지각은 리더십이 발휘되는 상황과 부하들 개인의 욕구 및 전체의 욕구에 의해 영향을 받는 다는 것이다. 부연하면 카리스마 리더십은 리더 또는 리더의 개인적인 자질에만 근거하기보다는 리더의 속성과 필요, 신념, 가치, 부하들의 지각 간의 상호작용에 근거한다는 것이다(구연성, 2004).

2. 카리스마 리더십의 절차

카리스마 리더십은 다음과 같은 세 가지 단계로 진행한다(Goethal & Sorenson, Burns, 2004).

첫째, 1단계(환경의 사정): 카리스마 리더는 조직의 환경을 정확하게 이해하려고 한다. 구체적으로 환경적 제한을 정확하게 이해하고, 환경의 사회적 상황이나 물리적 상황에 매우 민감하며, 또한 구성원들의 능력과 정서적 요구에 매우 민감하고, 구성원들은 리더의 목적을 성취하는 데 아주 귀중한 자원이 된다. 카리스마 리더는 항상 혁신의 기제로서 그리고 급진적 변혁을 위하여 노력함과 더불어 변화의 결과보다 변화를 야기하기 위하여 취한 행동에 더 많은 관심을 갖는다.

둘째, 2단계(비전의 설정): 카리스마 리더는 환경을 파악한 후, 조직의 목적을 설정한다. 이상적인 미래를 구현할 수 있는 목적을 설정한다. 목적을 구성원들에게 제시하고 상상을 자극한다. 카리스마 리더가 이상적인 미래를 설정할수록 현재의 상태와 격차는 더 커지고, 구성원들은 리더가 특별한 비전을 가진 인간으로 인식하게 된다. 리더가 제시한 비전이 이상적이면, 교직원들의 입장에서는 리더를 더 많이 숭배하고, 존경하고, 모방의 대상으로 고려하게 된다. 리더는 카리스마적이 되기 위하여 목적을 성취하기 위한 비전과 비전을 실천하기 위한 계획을 가져야 하며, 구성원들이 효과적으로 실천할 수 있도록 설득시킬 수 있어야 한다. 그리고 카리스마 리더는 구성원들에게 의사소통을 할 때에는 강력한 확신, 정서, 자신감을 보여야 한다. 그리고 몸짓을 포함한 다양한 말로 설명을 하도록 한다. 단언적이고, 자신감이 있고, 전문적이고, 교직원들의 요구에 관심을 갖고 있음을 나타내는 단어들을 활용하여야 한다. 그리고 모습이나 신체언어도 그러한 메시지를 전달할 수 있어야 한다. 그리고 비전은 가장 매력적인 것으로 명료하고 구체적인 용어로 제시되어야 한다.

셋째, 3단계(비전의 성취): 리더는 비전을 실천하기 위하여 강력한 카리스마를 가져야 한다. 이를 위하여 다음과 같은 **자질**을 가져야 한다. ① 교직원들의 요구에 관심을 갖고, 그것을 충족시키기 위하여 희생적으로 임하여야 한다. ② 많은 인간적 모험으로 지각되는 모범적인 행동을 수행하여야 한다. ③ 리더는 개인적 재정 손실을 감수하는 것도 고려하여야 한다. ④ 공동의 목적을 성취하기 위하여 자신의 희생을 더 많이 감수할수록 리더의 신뢰가치는 더 많아진다. ⑤ 리더는 자신의 업무영역에서 전문성과 많은 지식을 가져야 한다. 또한 비전이 실천되기 위해서는 리더가 구성원들로부터 많은 매력을 획득할 수 있어야 한다. **카리스마 리더가 구성원들로부터 매력을 획득하는 조건**은 다음과 같다. ① 구성원들이 리더를 혁명적이라고 생각하여야 한다. 이를 위해서는 리더는 이상적인 비전을 제시할 수 있어야 한다. ② 더 중요한 것은 카리스마 리더가 혁신적인 것을 채택하고, 바람직한 변화를 도모하기 위하여 혁신적 계획과 전략을 제시하고, 자기희생을 가져야 한다. 이것은 교직원들의 놀라움과 존경으로 정서적인 반응을 하게 한다. 이것이 카리스마 리더십의 매력이다.

3. 카리스마 리더십의 특성

카리스마적 리더십의 특징에 대하여 제 학자들의 견해를 제시하면 다음과 같다.

첫째, House(1977)**는 카리스마 리더의 특징**으로 ① 강력한 권력욕구, 고도의 자신감, 자신의 신념과 이상에 대한 강한 확신을 가지고 있다. 강력한 권력욕구는 구성원들에게 영향을 미치려는 동기를 유발하고 자신감과 확신은 구성원들로 하여금 리더의 판단을 신뢰하도록 한다. ② 자신이 유능하고 성공적인 리더라는 인상을 구성원들에게 심어 주려고 계획된 행동을 한다. 이러한 인상관리는 리더의 결정과정에 대한 구성원들의 신뢰를 진작시키고 그들의 복종의지를 높여준다. ③ 구성원들이 모방할 수 있는 모범적인 행태를 정할 수 있다. 이런 역할모델링(role modeling)은 단순한 리더의 형태모방에 그치지 않고 그 이상의 의미가 포함되어 있다. 만일 구성원들이 리더를 찬양하고 일체감을 갖는다면 리더의 신념과 가치를 모방하게 된다. ④ 구성원들이 공유하고 있는 뿌리 깊은 가치, 이상, 열망 등과 집단의 사명에 관련된 이념의 목표를 구체화한다. 카리스마 리더는 미래가 어떠할 것인가에 대한 호소력 있는 비전을 제시함으로써 집단과업을 보다 의미 있게 하고 구성원들의 열정과 흥분을 불러일으킨다. ⑤ 구성원들의 성과에 대해서 높은 기대를 전달하는 동시에 구성원들에 대한 신뢰를 나타낸다. 강한 준거적 권력(referent power)을 가진 리더는 구성원들로 하여금 높은 성과목표를 설정하게 하고 이러한 목표달성에 헌신하도록 유도한다. ⑥ 훌륭한 리더의 신뢰표현은 구성원들의 자긍심과 성공에 대한 신뢰를 높일 수 있다.

둘째, Trice와 Beyer(1986)는 카리스마 리더의 행동특성에 대해 ① 카리스마 리더는 반드시 비범한 개인적 특성을 소유하며, ② 급진적 메시지나 사명을 보여주어야 하고, ③ 메시지와 사명은 널리 인식된 위험을 전하고, 사회적 동요의 근원과 관련이 있어야 한다. ④ 리더의 개인적 특성이 부하들을 유인하고 그들을 흥분, 경외, 존경의 상태로 야기해서 리더의 급진적인 사명을 따르기 위해서라면 기꺼이 전통적인 규범들을 어길 수 있도록 하여야 하며, ⑤ 카리스마의 유효성을 위해 사명의 명백한 성공을 보여주어야 함을 설명하고 있다.

셋째, 권기욱(2009)의 카리스마 리더의 성격 특징으로 ① 카리스마 리더는 지배력이 훌륭하고, 교직원들에게 영향을 미치는 강력한 요구를 가지며, 강력한 윤리적 가치를 소유하고 있다. 그리고 열성적이고, 자아실현적이며 덜 방어적이고, 자아존중감·관대함·개방성·정직성·구성원들에 대한 관심이 매우 우수하다. 그리고 정서적 표현, 자아신뢰, 자아결정, 내적 갈등에서 자유, 자신의 신념에 대한 확신 등을 갖는다. ② 카리스마 리더는 구성원들에게 영감을 자극하고 행동을 하도록 자극하기 위하여 자신의 정서적 표현을 활용한다. 특히 자발적인 정서적 표현을 강조한다. ③ 카리스마 리더는 자신감을 매우 많이 갖고 있다. 그리고 숙달된 의사소통자이며, 사회적 상황에서 효과적이고, 구성원들에게 많은 영향을 미칠 수 있다. 이것이 카리스마 리더와 구성원들 사이에 강력한 연대를 형성하도록 돕고, 구성원들의 요구에 반응적이게 한다. ④ 카리스마 리더는 의사결정, 자신감, 정서적 표현이 우수하다. 그리고 구성원들은 리더를 특수한 인간이라고 확신한다.

넷째, Nadler와 Tushman(1990)은 카리스마가 광대한 조직의 혁신에 영향을 미치기 위해서는 다음 세 가지 요소가 필수적이라고 했다. ① **영상화이다.** 이것은 바람직한 미래의 비전을 창조하는 것이며, 이때 비전은 도전적이고 추구할 가치가 있으며 신뢰할만한 것이어야 한다. ② **에너지 주입이다.** 리더의 개인적 흥분과 에너지를 표현하고 성공을 위한 자신의 능력에 대한 자신감을 나타냄으로써 조직구성원을 동기부여시키는 것을 의미한다. ③ **가능성 부여이다.** 이는 조직구성원들이 과업을 수행하는 과정에서 필요한 심리적이고 감정적인 도움을 주는 것으로 리더는 감정이입의 방법을 사용한다.

다섯째, Northouse(2004)은 조직에 따라 효과적인 카리스마 리더십의 특성은 달라질 수 있다고 하면서 구체적인 특성을 다음과 같이 기술하고 있다. ① 카리스마 리더는 다음과 같은 행동특성을 갖고 있다. i) 리더는 구성원들이 적용하기를 원하는 신념과 가치의 강력한 역할모형을 갖고 있다. 예를 들면, 시민 불복종이라는 특이한 역할모형을 갖고 있다. 그러한 특성으로 많은 민중들이 간디(Mahatma Gandhi, 1869~1948)를 존경하고 따르게 되었다. ii) 카리스마 리더는 교직원들에게 능력을 발휘한다. iii) 카리스마 리더는 도덕에 근거한 이념적 목적을 명확히 한다. iv) 카리스마 리더는 구성원들에게 높은 기대를 갖는다. 그리고 구성원들이 그러한 기대를 충족시킬 것으로 신뢰를 한다. v) 카리스마 리더는 교직원들에게 권력위임, 존중, 협력 등을 통해 업무의 성취동기를 유발한다. ② 카리스마 리더는 구성원들을 설득시키는 데 효과적인 수사적인 기법을 갖고 있다. 수사적 기법은 비유, 이야기, 은유, 반복 등을 포함한다. 카리스마는 자신감, 웅변적 화술, 연극적 자질을 갖고 있다. 리더가 이러한 자질을 가졌을지라도 훈련을 통하여 그것을 실제로 개발하여야 한다. ③ 카리스마 리더에게 요구되는 능력은 판단력, 우수한 의사결정능력, 재정관리, 의사소통능력, 설득력, 모험 등이다. ④ 카리스마 리더는 대개 효과적인 언어적 의사소통자이다. 즉 명확한 비전을 가지고, 구성원들을 화술로 설득하여 열성적으로 따르도록 한다. ⑤ 카리스마 리더는 현재의 상태에 대한 아주 혁신적인 비전을 가지고, 비전을 성취하기 위하여 아주 혁신적인 방법으로 행동한다. ⑥ 카리스마 리더는 자기희생적이며, 인간적 모험을 가지며, 비전을 성취하기 위한 많은 대가를 지불한다. ⑦ 카리스마 리더는 설득력이 있는 호소력을 활용한다. 이러한 특성이 충족되면, 교직원들은 리더를 확인하고 새로운 가치와 신념을 내면화하여 조직에 헌신한다. ⑧ 카리스마 리더는 명확한 비전을 가지고 위기에 효과적으로 대처한다. 그리고 교직원들에게 본질적으로 타당한 세상을 창조한다. 그러한 행동은 비전과 목적을 명확하게 하여 조직의 중요한 핵심적 가치나 목적에 연계된다. 카리스마 리더의 비전은 오랫동안 교직원들에게 영향을 미친다.

카리스마 리더십의 특성은 학자마다 다르게 정의되고 있지만, 그들의 주장을 정리하면 **카리스마 리더십의 특성**은 조직구성원들에게 강한 동기유발을 이끌어낸다. 이 이론은 위기, 격동, 변화가 요구되는 조직에서 큰 효과를 발휘할 수 있는 리더십으로, 구성원들로 하여금 기대이상의 직무수행을 하도록 동기유발한다는 점에서 새로운 리더십으로 인정되고 있다.

4. 카리스마 리더십의 영향력 과정

카리스마 이론에서는 팔로워들에 대한 리더의 영향력의 가장 중요한 원천으로 사회적 동일시현상(social identification), 내면화, 그리고 개별적이며 집단적인 자아효능감(self-efficacy)의 증대를 들고 있다(House, 1977).

첫째, 사회적 동일시현상(social identification)**이다.** 자기자신의 정체성을 집단에 맞추어 규정하는 것을 말한다. 어떤 집단과 자기자신을 동일시하는 사람들은 그 집단의 성원이 되었다는 데 긍지를 느끼며, 집단에 소속된 것을 자신의 가장 중요한 사회적 정체성으로 여긴다. 강력한 동일시현상이 발생하면 팔로워들은 리더의 행동을 모방하게 되고, 리더의 요청을 이행하며 리더를 충족시켜 주기 위해 예외적인 노력을 한다. 카리스마적 리더들은 비전을 호소력 있게 설명하고 자신감을 과시하며 추종자들을 위해 자기희생을 감수하고 용기와 확신감을 드러내 보이는 일을 함으로써 개인적인 동일시현상을 증진시킬 수 있으며, 그들은 자신들을 매우 매력적이고 영웅적으로 생각한다.

둘째, 내면화이다. 내면화는 추종자들이 그들의 가치와 사회적 정체성을 표현하는 방식으로 과업목표를 달성할 때 생긴다. 카리스마적 리더들은 추종자의 가치에 반영되는 이데올로기적 용어를 사용하여 과업목표를 기술함으로써 어떤 비전을 명료하게 설명한다. 그들은 업무의 상징적이고 관념적인 면을 강조함으로써 그 업무를 보다 의미가 있고 고상하며 영웅적이고 도덕적으로 옳게 보이도록 한다. 내면화가 최종적으로 이루어지는 형태는 추종자들이 업무 역할을 그들의 자아개념과 자신의 가치와 분리할 수 없는 것으로 연결되어 있다고 생각할 때 이루어진다.

셋째, 개별적이며 집단적인 자아효능감(self-efficacy)의 증대이다. 과업동기는 개별적이고 집단적인 자아효능감에 의존한다. 개인적인 자아효능감이란 "어려운 과업목표를 달성할 수 있는 능력에 대한 확신이 과업목표달성을 할 수 있다." 집단적 자아효능감은 집단성원들이 함께 노력하여 과업목표를 달성할 수 있다는 지각에서 비롯된다. 집단자아효능감이 높을 때, 사람들은 집단목표를 수행하는 데 합심하여 보다 의욕적으로 협조한다. 카리스마적 리더는 추종자들이 개별적이고 집단적인 과업목표를 달성할 수 있다는 자신감을 표현해 주고 그러한 성과에 대해 추종자들을 칭찬해주어 추종자들의 자아효능감을 높일 수 있다.

5. 카리스마 리더십의 하위변인

카리스마 리더십의 하위변인은 Shamir(1998) 등의 실증연구에서 사용하였던 카리스마 리더 행동유형과 House(1998)의 카리스마 리더행동의 측정도구를 참고로 하여 과업수행에 대한 기대, 신뢰의 표현, 모범행동, 자기확신 및 결단력, 집단정체성의 강조, 이데올로기 강조, 비전의 제시 등 일곱 가지를 카리스마 리더의 행동으로 보았다(구연성, 2004: 73~76).

첫째, 비전의 제시이다. 비전이란 부하들에게 미래에 대해 꿈과 희망을 가지게 함으로써 조직 내 잠재적인 성장동기를 유발하는 것을 의미한다(Bass, 1985). 대부분 카리스마 리더들은 부하들에게 이러한 비전을 제시함으로써 부하들에게 목표달성을 위한 열정을 갖게 한다. 비전을 가지고 있는 학교장들은 미래에 대한 성과 있는 비전을 가지고 있으며, 교사들에게 꿈을 가지고 고무시킨다. 또 미래비전에 대해 명확하게 표현하는 편이며, 향후 우리 조직이 어디로 가야 될지를 명확하게 설명해준다. 비전을 가지고 있는 학교장들은 내가 무엇을 중요하게 해야 될지를 알게 해주고 뚜렷한 목적의식을 심어주고 서로 협력하여 일하면 할 수 있다는 비전을 갖게 해준다.

둘째, 이데올로기이다. 이데올로기의 강조는 집단적 가치와 이념을 강조하고,

이러한 가치나 이데올로기의 사명이나 목표 등을 연결시키는 행동 등을 말한다. 이러한 행동에는 무의미하거나 사회적으로 중요치 않은 업무를 수행하는 팔로워들에게 관념적 용어를 사용하여 역할을 정의해 주고, 부여된 과업의 중요성을 강조하여 의미를 부여하여 주며, 과거나 현재를 집단의 가치나 정체성의 관점에서 해석하고 이데올로기적 사명을 설정하며, 슬로건이나 은유의 사용을 통해 가치나 정체성들을 확장시키는 것들이 있다. 이데올로기형 학교장들은 학교의 역사 및 내력에 대해 자주 이야기하는 편이며, 과거 성공담에 대해 자주 이야기한다. 또 학교의 경영방침이나 새로운 목표, 계획에 대하여 열성적으로 설명을 한다.

셋째, 집단정체성이다. 집단이나 조직의 집단(collective)정체성을 강조하고 사명이나 목표를 이러한 정체성에 연결시키는 행동을 말한다. 집단정체성형 학교장들은 우리 학교와 다른 학교의 차이를 자주 강조하고, 학교장만이 갖는 독특성을 강조한다. 또 독특한 슬로건이나 애칭을 자주 사용하도록 권장하고, 학교에 대한 긍지를 가지게 하며, 성취에 대해 높은 긍지를 보여주며 우리 학교에 일원이라는 것에 자부심을 갖게 한다.

넷째, 과업수행의 기대이다. 리더가 부하에 대한 전반적인 기대를 표현하고 높은 성과를 기대하는 것으로서 부하의 업무수행 전반에 걸친 기대를 말한다. 학교장은 교사들에게 많은 기대를 하고, 스스로에게 높은 목표를 설정하도록 격려를 해주고, 같이 일하는 동료보다 더 많은 기대를 한다. 그런 학교장은 지속적으로 성과가 향상될 수 있도록 격려를 해주고 높은 성과를 달성할 수 있으리라는 기대감을 잘 전달해 주는 부분이다.

다섯째, 신뢰표현이다. 이는 리더가 부하의 수행능력뿐 아니라 전반적인 차원에서 부하에 대한 신뢰를 표현하는 것으로써 일반적인 신뢰, 능력에 대한 신뢰, 과업수행에 대한 신뢰의 표현을 말한다. 신뢰표현은 학교장의 지시가 없어도 일을 잘 할 수 있는 능력과 조직의 목표에 공헌할 수 있는 능력에 신뢰를 보여주고 전반적으로 믿는다. 리더는 실질적인 책임을 위임하는 편이고, 내가 세운 업적에 관한 적극적인 지지와 스스로 잠재력을 발휘할 수 있도록 격려를 하고 판단과 의사결정을 전적으로 신뢰하고 있는 영업소장을 의미하는 것이다.

여섯째, 결단력과 확신이다. 이는 리더가 강한 자신과의 결단력을 보임으로써 부하에게 강하고 유능하다는 인상을 주는 행동을 말한다. 결단력과 확신형의 학교장은 강한 자기확신을 교사들에게 보여주며, 어려운 일이 발생하면 이를 위험보다는 기회로 파악을 하고, 변화하는 환경을 기회가 많은 상황으로 볼 수 있도록 교사들을 격려한다. 또한 그러한 학교장들은 자신의 행동의 올바름에 대한 강한 확신을 가지고 있으며, 목표를 성취할 때 강한 결단력을 보여주고 목표를 수행하는 과정에 있어 악착같은 결단을 보여준다.

일곱째, 모범행동이다. 카리스마 리더의 모범행동이란 리더가 지지하고 향상시키고자 하는 가치나 정체성, 목표에 대한 스스로의 개인적 몰입을 보여주는 행동을 말한다. 모범행동형 학교장은 자신이 설정한 기준을 잘 실천하고 솔선수범으로써 부하들을 이끈다. 모두가 따라야 할 좋은 모범적인 학교장이 되어야 하고, 항상 바람직한 모범기준을 잘 설정하면서 학교의 직무를 보다 잘 수행하기 위하여 사생활을 희생하는 편이다.

학교장의 카리스마적 리더십의 측정도구를 제시하면 **표 4-13**과 같다.

표 4-13 학교장의 카리스마적 리더십의 측정도구

학교장의 카리스마적 리더십 측정						
• 응답 요령: 다음 문항들은 학교장의 카리스마적 리더십에 관한 내용입니다. 귀 학교의 교장선생님이 나타내는 행동특성을 진술한 내용과 얼마나 일치하는지 해당란에 V 표를 해주십시오. 〈설문 문항〉 우리 교장선생님은 …………(1~42)		아주 불일치	불일치	보통	일치	매우 일치
번호	설문내용					
1	(우리 학교 교장선생님은) 조직의 미래에 대해 성과 있는 비전을 가지고 있다.					
2	성과 있는 미래의 꿈을 가지고 구성원들을 고무시킨다.					
3	미래비전에 대해 명확하게 표현하는 편이다.					
4	향후 우리 학교조직이 어디로 가야 될지 명확하게 설명해 준다.					
5	내가 무엇을 중요시해야 될지 알게 해준다.					
6	선생님에게 뚜렷한 목적의식을 심어 준다.					
7	우리가 협력하여 일하면 할 수 있다는 비전을 갖게 해준다.					
8	학교의 역사 및 내력에 대해 자주 이야기한다.					
9	학교의 과거 성공담에 대해 자주 이야기한다.					
10	귀 학교만이 가지고 있는 중요한 가치에 대해 자주 이야기한다.					
11	학교의 경영이념이나 정신에 대해 자주 이야기한다.					
12	새로운 목표나 계획에 대하여 열성적으로 설명한다.					
13	우리 학교와 다른 학교의 차이를 자주 강조한다.					
14	자신이 갖는 독특성을 강조한다.					
15	자신이 갖고 있는 독특한 슬로건이나 애칭을 자주 사용하도록 권장한다.					
16	학교에 대해 긍지를 가지게 한다.					

17	학교의 교육적 성취에 대해 높은 긍지를 보여준다.					
18	학교조직의 일원이라는 것에 자부심을 갖게 한다.					
19	교사들에게 많은 것들을 기대하고 있다.					
20	스스로 높은 목표를 설정하도록 격려해 준다.					
21	같이 일하는 동료교사들보다 귀 선생님에게 더 많이 기대한다.					
22	지속적으로 귀 선생님의 교육적 성과가 향상될 수 있도록 격려해 준다.					
23	귀 선생님께서 높은 성과를 달성할 수 있으리라는 기대감을 전달한다.					
24	지시가 없어도 일을 잘 할 수 있는 선생님의 능력에 대해 신뢰를 보여준다.					
25	조직의 목표에 공헌할 수 있는 선생님의 능력에 신뢰를 보여준다.					
26	전반적으로 선생님을 믿는다.					
27	실질적인 책임을 선생님에게 위임하는 편이다.					
28	선생님이 세운 업적에 관한 지지를 보여준다.					
29	선생님의 잠재력을 발휘할 수 있도록 격려해 준다.					
30	선생님의 판단과 의사결정을 전적으로 신뢰하고 있다.					
31	강한 자기확신을 교사들에게 보여준다.					
32	어려운 일이 발생하면 이를 위험보다는 기회로 파악한다.					
33	변화하는 환경을 기회가 많은 상황으로 볼 수 있도록 교사들을 격려한다.					
34	자기행동의 올바름에 대한 강한 확신을 가지고 있다.					
35	목표를 성취할 때 강한 결단력을 보여준다.					
36	목표를 수행하는 과정에 있어 악착같은 결단을 보여준다.					
37	자신이 설정한 기준을 잘 실천한다.					
38	솔선수범함으로써 교사들을 이끈다.					
39	선생님이 따라야 할 좋은 모범인이다.					
40	항상 모범적인 방식으로 행동한다.					
41	바람직한 모범기준을 잘 설정한다.					
42	회사 직무를 보다 잘 수행하기 위하여 사생활을 희생하는 편이다.					

자료: 구연성(2004). 카리스마 리더십이 동기부여적 자아개념과 직무성과에 미치는 영향. 경희대학교대학원 박사학위논문, 142~145에서 인용해서 수정함.

• 주: 카리스마 리더십 하위변인
비전의 제시(1~7번), 이데올로기(8~12번), 집단정체성(13~18번), 과업수행기대(19~23번), 신뢰의 표현(24~30번), 결단력과 확신(31~36번), 모범행동(37~42번) 총 42문항임.

6. 카리스마 리더십과 변혁적 리더십과의 비교와 적용

사실 카리스마 리더십과 변혁적 리더십 사이의 구분은 아직 불분명하다 (Avolio & Bass, 1988). **카리스마 리더**는 극단적으로 존경을 받고, 팔로워들로 하여금 무조건적으로 복종하고 신뢰하게 하는 리더(House, 1977)인 반면에, **변혁적 리더**는 팔로워들로 하여금 더욱더 자율적, 자기지시적, 자아실현적이고, 이타적이 되도록 하는 리더라고 할 수 있으며(Bass, 1985), 이러한 차이로 인하여 두 가지 형태의 리더는 요구되는 상황이 각기 달라진다. 예를 들면, 비정상적인 육체적·감정적 노력을 요구하는 상황이나 위기가 항상 존재하는 전투상황 같은 경우에는 독재적인 카리스마적 리더가 적합한 반면에, 급변하는 불확실한 상황에 대한 적응력과 업무에 대한 창의력이 요구되고, 팔로워들의 자발성과 책임감이 요구되는 상황에서는 변혁적 리더가 가장 적합할 수 있을 것이다.

변혁적 리더십과 카리스마 리더십의 공통점은 교직원들로 하여금 단순히 복종하는 행동을 야기하기보다 구성원들의 핵심적인 태도, 신념, 가치를 갖도록 하는 것이다. 구성원들의 태도에서 변화는 리더를 닮아가고, 리더가 제시한 비전의 가치를 내면화한다. 카리스마 리더십에서 비전은 리더의 특이성을 조명하고, 교직원들의 시각에서 존경심을 더 많이 갖게 할 수 있다. 또한 **카리스마 리더십과 변혁적 리더십의 형성은 아주 상보적인 관계를 갖는다.** 양자는 구성원들에게 영향을 미치기 위하여 통제전략보다 권력위임전략을 활용한다. 카리스마 리더십은 구성원들에게 권력위임을 다양한 방법으로 시행한다. 예를 들면, 의견일치를 도모하기 위하여 구성원들을 설득하거나 역할모델과 같은 것을 활용한다. 구성원들은 이러한 행동에 자극되어 더 많이 헌신하고, 자신의 행동이 더 효과적이도록 한다.

카리스마 리더십은 애정, 충성, 정체성, 헌신, 동기, 성취와 같은 개인 수준의 산출에 초점을 둔다. 그러나 변혁적 리더십은 인지와 원인, 지도, 가치에 영향을 미치며, 리더가 변화를 야기하기 위한 카리스마가 되기를 요구하지 않는다. 오히려 조직의 목적에 헌신하게 하는 과정에 초점을 두고, 목적을 성취하기 위하여 구성원들에게 권력을 위임한다(권기욱, 2009).

상기에서 카리스마 리더십의 개념, 카리스마 리더십의 절차, 카리스마 리더십의 특성, 카리스마 리더십의 영향력 과정, 카리스마 리더십의 하위변인(비전의 제시, 이데올로기, 집단정체성, 과업수행기대, 신뢰의 표현, 결단력과 확신, 모범행동), 카리스마 리더십과 변혁적 리더십과의 비교와 적용 등을 고찰한 결과에서 **카리스마 리더십에 나타난 주요 키워드**는 비전과 혁신, 추종자들의 개인적 성과, 조직성과, 창조적 파괴, 새로운 비전추구, 조직혁신운동, 부하들의 지각에 의한 결정, 강한 감정적 유대감, 숭고한 사명추구, 고귀한 사명달성, 구성원들의 간절한 욕구와 꿈, 비범한 성과나 사건계획, 신뢰유지, 초자연적 능력, 천부의 능력, 개성적 자질, 정치적 자질, 리더의 속성, 필요, 신념, 가치, 부하들의 지각 간의 상호작용, 애정, 정서적 몰입, 환경의 사정, 조직환경의 이해, 능력과 정서적 요구민감, 혁신의 기제, 급진적 변화, 변화야기, 비전설정, 조직목적 설정, 이상적인 미래구현(설정), 모방의 대상, 설득, 의사소통, 강력한 확산, 자신감, 전문성(많은 지식), 명료하고 구체적인 용어사용, 비전성취(제시), 희생, 인간적 모험, 모범적인 행동수행, 희생감수, 행동목적 성취, 리더 신뢰가치, 매력획득, 혁신적 전략 및 계획, 구성원들의 놀라움과 존경으로 정서적인 반응, 강력한 권력욕구, 고도의 자신감, 자신의 신념과 이상에 대한 강한 확신, 모델링, 일체감, 집단의 사명에 관련된 이념의 목표구체화, 열정과 흥분, 자긍심과 성공에 대한 신뢰, 비범한 개인적 특성소유, 급진적 메시지나 사명제시, 흥분, 경외, 존경의 상태로 야기, 지배력소유, 강력한 윤리적 가치소유, 열성적, 자아실현적, 자아존중감, 관대함, 개방성, 정직성, 구성원에 대한 관심, 정서적 표현, 자아신뢰, 자아결정, 내적 갈등에서 자유, 자신의 신념에 대한 확신, 영감 자극, 숙달된 의사소통자, 강력한 연대형성, 의사결정, 정서적 표현 우수, 영상화(비전창조), 도전성, 에너지주입(개인적 흥분과 에너지 표현), 동기부여, 가능성부여, 감정이입방법 사용, 역할모델(신념과 가치), 구성원들의 능력발휘 유도, 도덕에 근거한 목적의식 세팅, 권력위임, 협력, 존중, 성취동기유발, 설득, 웅변적 화술, 판단력, 우수한 의사결정능력, 재정관리, 의사소통능력, 모험, 자기희생적, 인간적 모험, 설득력 있는 호소력, 조직헌신, 위기대처능력, 동기유발, 사회적 동일시현상, 내면화, 개별적이고 집단적인 자아효능감 증대, 이데올로기적 용어 사용, 비전설명, 과업수행에 대한 기대, 신뢰의 표현, 모범행동, 자기확신, 결단력, 집단정체성의 강조, 잠재적인 성장 동기유발, 열정, 개인적 몰입, 솔선수범, 사생활 희생, 권력위임전략 등으로 나타났다. 이러한 **카리스마 리더십의 키워드는 협력역량, 비판적 사고역량, 자기관리역량, 의사소통역량, 창의성역량, 감성역량, 리더십역량, 회복탄력성역량, 문제해결역량, 전문성역량 등과 관련된 것으로 보인다.**

제7절 수퍼 리더십

디지털 미디어 및 정보기술의 발달은 세계적으로 경제, 사회 전반에 걸쳐 새로운 변화를 촉진시키고 있다. 이러한 시대적 요인들은 서로 상충하고 상호작용함에 따라 구조적으로 복잡성이 더해지고 있으며, 학교조직사회에도 많은 변화와 혁신을 요구하고 있다. 전통적으로 단순하고 지역적이며 관료적으로 교사 개인중심적으로 직무수행이 이루어지는 학교조직사회 또한 이러한 사회적 현상을 반영하여 점점 복잡하고 유기적인 형태로 변화되고 있다. 따라서 조직이 공식적인 권력이나 권한 그리고 통제를 강조하는 전통적 리더십에 의해 관리된다면 비효과적이 될 수 있으며, 과거의 지시적, 통제적 리더십스타일로는 한계가 있다. 학교조직사회를 이끌기 위하여 새로운 리더십패러다임이 요청되고 있다. 즉 조직의 리더에게는 구성원들의 셀프 리더십(self-leadership)을 개발하여 셀프 리더(self leader)로 만들어 주는 리더십이 요구된다. 이러한 시대적 흐름에 부응하여 수퍼 리더십이 등장했다.

따라서 4차 산업혁명시대의 수퍼 리더십과의 관련성을 파악하기 위하여 수퍼 리더십의 개념, 수퍼 리더십의 행동특징, 수퍼 리더십의 전략과 과정, 수퍼 리더십의 하위변인, 수퍼 리더십의 효과 등을 살펴본 후에 디지털 전환시대와 수퍼 리더십과의 관련성에 대해서 기술하고자 한다.

1. 수퍼 리더십의 개념

수퍼 리더십이론은 과거의 전통적인 리더십이 신세대 종업원들의 낮은 생산성, 결근율과 이직의 증가 그리고 비정상적인 행위 등의 문제들에 적합하지 않다는 가정에서 출발하고 있다. 전형적으로 리더십은 리더가 원하는 것을 부하에게 영향을 미치게 하는 Top-down 방식으로 비추어졌다. 즉 리더가 위치한 권위로부터 나오는 협박과 위협을 통해 수행되었다. 그 대안으로서 수퍼 리더십의 효율적인 리더는 다른 사람의 의지를 자신의 의지에 굴복시키지 않으며 그들에게 권한을 부여하고 그들 자신을 이끌 수 있도록 부하들을 격려한다. 수퍼 리더십의 행위는 부하들의 만족을 촉진시킬 수 있는 것이다(양동민, 2005). Manz와 Sims(1980)는 리더의 단독적인 역량에 의존하여 그들의 하급자들에게 영향력을 행사했던 전통적인 개념의 리더십에 의문을 제기하면서 현대적 상황에서의 바람직한 리더십의 형태로서 수퍼 리더십을 제기했다. 그들은 집단 내에 리더 개인의 단독적인 리더십에 의해서 부정적인 결과가 초래될 수 있음을 제기하면서 그 대안으로 수퍼 리더십 개념의 중요성을 강조하였다. 즉 Manz와 Sims(1991)는 조직구성원들로 하여금 스스로 판단하고 행동하며 그 결과도 책임지는 자율적 리더를 만드는 리더십을 수퍼 리더십(super-leadership)이라고 하였다. 또한 그들은 '수퍼'란 어떤 것을 뛰어나게 하는 지혜나 능력을 가리키는 말이며, 많은 사람들은 이 같은 지혜나 능력을 소유하고 있기 때문에 리더의 주위에 있는 사람들로 하여금 자신들의 능력을 이끌어 내도록 도움을 줌으로써 수퍼 리더가 된다고 하였다.

수퍼 리더는 구성원들 각자가 셀프 리더가 되도록 교육시키는 시스템을 개발하고 실행한다. 전통적인 리더와 수퍼 리더의 차이점은 **표 4-14**와 같다.

표 4-14 전통적인 리더와 수퍼 리더의 행동상의 차이점

전통적인 리더의 행동	수퍼 리더의 행동
• 목표를 강조한다.	• 자기강화를 격려한다.
• 팀들을 감독하고 정보를 제공하며 해결방법을 제시한다. • 문제를 일일이 꼬집어 말한다.	• 자기관찰 및 평가, 자기기대, 자기목표 설정을 격려한다. • 리허설을 격려한다.
• 영향력을 행사한다. • 대화를 자주한다.	• 자기비판을 격려한다.

자료: Mans, C. C., & Sims, H. P.(1989). *Superleadership*. New York, p. 89.

표 4-14에서 살펴본 바와 같이, 수퍼 리더는 전통적인 리더십이론에서 다루었던 리더의 역할과는 큰 차이가 있다. 수퍼 리더는 "부하들로 하여금 자기자신을 스스로 이끌어갈 수 있도록 해주는 리더로 부하에게 자율성과 권한을 부여하여 셀프 리더로 만드는 리더"로 정의하고 있다. 즉 수퍼 리더로서의 리더의 역할은 구성원 각자의 내적인 셀프 리더십의 에너지를 발현케 하여 스스로를 이끌도록 도와주는 것이다. 이러한 수퍼 리더십의 기본정신은 인간존중의 정신과 추종자 중심의 사상과 "맥그리거의 Y이론적 발상", 즉 인간에 대한 낙관적이고 긍정적인 태도에서부터 출발한다고 할 수 있다(Manz & Sims, 1989).

따라서 수퍼 리더십을 학교현장에 적용해 보면, 교사는 학생들에게 강압적으로 어떤 행동을 하도록 해서는 안 되고, 학생들이 스스로 상황을 올바르고 정확하게 판단하고 행동할 수 있도록 칭찬과 격려를 해야 하고, 무엇보다 자율적으로 행동하고 책임질 수 있도록 하는 학급분위기를 만들어야 한다는 시사점을 얻을 수 있다(김달효, 2011: 81).

2. 수퍼 리더십의 행동특징

수퍼 리더십은 조직구성원들이 스스로 자신을 리드하도록 이끄는 것을 골자로 한다. 수퍼 리더가 하는 일은 구성원 모두가 뛰어난 셀프 리더가 되도록 개발하는 것이다. 또한 수퍼 리더의 행동은 셀프 리더십의 모범이자 대가이며 구성원들의 셀프 리더십 전환을 촉진시키고, 셀프 리더십 문화를 조성하는 것이다. 수퍼 리더들이 강조하는 내용을 보면 다음과 같다(양동민, 2005).

1) 셀프 리더십의 모범이자 대가

수퍼 리더는 다른 사람들로 하여금 셀프 리더가 되도록 하기 위하여 자기자신이 스스로 셀프 리더십을 완수함으로써 다른 사람들로부터 나오기를 바라는 책임감이나 창의력, 자발성, 지속적인 개선 그리고 전체적인 능률을 촉진할 수 있다. 무엇보다도 중요한 것은 자기자신이 스스로 셀프 리더십을 완수함으로써 다른 사람들에게 모범이나 전례가 되는 이상적인 자리에 위치하게 된다는 것이다.

2) 추종자들의 셀프 리더십 전환 촉진

전통적인 리더십 체계에서 추종자들은 리더에게 의존적이며 스스로 결정을 내릴 수 없고 자발적으로 행동하지 못하나 수퍼 리더는 추종자들이 셀프 리더십으로 전환을 촉진하기 위해 그들에게 실무를 허용하며 적성에 맞는 분야에 대한 훈련과 학습의 기회를 제공한다.

3) 팀워크 조성

수퍼 리더는 조직의 경쟁력과 효율성을 높이기 위한 주요 수단인 팀워크 조성을 위해 구성원의 능력과 지식, 그리고 경험을 고려하여 개개인의 재능과 노력을 건설적으로 조합함으로써 팀의 성과를 높은 수준으로 끌어올린다.

4) 셀프 리더십 문화 조성

수퍼 리더는 구성원들의 가치와 신념, 그리고 책임소재와 의견제시를 분명히 하는 기준 등으로 셀프 리더십이 발휘하는 분위기에 적합하도록 조직문화를 만들어간다.

5) 수퍼 리더의 추종자 역할

수퍼 리더의 팔로워들은 독립적이면서도 동시에 의존적인 셀프 리더들로서 팀 공헌도가 뛰어나다. 또한 그들은 실수도 하지만 그 실수로부터 배우며 책임지는 것을 두려워하지 않으며 주인의식과 일에 대한 자긍심과 자신감이 넘친다.

3. 수퍼 리더십의 전략

자율리더십을 촉진하는 데는 효과적인 행동에 초점을 두는 행태중심전략(behavior focused strategies)과 효과적인 사고와 감정을 중시하는 인지중심전략(cognitive focused strategies)이 있다(Manz & Sims, 1991).

첫째, 행태중심전략에는 ① 자기관찰(self-observation)이다. 이는 자신이 변화시키기로 계획한 특정한 행동을 관찰하고 그것에 관한 정보를 수집한다. ② 자발적인 목표설정(self-set goal)이다. 자신의 업무 노력을 위한 목표를 설정한다. ③ 단서의 관리(management of clues)이다. 바람직하다고 생각되는 개인적 행동을 촉발할 수 있도록 근무환경에서 얻는 다양한 단서들을 활용한다. ④ 연습(rehearsal)이다. 업무를 실제로 수행하기 전에 육체적 또는 정신적으로 업무활동을 연습한다. ⑤ 자기보상(self-reward)이다. 바람직한 행동을 완수했을 때 개인적으로 가치 있는 보상을 자신에게 제공한다. ⑥ 자기처벌 및 비판(self-punishment and criticism)이다. 바람직하지 않은 방식의 행태에 대해 자신에게 제재를 가한다.

둘째, 인지중심전략에는 ① 과업의 내재적 보상이다. 이는 자신의 업무에 내재적 보상수준을 증가시키기 위하여 업무를 자율적으로 재설계한다. 즉 내재적 보상은 자신의 유능함·자기통제력·목적의식 등을 느낄 수 있는 활동의 결과이다. ② 내재적 보상에 초점을 맞춘다. 이는 의식적으로 자신의 업무에서 얻을 수 있는 내재적 보상의 측면을 주로 생각한다. ③ 효과적인 사고방식의 확립이다. 건설적이고 효과적인 사고방식과 습관을 확립한다.

4. 수퍼 리더십의 과정

Mans와 Sims(1991)는 수퍼 리더가 구성원의 자율적 리더십을 증진시키는 과정을 7단계로 설명하고 있다.

1) 효과적인 자율리더가 되기

효과적인 자율리더십을 수행하기 위하여 동기를 부여하고 방향을 설정하는 능력을 가지기 위해서 전술한 행태적이고 인지적인 일련의 전략들을 수용한다. 이런 전략들을 통해서 자율리더가 된다.

2) 자율리더십 모델 정립

효과적인 자율리더가 되면 그 다음에는 구성원들에게 자율리더의 기술을 시연하고 행함으로써 그들에게 자율리더십을 학습시킨다. 이와 같이 자율리더십을 시연하고 행동함으로써 구성원들에게 학습모델로써 자리를 잡는다.

3) 자율설정 목표의 촉진

수퍼 리더는 구성원들이 효과적인 자발적 목표설정활동을 촉진하기 위한 모범 · 코치 · 교사로서의 역할을 한다.

4) 적극적 사고방식의 창출

수퍼 리더는 구성원들이 현재 지니고 있는 능력수준을 향상시키기 위해서 그들 능력에 대한 확신을 주고 격려하며 지원함으로써 긍정적이고 적극적이며 생산적인 사고방식을 창출할 수 있다.

5) 보상과 건설적 제재를 통한 자율리더십의 개발 및 촉진

수퍼 리더는 구성원들 스스로 자신에게 보상하고 자신의 직무를 통해 내재적 보상을 받을 수 있도록 직무특성이론을 적용하여 직무설계를 하여 내재적 보상을 받는다. 자율리더십개발에서의 제재는 부주의하거나 고질적인 행동을 수정하는 데만 국한되어야 하며, 제재는 처벌받는 사람 자체에 있는 것이 아니고 실수 그 자체에 초점이 주어져야 하며, 학습의 기회가 되어야 한다.

6) 팀워크를 통한 자율리더십의 증진

수퍼 리더십은 자율적으로 팀을 형성하고 협력하여 직무를 수행하는 조직문화를 창조함으로써 구성원들로 하여금 자율리더로서 책임감과 만족감을 느낄 수 있도록 하는 것이다.

7) 자율리더십 문화의 조성

수퍼 리더십을 유발하려면 무엇보다도 조직의 시스템 전반에 자율리더십을 촉진하고 지원하여 강화하도록 의도된 전체적 통합시스템의 개발이 선행되어야 한다. 이를 위해 리더는 구성원의 욕구와 조직의 목표가 조화되도록 지속적인 노력을 해야 하고, 직무수행과 자율리더십을 증진시키기 위한 체계적인 구성원들의 교육과 개발을 해야 한다. 이와 같은 노력들이 자율리더십 문화를 창출하는 기반이 된다.

5. 수퍼 리더십의 하위변인

수퍼 리더십은 조직구성원 개개인의 내면에 셀프 리더십을 발현시켜 조직구성원의 열의와 동기 및 능력을 증진시키며, 그 결과 조직성과의 향상과 혁신성의 증가를 가져온다. 이러한 수퍼 리더십의 하위변인들은 다음과 같다(양동민, 2005; Manz & Sims, 1995).

1) 모델링

리더는 자기자신이 먼저 셀프 리더가 되어야 하며 이러한 셀프 리더십행동은 구성원에게 강력한 모델로서의 역할을 한다. 리더가 보여주는 본보기는 다른 어떤 방법보다 효과적으로 구성원들에게 전달된다. 따라서 모델링은 수퍼리더십의 가장 중요한 요인이며, 가장 먼저 시작되는 단계라고 할 수 있다.

2) 격려와 지도

조직구성원들로부터 하여금 효율적인 셀프 리더십을 발휘하도록 하기 위해서는 리더의 격려와 지도가 필요하다. 따라서 리더가 조직구성원들의 독창성과 자율성을 격려하고 증진시키는 것은 수퍼 리더십의 중요한 요소이다.

3) 목표설정

조직의 성취목표뿐만 아니라 조직구성원의 독창성, 책임의식, 자율적인 동기부여를 지향하는 목표 또한 수퍼 리더십의 중요한 요소이다. 이러한 목표들은 도전할 만하면서 성취가능하고, 구성원들에게 구체적이면서 의미 있는 것으로 설정되어야 한다.

4) 보상과 질책

리더는 보상과 질책을 적절하게 사용하여 구성원의 셀프 리더십을 유도하여야 한다. 구성원들이 독창성을 발휘했거나 자기설정 목표, 자기관찰, 자기보상 등과 같은 셀프 리더십 전략들을 효율적으로 이용했을 때는 적절하게 보상해 주어야 한다.

5) 제반 타 요소 고려

수퍼 리더는 전체적인 셀프 리더십 시스템을 구축하는 데 필요한 제반 타 요소들도 신중히 고려해야 할 필요가 있다. 역동적인 셀프 리더가 되고자 하는 구성원들에게는 적절한 설비와 지원, 사회적 기술적 시스템의 설계, 필요한 과업, 셀프 리더십스킬, 자신들의 잠재력을 발휘할 수 있는 충분한 재량권 등과 같은 요소들을 지원해 주어야 한다. 수퍼 리더가 행하는 솔선수범, 지도, 강화 또는 셀프 리더십 문화의 구축과 연결되어 이루어져야 한다. 이를 통해 구성원들이 과업수행현장에서 받아들일 업무 스크립트(script)와 사고패턴이 그들의 잠재력을 최대한 이끌어낼 수 있도록 다시 짜여져야 한다. 결국 셀프 리더십은 예외가 아니라 규범이 될 수 있는 것이다. 그래서 조직의 문화가 새롭게 구축되고 이것이 다른 사람들로 하여금 셀프 리더십을 배양하도록 자극과 강화를 줄 수 있어야 한다.

학교장의 수퍼 리더십의 측정도구는 **표 4-15**와 같다.

표 4-15 학교장의 수퍼 리더십의 측정도구

학교장의 수퍼 리더십 측정						
• 응답 요령: 다음 문항들은 학교장의 수퍼 리더십에 관한 내용입니다. 귀 학교의 교장선생님이 나타내는 행동특성을 진술한 내용과 얼마나 일치하는지 해당란에 V 표를 해주십시오. 〈설문 문항〉 우리 교장선생님은 …………(1-14)		아주 불일치	불일치	보통	일치	매우 일치
번호	설문내용					
1	(우리 학교 교장선생님은) 팀의 성과 수준을 인식하고 있도록 장려한다.					
2	팀의 업무수행수준을 알도록 장려한다.					
3	팀이 자체 직무목표를 수립하도록 장려한다.					
4	팀이 성과에 대한 목표를 직접 설정하도록 장려한다.					
5	팀이 일을 매우 잘 해낼 수 있다고 생각하게 한다.					
6	팀이 높은 성과를 거둘 수 있다고 기대하도록 한다.					
7	팀의 성과가 기대에 못 미치는 경우 자신들을 스스로 비평하도록 한다.					
8	팀이 불완전하게 일을 한 경우 스스로를 비평하도록 한다.					
9	팀이 어떠한 행위를 시도하기 전에 충분히 검토할 것을 촉구한다.					
10	팀이 새로운 과제를 실제로 시작하기 전에 충분히 검토할 수 있도록 돕는다.					
11	팀이 직무를 잘 끝냈을 경우 서로를 칭찬하게 장려한다.					
12	할당된 일을 잘 해내면 팀원 서로를 긍정적으로 느끼게 장려한다.					
13	작업과정 중에 일어나는 문제를 방해물로 생각하지 말고 기회로 생각하라고 격려한다.					
14	팀이 어려운 문제에 직면했을 때 그것이 해결되기 어려운 이유를 생각하기보다는 어떻게 하면 그것을 해결할 수 있을까를 먼저 생각하도록 격려한다.					

자료: 양동민(2005). 상사의 수퍼 리더십이 부하의 셀프 리더십과 성과에 미치는 영향. 전남대학교대학원 박사학위논문, p. 60에서 인용해서 수정함.

• 주: 수퍼 리더십 하위변인
  자기관찰 격려(1~2번), 자기목표설정 격려(3~4번), 자기기대 격려(5~6번), 자기비평 격려(7~8번), 리허설 격려(9~10번), 자기보상 격려(11~12번), 건설적 사고 격려(13~14번) 총 14문항임.

상기에서 수퍼 리더십의 개념, 수퍼 리더십의 행동특징(셀프 리더십의 모범이자 대가, 추종자들의 셀프 리더십 전환 촉진, 팀워크 조성, 셀프 리더십 문화 조성, 수퍼 리더의 추종자 역할), 수퍼 리더십의 전략, 수퍼 리더십의 과정(효과적인 자율 리더 되기, 자율 리더십 모델 정립, 자율설정 목표의 촉진, 적극적 사고방식의 창출, 보상과 건설적 제재를 통한 자율리더십의 개발 및 촉진, 팀워크를 통한 자율리더십의 증진, 자율리더십 문화의 조성), 수퍼 리더십의 하위변인(모델링, 격려와 지도, 목표설정, 보상과 질책, 제반 타 요소 고려) 등을 살펴본 후에 나타난 **수퍼 리더십의 주요 키워드**는 권한부여, 부하격려, 부하들의 만족촉진, 자기판단 및 행동, 자율성, 자기강화, 자기관찰 및 평가, 자기기대, 자기목표 설정, 리허설 격려, 자기비판 격려, 자율성 부여, 인간존중 정신, 긍정적 태도, 상황판단, 칭찬, 격려, 책임감, 창의력, 자발성, 지속적인 개선, 능률 촉진, 모범, 훈련과 학습의 기회, 팀워크조성, 구성원들의 재능과 노력 조합, 팀성과 고양, 구성원들의 가치와 신념, 책임소재와 의견기준 제시, 조직문화구축, 주인의식, 업무에 대한 자긍심, 자신감, 자기관찰, 자발적인 목표설정, 단서의 관리, 업무활동의 연습, 자기보상제공, 자기처벌 및 비판, 과업의 내재적 보상, 효과적인 사고방식의 확립, 효과적인 자율리더, 자율리더십모델 정립, 학습모델, 자율설정 목표의 촉진, 적극적 사고방식의 창출, 자율리더십개발 및 촉진, 보상, 건설적 재제, 학습기회, 협력, 책임감, 만족감, 전체적 통합시스템 개발, 직무수행, 구성원들의 교육 및 개발, 자율리더십 문화창출, 열의, 동기, 능력의 증진, 조직성과 향상, 혁신성의 증가, 모델링, 격려, 지도, 독창성, 자율성 격려, 목표설정, 책임의식, 동기부여지향, 보상, 질책, 사회적 기술적 시스템의 설계, 셀프 리더십 스킬, 잠재력발휘, 충분한 재량권지원, 솔선수범, 자극, 강화 등으로 나타났다. 이러한 **수퍼 리더십의 키워드는 4차 산업시대의 협력역량, 비판적 사고역량, 자기관리역량, 창의성역량, 리더십역량, 문제해결역량, 디자인역량, 적응역량, 전문성역량 등과 연계되는 것으로 보인다.**

제8절 셀프 리더십

4차 산업혁명시대의 셀프 리더십과의 연계성을 파악하기 위하여 셀프 리더십의 정의, 중요성, 이론, 전략, 하위변인 등을 살펴본 후에 디지털 전환시대와 셀프 리더십에 대해서 기술하기로 한다(양동민, 2005; 이기호, 2007; 강경석 · 박용진, 2008).

1. 셀프 리더십의 정의

셀프 리더십의 개념은 Knowles와 Knowles(1955)에 의하여 대두되기 시작했다. 그는 모든 집단은 처한 상황에 적합한 리더십을 요구하는 역동적인 기관이라고 가정하였다. 또한 리더와 조직구성원의 경계가 분명하지 않은 리더십이 공유된 분위기에서 집단적 차원의 성취가 이루어진다고 하여 셀프 리더십의 근거를 밝혔다. 특히 1980년대 미국기업들이 국제경쟁력에서 밀려 경기가 침체되자 이를 극복하기 위해 경영혁신 추진과정에서 신세대 노동자관리방법의 문제에 대한 해결책으로 Mans와 Sims(1980)에 의해 개발된 개념이다.

셀프 리더십에 대한 제 학자들의 견해를 제시하면 다음과 같다. Neck, Stewart 및 Manz(1995)는 "셀프 리더십이란 과업수행에 필요한 자기지시와 자기동기부여를 고양시키기 위하여 스스로에게 영향력을 행사하는 과정"으로 정의했다. Mans(1983)에 의하면, 셀프 리더십이란 타고난 것이 아니라, 학습을 통해 얻어지는 것이라고 했다. 모든 사람은 누구나 유능한 셀프 리더는 아닐지라도 어느 정도는 셀프 리더십을 발휘하고 있다고 볼 수 있으며, 이는 리더 및 팔로워 모두에게 해당되는 것이다. 셀프 리더십에서는 팔로워에 대한 모든 통제는 궁극적으로 팔로워 스스로가 자신에게 부과하는 자율통제이다. 통제가 어디로부터 나오든지 그 효과는 전적으로 팔로워들의 평가와 수용 여부, 그리고 의욕에 달려 있기 때문이다. 팔로워는 조직이 부여하는 목표와 평가, 보상 등의 요소를 팔로워 자신이 자율적으로 설정하고 스스로 실행목표를 설정하며 자기평가에 따라 적극적으로, 아니면 소극적으로 반응한다. 조직의 평가가 어떠하든지 간에 가장 중요한 것은 팔로워 스스로가 내리는 평가이다. 즉 팔로워의 자아를 중요시해야 한다는 것이다. 자율통제시스템을 없애고 강력한 외부통제를 사용해서 복종을 낳을 수도 있으나, 그것은 관료주의적 행동을 유발하거나, 조직에서 제시하는 기준에 억지로 맞추려는 성향이 심화되는 결과를 낳는다. 그리고 강경석 · 박용진(2008)은 "셀프 리더십을 개인이 스스로 목표한 바를 이루기 위하여 주도적이고 적극적으로 자신의 행동과 생각을 통제 및 관리하는 능력"으로 정의했다.

Mans와 Sims(1980)가 제시한 전통적 관리기능과 셀프 리더십의 비교는 **표 4-16**과 같다.

표 4-16 전통적 관리기능과 셀프 리더십의 비교

전통적 관리기능	셀프 리더십
• 외부관찰 • 주어진 목표 • 과업수행에 대한 외부강화 • 외부보상에 의거한 열의 • 외부로부터의 비판 • 외부로부터의 문제해결 • 외부로부터의 직무할당 • 외부로부터의 과업계획 • 부정적 관점 • 조직의 비전에 의존	• 자기관찰 • 자기설정 목표 • 셀프 리더십 행동에 대한 자기강화와 외부강화 • 일 자체의 자연적인 보상에 근거한 열의 • 자기비판 • 스스로의 문제해결 • 스스로의 직무할당 • 스스로의 과업계획 • 긍정적 관점 • 종업원이 함께 창조한 비전에 헌신

표 4-16에서 보는 바와 같이, 전통적 관리기능과 셀프 리더십의 뚜렷한 차이는 외부의 통제와 내부의 자율이다. 셀프 리더십은 인간의 근본적인 자기통제시스템을 자극하여 스스로 동기유발하게 하는 자유의지의 실현을 도입한 결과이다. 그리고 셀프 리더십은 자기자신에게 영향력을 행사하기 위해서 사용되는 사고와 행동전략을 통틀어 일컫는다. 전통적 관리기능은 주로 외부로부터의 자극에 의한 관리를 중요시하고, 셀프 리더십은 자기 스스로의 영향에 의한 문제해결과 긍정적인 사고에 의해 관리가 가능하다는 관점이다.

이상에서 살펴본 바와 같이, **셀프 리더십**은 자기자신에게 리더십을 행사하여 스스로 목표를 설정하고 달성하는 일련의 과정으로 자율과 책임을 가지고 자신을 리드하기 위해 취하는 책임 있는 행동으로 볼 수 있다.

2. 셀프 리더십의 중요성

수퍼 리더십이 부하들로 하여금 스스로를 리드해가도록 유도하고, 셀프 리더십이 자신 스스로를 리드해 가도록 하는 것이라고 했듯이 무엇보다도 '자율'이 강조되고 있다. 이러한 자율에 의한 자발적 참여를 이끌어 내는 것이야말로 최근의 기업들이 지속적으로 경쟁력 확보를 위해 가장 중요하게 생각하고 이를 위해 많은 노력을 기울이고 있다.

이는 조직구성원을 지속적인 자기개혁에 적극적으로 동참시키는 것이야 말로 경쟁력 확보를 위해 필수적이라는 것을 인식하기 때문이다. 많은 기업들에서 팀제를 앞 다투어 도입하고 있는 현상은 바로 자율팀의 근원적인 가치를 잘 이해하고 있는 데서 나타난 것으로 볼 수 있다(Mans, 1992). 자율팀은 구성원의 자율성과 자발성을 강조하는 오늘날의 작업환경의 방향과 부합된다. 조직구성원에게 활력을 불러일으키는 일이야말로 조직의 경쟁우위 확보의 필수요건이며, 자율팀은 그 가치가 입증된 가장 강력한 임파워먼트 전략의 하나이다.

셀프 리더십에서 말하는 통제는 궁극적으로는 구성원 스스로가 자신에게 부과하는 자율통제이다. 통제가 어디로부터 나오든 그 효과는 전적으로 구성원들의 평가와 수용 여부, 그리고 의욕에 달려 있기 때문이다. 조직이 구성원들에게 부여하는 목표와 평가, 보상 등의 요소를 구성원 자신이 자율적으로 설정한다. 구성원들은 스스로 실행목표를 설정하고, 자기평가에 따라 적극적으로 아니면 소극적으로 반응한다. 즉 구성원에 대한 모든 통제는 궁극적으로 자율통제라는 것이다. 과거 조직에서 행하는 통제의 전형적인 특징은 구성원의 '자아(self)'를 중요시하지 않았다는 점이다. 따라서 만족스러운 효과를 얻으려면 리더는 사람들이 스스로에게 영향을 미치는 방법을 파악해서 그것을 효과적으로 활용해 나가야 한다. 또한 사람의 셀프 리더십역량을 인정하지 않는 지나친 외부통제 방식은 매우 심각한 역기능을 초래한다. 외부통제 방식은 사람들로 하여금 조직에 의해 평가받고 보상 받는 것에만 관심을 주고 그 밖의 중요한 활동은 소홀히 하게 하는 관료주의적 행동을 유발한다. 창조사회에서 조직의 장기적인 목표를 달성하기 위해서는 자율경영팀이 밑바탕이 된 셀프 리더십에 의한 조직운영이 무엇보다도 중요하다고 할 수 있겠다(양동민, 2005: 17~18).

3. 셀프 리더십의 이론

셀프 리더십이론에 영향을 준 Maslow의 욕구 5단계설, 리더십귀인이론, 팔로워십이론, 임파워먼트 리더십, 자율경영팀의 등장을 고찰하면 다음과 같다(이기호, 2007: 20~23).

첫째, 매슬로우의 욕구 5단계설이다. Maslow에 의하면, 다섯 가지 종류의 욕구계층을 가지고 있는데, 생리적 욕구, 안전 욕구, 사회적 욕구, 존경의 욕구, 자아실현의 욕구가 있다고 했다. 이들 욕구는 동시에 발생하는 것이 아니라, 순서에 따라 하나의 하위욕구가 충족되었을 때 다음 단계의 상위욕구가 발생한다. 여기서 사회적 욕구, 존경의 욕구, 자아실현의 욕구는 고차원적인 욕구이다. 특히 자아실현의 욕구는 잠재능력의 발휘욕구로 자기완성의 갈망을 의미하는 것이며 자기발전을 위해서 자신의 잠재력을 실현하려는 욕구이다. 또한 참된 사실을 실현하려는 최선의 존재가 되려는 경향이다. 따라서 이 욕구는 사람에 따라 매우 다양한 형태로 나타난다. 이러한 형태의 욕구를 자극하여 자발적인 참여로 조직의 직무몰입을 향상시키고 직무에 만족을 느끼게 하는 것은 셀프 리더십에서 주장하는 자기존중과 일맥상통한다.

둘째, 리더십귀인이론이다. Heider(1958)의 이론에 바탕을 둔 귀인이론은 Gilbert, Pelham 및 Krull(1988) 등이 발전시킨 것으로, 팔로워들의 행동에 대한 리더의 평가나 판단이 그들의 성과에 대한 리더의 귀인결과에 의해서 영향을 받는다는 것이다. 즉 우리 인간은 어떤 현상에 대해서 원인을 찾으려는 정신적 성향을 가지고 있다. 리더가 팔로워들을 평가하는 데 있어서도 이러한 현상이 작용할 수 있다. 리더는 팔로워들의 직무수행 과정과 그 성과를 관찰하여 왜 그들의 행동이 자신의 기대에 미치지 못하였는지, 또는 기대를 초과했는지, 아니면 기대에 부응했는지 등에 대해서 그 원인을 찾으려 한다. 이러한 귀인결과에 따라 리더는 팔로워들에 대한 행동과 반응이 달라진다는 이론이다. 예를 들면, 조직체에서 승진에 대하여 개인의 인지적 구조가 능력과 노력에 의한 성과에 따라 결정된다고 해석한다면 개인의 성과를 올리기 위해 열심히 일할 것이다. 그러나 그의 인지적 해석이, 승진은 성과에 관계없이 운에 달렸다고 지각한다면, 일을 하지 않고 다른 인지적 해석에 준하여 행동할 것이다. 즉 리더가 사람을 어떻게 평가, 판단하느냐에 따라 팔로워의 조직에 대한 인지가 달라지므로 리더 및 팔로워의 자아관은 셀프 리더십에서 중요한 자아개념으로 작용한다.

셋째, 팔로워십이론이다. 리더의 전제조건은 따르는 사람이 있어야 하며, 훌륭한 리더 옆에는 반드시 훌륭한 팔로워가 있어야 한다. 팔로워십은 리더가 제시한 비전에 헌신하는 능력이다. 팔로워란 리더에게 없으면 안 되는 돕는 존재이지만 무조건 따르는 것이 팔로워십은 아니다. 잘못된 길로 갈 때에는 이를 지적하고 피드백 하는 용기 또한 필요하다. 팔로워십이론은 오늘날의 사회가 필요 이상으로 리더를 숭배하는 잘못된 문화에 젖어 있다고 비판하는 데서부터 출발하고 있다. 팔로워들은 숫자상으로도 리더와 비교가 안 될 만큼 많고, 조직의 성과에 기여하는 바에 있어서도 전체성과의 80~90%나 되므로 리더십보다는 팔로워들을 제대로 키우기 위한 연구에 몰입할 필요가 있다.

넷째, 임파워먼트 리더십이다. 이것은 단순한 리더십스타일이나 기법이라기보다는 전통적인 통제중심적 개념에 대한 도전으로 자율중심적 개념에 기초하고 있는 새로운 인식의 틀이다. 결국 리더는 추종자들을 각자의 분야에 있어 리더로 변형시킴으로써 그들 스스로 자신의 행동과 성과 그리고 발전에 책임을 지는 인간으로 만드는 것이 목적이다. Conger와 Kanungo(1988)는 리더의 중요한 특성으로 그들의 비전을 달성하기 위해 추종자들을 임파워하는 능력으로 보고 있다. 이렇게 추종자들에게 권한위임을 통한 자율통제는 셀프 리더십이 추구하는 핵심목적 중의 하나이다.

다섯째, 자율경영팀의 등장이다. 이는 자율통제팀이라고도 하며 이것은 모든 조직들이 스스로 통제하고 있는 자율이 전제되고 있고, 이러한 자율은 업무의 성과와 업무의 효율성만을 강조했던 과업중심의 인간관에서, 인간을 중심으로 하는 경영으로의 패러다임의 전환이다. 이런 경영관이 대두되는 현시대에서는, 통제적인 리더십은 자율적인 리더십으로 변해야 하고, 관리를 앞세우는 조직관은 자율관리의 조직관으로 변화되어야 한다. 이런 흐름의 과정이 정확한지 판단하기 위한 실험적 집단을 자율통제팀이라 한다. 따라서 자율팀의 가장 중요한 가치는 스스로 행동하고 스스로 책임을 지는 팀이라고 할 수 있다. 이러한 자율통제팀은 과업 자체에서 자연적 보상을 통한 자기존중을 추구하는 셀프 리더십이론의 인지전략과 함께 중요한 역할을 하고 있다.

4. 셀프 리더십의 전략

셀프 리더십에 대한 수년간의 연구결과 어떤 경우이든 세 가지 기본명제가 성립된다는 것이 밝혀졌다. ① 누구나 어느 정도는 셀프 리더십을 발휘하고 있다. 다만 유능한 셀프 리더가 아닐 뿐이다. ② 효과적인 셀프 리더십은 학습을 통해 얻어지는 것이지 선천적으로 능력을 가진 사람들에게만 가능한 것이 아니다. ③ 셀프 리더십은 경영자, 관리자, 종업원 모두에게 해당되는 것이다 (정일재 역, 1995).

셀프 리더십의 전략에는 행위전략과 인지전략으로 구분해서 소개하기로 한다 (양동민, 2007: 18~20).

첫째, 셀프 리더십의 행위전략은 리더와 팔로워들이 어렵고 원하지 않는 일 혹은 반드시 수행해야 하는 과업을 수행함에 있어서 스스로를 리드하도록 돕는 행위로서 **표 4-17**과 같다.

표 4-17 셀프 리더십의 행위전략

행위전략 하위요인	행위전략 내용
자기관찰 (self-observation)	• 자신이 바꾸고자 하는 행동에 대해서 정보를 수집하고 관찰하여 자신의 업무활동의 효율성을 스스로 평가하고 무엇을 어떻게 바꾸어야 할지에 대한 단서(암시)를 스스로 발견하는 행위
자기설정 목표 (self-goal set)	• 자기자신의 일의 결과에 대한 목표를 세우고 이들의 우선순위를 정하고 자기지시를 행하는 행위 • 목표는 도전적이고 달성가능하며 또한 구체적으로 설정
단서(암시)에 의한 관리 (management of clue)	• 자신이 하고자 하는 행동을 용이하게 하기 위해 단서(암시)가 될 만한 것들을 작업장 주위에 설치하거나 작업장을 변경하는 행위 • 예를 들면, 당신은 시간을 효율적으로 관리하고 있습니까? 같은 글귀를 써 붙이는 것이나 유해한 환경을 제거하는 것 등
리허설 (rehearsal)	• 실제로 업무를 수행하기 전에 작업활동에 대한 신체적이며 정신적인 예행연습을 함으로써 업무수행의 성공률과 효과성을 높이는 행위
자기보상 (self-reward)	• 바람직한 행동을 완수했을 때 개인적으로 가치 있는 보상을 자기자신에게 제공함으로써 일할 의욕을 북돋우고 차후행동을 선택하는데 중요한 영향을 미치는 행위
자기비판 (self-punishment)	• 바람직하지 못한 방법으로 행동했을 때 자신에게 일정한 징계나 비판을 가함으로써 실수는 반복하거나 습관적인 실패에 빠지지 않도

행위전략 하위요인	행위전략 내용
	록 하는 데 도움을 주는 행위이며, 지나친 비판은 의욕을 저하시키므로 조심해야 하는 행위이다.

자료: Mans, C. C., & Sims, H. P.(1991). Super-Leadership: Beyond the Myth of Heroic Leadership. *Organizational Dynamics,* Spring, p. 24.

둘째, 셀프 리더십의 인지전략이다. 셀프 리더십은 주로 행위전략을 중심으로 연구되어 왔으나 정보를 인식하고 처리하는 방식이 셀프 리더십에 상당히 영향을 미친다는 사실이 밝혀짐에 따라 인지전략까지 포함되기에 이르렀다. 셀프 리더십의 인지전략은 건설적인 사고패턴의 관리와 이것이 행동에 미치는 영향을 다룬다. 셀프 리더십의 인지전략은 크게 두 가지로 구분한다. 그 구체적인 내용은 **표 4-18**과 같다.

표 4-18 셀프 리더십의 인지전략

인지전략의 하위 요인	인지전략의 내용
과업 자체에서 자연적 보상을 통한 자기존중 추구	• 자신의 일에서 자연적 보상의 수준을 증가시키기 위하여 일하는 방법과 장소를 스스로 재설계하고, • 종업원은 유능하다는 느낌, 자기를 잘 통제한다는 느낌, 확실한 목적의식 등을 통해 건설적이며 긍정적인 사고태도를 갖게 되고, • 자신의 일에서 생각의 초점을 관리함으로써 자율통제를 할 수 있다고 생각하는 자기존중행위이다.
건설적인 사고유형을 확립	• 건설적이고 효과적인 습관 또는 사고유형을 확립하는 행위로 장애요인에 집착하기보다는 기회요인을 찾음으로써 건설적으로 사고하도록 관리한다. • 인지전략은 신념과 가정, 정신적 상상, 내면적인 스스로의 대화 등의 수단을 이용한다.

자료: Mans, C. C., & Sims, H. P.(1991). Super-Leadership: Beyond the Myth of Heroic Leadership. *Organizational Dynamics,* Spring, p. 24.

5. 셀프 리더십의 하위변인

셀프 리더십의 하위변인은 학자들마다 다소 차이가 나타나고 있다. 만즈(Mans, 1992)는 셀프 리더십의 구성요소로 자기관리(self-management), 자연보상(natural reward), 인지적 셀프 리더십(thought self-leadership)을 제시했다. 스테와트(Stewart, 1993)는 셀프 리더십이 자기방향설정, 자연보상 구축, 인지적 셀프 리더십으로 구성된 것으로 밝히고 있다. 양동민(2005)은 자기관찰, 자기목표설정, 자기기대, 자기비평, 리허설, 자연보상, 건설적 사고로 분류하고 있다. 또한 이기호(2007)는 Manz(1992)의 연구결과에 근거하여 셀프 리더십의 구성요소로 자기관리, 자연보상, 인지적 셀프 리더십으로 제시했다.

교사의 셀프 리더십은 교사 스스로 자신을 자율통제하고 자기 스스로에게 영향을 미쳐 창의적이고 열정적으로 직무를 수행하여 학교조직건강을 이루어 나가는 과정이라고 정의하고, 학교조직에서 교사는 내재적 동기유발에 근거하여 자신의 전문성을 신장하고 지속적인 자기계발을 추구해 나간다는 점을 중시하여 셀프 리더십의 하위요인으로 Manz(1992)의 셀프 리더십 측정도구에서 분류한 자기관리, 자연보상, 인지적 셀프 리더십으로 고찰하기로 한다.

첫째, 자기관리(self-management)이다. 이는 개인이 스스로의 작업수행에 대한 기준을 설정하고, 그 목표에 비추어서 스스로의 작업수행을 평가하고, 그 평가에 기초해서 작업수행에 대한 보상을 스스로 결정함으로써 자신의 행동을 관리하는 것을 의미한다.

둘째, 자연보상(natural reward)이다. 이는 내재적 보상을 의미하는 것으로서 능력감, 자기통제감, 목적감을 유발한다. 자연보상은 달성하고자 하는 업무와 관련된 긍정적 지각이나 경험에서 비롯된다. 따라서 자연보상이란 긍정적인 사고를 가지고 자신이 달성하고자 하는 업무를 즐기고 그 자체에 의해 동기유발이 되도록 추구하는 것을 의미한다.

셋째, 인지적 셀프 리더십(thought self-leadership)이다. 이는 자기자신의 사고에 대한 의도적인 통제를 통해 자신에게 영향력을 행사하고 자신을 이끌어 가는 과정이다(Manz & Neck, 2003; Neck, 1993). 즉 인지적 셀프 리더십은 자기자신의 사고를 건설적이고 바람직한 방향으로 나아갈 수 있도록 의도적인 통제를 통하여 자신에게 영향력을 행사하고 자신을 이끌어 가는 과정이다. 인지적 셀프 리더십은 자신과의 대화, 심상, 그리고 신념과 사고유형과 같은 전략을 사용함으로써 달성할 수 있다고 한다(이기호, 2007).

양동민(2005)의 교사 셀프 리더십의 측정도구는 **표 4-19**와 같다.

표 4-19 교사의 셀프 리더십의 측정도구

교사의 셀프 리더십 측정						
• 응답 요령: 다음 문항들은 교사의 셀프 리더십에 관한 내용입니다(1~14). 귀 선생님이 나타내는 행동특성을 진술한 내용과 얼마나 일치하는지 해당란에 V 표를 해주십시오.		아주 불일치	불일치	보통	일치	매우 일치
번호	설문내용					
1	내가 잘하고 있는가를 계속해서 확인하려고 노력한다.					
2	내가 맡은 프로젝트를 얼마나 진척시키고 있는지 확인해 본다.					
3	내가 설정한 특정목표를 달성하기 위해 일하는 것을 좋아한다.					
4	나 자신의 개인목표를 세운다.					
5	내가 맡은 일을 매우 잘 할 수 있다고 생각한다.					
6	일을 할 때 발생하는 문제에 대처하는 나의 능력을 믿는다.					
7	종종 나의 실패와 관련하여 스스로에게 비판적이다.					
8	내가 과업을 잘 수행하지 못했을 때 스스로에 대해 엄격해지는 경향이 있다.					
9	중요한 활동을 실제로 수행하기 전에 미리 검토해 보는 것을 좋아한다.					
10	과업수행 중에 발생하는 문제에 직면하기 전에 미리 대처할 계획을 연습한다.					
11	내가 일을 잘 수행했을 때 나 자신에 대해 기분 좋게 느낀다.					
12	내가 과업을 성공적으로 완성했을 때 내가 좋아하는 어떤 것으로 스스로에게 보상한다.					
13	작업과정 중에 일어나는 문제를 방해물로 생각하지 않고 기회로 생각한다.					
14	팀이 어려운 문제에 직면했을 때 그것이 해결되기 어려운 이유를 생각하기보다는 어떻게 하면 그것을 해결할 수 있을까를 먼저 생각한다.					

자료: 양동민(2005). 상사의 수퍼 리더십이 부하의 셀프 리더십과 성과에 미치는 영향. 전남대학교대학원 박사학위논문, p. 61.

• 주: 셀프 리더십 하위변인
자기관찰(1~2번), 자기목표설정(3~4번), 자기기대(5~6번), 자기비평(7~8번), 리허설(9~10번), 자기보상(11~12번), 건설적 사고(13~14번) 총 14문항임.

또한 이기호(2007)의 교사 셀프 리더십의 측정도구는 **표 4-20**과 같다.

표 4-20 교사의 셀프 리더십의 측정도구

<table>
<tr><th colspan="7">교사의 셀프 리더십 측정</th></tr>
<tr><th colspan="2">• 응답 요령: 다음 문항들은 교사의 셀프 리더십에 관한 내용입니다(1~8). <u>귀 선생님이 나타내는 행동특성을 진술한 내용과 얼마나 일치하는지 해당란에 V 표를 해주십시오.</u></th><th rowspan="2">아주 불일치</th><th rowspan="2">불일치</th><th rowspan="2">보통</th><th rowspan="2">일치</th><th rowspan="2">매우 일치</th></tr>
<tr><th>번호</th><th>설문내용</th></tr>
<tr><td>1</td><td>가능한 한, 나는 즐거운 분위기에서 일하려고 노력한다.</td><td></td><td></td><td></td><td></td><td></td></tr>
<tr><td>2</td><td>나는 업무 안에 내가 좋아하는 활동을 구축하려고 한다.</td><td></td><td></td><td></td><td></td><td></td></tr>
<tr><td>3</td><td>나는 나의 업무에 대해 내가 갖는 불쾌한 느낌보다는 유쾌한 느낌에 생각의 초점을 맞춘다.</td><td></td><td></td><td></td><td></td><td></td></tr>
<tr><td>4</td><td>내가 업무를 수행함으로써 결과적으로 받게 되는 이익보다 업무수행 그 자체를 좋아한다.</td><td></td><td></td><td></td><td></td><td></td></tr>
<tr><td>5</td><td>문제에 직면했을 때, 나는 불리한 점보다는 그것이 포함하고 있는 유리한 점을 찾으려고 노력한다.</td><td></td><td></td><td></td><td></td><td></td></tr>
<tr><td>6</td><td>나는 업무에 대해 나의 관심을 확실히 쏟을 수 있도록 나의 업무영역을 조정한다.</td><td></td><td></td><td></td><td></td><td></td></tr>
<tr><td>7</td><td>나는 나의 업무수행에 대한 목표를 설정하기를 좋아한다.</td><td></td><td></td><td></td><td></td><td></td></tr>
<tr><td>8</td><td>나는 직면한 일을 성공적으로 극복하고 있는 자신을 마음속에서 의식적으로 자주 그려본다.</td><td></td><td></td><td></td><td></td><td></td></tr>
</table>

자료: 이기호(2007). 교사가 지각하는 멘토링과 셀프 리더십 · 변혁적 리더십 및 학교조직효과성과의 관계. 건국대학교대학원 박사학위논문, p. 166.

• 주: 셀프 리더십 하위변인
자기관리(1~3번), 인지적 셀프 리더십(4~8번) 총 8문항임.

상기에서 셀프 리더십의 정의, 셀프 리더십의 중요성, 셀프 리더십의 이론(매슬로우의 욕구 5단계설, 리더십귀인이론, 팔로워십이론, 임파워먼트 리더십, 자율경영팀의 등장), 셀프 리더십의 전략(행위전략, 인지전략), 셀프 리더십의 하위변인(자기관리, 자연보상, 인지적 셀프 리더십) 등을 고찰한 결과 나타난 **셀프 리더십의 주요 키워드**는 자기지시, 자기동기부여 고양, 학습, 자율통제, 자기실행 목표설정, 자기평가, 자기통제, 자기관리능력, 자기관찰, 자기강화, 자연적 보상, 자기문제해결, 자기직무할당, 자기계획, 긍정적 관점, 비전 몰입 및 헌신, 동기유발, 자기의지 실현, 자기영향력 행사, 사고와 행동전략, 문제해결, 긍정적 사고에 의한 관리, 책임감, 자발적 참여, 자기개혁, 경쟁력 확보, 자율성과 자발성 강조, 자율통제, 잠재능력의 발휘욕구, 자기완성의 갈망, 자기발전, 자신의 잠재력 실현, 직무몰입 향상, 자기존중, 비전에 헌신하는 능력, 피드백하는 용기, 자기설정 목표, 단서에 의한 관리, 리허설, 자기보상, 자기비판, 도전적인 목표설정, 건설적인 사고, 자기방향설정, 인지적 셀프 리더십, 창의적이고 열정적으로 직무수행,

전문성신장, 자기계발 추구, 자신의 행동관리 등으로 나타났다. 이러한 키워드는 4차 산업혁명시대의 비판적 사고역량, 자기관리역량, 창의성역량, 리더십역량, 회복탄력성역량, 문제해결역량, 적응역량, 디자인역량 등과 관련되는 것으로 보인다.

제9절 분산적 리더십

학교교육은 학생, 교사, 교과, 그리고 사회적 환경(milieu)이라는 공통적 요소(Schwab, 1973)에 의해 형성되고 있지만, 이들에 대한 연구는 실증주의에 기초하여 각각의 요소들을 분리하여 연구하고 있다. 즉 학생 및 교사 개개인의 특성이 무시되고, 일반화 및 추상화를 통해 모든 학생과 교사를 위한 연구에 초점이 맞추어져 있다. 이에 학교현장의 구체적인 상황과 이들의 상호작용으로부터 추론할 수 있는 행동의 의미와 통찰력을 바탕으로 교사와 학생의 보다 바람직한 선택과 행동에 도움을 줄 수 있는 대안이 필요하다. 학생과 교사와 함께 만들어 가는 교육, 즉 학교공동체형성을 통한 실천방향을 고민할 수밖에 없다. 이러한 과정의 출발점이 교실이고 보다 넓게는 단위학교가 되어야 한다(노종희, 1998).

그동안 학교경영에 대한 그 결과를 학교장에게 책임을 지우거나 학교장의 리더십역량에 따라 학교효과성이 좌우된다는 관점에서 벗어나, 학교경영에 대한 책임을 학교장 한 사람이 아닌 구성원 모두의 책임이라는 것으로 학교장 리더십에 대한 새로운 시각이 아닐 수 없다. 이러한 것은 최근 학업성취도에 근거한 학교책무성을 강조하는 영미국가에서는 수석교사(headteacher) 및 교장의 임용과 확보가 큰 과제로 최근에 부상되고 있다. 그 이유는 조직의 복잡성과 성과에 영향을 미치는 다양한 요소들이 존재함에도 불구하고 조직의 성과와 책임이 교장 한 사람에게 집중됨으로써 학업성취도 개선에 대한 과다한 업무스트레스와 위험부담을 느낌에 따라 학교장의 조직이탈이 심화되고 있기 때문이라는 데 있다고 한다(Arrowsmith, 2007).

이러한 다원화된 학교상황에서는 전통적인 학교장중심의 학교조직운영으로는 학교구성원, 교육수요자, 교육당국 모두가 만족하기에는 한계가 있기에 학교조직에 대한 새로운 접근이 요구되고 있다. 이러한 관점에서 최근 영미권을 중심으로 학교조직과 학업성취도의 개선을 위해 지도자 확대, 상황, 조직학습, 조직문화를 요소로 하는 분산적 리더십실행이 필요하다는 주장이 증대되고 있다(주영효 외, 2009).

따라서 4차 산업혁명시대의 분산적 리더십과의 연계성을 파악하기 위하여 분산적 리더십의 연구의 등장배경, 필요성, 의의, 분산적 리더십의 개념(지도성의 분산의 내용, 지도성 분산의 방법, 리더십 분산의 상태), 분산적 리더십의 유형, 분산적 리더십의 특성, 분산적 리더십의 요소, 분산적 리더십의 하위변인, 전통적 리더십이론과 분산적 리더십이론의 비교, 분산적 리더십의 시사점 및 전망 등을 고찰한 후에 4차 산업혁명시대와 분산적 리더십에 대하여 기술하고자 한다(주영효, 2012; 김희규 · 주영효 · 김대영, 2010; 전용환, 2010; 주영효 · 김규태, 2009; 김규태 · 주영효, 2009; 오영재 · 신현석 · 양성관 · 박종필, 2009; 박선형, 2003).

1. 분산적 리더십의 연구의 등장배경, 필요성, 의의

분산적 리더십은 변화에 대한 갈망, 그리고 조직과 사람에 대한 새로운 인식에서부터 시작되었다. 최근의 학교자율화와 다양화정책, 단위학교 책임경영제의 실천과 함께 교원능력개발평가 및 교장공모제 도입, 전국단위 학업성취도평가, 교육정보공시제 및 학교선택제 등 일련의 책무성정책으로 인해 학교조직은 과거에 비해 보다 복잡한 체제성격이 증대되고 있으며, 교원들의 전문성이 그 어느 때보다도 강조되고 있다. 이 가운데 학교장의 교육과정 편성운영 권한과 인사권 강화를 통한 교육수요자 요구를 반영하고 단위학교 책임경영제의 확립을 골자로 하는 '학교자율화 추진방안'과 교장공모제 등의 교육정책은 학교경영에 있어서 교장의 특성, 기능 및 역할과 책임을 강조하는 집중된 리더십(focused leadership) 내지 영웅적 리더십(heroic leadership) 이론에 근거하고 있다(주영효 · 김규태, 2009).

이처럼 급변하는 정책환경 속에서 학교조직은 유연하게 대응해 나가야 한다. 하지만 전통적 조직 및 리더십이론과 우리 학교의 현실, 그리고 우리의 인식 사이에는 큰 격차가 존재해 왔다. 수평적 관계와 민주적 의사결정과정이 중시됨에도 불구하고 여전히 우리 학교는 위계적인 구조에 발목이 잡혀 있었다. 수없이 많은 학교개혁정책들이 쏟아져 나왔음에도 불구하고 학교가 여전히 개혁의 대상으로 인식되고 있는 점이 이를 간접적으로 보여주는 것이다.

특히 자율과 책임을 핵심으로 하는 미국의 차터스쿨의 경우, 학교경영과 교사임용 등에서 학교장의 책임과 역할이 절대적이지만 높은 수준의 책무성으로 인한 심리적 중압감 그리고 운영자금 마련과 교육과정편성과 같은 경영상의 운영 어려움 등으로 인해 5년 이내 학교를 그만두겠다는 학교장의 수가 전체 차터스쿨 학교장의 78%에 이르고 있다(Campbell & Gross, 2008: 16). 마찬가지로 영국의 경우, 교감의 43%가 교장승진을 원치 않고, 중간층에 속한 리더들의 경우도 70%는 수석교사가 될 마음이 없는 것으로 보고되고 있으며, 책무성 정책의 압력이 주요 원인으로 거론되고 있다(Harris, 2008). 수석교사 및 교장의 임용과 충원에 대한 어려움으로 인한 학교리더십의 위기, 제한된 교육재정, 하향식 교육개혁정책의 반복과 실패, 이로 인한 누적된 피로감을 해결할 기제로 영미국가에서는 교사의 학교경영에의 능동적 참여와 상호협조를 통한 공동의 책임분산 및 완수를 위한 공동의 노력을 강조하는 참여적 및 민주적 성격을 지닌 분산적 리더십을 실행하는 것이 필요하다는 주장이 대두되고 있다(주영효 · 김규태, 2009).

분산적 리더십이론은 학교조직이 가지고 있는 고유한 특성을 반영하면서 학교조직 내외의 환경변화에 대처하기 위해 '실행'에 초점을 맞춘 대안적인 리더십이론으로써 기술적 및 분석적 유용성과 함께 규범적 및 처방적인 유용성을 지니고 있다. 또한 학교 내 분산적 리더십실행을 통해 학교운영 및 교수-학습, 학생의 학업성취도 향상에 기여할 수 있을 뿐만 아니라, 학교의 리더십 실행을 개선할 수 있는 강력한 도구로 제공될 수 있을 것이다(Harris, 2008). 미래지향적인 학교의 공동체형성을 위한 촉진기제로서의 분산적 리더십실행은 역할, 지위 또는 일련의 역량을 강조하는 리더십이라기보다 학교구성원들의 참여적 · 민주적 · 공유적 리더십실행을 통한 책임의 분산, 그리고 책임 완수를 위한 공동의 노력을 강조한다(Harris, 2008).

2. 분산적 리더십의 개념

분산적(distributed)의 사전적 의미는 '배분적', '분산적', '분배적' 등의 의미를 가지고 있다. 따라서 분산적 리더십은 지도력의 중심이 한 곳에 집중되어 있지 않고 조직전체에 분산되어 있다는 것이다. 즉 리더십의 중심이 한 곳에 집중되어 있는 '집중된 리더십'에 대한 상대적인 개념을 '분산적 리더십'으로 볼 수 있다. 하지만 학계에서는 아직까지 분산적 리더십의 개념이 정립되지 않고 있는 실정이다.

분산적 리더십에 대한 여러 학자들의 견해를 고찰하면 다음과 같다. ① Spillane (2006)은 "분산적 리더십은 조직 위계상의 상층부 리더에 초점을 두기보다는 조직 내의 사람들에게 관심을 둔다고 했다. ② Harris(2008)는 "분산적 리더십을 조직의 상부구조에 기반을 둔 통제방식의 리더십이기보다는 모든 조직구성원과 조직상황에 의해 방향이 설정되고 영향력이 미치는 것"이라고 했다. ③ Armisted(2007) 등은 "분산적 리더십을 리더십실행가들이 공유되어진 방향과 목적의식을 형성하기 위해서 다양한 수준에서 협동하는 상황"으로 해석하고 있다. ④ Arrowsmith(2007)는 "분산적 리더십을 학교 내에서 권력분산의 새로운 형태로써 권한을 확대하고 위계적 구조에 반대되는 방식으로 그룹과 개인에 영향을 미치는 것"으로 보고 있다. ⑤ Copland(2003)는 "학교가 공식적 권한(formal authority)보다는 집합적 목적(collective goal), 내부경계 해체(internal boundary spanning), 그리고 전문지식에 대한 의존(reliance on expertise)을 지향하는 집합적 활동상황을 분산적 리더십"으로 보았다. ⑥ Gronn(2000)은 "분산적 리더십을 상호작용하는 개인들의 그룹 또는 네트워크의 출현된 속성으로 보았고, 여기서 리더십은 사람들이 함께 일을 할 때 발생하는 공조행위(concerted action)이며, 이것은 리더십의 실행이 조직의 일원과 공유되어지고 의사결정이 개인들의 상호작용에 의해 이루어지는 측면을 강조한다"고 했다. ⑦ MacBeath (2005)는 "분산적 리더십을 이산적, 공유적, 협동적, 민주적 리더십과의 연계성"을 강조했다. ⑧ 주영효(2012)는 "분산적 리더십은 조직효과성, 개인의 전문성과 역량의 극대화를 위해 조직 내 다수의 공식적 및 비공식적 리더들이 네트워크를 형성하여 조직의 상황과 맥락에서 목표 또는 특정 문제 및 이슈에 대한 의사결정을 공유하고, 상호협력과 전문성 공유를 통해 공동실행을 촉진하는 '리더십실행'과 '리더십분산'에 초점을 두고 있는 리더십이론으로 보고 있다. ⑨ 박선형(2003)은 "분산적 리더십이란 리더십이 조직 내 구성원들과 추종자들의 인지구조에 의하여 지각되고 해석되면서, 이들을 둘러싸고 있는 다양한 환경적 요인과의 상호작용 속에서 발휘되는 것"이라고 했다.

따라서 분산적 리더십에 대해 합의된 정의는 부재한 상황이지만, 학자들의 개념 정의와 설명을 종합하면 **분산적 리더십에는 공유적**(shared), **협동적**(collaborative), **상호작용적**(interactive), **네트워크화된**(networked), **공동이행하는**(co-enacting), **민주적**

(democratic), 참여적(participative), 이양적(devolved), 이산적(dispersed)이라고 하는 속성이 개념 속에 내재된 것으로 이해할 수 있다(Gronn, 2008; Harris, 2008 a; Spillane et al., 2004).

여기에서 분산적 리더십과 지도성 분산은 동일한 의미로 보기로 한다. 분산적 리더십의 개념구조를 살펴보기 위해 지도성 분산의 내용과 방법, 상태 등에 관하여 고찰하고자 한다(주영효 · 김규태, 2009: 36~38).

1) 지도성 분산의 내용

분산적 리더십의 대표학자인 Gronn(2000)은 조직 내에서 분산되는 리더십 내용으로 권위, 가치, 이해, 사적 요소 및 자원 등 다섯 가지 내용을 제시한다. 여기서 권위는 전반적인 조직의 책임, 합법성의 위치와 조직의 역할체계를 말하며, 가치는 조직구성원들이 관계되어 있는 정당화와 목적을 제공하는 것을 의미한다. 그리고 이해는 구성원이 다양한 가치를 추구함에 따라 행위자 간의 관계와 물질적 이익의 결과를 뜻하고, 사적 요소는 선호되는 방식에 따라 행동하는 구성원의 자발성을 의미하며, 마지막으로 자원은 조직행위를 촉진하고 조직효과성, 성공과 실패의 개연성에 영향을 미치는 수단을 의미한다.

2) 지도성 분산의 방법

분산적 리더십이론을 이해하는 데 있어서 중요한 내용 중 하나는 "리더십이 분산되어 있다"는 것을 이해하는 것이 아니라 "리더십이 어떻게 분산되는가"를 이해하는 것이다(Spillane, 2006; Spillane & Diamond, 2007 b). 리더십이 학교조직에 분산되는 방법에 대해서는 분산적 리더십이론 구축에 큰 공헌을 한 것으로 평가받고 있는 Spillane의 관점(박선형, 2003)에서 리더십 분산의 방법을 제시하고자 한다.

Spillane(2004) 등은 리더십을 분산하기 위한 전제로써 학교개선 및 수업효과 극대화를 위해 학교구조, 프로그램 및 과정 등이 어떠해야 하며, 학교의 일상생활에서 학교리더십 과업, 행위자, 행위와 상호작용이 왜, 어떻게 일어나고 있는가에 우선 초점을 맞추어야 한다고 하였다. 이러한 맥락에서 Spillane (2001: 23) 등은 학교의 사회적 및 상황적 맥락에 펼쳐진 리더십의 분산적 실행을 어떻게 이해할 수 있는가를 분산적 인지이론(distributed cognition)과 행동이론(activity theory)의 관점에서 설명한다. 이들에 의하면, 인지적 활동(cognitive activity)은 행위자와 인공물에 걸쳐 확산(stretched over)되어 있기 때문에 인간의 활동(human activity)은 행위자와 인공물을 함께 고려할 때 가장 잘 이해된다는 것이다. 그러면서 행위자, 인공물(artifacts) 또는 상황의 상호작용 속에서 물질적 및 문화적 인공물을 통해, 그리고 복잡한 과업을 완수하기 위해서 공동으로 노력하는 구성원들을 통해 리더십이 분산된다고 하였다. 물질적 및 문화적 인공물은 특정한 사회적 문화가 있기 때문에 인간의 활동(human activity)은 행위자와 인공물을 함께 고려할 때 가장 잘 이해된다는 것이다. 그러면서 행위자, 인공물(artifacts)[2] 또는 상황의 상호작용 속에서 물질적 상황의 산물일 뿐만 아니라 이러한 인공물은 집단적으로 행위가 일어나는 사회문화적 맥락을 형성하게 되며, 리더십은 분산적 인지 안에서 구성된다(Spillane et al., 2004). 사고하고 행동하기 위하여 우리는 우리를 안내하는 문화적·사회적 규범의 세트를 도출하게 되며, 결과적으로 분산적 인지는 사고하고 행위하는 상황의 중요성을 강조하게 된다.

요컨대 리더십은 리더십의 과업이 실행되는 과정에서 리더, 구성원과 상황의 상호작용에 의해 분산된다. 즉 리더십의 분산은 리더십기능이 수많은 개인 혹은 구성원들의 과업에 확산(stretched over)되고, 그 과업은 다각적 리더들의 상호작용을 통해 이루어진다. 그리고 행위가 발생하는 상황적 속성과 리더가 이용하는 인공물은 리더십실행에 있어서 단순한 보조물이 아니라 필수적 요소로 작용하게 된다(박선형, 2003).

3) 리더십 분산의 상태

분산적 리더십은 리더와 구성원 및 상황 속에서 자원, 기능, 역할, 정보 등이 분산되는 것을 강조한다. 리더십 분산의 상태는 다음과 같다(주영효 · 김규태, 2009: 37~38).

첫째, 리더십이 네트워크화된 상태이다. 이는 학교조직 내에서 정보와 자원이 상호연계 공유되어진 상태를 의미하며, Harris(2008 b)은 학교의 성공 여부는 지

---

2) 인공물의 개념을 통해 리더십실행을 분석한 라연재(2009)는 Spillane의 경우 이러한 인공물의 개념이 정례화된 활동(routines) 혹은 도구(tools)로 대체될 수 있다고 설명한다.

식을 공유하고 문제를 제시하고 자원을 공유하기 위한 네트워크를 연계하는 역량에 달려 있다고 하였으며, 이러한 역량은 학교 내 교수-학습 프로그램 내에서, 그리고 네트워크를 이루는 학교조직 간에 분산된 리더십을 요구한다고 설명했다.

둘째, 리더십이 '리더확대'(leader-plus)된 상태이다. 스필레인(Spillane)은 조직이론에 터해 리더십이 분산된 상태는 협조적(collaborated), 집합적(collective), 조정적(coordinating) 형태를 취한다고 하였다(Spillane & Diamond, 2007a; Wright, 2008). 이것은 공식적인 리더십의 지위를 가진 교장, 교감 등의 리더와 비공식적으로 지정된(designated) 개별적인 리더들이 학교운영에서 리더로 여겨진다는 것이다.

셋째, 리더십의 경계가 개방된 상태이다. 분산적 리더십은 리더십의 경계가 열릴 것을 요구한다(Woods et al., 2004). 이는 집단과 개인을 리더십의 망(web of leadership) 안으로 끌어들여 전통적 리더십의 영역을 확대한 상태를 의미한다.

넷째, 리더십이 분업된 상태이다. Gronn(2002)은 기술적 및 사회적 '분업'이라는 맥락 속에 분산의 의미와 기능이 담겨 있다고 보았다. 이러한 분업의 상태는 분절(fragmentation)과 융합(fusion)의 의미가 내재되어 있다. 과업이 확산되고 질적으로 수정되어지거나 과업환경에서 외재적 요소 때문에 중복될 때 기술적 차원의 분업은 과업의 전문화과정을 통해 차별화하고, 그것들을 재조직하거나 통합함으로써 새로운 상호의존과 조정이 일어난다고 보았다.

다섯째, 리더십이 결집된 상태이다. Gronn(2002)에 의하면, 분산적 리더십은 집중된 상태의 리더십(focused leadership)이라기보다는 결집된 리더십(aggregated leadership)의 특성을 지니고 있고, 이는 조직의 일부, 다수 또는 전부에 리더십이 흩어져 있다는 것을 의미한다.

여섯째, 리더십실행에 있어서 공조행위(concertive action) 또는 임의적 협조(spontaneous collaboration)가 이루어진 상태이다. 조직구성원들은 상호의존과 긴밀한 업무관계 유지로 그들이 수행하는 역할과 기능을 공유하고, 그들의 관점에서 그들의 업무과정과 수행능력을 신뢰함으로써 공동수행하고 지원한다. 또한 조직수준에서 다양한 지식과 기술을 지닌 개인들이 문제해결을 위해 그들의 전문성을 응집시키고 그들의 행동을 규제화하며, 그 행위 이후에는 본래의 위치로 돌아가는 상태를 말한다(Gronn, 2002; Leithwood et al., 2009).

일곱째, 리더십이 분산된 상태는 구성원들이 상호의존하며, 조직구성원들의 집합적 탐구와 조직학습이 촉진되는 상태이다. 리더십실행은 하나 또는 그 이상의 리더들의 행위의 함수라기보다는 리더와 구성원들 간의 상호작용의 형태를 띠며, 개인들은 조직의 구성원들과 상호의존을 형성하면서 과업을 수행한다. 이러한 상호 의존상태는 호혜적(reciprocal), 공유된(pooled), 순차적(sequential) 유형으로 제시될 수 있다(Spillane, 2005). 집합적 탐구와 조직학습은 비전공유와 책무성 제고에 기여하며, 조직구성원들이 공동설계(co-construction)의 계속적인 패턴에 참여할 때 개인과 집단 사이에 일어나는 역동적 상호의존과 영향을 반영한다(Wright, 2008).

결국 리더십이 분산된 상태는 과업수행의 네트워크로 인한 분업과 리더십 경계가 확대 내지 해체된 상태, 리더확대(leader-plus)에 따른 결집된 리더십이 일어난 상태, 공조행위에 따른 집합적 탐구와 조직학습이 촉진되는 상태를 의미하는 것으로 볼 수 있다.

3. 분산적 리더십의 유형

분산적 리더십유형은 Gronn(2002)과 Macbeath(2005)의 유형을 소개하기로 한다(주영효 · 김규태, 2009).

첫째, Gronn(2002)은 부가적 형태와 총체적 형태의 분산적 리더십유형을 제시했다. **① 부가적 형태의 분산적 리더십**은 다양한 사람들이 리더십기능에 참여하지만, 조직 내 다른 사람의 리더십활동을 고려하지 않는, 한 마디로 조정되지 않은 리더십의 형태를 의미한다. 이에 반해 **② 총체적 형태의 분산적 리더십**은 조직 내에서 많은 리더십의 원천 간에 의식적으로 관리되고 있고 상승적(synergistic)인 리더십 관계를 말하는 것으로써 역동적이고 다각적(multidirectional)인 과정에서 도출되는 상호의존성이 높은 형태를 말하는 것이다(Gronn, 2002; Harris, 2008a). Gronn(2002)은 이러한 총체적 시각에서 공조행위(concertive action)를 설명했다. 이는 리더십의 총체를 구성하는 다양한 역할과 리더들의 집단적 기능을 뜻하는 의미로써, 일터에서 자연스럽게 발생되는 임의적 협조(spontaneous collaboration), 동료 간의 밀접한 과업관계로부터 개발되는 직관적 업무관계(intuitive working relations), 분산된 행위를 규제하는 시도로 구성되는 구조적 관계와 제도화된 실행(institutionalized practices) 등 세 가지로 구분된다. 우선 임의적 협조는 많은 리더들의 상호작용, 즉 리더들의 실제는 학교의 사회적, 상황적 맥락에 걸쳐 퍼져 있다. 다양한 조직수준에서 다양한 지식과 기술을 지닌 개인들이 문제해결을 위해 그들의 전문성을 응집시키고 그들의 행동을 규제화하며, 그 행위 이후에는 본래의 위치로 돌아가는 것을 말한다. 그리고 직관적 업무관계는 상호의존과 긴밀한 업무관계 유지(파트너십)에 의해 공유되는 역할로써 파트너들은 상호신뢰, 원만한 대인관계를 통해서 그들 자신을 공동의 지도자로서 인식하게 된다. 제도화된 실행은 공식구조를 제도화하는 경향을 말하는 것으로 디자인(design)과 적응(adaptation)을 통해 공식화되거나 새로운 구조가 생성된다. 현존하는 기구에 대한 불만이 새로운 디자인 요소의 탐색을 자극하게 되고, 적응을 위한 새로운 요소가 조직 안으로 결합되거나 경영자들이 비공식적 관계를 규제하게 된다.

둘째, MacBeath(2005)는 분산적 리더십의 실행을 공식적(formal), **실용적**(pragmatic), **전략적**(strategic), **점증적**(incremental), **편의주의적**(opportunistic), **문화적**(cultural) **분산 등 여섯 가지 측면으로 분류하였다.** ① **공식적**(formal) **분산**은 사전 설정된 역할과 직무기술서에 의해 공식적으로 리더십의 책임과 권한을 이양하고 분산함으로써 조직의 안정성과 효율적인 경영을 추구하고 조직의 기대와 목표를 달성하는 것을 강조한다. ② **실용적**(pragmatic) **분산**은 임시적(ad-hoc) 상황에서 조직의 즉각적인 요구에 부응하도록 업무를 임시적으로 공유, 이양함으로써 위험부담을 감소시키는 것을 강조한다. ③ **전략적**(strategic) **분산**은 학교조직에서 리더십 개발에 적극적으로 기여하는 개인을 계획적으로 임명하는 것에 기초한 리더십 분산을 강조한다. ④ **점증적**(incremental) **분산**은 구성원들이 리드하는 역량을 보여줌으로써 점증적으로 더 큰 책임을 이양하는 측면을 강조한다. ⑤ **편의주의적**(opportunistic) **분산**은 유능한 교사들이 리더십을 발휘하려는 경향을 지니고 있다는 것을 감안하여 학교수준의 리더십에 그들의 참여와 역할을 부여함으로써 리더십을 확대하는 측면을 강조한다. ⑥ **문화적**(cultural) **분산**은 학교의 문화나 풍토와 전통의 반영으로써 학교 내에 존재하는 공유, 존경, 충성, 배려 등에 의해 분산되는 측면을 강조한다. 이렇게 볼 때, 분산적 리더십은 사전에 계획된 공식적 및 제도적인 분산과 함께 임의적 및 비공식적인 분산이 자연스럽게 문화적으로 분산되는 형태로 실행되는 것이라고 할 수 있다.

4. 분산적 리더십의 특성

분산적 리더십의 가장 큰 특징은 리더십의 영역을 구성원으로까지 확대하고 리더십실행이 학교조직의 상황 속에서 어떻게 공유되고 분산되고 있는가를 주목한다는 점이다. 즉 분산적 리더십이론은 조직의 상황과 리더 및 구성원 간의 상호작용을 통해 다양한 리더들이 출현해야 한다는 점을 강조한다. 이울러 분산적 리더십은 조직의 상황과 맥락을 어떻게 조정해 나가는가에 대해 심층적인 분석을 가능하게 하는 이해의 틀을 제공한다. 그리고 위계적 체계와 조직구조에 토대로 해서 개인에 초점을 맞춘 리더십이기보다는 협조와 전문적 지식을 공유하는 집단적 리더십을 강조함으로써 조직 내의 전문성을 총체적으로 활용하여 조직의 공동가치와 과업을 실행하고, 이를 통해 조직학습과 조직역량을 극대화할 수 있는 규범적 처방을 제시하는 리더십이론이다. 결국 분산적 리더십은 리더십의 분석단위를 기존의 리더십연구가 주장하듯이 개인의 지위나 역할에 초점을 두는 것이 아니라, 리더십 실제행위가 발생되는 근무현장과 전체 조직이 되어야 한다고 주장한다(박선형, 2003).

분산적 리더십에는 리더십과업은 어떤 한 지도자의 인지능력에 의해서 달성되는 것이 아니라 다중적인 환경적 요인과 상황, 환경 내의 인공적 장치들에 의해서 분산적으로 이루어진다고 보며, 리더십행위에 있어서는 행위가 발생하는 상황적 속성과 리더가 이용하는 인공적 도구와 장치들은 결코 개별적인 요인들로 간주되어 분리될 수가 없다는 것이다. 인공적인 도구와 사회적 맥락은 단지 리더십을 이해하기 위한 단순 보조물이 아니라 필수적인 구성요소로 간주되어야 하고, 리더십연구는 이러한 리더십의 분산적 성격을 고려해야 한다는 것이다(전용환, 2010).

한편 박선형(2003)은 학교현장을 중심으로 분산적 리더십을 예를 들어 보다 쉽게 설명하고 있다. 학교에서 학업성취도를 향상시키기 위해 학력검사를 실시하고 그 결과를 해석하여 학생의 수준을 진단하는 과업은 단지 교장의 과업으로만 국한되지 않는다. 과업의 실행은 최소한 3명의 리더가 필요로 한다. 학교의 진로상담교사, 교장, 교감은 타당한 학력고사 결과분석을 위하여 각자가 가진 상이한 기능과 지식을 이용한다. 진로상담교사는 시험자료에 대한 실질적인 지식과 함께 어떻게 자료를 해석할 것인가에 대한 정보를 가지고 있다. 교장은 단위학교의 책임자로서 학교의 전체 교수 프로그램에 대한 풍부한 이해를 가진다. 교감 또한 장기적인 교육 경험에 근거하여 수업환경의 실태에 대한 실제적인 지식을 가지고 있다. 이들 세 사람은 각자의 시각과 특성에 근거하여 공동으로 작업함으로써 보다 적절하게 과업을 해결할 수 있다. 이것은 교육리더의 지식과 전문성은 개인적 리더수준이 아니라 집단 또는 집합적 수준에서 가장 잘 탐구될 수 있음을 보여준다. 결국 리더의 실제행위는 다양한 요인들 간의 상호의존적 실제행위이다. 따라서 리더십이 교육현장 속에서 어떻게 펼쳐져 전개되는지를 이해하기 위해서는 기존의 중앙집권적 사고방식에 근거한 리더십연구와는 다른 새로운 이론적 체계가 필요하다고 했다(전용환, 2010).

5. 분산적 리더십의 요소

분산적 리더십을 구성하는 요소는 "분산적 리더십이 실행되기 위한 필수조건을 의미한다(주영효 · 김규태, 2009: 32). 분산적 리더십 요소로써, Spillane(2004: 20) 등은 리더, 구성원, 상황 등 세 가지를 제시하고 있으며, Harris(2008 b: 112~113)는 공유된 비전, 전문가로서의 리더, 협력적인 팀 구성, 실행공동체, 적극적인 조직구성원, 조직목표달성을 위한 과업의 효과적인 할당, 분산된 역할과 과업, 조직변화와 개발을 위한 탐구 등 여덟 가지의 요소를 제시하고 있다. 또한 주영효 · 김규태(2009: 34~35)는 학교조직 내 공식적 지위와 권위, 학교구성원들의 전문적 지식 등이 특정 개인에게 집중된 것이 아니라는 점을 강조하면서, 학교조직 내 분산적 리더십실행을 핵심적 요소로 리더의 확대와 조직의 상황, 이를 지원할 학교구성원 간 협력적인 조직문화 및 조직학습을 제시하고 있다. 이를 구체적으로 살펴보면 다음과 같다.

첫째, 지도자 확대(leader-plus)이다. 이것은 리더십 경계의 확대 또는 해체와 지도성망이 확대된 것으로써 리더와 구성원이 포함되는 요소를 의미한다(Spillane et al., 2008). 분산적 리더십실행은 지도성의 망 안으로 공식적인 지도자뿐만 아니라 전문적 지식을 가지고 있는 조직구성원들을 공식적 혹은 비공식적으로 참여하도록 하여 이들 역시 리더로서 확대하고 동시에 구성원들은 상호작용, 협조, 조정을 하게 된다(Spillane & Diamond, 2007).

둘째, 상황(situation)이다. 이것은 정례화된 활동, 도구, 구조, 제도 등을 포함하는 요소이다(Spillane et al., 2004). 상황은 리더십실행을 정의하고, 동시에 리더십실행을 가능하게 하는 요소이다. 조직의 리더는 구성원뿐만 아니라 상황과도 상호작용하게 된다. 이러한 상황의 요소에는 학생의 시험성적자료, 교사평가 프로토콜, 학년 담임 및 교사회의, 조직 내의 팀 구조 및 위원회 등의 공식적 및 비공식적 조직과 운영규칙 등이 포함된다(김규태 · 주영효, 2009).

셋째, 조직문화이다. 이는 리더십이 분산되는 데 영향을 미치는 조직 외부의 사회적 및 문화적 맥락과 조직 내부의 문화 및 역사 등을 의미한다(Woods et al., 2004; Harris, 2008b). 조직문화는 학교의 문화, 풍토, 전통이 반영된 학교 내에 존재하는 공유, 존경, 충성, 배려 등을 강조한다. 리더십실행에 있어서 이러한 조직문화 요소는 팀 간 혹은 팀 구성원들의 상호연계 및 상호의존을 강화함으로써 공조행위, 파트너십, 공유, 상호신뢰, 지원 등을 촉진 및 유지하게 한다.

넷째, 조직학습이다. 이것은 네트워크 학습공동체(network learning community)와 스터디그룹을 포함하는 요소이다. 조직학습은 조직변화 및 개발을 위해 조직 내 아이디어, 전문적 지식, 경험을 공유 및 확산을 통해 조직역량 및 개인의 전문성개발, 비전공유와 책무성 제고에 기여한다(Woods et al., 2004). 리더십실행에 있어서 조직학습은 조직의 창발적 속성(emergent property)을 드러내는 요소로써 조직구성원들의 역동적인 공동설계, 상호의존과 영향을 반영하는 것이다.

분산적 리더십실행을 위한 구성 요소는 **그림 4-5**와 같다.

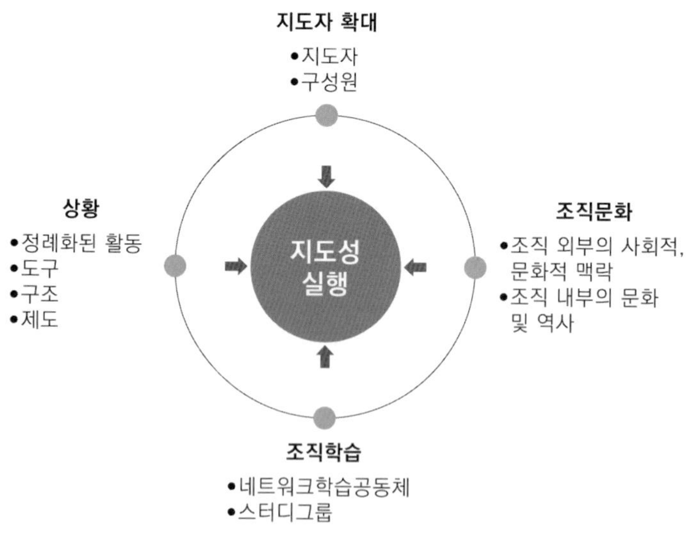

그림 4-5 분산적 리더십실행을 위한 구성요소

자료: 주영효 · 김규태(2009). 분산적 지도성의 이론적 탐색. 교육행정학연구 27권 2호, p. 35.

6. 분산적 리더십의 하위변인

분산적 리더십의 하위변인에 대한 학자들의 입장을 소개하면 다음과 같다.

첫째, McBeth(2008)는 분산적 리더십의 영향력을 측정하기 위하여 리더십 양성, 리더십 유형, 학생 학업수행에 대한 리더십 영향의 인식, 핵심적 리더십 질문, 학교개선, 리더십실행 시각개선, 조직문화, 전문성개발, 리더십 의사소통, 수업 포커스, 구조, 학교의사결정, 리더 의사결정 등 13개 리더십지표들을 제시했다. 이를 구체적으로 제시하면 다음과 같다. ① 리더십 양성요인이다. 공식 리더들이 다양한 수단들, 즉 스텝과의 지속적인 의사소통, 협조적 개발, 학업성취 자료검토, 협동을 통한 학생학업결과에 대한 모니터링 등을 통해 학교가 협동하여 개발한 비전과 사명을 지속할 수 있도록 한다. ② 리더십 유형은 공식리더들은 계획적인 스텝과의 대화, 협동적 개발 및 학생 학업수행 결과 모니터링 등을 통해 학교목표에 대한 구성원들의 협동적 헌신을 확보한다. ③ 학생 학업수행에 대한 리더십 영향의 인식이다. 공식리더들은 스텝과 학생들 모두에 대해 높은 기대를 유지하도록 하며, 이는 스텝과의 상호작용을 통해 가시화된다. ④ 핵심적 리더십 질문이다. 리더들은 수업의 진전 상황을 수업참관, 학생수행평가, 다양한 수준의 형성 및 총괄평가자료에 대한 공유와 공동분석, 시범수업, 전문성개발활동 등을 통해서 모니터한다. ⑤ 학교개선이다. 리더들은 교사를 학교 내 수업리더로 인정하고, 교사가 지식을 탐구하고, 교실 내 전문성과 시범수업을 위한 전문지식을 개발하도록 한다. ⑥ 리더십실행 시각개선이다. 리더들은 페다고지 기술을 개발한다. ⑦ 조직문화이다. 공식지도자들은 전문성을 지닌 교사에게 그들의 전문성을 다른 사람들과 공유하기를 장려하고, 인센티브제도를 통해 교사의 업무수행을 지원한다. ⑧ 전문성개발이다. 공식리더들은 스텝과의 협동적 투입을 통해 수업을 개선하는 데 필요한 절차, 정책 및 도구를 적용 및 수정한다. ⑨ 리더십 의사소통요인이다. 공식리더들은 교사 간의 협동에 대한 높은 기대를 지지 및 유지한다. ⑩ 수업포커스 요인이다. 리더들은 교사를 위해 자원을 확보한다. ⑪ 구조요인이다. 리더들은 교사에게 자원을 배분한다. ⑫ 학교의사결정요인이다. 리더들은 수업실행의 방해물을 처리한다. ⑬ 리더 의사결정요인이다. 리더들은 질서 정연한 근무환경을 조성 및 유지한다.

둘째, 미국 뉴멕시코 주(2008)는 학업성취도개선을 위한 효과적인 학교운영에 있어서 분산적 리더십을 한 요소로써 제시하였고, 이에 해당되는 두 가지 지표를 제시했다. 그 중 하나는 학생 학습에 초점을 두고, 핵심당사자들의 참여를 장려하고, 학교구와 주 교육부의 목표와 연계되는 공유된 비전, 사명과 목표를 가지고 있는가에 해당된다. 또 다른 하나는 리더십 팀의 구성원들이 빈번하게 교실을 방문하고, 교사들이 학생들의 요구를 충족하도록 교사들의 수업을 계획하고 수정할 수 있는 적절한 피드백과 조언을 제공하는가의 여부이다.

셋째, Davis(2009)는 학교조직, 학교비전, 학교문화, 수업프로그램, 인공물, 교사지도성과 교장지도성 등 지도성의 7개 영역 37개 문항을 개발하고 학교성과 개선과의 관계를 조명했다. 이를 구체적으로 제시하면 다음과 같다. ① **학교조직영역이다.** 이는 교사들의 협업 및 협의시간의 할당, 학교수준의 수업관련 의사결정을 하는 기구 존재, 지도자로서의 교사들에게 헌신할 수 있는 충분한 시간 및 자원제공 등으로 구성되는 것이다. ② **학교비전영역이다.** 이는 학교비전의 명확성, 교사들의 비전에 대한 분명한 기술 여부, 학교목표들의 교육청 목표와의 연계, 학교개선 및 학교 사명과의 연계 등으로 구성된다. ③ **학교문화영역이다.** 이는 교사들 다수가 리더십 역할을 수행하는가의 여부, 문제해결을 위한 상호협조 및 협의, 상호신뢰 및 존경, 학생의 학업수행에 대한 높은 기대감 등으로 구성되었다. ④ **수업프로그램영역이다.** 이는 학생 학업수행에 대한 책무성, 학생들의 요구를 충족하기 위한 교직원 간의 토론과 조언 등으로 구성된다. ⑤ **인공물영역이다.** 이는 수업개선을 위한 표준화 학업성취도 평가결과의 활용, 학생 학업수행 자료와 결과에 대한 분석과 활용 등으로 구성되었다. ⑥ **교사리더십영역이다.** 교사들의 리더십 참여에의 관심, 비공식 학교지도자가 학업성취도 개선에 기여하는가 여부, 교사들에게 리더십 역할을 수행하도록 함으로써 학교역량을 강화하고 있는가의 여부 등으로 구성되었다. ⑦ **교장리더십영역이다.** 이 요인은 교사들의 학업성취 개선을 위한 교내 의사결정 및 협의에 적극적인 참여 유도, 수업개선에 관한 지식 및 경험공유, 수업개선을 위한 리더십발휘 등으로 구성된다.

넷째, Christy(2008)는 초등학교와 중학교 운영에 대한 환경의 차이를 비교하면서 각 수준에서 분산적 리더십의 준비도(readiness)가 어느 정도인지를 파악하고자 리더십실행, 사명·비전·목표, 학교문화와 공유된 책임 등 4개 영역 51개 문항으로 구성된 척도(Distributed Leadership Readiness Scale: DLRS)를 활용하여 조사하였다. 이를 구체적으로 제시하면 다음과 같다. ① **리더십실행요인이다.** 이는 학교사명, 목표와 연계된 교내 전문성개발, 비공식 지도자의 학생 학업성취도 개선에서의 역할수행, 학교리더십실행을 위한 전문성 실천 기회제공, 경력교사들과 새로 부임한 교사들의 능동적 리더십실행으로 구성되었다. ② **사명 · 비전 · 목표요인이다.** 학교의 비전과 사명의 명확한 설정, 교사들이 그 비전과 사명을 분명하게 기술, 학교목표와 비전과의 연계, 교사들의 학교목표 수립 및 개선 등으로 구성되었다. ③ **학교문화요인이다.** 교직원 간의 상호존경 및 신뢰, 교직원의 교육과정, 수업 및 학업개선에 대한 의견 수렴, 새로운 수업혁신 활용의 실행, 구성원의 수업개선 노력에의 참여, 전문성개발활동, 의사결정에의 적극 참여 등으로 구성되었다. ④ **공유된 책임요인이다.** 학생의 학업수행에 대한 높은 기대, 교직원의 학업수행에 대한 책무성의식, 학교의 학습공동체 구축, 일일 및 주간의 수업개선을 위한 협의시간 확보, 가정과의 효과적인 의사소통, 평가자료에 기반한 수업 및 교육과정 개선 등으로 구성되었다.

다섯째, 김규태 · 주영효(2009: 366~369)는 분산적 리더십 하위변인을 지도자 확대, 상황, 조직문화, 조직학습 등 네 가지 변인으로 설정하고 각 영역별로 선행연구에 터해 준거를 설정하였다. 연구의 결과 3차에 걸친 델파이 조사를 통해 지도자 확대의 11개, 상황영역의 10개, 조직문화 영역의 9개, 조직학습 8개 등 총38개 측정도구를 개발하였다. 이를 구체적으로 소개하면 다음과 같다. ① **지도자 확대 변인이다.** 이것은 구성원을 조직 내에 상존하는 리더로서의 구성원들을 지도성의 영역 안으로 이끌어 그들의 역량과 기능을 극대화하고, 공동 · 집단리더십을 발휘하도록 책임과 권한을 위임 및 공유하고 조직 내에서 리더십이 실행되는 방식과 유형을 점검하는 준거들로 구성되었다. ② **상황변인이다.** 이 변인은 학교운영의 절차, 학업성취도 및 장학결과, 팀조직, 적절한 자원배분 등 리더십 구성 및 이행에 직 · 간접적으로 영향을 미치는 정례화된 활동, 도구, 구조 및 제도수준의 준거들로 구성되었다. ③ **조직문화변인이다.** 이 변인은 상황과의 상호작용 속에서 리더십의 구성 및 실행을 촉진하는 비전, 파트너십, 민주성 및 신뢰 등과 관련된 준거들로 구성되었다. ④ **조직학습변인이다.** 이는 리더와 구성원 간의 상호작용을 통해 구성 실행되는 리더십이 본질적으로 조직학습을 촉진한다는 점에서 구성원 간의 지식공유와 구성원들의 전문성개발 등이다.

김규태 · 주영효(2009)의 분산적 리더십의 측정도구는 **표 4-21**과 같다.

표 4-21 분산적 리더십의 측정도구

분산적 리더십 측정						
• 응답 요령: 다음 문항들은 분산적 리더십에 관한 내용입니다. 귀 학교에서 나타난 행동특성을 진술한 내용과 얼마나 일치하는지 해당란에 V표를 해주십시오. 〈설문 문항〉 우리 학교에서는 …………(1~38)		아주 불일치	불일치	보통	일치	매우 일치
번호	설문내용					
1	(우리 학교에서는) 학교구성원들을 공동지도자로서 인식한다.					
2	상호조언자로서의 멘토가 다수 존재한다.					
3	구성원들에 대한 권한과 책임을 위임한다.					
4	구성원들은 책임 있게 업무를 수행한다.					
5	학부모와 지역인사들은 학교의 의사결정에 참여하고 있다.					
6	특정업무와 사안에 대하여 교사리더를 발굴하여 활용하고 있다.					
7	공동 업무수행을 통하여 리더십을 실행하고 있다.					
8	조직학습과 팀워크 활용을 통하여 리더십을 실행하고 있다.					
9	공식적 책임과 권한의 위임을 통하여 리더십을 실행하고 있다.					
10	특별한 상황과 사안에 대하여 특별 팀을 구성하여 리더십을 실행하고 있다.					
11	적극적인 학교경영 참여자의 활용을 통하여 리더십을 실행하고 있다.					
12	합리적인 학교운영절차를 시행하고 있다.					
13	수업 및 평가 피드백시간을 확보해서 운영하고 있다.					
14	교내 학업성취결과를 활용하고 있다.					
15	교육부(청) 학업성취 결과를 활용하고 있다.					
16	학생생활기록부를 활용하고 있다.					
17	학교평가 및 장학결과를 활용하고 있다.					
18	팀 중심의 학교조직을 편제해서 운영하고 있다.					
19	공식적 및 비공식적 교내외 네트워크를 조직해서 운영하고 있다.					
20	학교규칙을 적용하고 있다.					
21	교육활동을 위하여 자원을 배분하고 있다.					
22	학교구성원과의 비전 및 목표를 공유하고 있다.					
23	학부모 및 지역인사의 비전 및 목표를 공유하고 있다.					
24	학교장은 구성원과 파트너십을 구축하고 있다.					
25	학교 내 구성원 간 파트너십을 구축하고 있다.					
26	학부모 및 지역사회인사와 파트너십을 구축하고 있다.					
27	구성원들은 학교에 대하여 소속감과 긍지를 느낀다.					
28	구성원들은 교내 의사결정에 참여하고 있다.					
29	실제 업무책임자에 대하여 신뢰와 협조를 유지하고 있다.					
30	구성원들 간의 의견 및 비판을 수용한다.					
31	동료장학이 활성화되어 있다.					

32	멘토링을 통하여 상호학습을 한다.					
33	공식적 및 비공식적 팀학습을 하고 있다.					
34	지도자의 지식공유에 대하여 지원하고 있다.					
35	습득한 지식을 수업이나 업무에 활용하고 있다.					
36	수업평가를 자기개발 기회로 활용하고 있다.					
37	전문가를 초청해서 연수를 실시하고 있다.					
38	교과연구회 및 교내연수를 활성화시키고 있다.					

자료: 김규태 · 주영효(2009). 분산적 지도성실행의 평가영역 및 준거개발. 교육행정학연구 27(3), p. 366~367 인용.

- 주: 분산적 리더십 하위변인
  지도자 확대: 〈지도자들(1~6번), 지도성 확산(7~11번)〉,
  상황: 〈정례화된 활동(12~13번), 도구(14~17번), 구조(18~19번), 제도(20~21번)〉,
  조직문화: 〈비전(22~23번), 파트너십(24~26번), 민주성(27~28번), 신뢰(29~30번)〉,
  조직학습: 〈지식공유(31~34번), 전문성개발(35~38번)〉 총38문항임.

7. 전통적 리더십이론과 분산적 리더십이론의 비교

전통적 리더십의 주요 특징과 이를 바탕으로 분산적 리더십이론이 전통적 리더십이론과 어떠한 점에서 비교가 되는지를 고찰하기로 한다(주영효 · 김규태, 2009: 41~44).

지금까지 리더십연구 주제는 지도자의 개인적 특성에 관한 연구에서 시작되어 행동과학적 접근, 상황이론, 변혁적 리더십, 참여적 리더십, 도덕적 리더십 등 다양한 형태로 발전되어 왔다(Bass & Bass, 2008). Gronn(2002)과 Leithwood(2007) 등은 리더의 역할, 지위, 권위에 초점을 맞춘 리더십연구를 분산적 리더십이론과 비교하여 "집중된 리더십(focused leadership)"이라고 명명하면서, 이처럼 리더 개인에게 초점을 맞춘 리더십연구를 분산적 리더십과 비교하여 "전통적" 리더십이론으로 표현하였다. 전통적 리더십이론은 공식적 권위, 영웅적(heroic)이고 카리스마적인 특성을 지닌 리더에 초점을 두는 반면(Leithwood et al., 2007), 분산 리더십은 조직 내 공식적 및 비공식적 리더들이 조직의 상황과 맥락에서 조직의 목표와 조직이 직면한 문제 및 이슈에 대한 의사결정의 공유를 통해 조직효과성과 개인의 전문성과 역량을 극대화하고자 리더십의 분산과 리더십의 실행에 초점을 맞춘 리더십이론이다.

Leithwood와 Duke(1999: 46~55)는 학교리더십에 대한 연구가 수업리더십, 변혁적 리더십, 참여적 리더십, 관리적 리더십, 상황적 리더십 등의 범주로 구분될 수 있다고 언급하면서, 이들 리더십이론의 핵심사항으로는 효과적인 조직의 리더들의 특성이 무엇이고, 리더들이 특정 조직상황에서 어떠한 기능과 역할을 담당하고 있으며, 리더들이 구성원들과의 상호작용을 어떻게 하는가에 초점을 두고 있다고 본다. 이러한 측면에서 전통적 리더십은 지도자 확대, 상황, 조직문화, 조직학습 등의 요소 간 상호작용을 통한 리더십실행, 공식적·제도적인 분산과 비공식적·문화적·임의적 분산 형태, 네트워크로 인한 분업, 리더십 경계의 해체 내지 확대, 집합적 리더십, 공조행위와 조직학습이 촉진되는 상황을 특징으로 하는 분산적 리더십과 구별된다.

이와 같은 맥락에서 **분산적 리더십이 전통적 리더십이론과 구별되는 양상을 개념적 차원, 리더 차원, 상황 차원, 지도성실행의 차원 등으로 구분하여 논의하고자 한다.**

첫째, 리더십 개념 차원에서 고찰하면, Spillane(2006)은 전통적 리더십이란 결과와 효과성에만 의존해서 리더십을 정의하고 있다고 지적했다. 즉 조직 내 구성원이 영향을 받고 있는 것이 분명할 때, 동기와 경쟁력이 향상될 때에만 리더십이 존재한다는 전제에서의 정의라는 것이다. 그리고 이러한 정의는 바람직한 결과에만 초점을 맞추고 있다고 비판하면서 리더십이라는 것이 반드시 바람직하고 조직에 유익한 결과를 주는 것은 아니며, 조직과 구성원들에게 혜택이 가는 방향으로 발휘되지 않을 수도 있다고 지적한다. Spillane은 전통적 리더십, 특히 리더 한두 사람이 조직에 성공적인 변화를 유도하는 리더십 관점은 비판의 대상이고 이는 분산적 리더십을 통해 극복 가능하다고 본다(라연재, 2009). 결국 Spillane(2006: 11~12)은 리더십이란 "조직 내 다른 구성원의 동기, 지식, 정서(affect), 그리고 실행에 영향을 주기 위해 조직구성원들에 의해 설계된 것 혹은 영향을 주기 위해 의도된 것으로 이해되는 조직의 핵심적 과업[3])과 연관된 활동에 관한 것이다.

둘째, 누가 리더인가에 대한 이해의 차이 관점에서 보면, 전통적 리더십이론은 리더의 과업, 자질, 특성, 역할, 기능 및 구조 등 요소별 객관적 분석에 초점을 둔 영웅적 리더의 입장을 취한다(Gronn, 2002; Maxy & Nguyen, 2006; Leithwood et al., 2007). 그러나 분산적 리더십에서는 리더는 구성원과 상황의 상호작용에 의해 리더십의 경계가 확장(stretched over)되고 지도자 확대(leaders-plus) 양상을 띠게 된다. 이와 관련하여 Spillane(2006: 4~5)은 분산적 리더십이 기존의 영

3) 핵심 과업이란 '교수-학습'을 의미한다(Spillane & Diamond, 2007a).

웅적 리더십과 구분되는 특징을 네 가지 측면에서 설명하고 있다. ① 리더의 영웅적 이야기는 학교장의 행위를 리더십의 전부인 것처럼 묘사하고 있다. 간혹 다른 리더가 부각되고 있다. 이들은 조연의 역할뿐이다. 즉 학교장이 매우 중요한 지위를 차지하고 있지만, 리더십이라는 것이 교장 한 사람에게 시작되고 끝나는 것이 아니라는 것이다. ② 리더십실행을 간과하게 되는 경우가 많게 된다(Hallinger & Heck, 1996). 리더십실행을 간과하는 이론들은 사람, 구조, 기능, 정례화된 활동, 역할을 각각 설명하고, 리더십에 있어서 '어떻게'보다는 '무엇을'에 초점을 맞추고 있다. 물론 리더들이 '무엇을' 하고 있는지가 중요하기는 하지만, '어떻게' 리더십을 발휘하고 있는지가 더욱 중요하다. ③ 리더십실행이 주목을 받지 못하게 될 때, 한두 명의 리더나 이들의 두드러진 행동만 부각되게 된다. 개인들의 행위만 보게 되면 전체적인 상호작용의 중요성을 놓치게 된다. ④ 영웅적 리더십이론들은 결과물로만 평가되는 사례가 많다. 그러나 리더십은 결과물에 대한 증거들 없이도 일어나는 것이기 때문에 이러한 관점은 문제가 될 수 있다는 것이다.

셋째, 분산적 리더십이론은 리더십이 발생되는 환경과 상황의 중요성을 강조하기 때문에 종전의 리더십이론과 구별되며, 특히 상황이론과 구별이 가능하다(박선형, 2003). 상황이론은 상황에 대한 중요성을 인정하고 있지만, 분산적 리더십 관점에서는 상황에 대해서 갖는 전제와는 다르다. 분산적 리더십 관점에서 상황이란 단순히 학교리더가 일하는 맥락이 아니라, 리더십실행을 규정하는 필수적인 요소이다. 상황, 즉 정례화된 활동과 도구는 바깥에서 안으로 영향을 미치는 어떤 것이 아니라 안에서 밖으로 리더십을 빚어가는 요소이다. 분산적 관점에서 볼 때, 리더들과 구성원들은 상황과 상호작용하는 가운데 리더십실행을 공동으로 구성하게 된다. 상황 또는 실행을 규정하는 하나의 요소인 것이다. 이러한 관점에서 상황이라는 것은 단순히 리더가 하는 일에 영향을 미치는 것이 아니라, 리더 및 구성원들과 상호작용하면서 리더십실행을 정의하게 된다(Spillane, 2006).

넷째, 리더십실행에 있어서 전통적 리더십이론은 앞서 제시한 리더 중심의 기능, 역할과 구조 등 위계적 및 공식적 수준에서 영웅적 리더십실행에 초점을 두고 있다(Leithwood et al., 2007). 반면 분산적 리더십은 사전에 계획된 공식적이고 제도적인 분산과 비공식적이면서 문화적으로 임의적 분산 형태 속에서 네트워크로 인한 분업과 리더십과 비공식적이면서 문화적으로 임의적 분산 형태 속에서 네트워크로 인한 분업과 리더십 경계의 확대, 집합적 리더십, 공조행위와 조직학습이 촉진되는 지도자 확대, 정례화된 활동, 도구, 구조, 제도로서의 상황, 조직문화, 조직학습 등의 요소 간의 상호작용을 강조한다.

8. 분산적 리더십의 시사점 및 전망

분산적 리더십이 리더십연구와 학교조직연구에 주는 시사점은 다음과 같다(주영효 · 김규태, 2009).

첫째, 분산적 리더십은 일상적(day-to-day) 리더십실행을 위한 이론적 토대를 제공한다(Spillane et al., 2004). Spillane에 의하면, 분산적 리더십은 리더십실행을 정의하고 제한하는 청사진을 처방하기보다는 리더십실행에 대해 반추(反芻)할 수 있는 유용한 렌즈를 제공하는 데 기여했다. 또한 분산적 리더십은 리더십접근의 다양성으로부터 도출되어질 수 있는 장점을 인정하고 다른 리더십이론의 접근을 포용하면서 리더십실행을 분석하고 있다. 그 이유는 학교조직이 공식적으로 디자인되어진(designed) 조직일 뿐만 아니라 일상적인 실행에 의해 생생한(lived) 실제를 지니기 때문이다. 이러한 점에서 분산적 리더십은 리더십실행에 대한 구성주의적 대화와 반성적 사고에 터한 이론과 실제 규명에 기여하는 분석의 틀로서 유용할 것이다.

둘째, 리더십의 분산적 관점에서는 조직구성원 모두가 조직의 목표달성을 향해 상호협조하며, 상호신뢰와 지원 속에서 구성원의 역량 극대화를 추구한다. 따라서 궁극적으로 분산적 리더십은 상향적 참여(bottom-up participation)와 비위계적 · 포용적 리더십(non-hierarchical and inclusive leadership)을 지향하게 되며, 이러한 속성은 전문화 · 다원화 · 복잡화 되어가는 학교조직(조평호, 1999)에서 구성원들의 의사결정 및 학교경영 참여 방식에 시사하는 바가 크다.

셋째, 분산적 리더십에서 강조하는 도구는 리더 및 구성원들의 과업과 그들의 사회적 · 물질적 · 상징적 상황과의 상호관계를 고려하는 통합적 모형으로써 의의가 있다. 이런 점에서 인공물의 개념을 도입하여 학교현장에서 리더와 구성원들이 어떻게 리더십을 실행했는지를 분석한 라연재(2009)의 연구는 리더십연구에 있어서 새로운 지평을 열었다고 평가할 수 있다. 이처럼 분산적 리더십이론이 리더십의 사회문화적 맥락(상황)과 상호작용하는 리더들의 행위가 어떻게 이루어지는가에 대한 분석에 관심을 둔다는 점에서 학교조직과 리더십연구에 시사하는 바가 크다.

넷째, 분산적 리더십은 전문적 지식의 리더십에 관심을 둔다. 조직의 복잡성은 개인 지도자의 범위를 넘어서는 경우가 많다. 조직 내 리더십실행에 있어서 리더와 구성원의 전문성공유, 공동설계(co-construction)와 실행을 촉진할 것이다. 이는 기존의 전문지식, 권력과 권한 중심의 교장에 초점을 둔 수업리더십을 보완하는 기능을 제공하는 것(Spillane et al., 2001; 라연재, 2009)임과 동시에 조직 내 집단사고와 학습을 촉진하는 데도 유용할 것이다.

분산적 리더십은 상호협력과 신뢰에 바탕을 둔 조직문화와 창발적 현상을 가능하게 하는 조직학습, 그리고 탈권위주의와 유연하고 수평적 네트워크를 강조한다는 측면에서 분명 현 시대에 적합한 리더십임에는 틀림없이 보인다. 그렇다고 하여 분산적 리더십이 학교가 직면한 다양한 문제점들을 해결할 유일의 방책이라고 생각하지 않는다. 분산적 리더십이 가지는 많은 장점에도 불구하고, 분산적 리더십이론이 가지는 한계도 지속적으로 제기되고 있기 때문이다. 특히 학교구성원 간 권력갈등이 발생하고 상호추구하는 가치가 불합치하는 경우 분산적 리더십실행은 요원해질 수밖에 없다. 따라서 분산적 리더십이 세 가지 요소로 구성되기는 하지만 그 효과적 발휘와 성패는 결국 "사람"에게 달려 있다고 해도 과언이 아니다. 요컨대, 분산적 리더십실행의 핵심적인 전제는 인간에 대한 지속적인 관심과 배려, 가능성에 대한 확고한 믿음, 그리고 인간이 존재하는 현실세계에 대한 세밀한 관찰과 이해라고 할 수 있다(주영효, 2012).

상기에서 분산적 리더십의 연구의 등장배경, 필요성, 의의, 분산적 리더십의 개념(지도성의 분산의 내용, 지도성 분산의 방법, 리더십 분산의 상태), 분산적 리더십의 유형, 분산적 리더십의 특성, 분산적 리더십의 요소, 분산적 리더십의 하위변인, 전통적 리더십이론과 분산적 리더십이론의 비교, 분산적 리더십의 시사점 및 전망 등을 고찰한 결과 나타난 **분석 리더십의 주요 키워드**는 구성원들의 책임, 학교 책무성, 리더확대, 학교자율화, 다양화정책, 단위학교 책임경영제 실천, 교원능력개발평가, 교육수요자 요구 반영, 수평적 관계, 민주적 의사결정과정, 자율, 책임, 구성원들의 능동적 참여, 상호협조, 공동책임 분산, 공동의 노력, 팔로워에 대한 관심과 배려, 조직방향설정, 조직의 권력 분산, 내부경계 해체, 전문지식 존중, 이산적, 공유적, 협동적, 민주적 리더십, 전문성과 역량의 극대화, 조직성원들 간의 네트워크 구축, 의사결정 공유, 상호협력과 전문성 공유,

공동실행 촉진, 학교개선, 수업효과의 극대화, 정보와 자원이 상호연계 공유, 분업화된 상태, 공조행위, 임의(자발)적 협조, 상호의존, 긴밀한 업무관계 유지, 팔로워들의 문제해결, 전문성 응집, 비전공유, 책무성 제고, 공동설계, 역동적 상호의존과 영향 반영, 직관적 업무관계, 원만한 대인관계, 디자인, 적응, 공식적, 실용적, 전략적, 점증적, 편의주의적, 문화적 분산, 조직안정성, 효율적인 경영추구, 조직의 기대, 조직목표달성, 조직학습 및 조직역량 극대화, 자료해석 능력, 분산된 역할 및 과업, 조직변화 및 개발의 탐구, 협력적인 조직문화 및 조직학습구축, 상황의 중요성, 네트워크 학습공동체, 협동적 개발, 자료에 대한 공유와 공동분석, 시범수업, 지식탐구, 공유된 비전, 적절한 피드백 및 조언, 비전의 명료성, 팔로워들에 대한 비전의 숙지 정도, 결과에 대한 분석 및 활용, 수업개선에 대한 지식 및 경험공유, 리더십발휘, 학교비전과 사명의 명확한 설정, 가정과의 효과적인 의사소통, 탈권위주의, 수평적 네트워크 등으로 나타났다. 이러한 **분산 리더십의 키워드는 4차 산업혁명시대의 협력역량, 자기관리역량, 의사소통역량, 감성역량, 리더십역량, 디지털 리터러시역량, 문제해결역량, 다문화이해역량, 글로벌역량, 적응역량, 전문성역량, 디자인역량 등과 관련된 것으로 보인다.**

제10절 수업리더십

학교교육의 질을 향상시키는 데는 학교장의 역할이 매우 중요하다. 학교장은 학교경영책임자로서 학교경영과 교육활동을 선도하는 리더의 역할을 수행하여 학교교육의 근본 목적인 학습자들의 지적 및 정의적 성장을 이루는 데 중요한 역할을 한다. 이러한 중요한 역할을 수행하기 위하여 학교장은 수업리더십을 발휘해야 한다. 학교장의 수업리더십은 수업조직화, 학교풍토, 학교조직문화, 학교조직효과성 등에 직접 또는 간접적으로 영향을 미친다. 아울러 교사의 성장과 전문성개발에도 영향을 준다(이윤식 · 이상미, 2009).

따라서 4차 산업혁명시대의 수업리더십과의 연계성을 파악하기 위하여 수업리더십의 본질(수업리더십의 개념, 수업리더십의 특징, 수업리더의 역할, 수업리더십의 기준, 수업리더십의 기능, 수업리더십의 발휘), 수업리더십의 전략(교내장학, 교원전문화, 교육환경, 다문화, 학교의 경영, 정보기술), 수업리더십의 하위변인(노민구 하위변인: 교육목표설정, 수업조직활동, 수업개선활동, 수업지원활동, 학업성취확인; 배용득 하위변인: 교사전문성개발, 교육과정 조정 및 수업지도, 교육목표설정 및 학생진보 조언, 학습동기부여, 근접성유지) 등을 고찰한 후에 디지털 전환시대와 수업리더십에 대해서 기술하고자 한다.

1. 수업리더십의 본질

수업리더십의 본질에는 수업리더십의 개념, 특징, 수업리더의 역할, 수업리더십의 기준, 기능, 수업리더십의 발휘에 대해서 기술하고자 한다(권기욱, 2009; 주삼환, 2009; 교육과정평가원, 2009; 주영효, 2006; 김종대, 2005; 배용득, 2004; 배용득, 2003; 노민구, 1994).

1) 수업리더십의 개념

최근 교육리더십 모델에서는 학교지도자가 교수-학습의 중요성을 분명하게 인식하고 학교수업과 관련된 활동에 비중 있게 참여할 것을 강조하고 있다(MacNeil, Cavanagh & Silcox, 2003). 학교의 최고 리더인 학교장은 학습자들의 학습을 효과적으로 달성하기 위하여 교사의 수업에 영향을 주기 위한 행위를 해야 하는데 이를 수업리더십이라 한다.

수업리더십에 대한 여러 학자들의 입장을 소개하면 다음과 같다. Keefe와 Jenkins(1984)는 "수업리더십을 학교에서 교수-학습활동을 개선하기 위하여 교사들과 학생들에게 방향, 자원, 지원 등을 제공하는 교장의 역할"로 정의했다. Greenfield(1987: 60)는 "수업리더십을 교사들에게 생산적이고 만족스러운 근무환경을, 학생들에게는 바람직한 학습조건과 학습결과를 조성해 주기 위해 취해지는 모든 활동"으로 보았다. 그리고 주영효(2006)는 "학교장의 수업리더십을 학생의 학업성취에 영향을 주기 위하여 학교장과 교사 간에 이루어지는 수업장학활동, 학교개선을 위해 행해지는 학교장의 지원·관리·조정의 행정활동을 포함하는 포괄적인 활동"이라고 했다. 노민구(2004)는 "학교장의 수업리더십이란 교사의 수업을 관찰하고, 피드백하는 임상장학은 물론, 수업을 지원 및 통제하는 학교목표설정, 교수-학습집단의 조직, 학교교육과정편성, 수업활동의 지원, 교사직능개발, 면학풍토조성과 아울러 교수-학습성과를 평가하는 활동도 포괄하는 것"으로 규정했다. 이윤식·이상미(2009)는 "수업리더십을 학교 교육목표 및 학교교육과정관리, 동기부여, 수업개선지도, 교육지원활동을 통하여 수업이 잘 이루어지도록 영향을 미치는 학교장의 행위"라고 했다.

따라서 수업리더십은 모든 학생들을 높은 수준의 학습을 할 수 있는 능력을 갖고 있음을 신뢰하고, 더 효과적으로 학습할 수 있다는 믿음을 가져야 한다. 이러한 리더는 교실을 주기적으로 방문하고, 교원들과 교수-학습에 대하여 토론하는 기회를 가져야 하며, 또한 교사들과 학습자들의 학습활동에 대하여 토론하고, 교사들 자신의 학습을 위한 시간을 제공하기 위하여 일과를 조정하고, 교직원회의를 교원개발의 기회로 활용하여야 한다(권기욱, 2009).

2) 수업리더십의 특징

이윤식 · 이상미(2009: 3~4)는 **수업리더십행위의 특징**을 다음과 같이 기술하고 있다. ① **비전설정과 학교교육목표 · 교육과정관리이다.** 학교장은 학교의 비전을 실현하기 위한 구체적인 목표를 수립하고 이 목표가 실천되도록 학교구성원과 의사소통하며 이끌어야 한다. 또한 학교장은 단위학교에서의 교육과정운영책임자로서 학교특색을 반영할 수 있는 학교교육과정을 편성하고, 교육과정운영을 학교경영의 중심으로 생각하며, 학생중심의 교육과정을 운영하도록 리더십을 발휘해야 한다. ② **학교장은 교사가 자율성과 창의성을 발휘할 수 있도록 동기를 부여해야 한다.** 수업장학을 통하여 수업동기를 유발하여야 하며 교사들이 자신의 전문적 지식과 역량을 끊임없이 향상시킬 수 있도록 자극해야 한다. ③ **학교장은 수업개선을 위한 수업리더의 역할을 수행해야 한다.** 교육과정과 수업목표, 수업방법 등에 관심을 갖고 교사들이 수업전문가로서 거듭날 수 있도록 여건을 조성해야 한다. 또한 수업장학을 활성화하여 교사의 수업기술이 향상되도록 해야 한다. ④ **학교장은 교사가 수업에 전념할 수 있는 교육환경을 조성해야 한다.** 지역사회 및 학부모와의 유대를 강화시켜 협조를 이끌어내야 하며, 수업이 잘 이루어질 수 있도록 수업에 필요한 기자재를 확보하고, 쾌적하고 안전하며 효율적인 학교분위기를 조성해야 한다.

따라서 학교장은 학교 내 · 외부의 관계자들과 협력적인 관계성을 개발하고, 학습자들의 발전과 학업성취를 극대화하는 데 초점을 둔 학교단위의 교원개발에 헌신하며, 교육과정 및 수업방법의 결정권을 교원들에게 위임하도록 한다. 결국 수업리더십의 핵심적인 이슈는 학부모 및 지역사회와의 관계를 강화하고, 교사들의 지식과 기능을 개발하고, 학교단위에서 민주사회를 강화하는 것이다(권기욱, 2009: 325).

3) 수업리더의 역할

학교장은 학교의 핵심적인 수업리더이다. 학교장은 교원들을 존중하는 환경을 조성한다. 그리고 수업리더인 학교장은 교원들로 하여금 팀을 형성하고, 수업을 효과적으로 성취하도록 제안하고, 주기적으로 토론의 장을 마련하여야 한다. 교원들은 직무를 수행하면서 정서지능이나 사회기능을 학습하고, 직무를 협력적으로 수행하는 방법을 학습해야 한다. 학교장은 학교에서 학습사회를 형성하고, 학교에서 비전을 창조하고 성취하는 데 교원들이 참여하도록 해야 한다. 결국 교원들의 리더십을 개발할 수 있는 교육과정, 수업, 평가에서 수업의 리더가 되어야 한다(Sparks, 2002).

따라서 학교장은 교원들이 자신의 수업에 대하여 반성하는 시간을 갖도록 하여야 하며, 교원 스스로 자신의 개발을 위하여 투자를 하고, 교원들의 직능개발을 학교의 경영방침과 연계하고, 교원들이 함께 업무를 수행하면서 생각하는 기회를 제공하고, 또한 지속적으로 자신의 수업실제를 개선할 필요성을 인식하도록 해야 한다(권기욱, 2009).

4) 수업리더십의 기준

학교에서 **학교장들이 수업리더로서 구비해야 될 리더십의 기준**은 다음과 같다(National Staff Development Council, 2000). ① 리더는 학교교원들이 공유하고 지원하는 학습의 비전을 개발하고, 명료화하고, 실천하고, 전파하도록 한다. ② 리더는 학생들의 학습과 교원들의 직업적 성장을 촉진하는 건설적인 학교의 문화와 교육프로그램을 개발하고 유지한다. ③ 리더는 학교가 안전하고, 효율적이고, 효과적인 학습환경을 조성하기 위한 조직을 관리 운영하며, 자원을 확보한다. ④ 리더는 지역사회의 다양한 요구를 고려하고, 지역사회의 자원을 활용하여 학부모 및 교직원들과 협력한다. ⑤ 리더는 윤리적이고, 공정하며, 정직하게 행동한다. ⑥ 리더는 국가사회의 정치, 사회, 경제, 법, 문화적 상황을 이해하고, 반응하고, 영향을 미친다.

5) 수업리더십의 기능

Duke(1982)는 **수업리더십의 기능**을 여섯 가지로 제시하고 있다. ① **교직원 능력개발이다.** 교직원 채용, 현직교육활동, 교직원 동기부여 등이 포함된다. ② **수업의 지원이다.** 교수-학습활동을 증진하기 위해 설계된 다양한 활동이 포함된다. ③ **자원의 확보와 배분이다.** 수업 요구를 충족시키기 위한 교직원 투입과 노력에 대한 신뢰가 포함된다. ④ **질 관리이다.** 목표가 달성되도록 보장하는 활동이다. ⑤ **조정이다.** 상반된 목적 혹은 중첩된 활동이 일어나지 않도록 하기 위해 필요한 행동이다. ⑥ 문제해결이다. 문제를 예상하고 해결하기 위한 활동이다.

위에서 제시한 교직원 능력개발, 수업의 지원, 자원의 확보와 배분, 질 관리는 수업의 효과성과 직접적으로 관련이 있는 것으로 밝혀졌다. 그리고 Duke (1982)는 수업리더십의 여섯 가지 기능을 바탕으로 수업리더로서 **학교장의 효과성을 평가하기 위해 상세한 평가기준**을 **표 4-22**와 같이 제시했다.

표 4-22 학교장의 수업리더십 기능에 대한 평가

수업리더십의 기능	평가기준
교직원 능력개발	1. 교장은 유능한 교사를 채용하기 위한 계획을 가지고 있는가? 2. 교직원들은 현직교육활동에 참여하도록 격려되고 있는가? 3. 정기적인 현직교육 기회를 제공하기 위한 계획이 수립되어 있는가? 4. 교직원들이 현직교육에 관한 의사결정에 참여하는가? 5. 교장은 교사들로 하여금 리더십을 발휘하도록 격려하는가? 6. 교사가 수업목표달성에 어려움을 느낄 때, 교장은 도와주는가?
수업의 지원	1. 교장은 교사들이 사무처리, 기록, 학급경영 등에 소비하는 시간을 최소화하기 위해 노력하는가? 2. 교장은 교실수업 방해를 최소화하기 위해 노력하는가? 3. 교장은 교사들이 학급경영목표를 뚜렷하게 하고, 학급경영계획을 발달시키도록 교사들을 격려하는가? 4. 교장은 학생들의 결석을 최소화하기 위해 노력하는가? 5. 교실수업에 방해가 되지 않도록 각종 행사들의 일정이 신중하게 계획되는가? 6. 교사, 학생, 학부모들이 학교의 규칙과 정책들을 알도록 하기 위해 정규적인 노력이 이루어지고 있는가? 7. 학교의 규칙들은 정기적으로 검토되는가? 그리고 불필요한 규칙들은 폐지되는가?

수업리더십의 기능	평가기준
자원의 확보와 배분	1. 자원은 교사들의 참여를 통하여 배분되는가? 2. 학급들 간에서 뿐만 아니라 학급 내에서도 자원이 공정하게 배분되도록 노력하고 있는가? 3. 교장은 학교와 교육청의 예산개발에 참여하는가? 4. 교장은 장학담당자들과 긴밀한 관계를 유지하고 있는가? 5. 수업기자재 구입을 위한 예산이 다른 학교와 비교하여 적절한가? 6. 교장은 추가적인 재원을 확보하기 위해 노력하는가? 7. 교사들이 수업 첫날에 순조로운 학습활동을 위해 필요한 수업기자재를 가지고 있는가?
질 관리	1. 학교는 분명한 교육목적과 목표를 지니고 있는가? 2. 교장은 교직원들이 학교의 교육목적과 목표를 인식하도록 하기 위해 노력하는가? 3. 교장은 교육목적과 목표들이 성취되고 있는지를 알아보기 위해 노력하는가? 4. 교장은 교직원들과 학생들에게 높은 기대를 가지고 있고, 그런 기대를 분명하게 전달하고 있는가? 5. 교직원들은 교장에 대해 높고 일관된 기대를 가지고 있고, 그런 기대를 분명하게 전달하고 있는가? 6. 교장은 교직원들과 학생들의 성취도를 알아보기 위해 노력하는가? 7. 교장은 규칙적으로 교실을 방문하고 교사들을 만나는가? 8. 학생이 기대되는 성취를 못했을 때 적절한 조치가 취해지는가? 9. 의도되지 않은 부정적 결과들을 평가하기 위한 조치가 평가계획에 포함되고 있는가?
조정	1. 교장은 각 부서의 기능을 규칙적으로 검토하는가? 2. 교장과 교직원들은 학교의 하부부서 간의 중복을 최소화하기 위하여 노력하는가? 3. 교장은 교직원들이 다른 사람들의 활동과 계획을 알도록 하기 위해 노력하는가? 4. 교장은 효과적인 조정을 위해 교감과 부장들에게 권한을 위임하는가? 5. 교장은 체계적인 계획수립을 위해 노력하며, 교직원들에게 계획수립을 위한 시간을 주는가?
문제해결	1. 문제가 발생하기 전에 교직원들이 문제를 예상하도록 하기 위해 교장이 노력하는가? 2. 우발적인 사태에 대한 계획이 각 부서와 교실에 수립되어 있는가? 3. 교직원, 학생, 지역사회 정서에 대해 정확한 정보를 얻기 위해 교장은 적절한 정보출처를 활용하는가? 4. 가능한 문제의 근접한 원천으로부터 자료를 얻기 위해 노력하는가?

수업리더십의 기능	평가기준
	5. 교장은 교육청정책에서 어떤 변화의 징후를 사전에 알기 위해 노력하는가? 6. 발생된 문제들을 처리하기 위해 무슨 조정장치가 존재하는가? 7. 교직원들은 갈등해결전략에 대해 교육을 받는가? 8. 교장이 교직원들을 적극적으로 문제해결에 참여시키는가?

자료: 김종대(2005). 학교장의 수업지도성이 학교풍토와 교사효능감에 미치는 영향. 동국대학교대학원 박사학위논문, p. 19에서 재인용함.

6) 수업(교수)리더십의 발휘

학교장의 수업(교수)리더십은 수업의 쟁점에 대한 논의 활성화, 수업관찰과 교사에 대한 피드백제공, 교사의 자율성지원, 새롭고 실험적인 수업에 대한 지원, 교사의 전문성계발 기회부여와 자원지원, 수업시간 보호, 역할모델 되기 등을 통하여 발휘될 수 있다(교육과정평가원, 2012: 22~29).

첫째, 수업의 쟁점에 대한 논의활성화이다. 고성취 학교의 교장들은 교육과정과 수업에 정통하며, 이러한 문제에 대하여 직원 간 논의를 촉진시키는 것은 물론, 그들 스스로가 이러한 담론에 참여하기를 좋아한다. John과 Asera(1999: 3)는 "학교리더들은 교사들이 수업문제에 관하여 해결책을 연구하고, 계획하고, 함께 배울 기회를 제공하였다. 그리하여 수업문제에 관한 협력이 학교 일정의 중요한 부분이 되도록 시간을 조직하였다"고 했다. Bamburg와 Andrew(1991: 188)는 유능한 교장들은 수업에 대하여 교사들과 논의할 수 있도록 늘 교사들 곁에 머물면서 수업에 초점이 맞추어진 직원계발활동에 참여한다는 점이 확인되었다. 그리고 Larsen(1987)은 유능한 교장들은 수업이 학생의 성취에 끼치는 영향을 인식하고 있으며, 이러한 인식하에 수업에 관한 공식적, 비공식적 논의 모두에 참여한다는 점이 잘 드러나 있다.

둘째, 수업관찰과 교사에 대한 피드백 제공이다. 교장의 수업관찰 및 교사에 대한 피드백과 학생의 학업성취도 사이의 관계를 확인한 결과를 고찰하면, ① Heck(1992: 30)는 교장들이 수업관찰실행에 보내는 총량은 학업성취의 가장 중요한 세 가지 예측변인 중에 하나라는 점을 밝혔고, ② Larsen(1987: 14)은 수업을 잘하는 학교를 보면 교장들이 정기적으로 수업관찰을 한다는 점이 드러났다. ③ Mendez-Morse(1991: 3)는 비록 사회 및 경제적 수준은 낮으나 높은 수준의 성취를 보이는 소수민족 학교를 대상으로 한 연구에서 교장들이 교수 목적상 자주 교실을 방문한다는 점을 밝혀내었다. ④ Sagor(1992: 19)의 연구에서 유능한 교장들이 이상적인 목표가 '매일 교실을 방문하려고 하는 것'이라는 점이 분명히 드러났다.

셋째, 교사의 자율성 지원이다. 고성취 학교의 교장들은 그렇지 못한 학교의 교장들보다 교사들의 수업실행에 더 많이 관여하지만, 동시에 교사들에게 더 많은 수업자율성을 허용하는 것으로 밝혀졌다. 이처럼 교장의 행동과 학생의 성취에 대한 연구를 고찰하면, Firestone과 Wilson(1989: 24)은 교장이 학생의 성취에 기여하기 위해서 할 수 있는 것에 대한 질문에 대하여, 이 연구는 "교장이 교사들의 노력을 지원하고… (중략) … 그들에게 오랜 기간에 걸쳐 누적된 학생의 능력차에 적응할 수 있도록 자율성을 제공함으로써 학생의 성취에 가장 많이 기여할 수 있다는 견해를 강화시켜 준다"고 했다. 그리고 Wendel, Hoke 및 Joekel(1996: 43)은 수월성을 추구하고 학생들에게 질 높은 교육을 제공하는 것과 함께, 관리자들이 취할 수 있는 또 다른 대책은 교사에게 수업자율성을 부여하는 것이라는 의견을 제시했다. 이와 같이, 유능한 교장은 교사들을 학교 밖의 과도한 강요나 압력으로부터 보호함으로써 그들의 자율성을 보장한다. 교사들이 공공연하게 조사를 당하고 비난받는다면 그들이 효과적으로 일할 수 없다는 것을 알기 때문에, 유능한 교장은 외부압력과 지역사회 및 중앙관청의 간섭으로부터 교사들을 보호한다(Gullatt & Lofton, 1996: 20~21).

넷째, 새롭고 실험적인 수업에 대한 지원이다. 교사의 자율성을 존중하고 그들을 외부압력으로부터 보호하는 교장의 노력은, 교사가 기꺼이 모험을 할 수 있도록 장려하는 방식으로 더욱 확장될 수 있다. Sagor(1992: 18)에 의하면, 성공한 교장들은 여러 가지 측면에서 상호차이를 보였음에도, 수업을 일종의 '실험과학'으로 간주하고 그에 따라 혁신을 장려한다는 점에서는 서로 일치했다. Scheurich(1998: 470~472)는 유능한 관리자들이 운영하는 학교에서는 혁신이 장려되며 설사 그 실험이 성공을 거두지 못한다고 하더라도 어느 누구도 비난받지 않는다. 실패할 경우 단순히 그것을 그만두고 또 다른 새로운 가능성을 찾아 나설 뿐이다. 또한 그들은 어떤 실험을 실패하기 마련이며 그것이 세상의 이치라는 견해를 가지고 있다. 이처럼 학교장은 새롭고 모험적이고 실험적인 수업을 적극 지원하는 전략을 사용하고 있는 것으로 나타났다.

다섯째, 교사의 전문성계발 기회부여와 자원지원이다. 교장의 성공은 상당 부분 그들이 교직원에게 제공하는 전문성계발 기회 덕택이다. 성공한 교장들은 덜 성공한 교장보다 형식과 내용 두 가지 관점에서 더 많은 활동을 제공할 뿐만 아니라 더 광범위한 활동을 제공한다. 여기에는 교장이나 학교구성원에 의해 제공된 교내활동, 집단학습시간, 지역후원행사, 외부 워크숍 및 학회, 그리고 대학에서의 교과학습이 포함된다. 결국 유능한 교장들은 교사에게 전문성계발 기회를 제공하기 위해 각종 필요한 자원을 확보하는 데 창의적이었다. 사실 고성취 학교의 교장들은 온갖 종류의 수업과 관련하여 필요한 자원(재정, 인력, 시간, 재료와 시설) 등을 찾아 제공하는 데 정통하였다(교육과정평가원, 2012: 26). Johnson과 Asera(1999: 3)는 다음과 같이 기술하고 있다. "학교리더들은 교사들이 학생들을 높은 학습수준에 이르도록 하는 데 필요하다고 판단되는 자원과 훈련을 제공하였다. 특히 그들은 교사들이 충분한 교수재료와 도구 그리고 전문성계발기회를 가지고 있다고 느끼도록 확신시켜 주었다.

여섯째, 수업시간 보호이다. 많은 학교에서 수업시간의 상당 부분이 과도한 안내방송과 다른 행정적 간섭, 너무 빈번한 모임과 학교 전체 모임, 그리고 교장에 의한 다양한 간섭요인들 때문에 낭비된다. 이러한 시간적 손실은 해당 학교에 재학 중인 학생들의 낮은 학업성취에 고스란히 반영될 수밖에 없다. 이에 반해 성공적인 교장들은 면밀하게 수업시간을 보호하고 정기수업일 외에 필요한 만큼 추가적인 수업시간을 조정한다. Bartell(1990: 195)은 성공적인 학교의 교장들은 수업시간이 보호될 수 있도록 규칙, 지침과 운영절차를 설정하는 것으로 밝혀졌다. 이와 관련하여 Johnson 및 Asera(1999: 3)는 도심지역 소수민족 학교에서 교장들이 학생의 학습을 향상시키기 위해 다음과 같은 전략을 활용하고 있음을 보고하고 있다. "학교리더들은 추가적으로 수업시간을 확보하는 데 노력하였다. 어떤 경우에는 정규수업 일과 안에서 중요한 문제에 관심을 갖도록 시간을 확보하기도 하며, 어떤 경우에는 정규수업 일과를 벗어나 추가로 시간을 더 확보하는 데 노력을 기울이기도 하였음"을 제시했다.

일곱째, 역할모델 되기이다. 많은 리뷰연구들은 고성취 학교의 교장들에 대한 정보를 수집하는 데 교사 설문조사를 활용했다. 교장의 스타일과 접근법에 대한 교사들의 응답에서 교장에 대한 그들의 칭찬이 뚜렷하게 드러난다. 특히 그들은 교장이 자기 말을 실천에 옮기고 귀중한 역할모델을 하고 있다는 점을 두드러지게 높이 평가했다. Black(1997: 33)은 학교문화와 학생의 성취의 관계에 대하여 언급하면서, 학교문화를 만들어 나가는 교장은 일상에서도 이러한 핵심가치에 대하여 일관성 있게 모범을 보인다고 결론을 내렸다. Gersten과 Carnine(1981)은 "성공적인 관리자가 되기 위해서는 학교개선 계획에 헌신하고 이에 모범을 보여야 한다"고 결론을 내리고 있다. Butler(1997: 31) 교장은 저성취 학교를 고성취 학교로 바꾼 자신의 경험을 바탕으로 "나는 내가 가치 있다고 생각한 것에 모범을 보였고, 교사들이 그들의 시간을 투자하기를 원하는 방식과 똑같이 내 시간을 투자했다"고 제시했다. 그리고 1997년 국가가 인정한 탁월한 교장(National Distinguished Principal)인 Cash는 역할모델의 중요성, 즉 '사랑'에 대하여 다음과 같이 언급하고 있다. "나는 가르치는 법을 누구에게나 가르칠 수 있다. 또한 나는 효과적인 교수전략을 설계하고 교사가 필요한 기능을 습득하여 성공할 수 있도록 돕는 실행계획을 개별화할 수도 있다. 그러나 내가 할 수 없는 것은, 어떤 사람에게 아이들에게 진정한 사랑을 줄 수 있도록 심장을 이식해 주는 것이다"라고 제시하고 있다.

2. 수업리더십의 전략

학교장은 교내장학, 교원전문화, 교육환경, 다문화, 학교의 경영, 정보기술 등의 요인이 수업리더십의 전략으로 활용될 수 있다(권기욱, 2009).

1) 교내장학

학교에서 수업리더의 역할을 수행하는 가장 효과적인 방법은 장학을 활성화하는 것이다. 장학은 리더와 교원들 간에 긍정적인 관계성을 증진하고, 신뢰와 동기화를 도모한다. **효과적인 교내장학의 특성**은 다음과 같다. ① 학생교육의 전문성을 함양하고, 바람직한 가치와 태도를 갖는다. ② 듣기기능, 피드백기능, 갈등해결기능, 의사결정기능, 의사소통기능을 높여주고, ③ 변화를 위하여 예상을 하고 준비하는 능력을 기르고, ④ 성취를 위한 개별 목적과 팀의 목적을 설정하는 데 참여한다. ⑤ 주기적으로 업무의 성취에서 진보한 상태를 확인하고 개선한다. ⑥ 새로운 사상에 개방적이도록 한다.

한편 Rodd(1994: 106)는 **교내장학에서 적용할 교원들의 학습원리**에 대하여 다음과 같이 기술하고 있다. ① 교원들이 학습활동에 참여하고, 자신의 욕구가 충족되고, 자아지시적이고 의사결정에서 기존의 기능에 근거하여 새로운 기능을 형성할 기회를 갖는다. ② 과거의 지식, 기능, 경험을 활용하고, 교원들이 다른 교원들을 돕도록 한다. 동료장학을 더욱 더 활성화시켜야 한다. ③ 현재의 상황에 적용될 수 있는 새로운 정보, 기능, 통찰, 해결을 갖게 하는 방법에 초점을 둔다. ④ 효과적인 훈련전략으로 집단토론, 브레인스토밍, 역할놀이, 문제해결과 피드백 제공과 같은 다양한 교수방법을 활용한다. ⑤ 교원들 간에 균등성, 책임의 공유, 협력, 상호존중을 강조하여 민주적 분위기를 형성하도록 한다. ⑥ 교원들은 학습과정에 능동적으로 참여하고, 반성적 사고와 행동에 의하여 학습한다.

그리고 리더의 업무는 점차적으로 복잡해지고 있으며, 경영자도 리더로서의 개발이 요구된다. 리더는 교직원개발에 대해 비판적, 반성적, 창의적 능력을 함양하는 데 초점을 둔다. 경영자의 개발은 학교의 핵심적 기능인 교수와 학습의 질을 개선하는 데 초점을 두어야 한다. 리더수업에 대한 신념은 중요하며, 리더는 교원들이 계속 학습하도록 교원개발에 연계되어야 한다. **교내장학의 의의를 기술하면 다음과 같다.** ① 장학은 학교경영자와 교사의 인간적 성공을 촉진한다. ② 장학은 수업을 개선하는 모든 프로그램의 기초이다. ③ 장학은 주로 학습에 관련된 전문적 기술을 보상하고 학습의 조건을 개선한다. ④ 장학은 교원이 업무를 더 잘 성취하도록 돕는 서비스활동이다. ⑤ 장학은 교원의 성취를 위하여 조정, 자극, 지시하는 수단이다.

2) 교원전문화

교원들의 전문성을 제고하여 학생들의 성취를 극대화하는 수업리더십의 본질은 다음과 같다(Aitken & Darroch, 2003: 22). 교원들은 자율성을 많이 가지며, 경영자를 수업리더로 생각하고, 교원들이 모든 학생들에게 높은 기대를 가지며, 학생들의 진보를 조정하고, 학생들의 성취에 근거하여 수업을 한다. 교원들은 학교에 대하여 비전을 공유한다. 그 구체적인 내용은 다음과 같다. ① **우수한 수업을 할 수 있도록 교원개발을 실시한다.** 교원들은 학생들의 성취수준을 증가하도록 수업전략에 대하여 학습을 하도록 한다. 리더는 교원들에게 일상적인 업무의 수행에서 계속적인 학습과 협력을 하는 기회를 제공하도록 한다. 이를 위하여 교원들의 업무부담을 경감한다. 교원들은 교육과정과 평가에 연계된 내용들이 풍부한 직업계발의 기회를 가져야 한다. ② **잘 설계된 교원 멘토**

링 프로그램을 운영한다. 멘토링 프로그램은 수업기능, 효능감, 교원태도를 개선하는 데 효과적이다. 베테랑 교원과 신임교원들이 짝이 되어 멘토링을 한다. ③ **교원들에게 교실수업활동의 성공과 실패에 대하여 토론하고 분석하고 반성할 수 있는 시간을 제공한다.** 교원들이 자신의 수업활동을 분석하고, 다른 교원들의 수업을 관찰하도록 한다.

3) 교육환경

리더의 주요업무는 교원들의 업무성취에 방해되는 것을 제거하여 교육적인 학습환경을 제공하는 것이다. 학교장은 교원들이 더 생산적인 환경을 조성할 수 있도록 해야 한다. 그러한 **환경을 조성하는 전략**은 다음과 같다(Frase, 2005).

① **교원들이 우수한 교육과정을 설계할 수 있는 능력을 함양하도록 한다.** 교육과정은 학생들이 학습하는 것을 결정한다. 교육과정이 잘 편성되지 않으면, 효과적인 학습이 어렵다. 빈약한 교육과정은 학생들의 학습을 돕는 데 효과적이지 못하기 때문이다. ② **리더는 창조적이고 높은 에너지를 갖는 학습환경을 조성한다.** 교원들은 학급현장에서 가능한 한 방해가 적고, 성공적으로 수행할 수 있는 업무조건을 필요로 한다. 그러한 환경을 제공하는 것은 리더의 책임이다. ③ **학교의 마이크 사용이나 외부기관의 요구를 극소화한다.** 그러한 활동은 교수활동을 중단하고 수업의 흐름을 방해한다. ④ **교원들에게 학습계획을 수립하는 데 충분한 시간을 제공한다.**

4) 다문화

다문화리더십은 다양한 문화적 집단의 교원들이 의미를 공유하는 체제이다(Hong & Mallorie, 2004). 최근 다문화리더십은 학교에 강력한 영향을 미치는 문화에 관심을 갖게 하였다. 그리고 다양한 시간, 장소, 사회문화적 상황에 적용되는 리더십이다. 다문화리더십은 교육에 적용되고 있는 특정 교육문제의 이해를 촉진하기보다 상시적으로 적용되어야 할 리더십이다. 리더는 학교교원들의 문화적 다양성을 이해하고, 교원들 모두가 다양성을 이해하도록 도와야 한다. 교원들이 문화에서 오는 차이를 이해하고 대화를 하려는 의지와 능력을 발휘하는 것은 다양한 문화로 구성된 학교에서 중요한 것이다. 결국 학생들의 학습을 개선하기 위하여 새로운 학습과정과 구조를 개발하여 제공하여야 한다. 그리고 평생학습자의 모델이 되어야 한다. 변화를 촉진하기 위하여 리더는 교원들의 역할모델이 되어야 한다.

그리고 **문화적으로 반응적인 교수, 학습, 학교는 다음과 같은 특성**을 가져야 한다. ① 높은 학업성취를 요구하고, 교원과 학생에게 높은 기대를 갖는다. ② 학생들에게 학교의 지배적인 문화와 권력관계를 비판할 수 있는 여지를 제공한다. ③ 학생 및 교직원들의 다양한 인구의 성취 형태, 문화적 지식, 언어, 과거 경험, 준거체계를 고려한다. ④ 학급경영과 훈육 절차, 수업의 전략과 방법, 교실환경, 학생-교사와 학부모-교사 관계성, 교육과정 내용에서 문화적 적절성을 확보한다. ⑤ 강력한 리더십을 발휘하고, 학생들의 진보를 계속적으로 조정한다.

5) 학교의 경영

오늘날 학교의 경영에서 개혁은 분권화가 핵심적인 주제이다. 교육활동의 과정과 산출에 교원들이 참여하도록 학교단위경영제도를 도입하면서 학교의 경영에 교원들의 참여를 권장한다. 공유된 의사결정의 과정은 리더가 교원들과 협력하는 전략에 능숙하여야 함을 의미한다. **학교에서 리더십을 공유할 때, 고려하여야 할 사항**은 다음과 같다. ① 리더십의 목적은 역할에 관계없이 수업의 실제와 성취를 개선하는 것이다. ② 수업을 개선하기 위해서는 계속적인 학습을 해야 한다. 학습은 모방을 요구하기도 한다. ③ 리더는 학습과 개선을 통하여 전문성을 가져야 한다. ④ 권력의 행사는 그에 상응한 책무성과 수용능력을 요구한다.

6) 정보기술

학교의 수업에서 정보기술을 통한 의사소통의 증가는 리더십에 영향을 미친다. 정보기술의 발전은 수업리더십에 새로운 상황을 제공한다. 리더는 정보기술의 실천과 관리에 전향적이어야 한다. 정보기술의 혜택을 극대화하기 위하여 리더십의 변화가 요구된다. 정보기술 리더십은 의사소통을 포함한 많은 업무가 정보기술의 지원을 받는 조직의 상황에서 야기되는 사회적으로 영향을 미치는 과정이다. 사회적 영향의 과정은 태도, 정서, 사고, 행동, 성취에서 변화를 야기하는 것을 목적으로 한다.

3. 수업리더십의 하위변인

수업리더십의 하위변인은 노민구(1994)와 배용득(2004)의 연구결과를 고찰하기로 한다.

1) 노민구(1994)의 하위변인

노민구의 학교장의 수업리더십의 하위변인은 교육목표설정, 수업조직활동, 수업개선활동, 수업지원활동, 학업성취확인변인으로 구성되어 있다. 이를 좀 더 구체적으로 제시하면 다음과 같다.

첫째, 교육목표설정변인(학교비전제시, 교육목표 명료화)**이다.** 먼저 학교비전제시는 학교구성원들에게 꿈을 심어주고, 그들의 다양한 학교활동을 안내하는 역할을 한다. 뿐만 아니라 학교가 얼마나 잘 운영되고 있는지를 계속적으로 평가하는 준거로서 중요한 기능도 함으로써 궁극적으로 수업의 질을 개선하고 학생의 성취수준을 향상시켜 효과적 학교를 만드는 데 기여하게 되는 것이다. 그리고 교육목표의 명료화란 교장이 학교목표의 진술과정에서 교사들을 참여시켜 그들의 전문성도 활용하고 목표에 대한 그들의 이해를 도우며, 목표에 대한 그들의 실천 사명감을 높일 필요가 있다.

둘째, 수업조직활동변인(교사조직, 학습집단조직, 교육과정조직)**이다.** 교사조직은 교직원 집단의 인화에 염두에 두되 학급경영능력이나 교과지도능력을 충분히 고려하여 보직을 부여하는 노력이 필요할 것이다. 학습집단조직에 대해서 Robinson은 학급규모의 과대화나 과소화가 학생의 학습에 부정적 영향을 미치는 것을 어느 정도 상쇄시킬 수 있는 중개변인들로서 몇 가지를 제시하고 있는데 이를 소개하면 다음과 같다. 분명하게 진술된 교육목표, 능력 있는 교사진, 지원적 환경, 충분한 지원, 진단적 체제, 교사의 참여, 수업기술, 학생능력의 범위의 확대, 학급경영, 자원인사, 수업의 교정, 사무적 일의 경감, 훈련프로그램 등이다(노민구, 1994 재인용). 교육과정조직은 ① 최소 시간수를 엄수해야 한다. ② 교육내용의 조직에 융통성을 부여해야 한다. ③ 지역사회의 인적 및 물적 자원을 교육과정운영에 적극 활용해야 한다. ④ 특정교과의 통합적 운영을 강조한다. ⑤ 특수재능아, 학습지진아, 학습장애아 교육에 특별한 관심을 기울여야 한다.

셋째, 수업개선활동변인(수업관찰 및 평가, 교사직능개발)**이다.** 수업관찰은 ① 수업에 대한 교사의 이해를 돕고, 기본적인 수업기술을 이해시켜 준다. ② 전문적인 지식의 확대와 그것의 수업시간에서의 활용을 촉진시킨다. ③ 교사의 직무동기를 유발하고 수업에 대한 책임감을 높여준다. ④ 학교 전체목표와 수업목표와의 연결을 환기시켜 준다. 수업평가는 수업개선과 나아가서 교사의 전문성 향상에 실질적으로 기여할 수 있기 위해서는 수업평가의 목적, 내용, 방법 및 결과활용 측면에서 향후 검토가 필요하다고 볼 수 있다. 효과적인 교장은 교사의 전문성발달을 위한 활동에 보다 많은 관심을 갖고 지원을 아끼지 않으며, 그들 학교의 교사들의 수업기술과 수업전략을 개선해 가도록 적극 자극하고, 직능개발의 초점에 맞추며, 교사들과 함께 직능개발활동을 계획하고 참여하고 평가하는 데 적극적인 역할을 수행하는 것으로 나타났다.

넷째, 수업지원활동변인(학습풍토조성, 교육시설의 마련, 학교-가정 간의 연계)**이다.** 교장이 취할 수 있는 학습풍토조성의 조치로서 ① 학구적인 학생들을 지원하고 높은 성취를 올리는 학생들을 격려할 수 있는 보상체계를 마련하여 실시한다. ② 학생의 인간적 복지문제에 대하여 학교의 적극적인 관심을 표현한다. ③ 교장은 학생들의 학습에 관심을 많이 가지고 있다는 메시지가 학생들에게 전달될 수 있도록 교장은 교내를 자주 순시한다. ④ 학습분위기를 해치는 학생들을 훈육할 수 있는 엄격한 학생지도체제를 확립한다. 학교장의 이러한 수업리더십행위는 교사집단의 건전한 풍토를 조성하려는 노력과 합쳐져서 학생들의 학구적 노력을 자극하여 학교 전체의 면학풍토 확립에 기여하게 될 것이다. 그리고 학교시설관리 측면에서 수업리더의 자질을 발휘함에 있어서 교장은 항상 교육적 맥락에서 학교의 모든 시설을 고려해야 한다. 그러기 위해서 교장은 학생을 교육하는 것과 물리적 환경과의 통합적 관계를 깊이 있게 이해할 필요가 있다. **학교-가정 간의 연계 측면에서의 구체적인 교장의 수업리더십 행위**는 다음과 같다. ① 정기적으로 학부모들과 의사교환을 가지고 학교의 교육프로그램이나 활동들을 학부모에게 알린다. ② 학교의 교과프로그램이나 교과의 프로그램 운영에 필요한 자원인사를 확보한다. ③ 교사와 학부모 간의 접촉을 촉진하기 위한 프로그램을 개발한다. ④ 학교와 중요한 지역사회단체들과의 유대를 강화한다. ⑤ 학부모들이 그들 가정에서 그들 자녀들을 가르치는 데 사용되는 교육과정에 대하여 배울 수 있는 교육적 활동이나 프로그램을 제공한다. ⑥ 학부모들이 학교프로그램에서 강조되고 있는 학습상의 기술을 바탕으로 가정에서 그들 자녀들과 함께 공부할 수 있는 체제를 개발한다.

다섯째, 학업성취확인변인(평가방법의 개선, 평가결과의 활용)**이다.** 학교에서 일어나는 진단평가, 형성평가, 총합평가를 포함하는 모든 평가는 물론 수업을 지도한 중요한 임무이며 책임인 것은 분명하나, 학생들의 성장을 위하여 학교에서 마련한 프로그램이나 어느 정도 학생들의 실제적인 성장을 가져왔는지를 확인하고, 부족한 점을 발견하여 그것을 보완하는 것은 수업리더로서 교장의 중요한 과업이기도 하다. 그래서 교장은 학생들이 정해진 목표에 도달해 가고 있는지, 그리고 어디에서 목표 도달에 실패하고 있는지를 끊임없이 탐지해 보아야 한다. 문제가 구체적으로 확인되면 될수록 학생들의 학습상의 문제는 보다 성공적으로 치료되고 학교의 교육활동은 목표를 향해 정상적으로 운영될 수 있다. 또한 교장은 평가결과를 학생의 학습동기유발과 교사의 수업개선 노력의 촉진제로 활용할 수 있다. 우수학생에 대한 시상제도는 열심히 노력한 학생에 대한 보상도 할 수 있고, 다른 학생의 학습동기를 유발하는 학교 학습풍토조성에 기여할 수 있다. 또한 우수한 학업성취를 이루도록 지도한 교사들을 격려하고 인정해줌으로써 다른 교사의 교육적 열의와 수업개선 노력을 자극할 수 있는 효과를 거둘 수 있다.

노민구(1994)의 학교장의 수업리더십 측정도구는 **표 4-23**과 같다.

표 4-23 학교장의 수업리더십 측정도구

수업리더십 측정(교장/교사 겸용)						
• 응답 요령: 다음 문항들은 수업리더십에 관한 내용입니다(1~50). 귀 학교 교장선생님이 나타내는 행동특성을 진술한 내용과 얼마나 일치하는지 해당란에 V표를 해주십시오.		아주 불일치	불일치	보통	일치	매우 일치
번호	설문내용					
1	본교가 추구하는 이상적 미래상을 교직원과 학생에게 제시하고, 그것의 실현을 위해 함께 노력할 것을 당부한다.					
2	교사들과 협의하여 학년별, 교과별로 학력성취목표를 정한다.					
3	설정된 학력성취목표를 달성할 수 있는 구체적 방안을 교사들과 함께 수립한다.					
4	수시로 본교의 장기적 발전구상과 단기적 목표를 전 교직원에게 주지시킨다.					

5	학급담임 및 교과담임 결정에 적극 관여한다.					
6	교사들과 협의하여 학교교육과정편성 및 운영지침을 마련한다.					
7	교과 운영상 교과부장교사의 역할과 활동을 중시한다.					
8	교사들이 자기가 맡은 학년, 교과의 연간지도계획을 세워 교장의 결재를 받도록 한다.					
9	협동교수제(팀티칭)와 같은 새로운 교사조직을 도입하여 교수효과를 극대화하려고 노력한다.					
10	특수재능학생과 학습지진학생에 대한 특별교육프로그램을 마련하여 운영하게 한다.					
11	학생의 개인차에 따라, 혹은 학습과제의 성격에 따라 학습집단규모를 다르게 하여 수업할 수 있도록 조치한다.					
12	교사들이 수업시작과 종료 타종에 정확히 따라줄 것을 요구한다.					
13	수업시간을 단축하고 교내외행사를 하는 것은 가능한 억제한다.					
14	수업과 교재연구에 방해가 되는 잡무를 경감시키려고 노력한다.					
15	학년별, 교사별 학습진도상황을 수시로 혹은 정기적으로 확인한다.					
16	학습지도 및 평가와 관련된 교직원연수를 월 1회 이상 정기적으로 실시한다.					
17	공식적 혹은 비공식적으로 교사의 수업을 참관한다.					
18	교사평가에 있어 수업지도능력을 가장 중요한 준거로 삼는다.					
19	수업참관 전에 수업할 교사와 참관전략을 협의한다.					
20	수업평가의 준거를 마련하여 교사들에게 알리고, 그것에 따라 교사의 수업을 평가한다.					
21	학급담임 및 교과담임 결정 시 교사의 수업지도능력을 일차적으로 고려한다.					
22	교사의 전문성향상에 도움이 되는 자원인사를 초빙하여 직원연수 기회를 갖는다.					
23	수업참관 후 수업교사 및 관련교사와 협의회를 갖고 수업개선에 방안을 논의한다.					
24	교사들이 새로운 지식이나 수업기술을 습득할 수 있는 각종연수나 세미나에 참여할 수 있도록 시간적 및 재정적 뒷받침을 한다.					
25	수업방법의 개선을 촉구하고, 창의적인 교수법을 도입하는 교사를 높이 평가한다.					
26	수업연구의 중요성을 강조하고, 전체적으로 월1회 이상 수업연구를 실시한다.					
27	수업내용, 수업대상에 따라 다양한 교수-학습방법의 도입을 교사들에게 요구한다.					
28	교사들의 전문성 향상에 도움이 되는 상위학위 취득을 장려하고, 지원한다.					
29	학회나 연구회에 가입하여 활동하는 교사를 높이 평가하고 지원한다.					
30	학년협의회나 교과협의회를 자주 열어 수업이나 평가문제에 대한 논의를 활성화시킨다.					
31	수업기술 향상에 도움이 되는 교육학 관련 잡지, 논문 및 전공서적을 구입하여 필요한 교사는 이용하도록 배려한다.					

32	모든 학생이 일정수준 이상의 학업성취를 이룰 수 있다는 기대와 신념을 가지고 수업에 임할 것을 교사들에게 강조한다.					
33	수업에 필요한 물품이나 자료구입을 청구하면 우선적으로 지원한다.					
34	학부모를 학교에 초빙하여 학교의 학력향상 노력을 홍보하고 지원을 이끌어낸다.					
35	학생들 사이에 성적 향상을 자랑스럽게 여기는 학교풍토를 만들려고 애쓴다.					
36	수업에 필요한 교육자료를 미리 파악하여 준비해 둠으로써 수업에 차질이 생기지 않도록 조치한다.					
37	학력평가결과를 학부모에게 반드시 통보하게 한다.					
38	수시로 교내를 순시하여 교장 자신이 교내에서 일어나고 있는 교수-학습 상황에 깊은 관심을 가지고 있음을 표명한다.					
39	교실, 특별실, 도서관 등 학습에 필요한 시설이 최적 상태가 유지되도록 노력한다.					
40	담임교사들이 학생의 성적문제에 대하여 학부모와 대화할 수 있는 기회를 마련한다.					
41	학생 전체 조례 시 공부하는 학생의 바른 자세와 면학분위기 조성의 중요성에 대해 훈화한다.					
42	학교의 면학분위기를 해치는 학생행동에 대해서는 엄하게 벌할 것을 지시한다.					
43	수업 중 각종 시청각자료나 교구의 적절한 사용을 권장하고, 그 활용실태를 점검한다.					
44	적절한 가정학습과제의 필요성을 교사들에게 언급한다.					
45	학력평가 횟수는 학교실정에 맞도록 조정하되, 가능한 평가횟수를 늘리려고 노력한다.					
46	모든 교사들이 동일학년, 동일교과는 물론 타 학년, 타 교과교사의 수업도 참관하도록 권유한다.					
47	각 교과의 평가는 지필검사 일변도로 할 것이 아니라 서술식 주관식평가, 태도관찰평가 등 다양한 평가도구와 방법으로 성취도를 평가하도록 지시한다.					
48	학력평가결과는 학습지도 개선자료로 적극 활용하도록 당부한다.					
49	학력평가결과를 학년별, 학급별, 교과별, 담당 교사별로 비교 및 분석하여 성적이 부진하면 그 원인을 찾아 그에 대한 대책을 세울 것을 지시한다.					
50	평가실시 후 성적이 우수한 학생이나 학반은 시상하고 격려한다.					

자료: 노민구(1994). 학교장의 수업지도성 행위가 학교효과성에 미치는 영향 -고등학교를 중심으로-. 한국교원대학교대학원 박사학위논문, p. 203~207 인용함.

- 주: 수업리더십 하위변인
  교육목표설정변인(1~4번), 수업조직활동변인(5~15번), 수업개선활동변인(16~31번), 수업지원활동변인(32~44번), 학업성취확인변인(45~50번), 총50문항임.

2) 배용득(2004)의 하위변인

배용득(2004: 137)은 수업리더십을 수업리더십의 발휘를 통한 수업조직화로써 교사들을 통해 수업기술을 향상시키는 것이며, 수업리더십의 발휘를 통한 학교풍토로써 학교풍토가 학생의 학업성취도를 높이는 개념으로 해석하였으며, 아울러 그는 측정도구를 "교장의 수업관리 행동평가인 PIMRS(Principal Instructional Management Rating Scale)"의 72개 요인 가운데 36개 요인(Hallinger and Murphy, 1985)을 우리나라 실정에 맞게 수정하였다. 수업리더십의 하위변인으로 교사전문성, 교육과정, 교육목표, 학습동기, 근접성 요인으로 새롭게 개발하여 사용했다.

배용득(2004)의 수업리더십의 측정도구는 **표 4-24**와 같다.

표 4-24 학교장의 수업리더십 측정도구

수업리더십 측정						
• 응답 요령: 다음 문항들은 수업리더십에 관한 내용입니다(1~36). 귀 학교 교장선생님이 나타내는 행동특성을 진술한 내용과 얼마나 일치하는지 해당란에 V표를 해주십시오.		아주 불일치	불일치	보통	일치	매우 일치
번호	설문내용					
1	학생들의 학업성취와 관련된 연수를 받도록 지원한다.					
2	교사에게 수업과 관련한 전문성신장의 기회를 제공하거나 알려준다.					
3	교사의 노력이나 성취에 대해 개별적으로 격려한다.					
4	교사에게 새로운 수업기술을 익혀 실천하도록 장려한다.					
5	학생의 학업성취도를 교사의 수업평가에 활용한다.					
6	교사의 교수활동과 관련된 교수 수범사례를 다양한 방법으로 알린다.					
7	정규 수업목표와 특별 수업프로그램의 목표가 일치하게 운영한다.					
8	현직연수활동에 참여하는 교사들이 습득한 정보나 수업에 관한 아이디어를 공유한다.					
9	학교의 학업성취목표를 교육과정과 연계하여 설정 및 전달한다.					
10	특별한 공적으로 세운 교사를 인정해 주는 차원에서 전문성개발 연수기회를 부여한다.					
11	교사들이 연수기간 동안 습득한 수업기술을 활용하도록 지원한다.					
12	정규 수업목표와 특별수업목표가 일치하도록 한다.					
13	교육과정과 관련된 자료검토와 교재선정에 적극 참여한다.					
14	교사들과의 비공식적인 모임에서 학교의 학업성취목표를 설명한다.					
15	수업연구 후에 교사의 수업에 대해 장단점 및 개선점을 협의한다.					
16	학업성취도평가가 교육과정목표와 일치된 내용으로 이루어졌다.					
17	학교 학업성취목표가 교육과정목표와 연계되어 있다.					

18	수업연구협의회 때 수업목표와 수업내용의 연계성을 중요시한다.					
19	학교의 학업성취목표를 전 교직원에게 알린다.					
20	교육목표설정 시 교사들의 의견을 반영한다.					
21	교육목표설정 시 학생의 학업성취에 대한 객관적 자료를 사용한다.					
22	모의고사 입시결과를 학생들에게 정기적으로 알린다.					
23	학생이 기대학습을 성취하도록 독려한다.					
24	학생이 성적향상을 위해 학생과 교사 사이에 개별적으로 협의한다.					
25	교육목표설정 시 학생의 학업성취수준의 향상을 늘 중요시한다.					
26	교사들이 학급에서 구체적이고 실천가능한 교육목표를 설정한다.					
27	학습목표가 완전히 성취할 수 있도록 학생의 기대수준을 성취수준에 맞춘다.					
28	시험결과에 따라 심화학습, 특별수업 등을 통한 학생의 학업성취도를 올리는 프로그램을 개발한다.					
29	학력진단 평가결과를 토대로 학교교육목표달성도를 평가한다.					
30	학업성적이 우수한 학생을 표창한다.					
31	학년별 기대학력을 달성하기 위해 학업성취기준을 설정한다.					
32	학생 개개인에게 전체 성적과 학년성적을 알려준다.					
33	학업성적이 우수하거나 성적이 향상된 학생을 격려한다.					
34	쉬는 시간에 교사와 학생 간 대화의 시간을 가진다.					
35	학생문제를 협의하기 위해 교무실, 혹은 교사를 자주 방문한다.					
36	교장은 정기적으로 수업을 관찰하고 수업에 관한 의견을 나눈다.					

자료: 배용득(2004). 학교장의 수업지도성이 고등학생의 학업성취도에 미치는 영향에 대한 공변량 구조분석. 교육행정학연구, 22(3), p. 143 인용함.

• 주: 수업리더십 하위변인
교사의 전문성개발변인(1~11번), 교육과정 조정 및 수업지도변인(12~18번),
교육목표설정 및 학생진보 조언변인(19~29번), 학습동기부여변인(30~33번),
근접성유지변인(34~36번), 총36문항임.

상기에서 수업리더십의 본질(수업리더십의 개념, 수업리더십의 특징, 수업리더의 역할, 수업리더십의 기준, 수업리더십의 기능, 수업리더십의 발휘), 수업리더십의 전략(교내장학, 교원전문화, 교육환경, 다문화, 학교의 경영, 정보기술), 수업리더십의 하위변인(노민구 하위변인: 교육목표설정, 수업조직활동, 수업개선활동, 수업지원활동, 학업성취확인; 배용득 하위변인: 교사전문성개발, 교육과정 조정 및 수업지도, 교육목표설정 및 학생진보 조언, 학습동기부여, 근접성유지) 등을 고찰한 결과 나타난 **수업리더십의 주요 키워드**는 리더의 학교경영과 교육활동 선도 역할, 학습자들의 지적 및 정의적 성장, 수업조직화, 학교풍토 및 학교조직문화 조성, 교사전문성 개발, 교수-학습활동 개선, 교사 및 학습자들의 자원지원, 교사들의 만족스런 근무환경 제공, 학생들에게 학습조건 및 결과 조성, 자원관리활동, 학교목표 설정, 교수-학습집단의 조직, 수업활동의 지원, 교사직능개발, 면학풍토조성, 동기부여, 수업개선지도, 교육지원활동, 교원개발, 비전설정, 팔로워와의 의사소통, 학생중심 교육과정운영, 교사의 자율성 및 창의성 발휘, 수업동기부여, 교사들의 수업전문가로서 능력함양, 수업기술 향상, 효율적인 학교분위기 조성, 협력적인 관계성개발, 학업성취의 극대화, 교원개발 헌신, 교사들에게 교육과정결정권 위임, 지역사회와의 파트너십 구축, 교사의 지식과 기능개발, 팔로워존중 환경조성, 팀형성, 학습사회형성, 교사들의 참여의식 독려, 교사리더십개발, 학습비전개발, 건설적인 학교문화구축, 교육프로그램개발, 리더의 윤리적, 공정한, 정직한 행동, 상황인식 이해, 교직원능력개발, 교직원 동기부여, 수업의 지원, 자원의 확보와 배분, 질 관리, 조정, 문제해결, 수업의 지원, 자원의 확보와 배분, 수업관찰, 피드백 제공, 교사의 자율성 지원, 창의적인 수업에 대한 지원, 역할모델 되기, 교사자율성 존중, 리더와 팔로워 간의 긍정적인 관계성 증진, 신뢰와 동기화 도모, 갈등해결기능, 자아지시적 의사결정, 교원들 간의 책임공유, 민주적 분위기 조성, 반성적 사고에 의한 학습, 창의적 능력함양, 팔로워들의 문화적 다양성 이해, 평생학습자의 모델, 학교단위경영제, 전문성, 책무성과 수용능력 요구, 정보기술의 혜택 극대화, 교육목표설정, 수업조직활동, 수업개선활동, 수업지원활동, 학교비전제시, 교육목표 명료화, 교사직무 동기유발, 학습풍토조성, 평가결과활용, 학습동기유발, 교사의 교육적 열의, 수업개선 노력 등으로 나타났다. 이러한 수업리더십의 키워드는 4차 산업혁명시대의 협력역량, 의사소통역량, 창의성역량, 리더십역량, 문제해결역량, 적응역량, 전문성역량 등과 관련된 것으로 보인다.

제11절 가부장적 리더십

가부장적 리더십의 개념을 살펴보기에 앞서서 Bass(1990)가 제기했던 **헤드십(headship)에 대하여 언급**하기로 한다. Holloman(1986)은 헤드십이 "주어진 사회구조에 의해 타고난 것으로서 부하들에게 강요된 것"으로 정의한 데 비해, 리더십은 "사회맥락 속에서 출현하여 추종자들에 의해 리더에게 주어진 것"이라고 했다. 그리고 Bass(1990)는 헤드십을 ① 조직화된 시스템에 의해 유지되며, ② 조직목표는 그룹 의사와 관계없이 리더에 의해 정해지고, ③ 공유감정이나 목표달성을 위한 협력행동을 보기 어려우며, ④ 팔로워와 리더 사이에 사회적 격차가 매우 크고, ⑤ 리더의 권한은 팔로워에 의해 자연스럽게 받아들여진다고 주장했다. 이처럼 헤드십은 성취에 의해서라기보다는 상속이나 귀속에 의해서 형성된 것이라고 할 수 있다.

중국의 리더십을 연구한 Westwood(1997)는 전통적으로 중국에서는 특정한 사람이 헤드십을 보유한 지위로 태어나며, 그러한 배경과 지위 덕분에 리더십을 보이도록 기대된다고 주장했다. 이는 리더십역량과 가치를 보여주는 사람들이 리더로서 성장하고 만들어지는 서구의 상황과는 정반대의 상황이다. 조직에서의 가부장적 리더십은 리더와 팔로워와의 관계가 가정에서 가부장과 가족구성원의 관계와 유사하게 형성될 때 말한다. 가부장은 가족구성원에 대해 절대적인 권한을 행사할 수 있는 반면에 이들을 보호해야 할 의무를 가진다는 것이다.

한국의 전통사회에서는 대가족을 존속시키고 발전시켜 나가기 위해서 부(父)는 가부장권으로 표현되는 절대적이고 일방적인 권위를 행사하였다. 이러한 권위는 무엇보다도 부(父)가 가장권(대표권, 재산권, 제사권)을 보유하고 있다는 점에서 형성되며, 가장권과 부권(父權)이 결합될 때 더욱 강한 권위가 표출된다(신유근, 1993). 이러한 대가족제도의 영향을 받아 형성된 조직에서의 리더십유형이 권위주의적 리더십으로 서구의 헤드십과 유사한 속성을 가진다.

리더의 권위주의적 성격은 팔로워들을 대함에 있어 고압적이라든지, 거만하다든지, 일방적인 작업지시를 한다든지, 부하들의 의견제시를 권위에 대한 도전으로 받아들여 묵살하는 등의 행동을 보인다. 이는 리더십행동이론에서 보여준 전제적 리더나 과업지향적 리더와 유사한 특성의 한 단면을 보여준다.

우리의 전통문화에서 유래된 가부장의 특성은 단지 권위만으로 한정되는 것은 아니고 보호기능 또는 가족의 화합을 책임지는 화(和)의 기능도 강조되고 있다. 가장은 권위(權威)를 행사함과 동시에 가족구성원들 간의 친화를 도모함으로써 구성원들로부터 지지를 받을 수 있었다. 이러한 가부장적 가치관은 기업 및 교육조직에서도 잘 나타나고 있는데, 특히 리더들이 스스로 인식하는 자신의 리더십스타일은 권위적이기보다는 온정적인 것으로 조사되었다.

신유근(1993)은 이와 같이 한국의 전통적인 가족생활에서 나타나는 권위(權威)와 화(和)에 근거한 통솔방식으로부터 한국기업에서 나타나는 상급자의 리더십 패턴을 **그림 4-6**과 같이 제시했다.

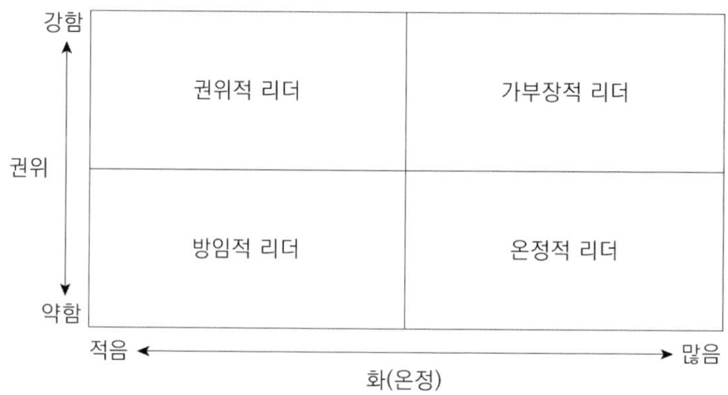

그림 4-6 한국기업에 있어서의 리더십유형

자료: 신유근(1993). 한국의 경영: 그 현상과 전망. 서울: 박영사.

즉 화(和) 능력이 부족하고 권위만 앞세우는 상사를 권위적 리더라 칭하며, 반대로 권위는 없으나 화에 관심이 많은 상사를 온정적 리더라고 부를 수 있다. 그러나 한국기업에서는 권위와 화의 양면이 모두 높은 가부장적 리더십을 겸비하는 것이 중요시되어 왔고, 이런 유형의 리더십이 효과성을 높인다고 보아 왔다. 오세철(1975)은 집단의 효과성을 결정하는 가장 중요한 요인을 리더와 종업원 사이에서 이루어지는 권력(권위)과 자비의 상호작용으로 보고, 권위-자비형 리더가 권위형, 민주형 및 방임형 리더보다 그룹성과에 더 효과적이라고 주장했다.

구본동(1999)은 신유근(1984)이 사용한 측정도구를 중심으로 가부장적 리더십을 측정하였다. 신유근은 가부장적 리더십을 권위와 화의 2차원으로 구분하여 권위는 상사가 업무수행 과정에서 얼마나 강력하게 대표권을 행사하는지, 자기의 의사를 얼마나 고수하는지, 독단적인 결정을 얼마나 하는지 등 8개 문항으로 측정하였고, 화(和)는 상사가 종업원들에게 인간적이고 감정적인 결속을 얼마나 강조하는지, 협동적인 노력을 얼마나 하는지, 온정적인 태도를 얼마나 보여주는지 등 4개 항목으로 측정하였다. 구본동(1999)은 상기의 측정도구 중 현실 반영이 부족한 것으로 보이는 2개 문항을 삭제하고, 일부 수정보완해서 측정도구로 사용하였다.

구본동(1999)의 가부장적 리더십의 측정도구는 **표 4-25**와 같다.

표 4-25 가부장적 리더십의 측정도구

가부장적 리더십 측정						
• 응답 요령: 다음 문항들은 가부장적 리더십에 관한 내용입니다. 귀 학교 교장선생님이 나타내는 행동특성을 진술한 내용과 얼마나 일치하는지 해당란에 V표를 해주십시오. 〈설문 문항〉 교장선생님께서는 …………(1~14)		아주 불일치	불일치	보통	일치	매우 일치
번호	설문내용					
1	외부 방문객에 대하여 자기가 학교의 대표자임을 내세운다.					
2	전문적인 기술문제로 나와 마찰이 생겼을 때 자기의 의견에 따르도록 주장한다.					
3	학교업무 수행과정에서 자기의 아이디어를 자기주관 하에서 실천하려고 한다.					
4	학교 내에서 논쟁이 생겼을 때 자기의 의견을 '다수'로 인정하게 하여 다른 사람들이 그의 의견을 따르도록 하는 편이다.					
5	우리와 회의를 할 때 자기 주관대로 밀고 나간다.					
6	선생님들이 능력이 없거나 서투른 경우 큰 소리로 야단을 치거나 벌을 준다.					
7	자기의견에 대해 교사들이 공개적으로 질문하거나 비판하는 것을 싫어한다.					
8	선생님들과의 명확한 신분상의 차이가 있어야 한다고 생각한다.					
9	업무수행 과정에서 공동작업(팀워크)을 통하여 목표를 달성하라고 강조한다.					
10	마치 아버지나 형처럼 교직원들을 보호하고 따뜻이 감싸주려고 한다.					
11	구성원 또는 업무상 갈등이 생겼을 때 화해를 시키려고 애쓴다.					
12	동료교사 간에 유대감을 갖도록 인간적이고 감정적인 결속을 강조한다.					
13	선생님들의 행동에 대해 도덕적인 책임을 진다.					
14	선생님들의 화합을 위해 노력한다.					

자료: 구본동(1999). 변혁적 리더십과 가부장적 리더십이 임파워먼트와 조직몰입에 미치는 영향. 한국외국어대학교대학원 박사학위논문, p. 188 인용해서 수정함.

• 주: 가부장적 리더십 하위변인
권위변인(1~8번), 화변인(9~14번)

상기에서 가부장적 리더십을 고찰한 결과 나타난 **주요 키워드**로는 가부장, 팔로워들을 보호해야 될 의무, 가장권, 부권, 과업지향적 리더, 보호기능, 가족의 화합의 책임, 화(和), 권위의 행사, 친화의 도모, 가부장적 가치관, 온정, 인간적, 감정적 결속, 협동적 노력, 온정적 태도, 조직의 대표자, 리더의 아이디어를 통한 실천행위, 리더의 주관성 강조, 구성원들 간의 신분상 차이 주장, 팀워크를 통한 목표달성 강조, 갈등발생 시 화해를 시도하는 행위, 구성원에 대한 온정적 태도, 유대감, 감정적 결속 강조, 도덕적 책임, 구성원들의 화합 중시 등으로 나타났다. 이러한 키워드는 **4차 산업혁명시대의 협력역량, 감성역량, 리더십역량 등과 관련된 것으로 보인다.**

제12절 기러기 리더십[1]

기러기 무리가 먹이와 따뜻한 곳을 찾아 날아갈 때는 리더 기러기를 중심으로 V자 대형을 이루면서 날아간다. V자 대형을 그리며 날아가는 기러기 무리는 혼자서 날아가는 것보다 최소한 71%는 더 긴 거리를 날 수 있다고 한다. 이는 앞선 리더 기러기를 중심으로 무리지어 날아가는 기러기들이 서로 날갯짓을 하면서 나오는 바람을 이용하여 뒤에 따라오는 다른 기러기들에게 활력을 불어넣어 주고 상승기류를 만들어 주기 때문이다. 이렇게 하므로 기러기 무리는 에너지를 최대한 절약할 수 있고, 그 덕분에 더 먼 거리를 날아갈 수 있다.

우리는 **기러기로부터 성공적인 조직생활을 위하여 필요한 세 가지 중요한 특성**을 배울 수 있다. **첫째, 리더십(leadership)이다.** 리더십은 조직구성원들을 다스리거나 이끌어 가는 리더로서의 능력을 의미한다. 선두에 나는 리더 기러기는 경험이 풍부하고 노련한 기러기이다. 정확한 방향감각을 유지하면서, 맨 앞에서 세찬 공기의 저항을 뚫고 날갯짓을 하며, 뒤따라오는 기러기 무리를 이끌고 나아간다. 리더 기러기는 비행 중에 피곤해지면 뒤편의 기러기와 자리바꿈을 하여

1) 이윤식(인천대학교 교육대학원장) 교수께서 2011년 12월 31일에 한국교육행정학회소식지(제110호)에 발표한 "leadership, followership, colleagueship에 관련된 활발한 연구가 있기를"에서 인용했으며, 본 저서에서는 '기러기 리더십'이라는 용어로 사용하고자 함.

날아가다가, 힘을 회복하여 다시 앞으로 날아간다. 리더 기러기는 뒤따르는 기러기들이 내는 울음소리를 듣고 빨리 날아가거나 하면서 비행속도를 조절한다.

둘째, 팔로워십(followership)이다. 팔로워십은 조직구성원들이 리더를 인정하고 지지하는 태도를 의미한다. 리더 기러기는 뒤편에 날아가는 기러기들은 규칙적으로 울음소리를 낸다. 그 울음소리는 거센 바람을 가르며 힘들게 날아가는 리더 기러기에게 보내는 지지와 응원의 소리이며, 비행속도를 조절하게 하는 소리이다. 기러기 무리에게는 서로 격려와 용기를 주는 울음소리이다.

셋째, 동료애(colleagueship)이다. 동료애는 조직구성원들이 서로를 아끼고 돌보는 동료의식을 의미한다. 기러기들은 만약 어느 기러기가 총에 맞았거나 아프거나 지쳐서 대열에서 이탈하게 되면, 그대로 버려두고 가지 않는다. 다른 동료 기러기 두 마리가 함께 대열에서 이탈해 지친 동료가 원기를 회복해 다시 날 수 있을 때까지, 또는 죽음으로 생을 마감할 때까지 동료의 마지막을 함께 지키다 무리로 다시 돌아온다. 따뜻한 동료애이다.

따라서 교원들은 어려운 여건 속에서 나라와 민족의 장래를 이끌어갈 2세 교육이라는 막중한 과제를 수행하기 위하여 멀고 험한 길을 함께 날아가고 있는 기러기 무리라고 볼 수 있다. **기러기들이 보여주는 리더십(leadership), 팔로워십(followership), 동료애(colleagueship)는 학교현장에서 다음과 같은 중요한 시사점을** 던져준다.

첫째, 교장 · 교감의 바람직한 리더십발휘가 필요하다. 교장 · 교감은 후배 교사들을 인도하여 나가는 리더 기러기이다. 리더 기러기로서 풍부한 경험과 지혜, 바람직한 교육철학과 인생관의 방향설정, 솔선수범의 자세가 필요하다. 교장 · 교감이 독불장군식으로 혼자 너무 앞서 끌고 나가지 않고, 뒤 따라오는 교사 기러기들의 능력과 형편을 고려하면서, 적절히 보조를 맞추어 이끌어 나가는 지혜가 필요하다. 때때로 후배교사들에게 적절히 권한과 책임을 위임하여 그들이 리더십을 배우고 발휘할 수 있는 기회를 주는 것도 필요하다. 리더 기러기가 뒤편의 기러기와 자리바꿈을 하여 날아가면서, 자신이 힘을 회복하기도 하지만 다른 기러기에게 리더십을 발휘할 기회를 주는 것처럼 말이다. 조직구성원들의 동기와 요구에 관심을 기울이며, 조직구성원들의 능력을 최대한 발휘할 수 있도록 도와주는 데 노력을 기울이는 리더십이다. 조직구성원들을 새로운 리더로 키워가는 리더십이다.

둘째, 후배교사들은 교장 · 교감에 대하여 팔로워십(followership) 발휘가 필요하다. 뒤따라가는 기러기들이 앞선 기러기를 격려하고 성원하는 모습에서 배워야 할 점이 있다. 세찬 바람을 뚫고 앞서 날아가는 기러기는 힘이 든다. 교장 · 교감은 학교경영과 관련하여 중요한 결정을 내려야 하고, 그 결과에 대하여 책임을 져야 하는 입장에 있다. 교장 · 교감의 입장에서 해야 할 많은 역할과 책무 중에는 후배교사들의 입장에서 보이지 않거나 그 중요성이 간과되는 부분들이 적지 않다. 뒤따르는 기러기 무리가 앞에선 리더 기러기를 성원하는 것처럼, 후배교사들이 교장 · 교감을 신뢰하면서, 응원과 격려를 보내는 자세가 필요하다.

셋째, 동료교사들 상호 간에 동료애(colleagueship) 발휘가 필요하다. 병든 기러기 한 마리를 위하여 동료 기러기들이 곁에서 위로하고 도움을 주는 것과 같이, 서로 관심과 애정을 가지고 도와주는 따뜻한 동료애가 교사들 사이에 필요하다. 교사들 상호간에 소중한 '教學相長'의 인적 네트워크(human-network)를 통하여, 교육활동을 협력적으로 꾸며 나가는 모습이 필요하다. 앞서가는 선배교사들이 뒤에 오는 후배교사들을 이끌어 주고, 뒤에 오는 후배교사들은 선배교사들을 밀어주는 아름다운 상생(相生)의 모습이 필요하다.

넷째, 교사의 학생들에 대한 바람직한 리더십발휘가 필요하다. 교사는 학생들을 인도하여 나가는 앞에 선 기러기이다. 교사가 혼자 너무 앞서 나가지 않고, 뒤따라오는 학생 기러기들의 능력과 형편을 고려하면서, 적절히 보조를 맞추어 이끌어 나가는 지혜가 필요하다. 교사를 잘 따라오는 학생 기러기에 대한 지도도 중요하지만, 병들어 낙오되려는 학생 기러기에 대해 교사의 관심과 배려가 더 중요하다. 가정배경이 좋은 학생들은 교사의 도움이 없이도 학업을 진행해 나갈 수 있지만, 결손가정과 불우가정의 학생들은 교사의 도움이 어쩌면 마지막 도움이 될 수도 있다.

다섯째, 학생들과 학부모들은 교사에 대한 팔로워십 발휘가 필요하다. 뒤따라가는 기러기들이 앞선 기러기를 격려하고 성원하는 모습에서 학생들과 학부모들이 배워야 할 점이 있다. 학생들을 지도하는 교사 기러기를 신뢰하면서, 응원과 격려로 성원하는 자세가 필요하다. 학생들과 학부모들이 교사 기러기를 비난하고 업신여기는 듯한 자세를 보일 때, 교사는 학생들에 대한 애정과 교육에 대한 열정을 잃어버리게 된다. 교사들의 학생들에 대한 애정과 교육에 대한 열정이 활활 타오르도록 학생들과 학부모들의 힘찬 성원과 박수, 즉 팔로워십

(followership) 발휘가 필요하다.

여섯째, 학생들 서로 서로 동료애(colleagueship) 발휘가 필요하다. 학생들 관계에서도 기러기들 간의 관계가 적용된다. 공부 잘하는 학생, 가정배경이 좋은 학생, 잘 나가는 학생은 학급에서 앞서 날아가는 리더 기러기이다. 공부 못하는 학생, 가정배경이 나쁜 학생, 힘들고 어렵게 학창시절을 보내고 있는 학생은 병든 기러기, 총 맞은 기러기라고 볼 수 있다. 앞서 가는 학생 기러기들이 뒤따라오는 학생 기러기들에 대하여 관심과 애정을 갖는다면 아름다운 학교생활이 될 것이다. 병든 기러기 한 마리를 위하여 동료 기러기들이 곁에서 위로하고 도움을 주는 것과 같은 동료애가 학생들 사이에서도 있기를 바란다. 잘 나가는 학생 기러기가 독불장군처럼 혼자 나가지 않고, 뒤처지는 기러기들과 함께 날아가면, 자신도 혼자 날아갈 때보다 71%나 더 멀리 날아갈 수 있음을 깨달아야 한다. "빨리 가려면 혼자 가고, 멀리 가려면 함께 가라"는 아프리카 격언이 있다. 험한 아프리카 사막을 지나고 짐승을 피하여 멀리 가려면 절대적으로 길동무가 있어야 한다는 뜻이다.

지금까지 언급한 리더십(leadership), 팔로워십(followership), 동료애(colleagueship) 세 가지 조화를 잘 이룬 조직은 팀워크(teamwork)가 좋은 조직이라 할 수 있다. 팀워크는 팀의 구성원이 공동의 목표를 달성하기 위하여 각 역할에 따라 책임을 다하고 협력적으로 행동하는 것을 의미한다. 학교 내에서 교장·교감과 교사들 간에, 그리고 학급 내에서 교사와 학생들 간에 리더십(leadership), 팔로워십(followership), 동료애(colleagueship)의 조화를 토대로 좋은 팀워크가 마련되고, 이를 원동력으로 하여 성공적인 교육활동이 이루어지길 기대한다.

그리고 오늘날 조직의 성공을 위해서는 리더십 못지않게, 팔로워십을 중요하게 여긴다. 팔로워십의 중요성을 최초로 주장한 미국 카네기멜론대학교의 Kelley 교수는 "조직의 업적에 미치는 영향력 중에 80~90%는 팔로워의 것이고, 10~20%가 리더의 것"이라는 결론을 내렸다. 학교조직의 성공도 리더인 교장 및 교감의 영향력보다, 팔로워인 교사들의 영향력에 의존하는 부분이 더 크다. 향후 기러기 리더십의 측정도구가 개발되어 다양한 연구가 실행되기를 기대해 본다.

상기에서 기러기 리더십을 고찰한 결과 나타난 **주요 키워드**는 리더 기러기, V자 대형, 경험이 풍부한 리더, 정확한 방향감각 유지, 팔로워십, (따뜻한) 동료애, 바람직한 교육철학과 인생관의 방향설정, 솔선수범의 자세, 능력과 형편 고려, 권한과 책임위임, 리더십학습, 리더십발휘 기회, 팔로워들의 동기와 요구에 관심, 구성원들의 능력발휘에 도움 제고하기, 책임성 강조, 신뢰, 응원과 격려, 인적 네트워크, 교육활동에 대한 협력, 상생 강조, 팀워크, 공동의 목표 달성, 교사들의 영향력 강조 등으로 나타났다. 이러한 기러기 리더십에 대한 키워드는 **4차 산업혁명시대의 협력역량, 감성역량, 리더십역량** 등과 관련된 것으로 보인다.

제13절 가치부가적 리더십

Sergiovanni(1990)는 리더십을 학교조직에 적용하면서 거래적 리더십(transactional leadership)을 가치 리더십(value leadership) 차원으로, 변혁적 리더십(transformational leadership)을 가치부가적 리더십(value added leadership) 차원으로 명명하고, 가치 리더십을 교환(bartering)으로서의 리더십, 가치부가적 리더십을 조성(building) 및 결속(bonding)으로서의 리더십으로 구분했다.

첫째, 교환으로서의 리더십(leadership as bartering)**이다.** 팔로워의 욕구와 욕망이 리더의 그것과 교환되면 계약이 성립된다는 것이다. 훌륭한 과업수행에는 긍정적인 강화가 주어지며, 업무수행의 질이 향상되면 부가급이 주어지고, 지속적인 성장에는 승진의 기회를 주며, 상호협동을 위해 소속감을 심어주는 것 등이 그러한 계약의 예이다. 교환으로서의 리더십은 생리적, 안전, 사회적, 이기적 욕구에 반응하며, 상황조건적 원리와 교환, 수단, 목표 이론을 적용하여 경영기술을 발전시키는 것이다.

둘째, 조성으로서의 리더십(leadership as building)은 인간의 잠재능력을 일깨우고 고차원의 욕구를 충족시키고 리더와 팔로워의 기대수준을 높여서 고차원적인 수준의 헌신과 업무수행을 하도록 동기유발하고, 개별적인 관심이나 목표에 상관없이 리더와 부하는 양자에게 공통적이고 고차원적 수준의 목표를 달성하기 위하여 상호연합한다. 조성으로서의 리더십은 자존, 자율성, 자아실현의 욕구에 반응한다.

셋째, 결속으로서의 리더십(leadership as bonding)은 리더와 팔로워의 인간적 행동수준과 윤리적 기대수준을 높여 서로의 변화를 유도하는 리더십의 한 형태이다. 이의 초점은 조직의 목표를 공유된 공약의 수준으로까지 끌어올리기 위해 리더와 팔로워가 도덕적 헌신으로 서로 결속하는 것이다. 결속으로서의 리더십은 인간행동의 목표, 의미, 그리고 중요성과 관련된 동기를 유발하는 데 민감하게 반응하며, 문화적 리더십과 도덕적 리더십의 개념과 유사하다.

상기에서 리더십은 서로 다른 결과를 초래한다. 거래적 리더십은 교환을 통해 거래가 성립되면 자기의 일에 타산적으로 참여하는 결과를 낳는다. 리더와 팔로워는 계약의 목적이 서로에게 유효하다고 느낄 때에만 교환에 참여한다. 조성으로서의 리더십에서 팔로워의 참여는 내부적으로 이루어진다. 그들 외부의 힘과 조건에 반응하는 대신에 리더와 조직구성원은 내적인 힘에 의해 동기가 유발된다. 자기가 원하는 것에 자신의 동기를 교환하기보다는 일 자체의 특성, 가치, 성취감에 의해서 일하게 된다. 결속으로서의 리더십에서는 팔로워의 참여 여부가 도덕적인 측면에서 결정되기 때문에 매우 고차원적이다. 이는 조성으로서의 리더십과 마찬가지로 과업목표가 외적인 환경이나 조건을 초월하여 달성되고, 양과 질에 있어서도 도덕적인 기대치를 초과하여야 만족이 따른다.

이와 같이, Sergiovanni(1990)는 가치 리더십과 가치부가적 리더십을 거래적 리더십과 변혁적 리더십으로 설명하면서, 각각의 리더십의 차이를 그 차원과 효과 및 결과의 측면에서 **표 4-26**과 같이 제시했다.

표 4-26 가치부가적 리더십과 가치 리더십의 효과 및 결과

리더십 유형	의미	초점	리더십 개념	부하들의 참여	충족되는 욕구	효과
가치 리더십	교환으로서의 리더십	개인적인 욕구충족에 관심이 있으나, 조직의 관련 목표에 대한 욕구충족을 허용하는 인간의 욕구와 관심사를 교환한다.	• 경영기술 • 리더십 • 유형론 • 상황이론 • 교환이론 • 행로-목표이론	타산적	• 물질적 욕구 • 안전적 욕구 • 사회적 욕구 • 이기적 욕구	• 과업수행의 계속은 협정된 계약을 유지하는 편에 달려 있다. • 일당 보수에 대한 일당 과업
가치 부가적 리더십	조성으로서의 리더십	높은 수준의 헌신과 과업수행을 하도록 동기를 유발하는 리더와 추종자의 인간적 잠재능력을 일깨우고 높은 욕구를 충족	• 권력부여 • 상징적 • 리더십 • 카리스마	내적	• 존경의 욕구 • 자질의 욕구	과업수행은 외적인 조건을 넘어서서 유지되며, 과업수행의 양과 질에서 정상적 기대를 초과하여 이루어진다.

리더십 유형	의미	초점	리더십 개념	부하들의 참여	충족되는 욕구	효과
		하며 기대를 높인다.				
	결속으로서의 리더십	의식과 자각을 각성하여 조직의 목표를 리더와 부하의 공유된 공약 수준으로 높이며, 도덕적인 면에서 리더와 추종자 집단을 결속시킨다.	• 문화적 리더십 • 도덕적 리더십	도덕적	• 목적 • 의미 • 중요성	

자료: Sergiovanni, T. J.(1990). Advances in Leadership Theory and Practice. In Thurstin, P. W., & Lotto, L. S.(Eds.), *Advances in Educational Administration,* Vol. 1. Greenwich: JAI Press Inc., p. 7.

상기에서 가치부가적 리더십을 고찰한 결과 나타난 **주요 키워드**는 조성, 결속, 잠재능력 일깨우기, 고차원의 욕구충족, 헌신과 업무수행 독려, 동기유발, 개별적 관심, 상호연합, 자존, 자율성, 자아실현의 욕구, 윤리적 기대수준 고양, 도덕적 헌신, 가치 및 성취감 중시, 권력부여, 존경 및 자질의 욕구 중시, 집단결속 등으로 나타났다. 이러한 키워드는 **4차 산업혁명시대의 협력역량, 감성역량, 리더십역량** 등과 관련된 것으로 보인다.

제14절 여성리더십

군사력이나 경제력과 같은 전통적인 하드파워가 국력을 좌우하던 과거와 달리 지금은 국가의 품격이나 이미지와 같은 소프트파워가 국제사회에서 영향력을 발휘하고 있다. 과거에는 조직을 이끌 수 있는 비전과 능력을 갖추었음에도 남성위주의 사회적 분위기로 인해 능력 있는 여성들의 주도적인 참여가 적었지만, 지금은 도전의식과 포용력을 발휘하며 사회 각층에서 능력을 발휘하고 있는 여성들이 늘고 있다. 소통과 화합이 주요 덕목인 글로벌-소프트파워 중심의 시대적 흐름 가운데 여성은 창조력과 포용력, 세심함 등을 발휘하여 더 중심적인 역할을 맡게 될 것이다(국가평생교육원, 2012: 5).

따라서 교육현장에서의 여성리더십, 여성리더십의 장애, 여성리더십의 개발, 여성의 효과적인 리더십 등에 대해 고찰하기로 한다(권기욱, 2009; 신응섭 외, 2004).

1. 교육현장에서의 여성리더십

오늘날 학교는 리더십이 전통적인 관리형태에서 혁신적이고 창의적인 형태로 변화하기를 요구한다. 학교에서 리더는 문제의 새로운 해결방안을 모색하고, 새로운 조직구조를 도입하고, 새로운 리더십을 갖추어야 한다. 1980년대 이후 세계 각국에서는 많은 여성들이 정치, 경제, 산업, 교육, 국방, 의료 등의 분야에서 중요한 리더의 역할을 맡게 되었다. 우리나라에서도 여성의 활동은 교육계, 의료계, 정·관계, 법조계 등 다양한 영역에서 활발히 이루어지고 있는 실정이다. 특히 군대에서도 여군의 숫자와 그들의 활동영역은 지속적으로 확장되고 있다(신응섭, 2004). 이와 같이, 우리나라 교육현장에서도 여성 리더의 역할이 점차적으로 증가하고 있는 추세이다. 오늘날 교육현장에서 요구되는 **여성리더십의 특징**은 다음과 같다(권기욱, 2009: 382~384).

첫째, 학교에서 여성 리더는 교직원들이 솔선수범하고 혁신적이도록 가르치는 개발자가 되어야 한다. 개발자로서의 리더는 교직원들이 통찰하고 분석을 활용할 수 있는 환경을 제공하여 창의적인 해결방법을 모색하고 새로운 형식을 개발하도록 해야 한다.

둘째, 학교에서 여성 리더는 사물보다 인간에 대하여 더 많은 관심을 갖고, 창의성과 융통성을 가진 변화기제로서의 자질을 가져야 한다(Norris, 1994: 37). 새로운 리더십은 산출보다 인간관계에 초점을 둔 리더십이다.

셋째, 학교에서의 여성리더십의 개발은 멘토를 발견하여 모방을 통해 학습하도록 한다. 멘토가 갖는 직위를 존중하고, 그 직위에서 직무를 성공적으로 수행하는 책임을 학습하도록 한다. 멘토를 통해서 학습하면서 자신도 다른 교직원들의 멘토가 될 때, 많은 성장이 이루어진다. 자신의 발전을 위하여 헌신하고, 교직원들과 신뢰관계를 형성하고, 다른 여성을 위한 역할모델이 되도록 한다. 여성의 역할모델을 활용하는 것이 리더십개발에 가장 효과적인 방법이다.

넷째, 학교에서 여성 리더는 자신을 이해해야 한다. 성공에 가장 중요한 요소는 자신의 강점과 능력, 야망에 대한 정직하고 객관적인 평가이다. 자체평가는 리더가 자신의 강점과 능력을 이해하도록 돕는 계속적인 과정이다. 그리고 자신의 재능과 흥미가 있는 곳에 에너지를 투입하게 한다.

다섯째, 학교에서 여성 리더는 자신을 분석하고, 직업의 상황을 분석하고, 목적을 성취하기 위하여 전략을 강구해야 한다. 그리고 자신에 대한 기대를 낮추지 말아야 한다. 여성 리더는 비전에 근거하여 의사결정을 하여야 한다.

여섯째, 학교에서 여성 리더는 승진에 영향을 중요한 요소들을 확인하고 대비해야 한다. 승진에 영향을 미치는 중요한 요소는 다음과 같다. 자신이 원하는 직위를 정확한 시간에, 올바른 직위에, 올바른 리더가 되기 위하여 조직의 장애요소를 제거하여야 한다. 그리고 조직의 요구와 자신의 능력 간의 조화를 강화하고, 조직구조에 자신의 적합성을 도모하는 것이 승진에 효과적이다.

일곱째, 학교에서 여성 리더는 교직원들과 친분을 확대하고 돈독히 해야 한다. 성적인 만남이 아닌 방법으로 남성들과 친해지는 방법을 학습해야 한다.

여덟째, 학교에서 여성 리더는 교직원들과 목적을 공유해야 한다. 인간은 진공상태에서 성공하기가 어렵다. 성공을 하기 위해서는 교직원들의 지원과 지지가 필요하다. 그리고 갈등에서 승자-승자 접근을 적용하여 상호지원하는 관계를 갖도록 한다.

아홉째, 학교에서 여성 리더는 인맥을 확충해야 한다. 인맥은 정보를 교환하는 체계이고, 정보를 개발하고 활용하는 과정이다. 그리고 목적을 성취하는 데 매우 유용하다. 여성 리더는 사상, 접촉, 발전전략, 정보를 공유하는 전문가집단을 개발하고, 다른 여성들을 지원해야 한다. 그리고 자신의 직업에 관련된 올바른 접촉을 할 수 있는 연계망을 가져야 한다. 다른 여성경영자와 일반적인 모임보다 실용적인 업무적 접촉을 하는 것이 중요하다.

열째, 학교에서 여성 리더는 능력에서 우수성을 확보하여야 한다. 그리고 비서보다 경영자의 모습으로 옷을 입고 행동하여야 한다. 여성 리더는 공격성을 단언적 주장과 솔선수범으로 전환하고, 성공을 하기 위하여 자신의 견고함과 독립성을 보이고, 남성들이 갖고 있는 여성 고정관념을 탈피해야 한다.

2. 여성리더십의 장애

여성리더십의 장애요소를 내적 요소와 외적 요소로 구분하여 기술하고자 한다(권기욱, 2009).

1) 여성의 내적 요소

여성이 경영자로서 불리한 요소는 다음과 같다. ① 여성은 업무지향성이 부족하다. ② 여성은 리더십의 능력을 함양하기 위한 경험이 부족하다. ③ 여성은 의지할 수 없다. ④ 여성은 정서적으로 덜 안정되어 있다. ⑤ 여성은 너무 허용적이고 정서적이다.

그리고 여성이 리더로서 성장하는 데 장애요인은 다음과 같다. ① 여성은 감정을 숨기지 않고, 주관적이고, 쉽게 영향을 받는다. ② 사소한 위기에 흥분하고, 수동적이고, 경쟁적이지 못하다. ③ 여성은 감정이 상처받기 쉽고, 쉽게 울고, 자신감이 부족하다. ④ 공격적이지 못하고, 야망이 부족하고, 이야기가 많다. ⑤ 여성은 자신의 외모에 많은 신경을 쓰고, 안정에 대한 강력한 욕구를 가지며, 정숙함 등이 장애요인으로 볼 수 있다.

또한 여성은 남성보다 경영직에 적합하지 않다는 비판을 받고 있는 이유는 다음과 같다. ① 여성이 남성보다 팀의 활동이나 사회적 경험이 부족함은 경영에 필요한 능력을 함양하는 데 제한을 갖게 한다. ② 경영에 요구되는 규칙이나 협상 등에서 여성들은 경험이 부족한 편이다. ③ 사회적 모임에 참여하는 기회도 제한된 경향이 있다. 그러한 ④ 모임은 경영에 중요한 정보를 수집하고, 승진에 막대한 영향을 미치며, 중요한 의사결정에 영향을 미치기도 하여 경영자로서 중요한 경험을 가질 수 있다.

2) 여성의 외적 요소

여성이 리더가 되는 데 대표적인 장애요소는 다음과 같다.

첫째, 가정적 요인이다. 가정에서 가족들은 여성의 출장이나 직장에서 오랫동안 근무하는 것을 싫어하는 경향이 있으며, 이것이 여성의 승진을 방해한다. 여성이 직장에서 승진을 하기 위해서는 지원적인 남편과 가족이 있어야 한다.

가사 일을 공동으로 처리할 수 있도록 가족들의 협력이 요구된다. 여성은 가정생활과 직장생활에 균형을 유지하여야 하는 것 때문에 승진을 하기 위한 노력에 제한이 있다.

둘째, 멘터링 부족이다. 멘터링은 특정분야에 경험과 지식을 많이 가진 교직원들이 다른 교직원들의 발달이나 학습을 촉진하기 위하여 능동적으로 지도하거나 지원하는 것을 의미한다. 성공한 여성 리더가 부족하여 여성들이 모방을 통한 리더십을 학습하기가 어렵다. 여성들은 리더십의 멘터링 기회가 부족하기 때문에 여성이 리더로 성장하는 데 불리하다. 남성들은 리더십의 직위에 여성들보다 상대적으로 더 많이 점유하고 있기 때문에 남성의 승진과 리더십을 개발하는 데 멘토로서 기여하지 못하는 경향이 있다.

셋째, 성 차별이다. 이는 여성이 리더의 직위로 승진하는 데 직면하는 중대한 장애요인이다. 그리고 여성의 리더십능력에 대하여 부정확한 지식에 근거하고 있다. 성차별이란 여성이 공격적이지 못하고, 업무에 필요한 자신감이 부족하고, 승진을 하려고 많은 노력을 하지 않는다는 인식에 근거한다. 성차별은 남성우월주의에 근거하며, 남성은 여성을 통제할 권리를 갖고 있다는 사고에 관련된다.

관료제라는 조직의 특성 자체도 여성의 승진을 가로 막는다. 그리고 인간은 인구상 및 태도상 유사한 인간들과 상호작용하거나 함께 일하기를 좋아하는 경향이 있다. 이러한 것이 여성의 승진에 부정적인 영향을 미친다. 그리고 여성은 성 때문에 직장에서 리더로서의 능력을 명확하게 입증하여야 하고, 남성중심의 문화에 적응하여 문제들을 효과적으로 해결하여야 한다. 또한 여성은 불균등한 역할기대를 요구받으며, 남성보다 더 우수함을 인정받아야 승진이 가능하다. 가장 부정적인 측면은 여성이기 때문에 리더의 직무수행이 어렵다고 믿는 것이다.

3. 여성리더십의 개발

여성의 리더십은 교직원들의 행동에 긍정적으로 영향을 미치기 위하여 강압을 사용하지 않고, 변화를 촉진하는 기제로 활용된다. **리더로서 구비해야 될 일반적인 능력요인**은 다음과 같다(권기욱, 2009). ① 리더는 미래에 대하여 생각한다. ② 리더는 부분보다 전체적으로 생각한다. ③ 리더의 영향은 교직원들에 한정하지 않고 널리 미친다. ④ 리더는 자신의 매력과 교직원들의 상호작용을 직감적으로 인식하고, 열망 · 동기 · 가치를 강조한다. ⑤ 리더는 변화하는 외부의 환경이나 조직의 요구를 충족시키기 위하여 현재의 구조를 변화하고 활성화하려고 한다.

여성은 남성과 같이 리더로서 성공하기 위해 경영에 필요한 리더십의 지식과 기능을 개발하여야 한다. 오늘날 국가사회는 계속적으로 자원의 부족, 혁신의 부족, 창의성과 모험의 요구, 변화에 대한 저항 등이 야기되고 있다. 이러한 도전에 효과적으로 대처하기 위해서는 효과적인 리더십이 요구된다. 학교의 역할은 변화하고 있다. 여성 리더는 미래를 예상하고 경영에 혁신적이어야 한다. 여성 리더의 사회화과정은 문화의 가치와 규범을 학습하는 과정이다. 여성리더십은 성격적 특성을 고려하여 개발되어야 한다. 그리고 리더십의 형태도 그의 성격적 특성에 조화를 이루도록 하여야 한다.

여성이 효과적인 리더십을 발휘하려면, 다양한 기능을 포함하여야 하는데, 그것은 자아분석, 상황분석, 경영적 능력 등이다. 이러한 기능은 학습을 통하여 획득될 수 있다. 이외에도 공공정책의 이해, 자원의 획득 · 분배 · 관리, 공공관계, 인간자원관리, 집단리더십, 다양성, 변화, 의사소통기능 등이 요구된다. 문제해결, 교직원의 이해, 팀의 형성, 수업 및 교육과정에서 우수한 기능을 가져야 한다. 그리고 자신감을 개발하여야 한다.

여성리더십의 발달상 적절한 학습의 특성으로는 상호작용을 하고(대화, 토론, 반성에 참여하고), 많은 상황에 적용될 수 있는 원리들을 학습하고, 개인들에 초점을 두고, 연구결과에 근거하여야 한다. 그리고 다양한 학습형태를 고려하고, 다양한 학습방법을 활용하며, 참여적인 다양한 피드백이 가능하게 다양한 도구로 평가를 실시하여야 한다. 여성 리더를 양성하기 위해서는 역할모델과 지원적인 멘터링이 요구된다. 학교의 경영에서 여성은 우수한 역할모델을 탐색하고, 리더로서 잠재능력을 개발하기 위하여 멘터링을 갖도록 한다.

4. 여성의 효과적인 리더십

오늘날 학교에서 리더십은 권위의 수직적 계층구조를 거절하고 있다. 이러한 리더십은 집단적인 의사결정을 통하여 교직원들이 의견일치에 도달하는 과정으로 이해된다. 그리고 모든 교직원들이 참여에 초점을 둔 리더십을 과거의 계층적이고 경쟁적이고 개별적인 리더십에 대체하도록 한다. 학교에서 리더십의 목적은 교직원들의 관계성이 업무의 성취에 가장 중요하며, 설득보다는 이해를 중요시한다. 이러한 리더십의 상황에서 교직원들은 각자 교직원으로서 그리고 리더로서 역할을 수행하고, 리더십은 민주적이고 참여적이며, 의사소통에서 평등에 초점을 둔 수평적 의견일치 접근을 도모해야 한다.

학교에서 훌륭한 리더십은 성에 관련이 없다. 모든 경영자는 훌륭한 듣기자, 문제해결자, 동기자, 관리자, 수업리더가 되어야 한다. 그리고 일관성, 능력, 지식은 남성 리더와 여성 리더 모두에게 필요하다. 학교에서 효과적인 리더십은 전통적으로 남성의 리더십형태를 강조하였다. 경쟁, 계층적 권위의 활용, 리더에 의한 통제, 비정서적이고 분석적인 문제해결의 특성을 가졌다.

상기에서 교육현장에서의 여성리더십, 여성리더십의 장애, 여성리더십의 개발, 여성의 효과적인 리더십 등을 고찰하였다. **여성리더십에서 나타난 주요 키워드**는 도전의식, 포용력 발휘, 소통과 화합, 글로벌-소프트파워, 창조력, 포용력, 세심함, 솔선수범, 혁신적, 창의적인 해결방법, 창의성, 융통성, 멘토를 통한 학습, 헌신, 신뢰관계형성, 역할모델, 리더십개발, 목적 성취전략, 비전에 근거한 의사결정, 조직의 요구와 자신의 능력 간의 조화, 친분 확대, 교직원들과의 목적 공유, 승자-승자 접근, 상호지원 관계, 전문가집단 개발, 솔선수범, 협력, 변화촉진기제, 리더십의 지식과 기능개발, 자원의 획득 분배 관리, 의사소통, 문제해결, 팀형성, 자신감개발, 역할모델, 잠재능력개발, 민주적 및 참여적 리더십, 수평적 의견일치 접근 도모, 훌륭한 듣기자, 문제해결자, 동기자, 관리자, 일관성, 능력, 전문성 등으로 나타났다.

이러한 키워드는 **4차 산업혁명시대의 협력역량, 비판적 사고역량, 의사소통역량, 창의성역량, 감성역량, 리더십역량, 문제해결역량, 글로벌역량, 전문성역량 등과 관련된 것으로 보인다.**

제15절 히딩크 리더십

대한민국이란 나라가 5000년 역사상 우리 국민이 이렇게 하나 되어 얼싸안고 환호한 적이 있었던가! 세계가 놀라고 우리 자신도 믿기지 않는 한국의 힘을 만천하에 과시하는 계기가 되었다. 한일월드컵이 끝나고 이제는 그 감격을 생각하고 당시 감독으로 부임하여 1년 반 만에 축구라는 드라마를 만들었던 히딩크 감독의 리더십이 가지는 의미를 고찰하고자 한다.

따라서 4차 산업혁명시대의 히딩크 리더십과의 연계성을 파악하기 위하여 히딩크 리더십의 의미, 특징, 히딩크 리더십이 교육에 주는 의미 등을 고찰한 후에 디지털 전환시대와 히딩크 리더십에 대해서 기술하고자 한다.

1. 히딩크 리더십의 의미

히딩크 리더십이 우리나라의 기업이나 조직관리하는 리더에게 준 의미는 매우 크다. 한국의 축구가 16강 어렵다는 평가를 받고 월드컵은 시작되었다. 이후 한국팀은 16강, 8강, 4강까지 승승장구하자 세계의 언론과 평론가들은 연일 놀라운 일이라며 평가를 내린다. 이 중에서 가장 극찬을 들은 사람은 히딩크 감독이었다. 특히 기업을 경영하는 CEO들은 히딩크 리더십을 배우자는 운동까지 전개하게 된다. 당시 히딩크 리더십에 대한 대중적인 평가를 대중매체와 일간지 위주로 종합하면 **표 4-27**과 같다.

표 4-27 히딩크 리더십에 대한 평가

기업체명	히딩크 리더십 평가 내용
삼성경제연구소 '히딩크의 교훈' 연구보고서	• 공정성(실력 본위 선수선발) • 펀더멘탈(기초체력단련 강조) • 혁신추구(포지션 끊임없는 경쟁유도) • 전문지식 활용(전문적인 코칭스태프 대동)
(주) 신세계	• 서비스 강사선발 조건을 '근무연수'에서 '희망자 우선'으로 변경 • 선배 및 후배 서열보다 팀워크 강조
외환은행 (이강원 행장)	• 히딩크의 경영기법에서 배울 점 강조 - 선수선발의 투명성 - 기초체력 및 기본기술 충실 - 스타플레이어보다는 팀워크
우리금융그룹 (윤병철 회장)	• 책임경영과 전략적 리더십의 위력 실감 - 학연과 지연의 배제 - 책임감 주는 경영자 임명

자료: 정승식(2002). 히딩크 리더십의 특징과 군 리더십연구. 동국대학교 경영대학원 석사학위논문, p. 47에서 인용함.

표 4-27에서 살펴본 바와 같이, 히딩크 리더십의 평가내용을 통하여 판단할 수 있다. 히딩크는 성공하는 리더의 자세를 TV라는 매스컴을 통하여 우리가 직접 느끼게 해주었다. 즉 축구팀의 최고경영자의 역할을 충실히 수행했다. 그는 축구팀이라는 작은 조직에 생명력을 불어넣었다. 히딩크는 세계적인 축구의 명장으로 한국축구에 여러 가지 새로운 전략과 전술을 접목시켰다. 당시 현대자동차 정몽구 회장은 "히딩크 감독처럼 실력에 의한 인재등용과 기초에 충실한 과학적이고 체계적인 조직운영 등은 기업경영에도 원용할 수 있다"고 말한바 있으며, 히딩크는 축구를 통하여 리더의 성공요소를 텔레비전과 대중매체를 통하여 국민이 리더십의 정의를 내릴 수 있도록 기회를 제공했다고 할 수 있다.

2. 히딩크 리더십의 특징

한국의 축구를 효과적이고 효율적인 축구로 대한민국 국민을 하나로 만든 히딩크 리더십을 평가한 관련 언론과 문헌 그리고 관련 연구기관에서 나온 보고서를 바탕으로 그의 리더십 특징을 분석하면 다음과 같다(정승식, 2002).

1) 사관학교식 리더십

미국 육군사관학교(United States Military Academy)인 웨스트포인트(West Point) 출신으로 군대식 경영전략에 익숙한 써니이 베인·컴퍼니 부사장의 분석내용은 다음과 같다(매일경제신문, 2002. 6. 2). "히딩크 감독의 팀운영은 사관학교식 용병술로 기업경영에 도움이 되는 방식이다"라고 강조하고 있다. 히딩크식 경영에 대한 관심이 높은 가운데 그의 용병술은 기초체력과 단합, 리더십을 심어주는 사관학교 방식이라는 의견이 제기되었다. 지휘봉을 잡은 지 1년 5개월 만에 한국축구를 한 단계 끌어올린 사관학교식 리더십은 기업이 단기간 내에 전열을 정비하고 목표를 달성하는 데 효과적이라는 것이다.

히딩크 감독의 성공적 리더십은 '기본강조(back to basic)'라 할 수 있다. 단기간 내에 조직원의 역량을 높이고 전체 역량을 강화하는 데 효과적인 사관학교의 예비지휘관 양성방식과 유사하다. 급변하는 시장변화에 빨리 대응하면서 경쟁력을 갖추고 목표를 이뤄야 하는 요즘, 기업에 도움이 된다고 강조했으며 그의 특징을 다섯 가지로 주장했다.

첫째, 대담성(boldness)**이다.** Guus Hiddink 감독은 한국팀을 맡은 후 16강에 들겠다는 대담하지만 분명한 목표를 설정했다. 순차적으로 팀의 목표를 높여 설정하는 대신 팀과 선수들에게 부담은 되지만 분명한 목표를 제시했다. 사관학교에서 후보생들에게 정해진 기간에 일정조건을 충족해야 하는 목표가 제시된다. 기업경영에서도 이처럼 모두가 분명하게 인지할 수 있는 비전설정이 중요하다.

둘째, 자신감(attitude)**이다.** Guus Hiddink 감독은 1년 5개월 동안 선수들에게 자신감을 불어넣는 데 많은 공을 들였다. 강한 유럽팀과 평가전을 갖도록 해 '이길 수 있다'는 긍정적인 사고를 갖도록 했다. 사관학교 교육프로그램 중 70% 이상은 정신 재무장을 목표로 한다. 팀원들이 자신감을 갖도록 하는 것은 정해진 기간 내에 설정된 목표를 달성하기 위한 기본이다. 기업에서도 구성원과 조직의 자신감은 기업문화를 결정하는 주요한 요인이다.

셋째, 기초체력(strength and skills)**이다.** 한국팀의 실력이 지금과 같은 경지에 이른 것은 기초체력과 공을 다루는 기술보강 없이는 불가능했을 것이다. 사관학교도 강도 높은 체력단련 프로그램으로 악명 높다. 실전에서 기본체력과 군사지식이 없다면 이들의 생존가능성이 그만큼 낮아진다. 기업에서도 조직원들이 해당 분야에 대한 기초지식이 없다면 이들로 구성된 팀이 목표를 달성하는 것은 그만큼 힘들어진다.

넷째, 긴장감 조성을 통한 집중력 강화(intensity)**이다.** Guus Hiddink 감독이 이끄는 한국팀은 과거에 비해 집중도가 높아졌다. 경쟁을 유발하면서 팀원들의 긴장도를 높인 전략이 주요했다. 히딩크 감독은 기존 명성과 업적과 선수기용을 철저히 분리했다. 현재 자신의 능력을 끌어올리고 팀의 경쟁력을 높이는 데 열심히 하는 선수만이 최종 엔트리에 포함될 수 있도록 한 것이 팀의 집중도 향상으로 이어졌다. 훈련조교에 의해 언제 어떤 상황이 연출될지 모르는 사관학교도 항상 긴장감이 조성돼 있다. 기업경영에서도 조직 내에 긴장감을 유발하는 것이 목표를 달성하는 데 효과적이다. 긴장된 분위기는 어떤 문제해결 지시가 내려졌을 때 조직원들이 발 빠르게 움직이도록 자극한다.

다섯째, 원활한 의사소통(communication)**이다.** Guus Hiddink 감독은 한국팀을 처음 맡았을 때 팀원들 사이에 의견교환이 별로 없는 것을 보고 놀랐다고 한다. 팀워크가 생명인 축구경기에서 구성원 간 원활한 의사소통으로도 상대방의 다음 움직임을 알아챌 수 있도록 훈련했다. 군대에서는 언어뿐만 아니라 몸동작으로 자신이 알고 있는 상황을 다른 팀원들에게 전달하는 것을 중시한다. 기업경영에서도 동료 간, 상사와 부하직원 사이 의사소통은 숨어 있는 문제점을 찾아내고 새롭게 등장하는 시장에서 기회를 파악하는 게 핵심이다.

2) 최고경영자의 설문 결과

주요기업 최고경영자를 대상으로 설문을 실시한 결과 우수한 인재가 기업과 사회를 변화시킬 수 있다는 데 국내의 19개 기업의 최고경영자들이 깊은 공감을 표시했다(매일경제신문, 2002. 6. 2). 그 설문 결과는 **표 4-28**과 같다.

표 4-28 히딩크 리더십 설문 결과

경영학적 교훈		사회개선 방향	
실력에 의한 인재발탁	10	지연 및 학연 등 인맥타파	9
장기적 안목에 따른 소신경영	6	리더 책임감 강화	5
기본 및 원칙 충실	6	해외인재활용	5
리더의 중요성	3	장기 안목 중시	5
스피드경영	2	일의 과정 중시	1

자료: 매일경제신문(2002). 히딩크의 그의 경영학. 2012. 6. 11에서 인용함.

표 4-28에서 살펴본 바와 같이, 한국의 최고경영자들은 히딩크의 리더십을 경영학적 측면에서 볼 때, 실력에 의한 인재발탁, 장기적 안목에 따른 소신 경영, 기본 및 기초에서 충실 순으로 나타났으며, 사회개선 방향에서는 지연 및 학연 등 인맥 타파, 리더의 책임감 강화, 해외인재활용, 장기 안목 중시 순으로 나타났다.

3) 히딩크의 교훈

삼성경제연구소는 히딩크의 리더십의 평가를 원칙과 전략을 가지고 명확한 목표를 제시하여 성공했다고 분석했다. 그 성공요인을 다음과 같이 제시하고 있다(강한수 외, 2002: 4~14).

첫째, 꿋꿋함과 소신(hardiness)이다. 히딩크는 컨페더레이션스컵과 골드컵에서의 부진에 따른 비난 여론 속에서도 꿋꿋하게 소신을 유지하였다. 훈련결과가 상당 기간 동안 성적으로 가시화되지 않았음에도 불구하고 자신의 축구철학을 확신하며 '흔들림 없이 중심 잡힌 상태를 유지하고 언론에 의해 흔들리면 자신의 축구철학이 흔들리게 되고 전술적인 완성도가 방해받을 수밖에 없다'고 하면서 마이웨이(my way)를 고집한다. "수십 년 간 실패한 프로그램으로 16강에 갈 수 없다. 결코 쉬운 길로 가지 않겠다. 강인한 체력이 곧 실력이다."라고 소신을 피력하고 자신의 경력과 승리 경험, 정확한 판단에 근거한 소신을 통해 선수들에게 자신감을 불어넣었다.

둘째, 공정성(impartiality)이다. 명성이 아닌 실력과 현재상태에 근거하여 선수를 선발하고 "히딩크 감독이 외국에서 영입된 감독으로서의 장점을 발휘하여 파벌, 외풍에 영향을 받지 않고 공정하게 선수를 선발하였고 선수선발에 관한 전권을 위임받는다는 확약을 받고 대표팀을 맡았다. 연고나 파벌, 여론의 영향력 등 내국인 감독이 극복하기 어려운 장애물들을 피해갈 수 있었다. 자신이 추구하는 축구 스타일에 적합한 인재의 발굴을 위해 시간과 노력을 투입하여 결국 그라운드에서 뛰는 것은 선수들이기 때문에, 선수선발은 성적의 상당 부분을 좌우한다는 견해를 보유하고 23명의 최종 엔트리 선발을 위해 1년 반 동안 63명이 대표팀을 거쳐 갈 정도였다.

셋째, 기본(fundamentals)의 강조이다. 자율적인 분위기를 강조하는 가운데서도 엄격한 원칙을 고수하면서, 단체행동 때 정해진 규칙을 지키면 나머지 시간은 별도의 통제나 지시 없이 자율을 부여하여 선수단이 전체적으로 움직일 때는 복장을 통일해야 하고, 식사시간은 전 멤버가 같이 식사해 같이 끝내며, 단체가 모였을 때 핸드폰이 울려서는 안 된다는 등의 규칙을 엄격하게 적용했다.

넷째, 혁신(innovation)의 추구이다. 그는 틀에 박힌 포메이션을 파괴하고 멀티플레이어의 육성 등을 통해 끊임없이 변형이 일어나는 창의적인 축구를 추구했다. 포메이션은 기본적인 폼(form)으로서 경기하는 동안 끊임없이 달라지며, 상황에 따라 신축적으로 운영되어야 한다고 인식하고 선수들에게 창의적인 축구, 생각하는 축구를 요구하는 것과 같은 맥락이다. 히딩크 감독은 토털 사커를 강조하며 공격, 수비의 뚜렷한 구분이 없이 스타일의 선수를 중용한다. 감독 스스로 언어가 통하지 않는다는 단점을 선수들과 함께 몸을 부딪치면서 극복하고 선수들 간의 내부경쟁을 통해 긴장감을 유지하고, 일부 선수의 부상으로 인해 전력에 차질이 생기는 것을 방지하려고 노력했다.

다섯째, 가치의 공유(value sharing)**이다.** 그는 감독 취임 초기부터 자신이 추구하는 축구의 스타일을 분명하게 제시했다. 그리고 모든 선수가 이를 이해하고 공유하도록 유도하여 창의성에 바탕을 둔 생각하는 축구, 공격축구를 표방하고 틀에 박힌 훈련과 순정적 문화에서 야기된 단조로운 축구를 타파하고 선수들의 창의성에 근거한 축구로 유도하기 위해 노력하였으며 90분 동안 모든 선수가 적진을 압박하고(press) 경기의 주도권을 잡는 공격을 추구했다. 이로 인해 포지션의 역할과 전술을 이해하도록 하여 조직력을 향상시켰고 신뢰형성을 통해 팀워크를 극대화될 수 있었다.

여섯째, 전문지식(expertise)**의 활용이다.** 감독 자신이 유럽에서 풍부한 경험을 가진 전문가로서, 글로벌 스탠다드를 도입하여 한국축구의 눈높이를 한 차원 높은 수준으로 바라볼 수 있게 했다. 이는 세계 최고수준의 유럽무대에서 네덜란드 국가대표, 아인트호벤, 레알마드리드 등의 팀을 정상에 올렸던 경험과 노하우를 보유하고 있었고, 전술, 기술, 체력, 정신력 등 네 가지를 승리를 위한 요소로 제시함으로써 네 가지 요소의 균형 있는 향상을 위한 체계적인 프로그램을 도입하였다. 그리고 유럽 강팀과의 경기경험, 자신감과 도전의식, 동료 간 커뮤니케이션 등의 부족을 문제로 지적한 바 있다. 또한 선수 개개인의 컨디션지수와 체력측정치 등을 데이터베이스화하여 관리하고 전문화된 스태프를 효과적으로 이용하여 역할을 분담하고, 시너지를 발휘하기 위해 수석코치, 기술자문(2명), 수비코치, 공격코치, 골키퍼코치, 트레이너, 물리치료사, 마사지사, 주무, 기술위원 등에 국적을 불문하고 최고의 전문가를 영입하였으며 필요에 따라 체력측정 전문가, 비디오 전술분석가 등 특정 부문의 전문가를 해외에서 불러들여서 활용했다.

4) 경기에서 본 히딩크 리더십

경기에서 통해서 본 히딩크 리더십은 다음과 같다(정승식, 2002).

첫째, 체력과 정신력을 길러라. 히딩크 감독은 먼저 한국축구의 약점이 무엇인가를 면밀히 분석했다. 그리고 기술은 세계수준 100점 만점에 85점 수준으로 그리 크게 문제될 것이 없으나 체력이 약하다고 진단했다. 더구나 그동안 한국팬들이 세계에서 가장 강하다고 생각했던 체력이 약하다고 진단했다. 더구나 그동안 한국팬들이 세계에서 가장 강하다고 생각했던 한국팀의 정신력도 히딩크는 아주 낮게 평가했다. 투지는 좋지만 자제력, 도전의식 등은 수준 이하라는 것이다.

둘째, 과학적인 프로그램이다. 2002년 월드컵에서 우리 선수들의 비약적인 발전과 우리 자신도 놀란 성공은 체력강화 훈련의 승리나 다름없었다. 전문 피지컬트레이너와 비디오 분석가 등을 영입해 월드컵 본선 직전까지 체력훈련을 혹독하게 실시했다. 일부에선 전술훈련은 언제 하고 선수들에게 체력훈련만 시키느냐는 비판을 받았지만 히딩크 감독은 눈 하나 깜짝하지 않았다.

셋째, 멀티플레이어의 선수가 되어라. 파워프로그램과 멀티플레이어는 히딩크 감독의 핵심이다. 이번 16강전에서 이탈리아에 뒤지고 있는 후반에 홍명보 등 수비수 3명을 공격수로 교체한 후에도 수비에 전혀 문제가 없었던 것은 멀티훈련의 결과였다. 또한 멀티플레이어는 전술의 다양화를 가져올 수 있었다. 멀티플레이어들은 공격라인에서 수비라인까지, 좌측에서 우측까지 경기장 곳곳에서 변함없는 기량을 발휘했다. 이에 따라 상대의 공격형태에 따라 경기 도중에라도 수비형태를 쓰리백(three back) 또는 포백(four back)으로 자유롭게 바꿀 수 있었고, 수비형 미드필드에게 공격형 미드필드의 임무를 부여할 수 있었다.

넷째, 팀워크를 길러라. 골은 팀 전체가 내주고 팀 전체가 넣은 것이다. 보통 감독들은 실수한 선수를 꼬집지만 히딩크는 무조건 팀 전체로 생각한다. 골을 먹어도 앞 단계의 수비에서부터 공격까지 이렇게 조직력이 흔들려 먹는 것이고 골을 넣어도 뒷선에서부터 차근차근 조직력이 뒤받침돼 그렇게 된 것이라는 얘기이다.

다섯째, 커뮤니케이션이 잘 돼야 한다(윤정민, 2002). 히딩크 감독이 부임하고 식사를 하는데 선배와 후배가 두 편으로 나뉘어서 식사를 하는 것을 보고 놀랐다고 한다. 그래서 다음날부터 선배와 후배가 같은 식탁에서 식사를 하도록 하고 방배정도 같은 방식으로 했다. 변화를 준 후 일주일이 지나자 자연스럽게 선후배 사이에 거리감이 없어졌다고 했다.

상기에서 네 가지 측면에서 제시된 히딩크 리더십의 특징을 기술하면 **표 4-29**와 같다.

표 4-29 히딩크 리더십의 특징

구분	Key word	핵심 요소	세부 내용
국방부	사관학교식 리더십	• 기본(BASIC)	• 대담성 • 자신감 • 기초체력 • 집중력 • 원활한 의사소통
매일경제신문	최고경영자 설문	• 기본 기초에 충실	• 실력에 의한 인재발탁 • 장기적 안목으로 본 소신경영 • 기본과 기초 충실 • 리더의 중요성 • 스피드경영
삼성경제연구소	히딩크 성공요인	• 원칙과 전략 • 명확한 목표	• 꿋꿋함과 소신 • 공정성 • 기본의 강조 • 혁신의 추구 • 가치의 공유 • 전문지식의 활용
리더십연구소	경기에서 본 히딩크 리더십	• 체력과 정신력	• 체력과 정신력 • 커뮤니케이션 • 멀티플레이어 선수육성 • 팀워크 • 유머와 심리전 • 과학적인 프로그램

5) 히딩크 리더십에 나타난 변혁적 리더십의 양태

히딩크 리더십이 변혁적 리더십의 양태를 보인다는 가정 하에 카리스마, 개인적 배려, 지적자극의 요인으로 분류하여 고찰하기로 한다(김병문, 2010).

첫째, 카리스마적 요인이다. 카리스마 리더는 미래에 대한 비전을 제시하여 도전적인 공동의 목표를 세우고 그 목표의 중요성을 강조하는 리더의 행동특성을 말하며, 가장 큰 특징은 부하들에게 자신감, 신뢰감, 존중감 및 사명감을 주입한다. ① 팀워크 중시이다. 히딩크는 팀워크에 도움이 되지 않는다고 판단되면 그 선수의 실력이 아무리 뛰어나더라도 주저 없이 대표팀에서 제외시켰다. ② 집중력 강화이다. 대표팀 엔트리를 빨리 확정해야 한다는 주위의 목소리가 높았지만 끝까지 리더와 선수 간의 긴장의 끈을 놓지 않으면서 선수들의 사명감을 북돋우며 집중력 향상에 주력했다. 그리고 "대표팀 내에서는 내 전화만 받아라"고 했던 것은 모두가 감독을 향해 집중력을 높여야 훈련성과가 높다는 사명감을 강조했다. ③ 비전제시이다. 히딩크는 국가대표팀의 분명한 목표제시와 멀리 내다보는 비전을 보여주었다. 히딩크는 평가전 상대팀 선택에서 강팀을 선택했다. 이는 히딩크의 기본적인 기준인 한국팀 입장에서 강팀의 전력탐색과 대응능력향상, 한국팀의 실력평가, 약점보완 등이었다. 그는 패배의 사기저하라는 소극적 손해보다는 실패로부터의 전력보강이라는 적극적 목적을 더 중요시했다. ④ 강한 신념이다. 히딩크는 감독직 계약부터 종료 순간까지 종전의 감독들이 상상도 하지 못했던 용기와 도전과 변화를 보여주었다. 스태프구성, 선수선발, 선수훈련, 선수기용, 치밀한 훈련프로그램 작성, 세계 최강팀들과의 평가전, 축구전술개발, 선수체력의 과학적 분석과 관리 등에 대한 언론과 한국축구 관계자들의 비판과 압력 등에 대하여 용기와 도전 그리고 변화로 대처했다. ⑤ 개인적 역량파악이다. 국가대표팀 감독 계약이 결정된 후 히딩크가 처음 한 일은 한국선수들에 대한 자료를 요청한 것인데, 그는 현재 국가대표로 뛰고 있는 선수와 앞으로 국가대표가 될 가능성이 있는 선수들의 개인 프로필, 1999년부터 지금까지 국가대표팀의 A매치 경기기록을 챙겨 달라고 했다. 우리 대표팀의 경기비디오를 30개 이상을 시청하며 한국팀의 전력을 파악했으며 협회에 요청해 선수들의 장단점을 숙지하는 준비된 모습을 보여주었다(정혜성, 2002). ⑥ 원만한 대외적 관계이다. 히딩크는 한국 프로축구 구단에 직접 편지를 보냈다고 한다. 국가대표팀운영과 대표팀 소집에 협조를 부탁하고 그동안에 있었던 대표팀 구성에 협조해 준 데 대해 감사의 뜻을 전하는 내용인데, 중요한 사실은 히딩크가 직접 편지를 작성했다는 것이다. 선수들의 국가대표팀 소집은 자칫 프로구단의 반발을 살 여지가 있는데, 대표팀을 운영하는 데 있어 프로구단의 적극적인 지원이 절실한 실정에서 히딩크는 '편지'라는 카드를 빼어든 것이다. ⑦ 능력주의이다. 히딩크는 축구관계자를 비롯한 여론에 신경 쓰지 않으며 인맥, 학연 등을 철저히 무시하고 냉엄한 테스트를 통해 능력위주로 선수들을 기용했다. ⑧ 전문적 역할분담이다. 히딩크는 전문적인 스태프진을 구성하고 명확한 역할분담을 하였다. 월드컵 축구팀은 무려 20명에 가까운 스태프진을 구성했다. 이는 선수단 23명에 버금가는 숫자였다. 더욱 중요한 것은 20명의 스태프진이 서로 역할이 중복되거나 애매하지 않고 자기의 일과 역할이 명확하게 구분되었다는 점이었다. 전문적이고 역할분담이 잘 이뤄진 스태프진의 구성이 월드컵에서 4강 진출을 하는 데 매우 중요한 공헌을 하게 된다(정혜성, 2002). ⑨ 비전과 목표에 대한 공감대형성이다. 비전과 목표에 공감한 선수들은 그의 체계적이고 반복적이고 과학적인 단체 및 개인 체력단련과 전술훈련을 히딩크의 탁월한 실행능력에 따라 충실히 습득했다. 충실한 훈련은 급격한 체력향상을 가져왔고, 끊임없이 토론학습은 포지션별 역할 깨우침을 가져왔고, 그리고 승패를 떠난 강호들과의 평가전은 선수들에게 자신감을 고취시킴으로써 그 결과들은 다시 히딩크의 실행능력에 피드백되었다. ⑩ 과학적 분석이다. 히딩크의 용기와 도전과 변화와 실험은 계속되면서 축구전술과 선수의 체력에 대한 체계적이고 과학적 분석에서 많은 변화를 가져왔다. 스태프부터 세계 일류 멤버인 히딩크 사단으로 구성했고, 전략으로 지배(dominate)와 압박(press), 전술로 토털 사커와 콤팩트 사커, 멀티플레이어 육성, 구체적 실행수단으로 체력단련, 정신력고취, 능력에 의한 선수선발 등을 추구했다.

둘째, 개인적 배려이다. 개인적 배려요인은 두 가지로 설명이 가능한데, 하나는 집단 내에서 모든 부하들을 평등하게 대우하는 것이며, 다른 하나는 각 개인들을 각각 다른 욕구와 능력을 가진 개성적인 인간으로 대우하는 것이다. 따라서 부하들이 작업을 잘 수행해 냈을 때 칭찬이나 인정의 표현을 얼마나 잘하는가가 리더의 개별적 배려행동의 중요한 특징이라 할 수 있다(Kuh, Steers & Tergorg, 1995). ① 공·사 구별이다. 히딩크는 훈련과 경기 등 공식적인 일정에 대하여 아주 엄격하지만 사적인 일에 대하여는 간섭을 하지 않고 자율성을 충분히 인정했다. 호된 질책 후에는 반드시 개인적으로 따뜻한 애정을 담은 말로 선수의 감정과 기분을 풀어주곤 하였다(김병문, 2010). ② 개인적 배려로 신뢰감형성이다. 히딩크는 한국축구에 대한 신뢰감과 확신감고취, 우호적 및 배려적 행동, 구성원의 문제이해, 구성원의 발전 및 경력향상에의 기여, 구성원에게 정보제공, 구성원의 아이디어 칭찬, 구성원의 조직에 대한 기여와 성취인정 등을 분명히 보여주었다. 그는 경기에서나 선수들과의 관계에서 관계지향적 행동을 강조하고 실천했다. 팀플레이를 중요시하지 않고 스타의식으로 팀의 역할관계를 무너뜨리는 선수의 거부, 선수들과 같은 버스로 이동, 선수들의 규칙 범위 내에서의 개인적 자율성의 충분한 인정, 본선을 며칠 남겨두고 1박 2일의 외박 허용, 본선경기를 치르는 사이에도 한 선수의 출산과 아기를 보고 오게 허용, 선수들에게 불필요한 심적 부담을 주지 않으려는 배려, 선수들이 그의 자동차 열쇠를 가지고 외출할 정도의 친밀감 유지, 공개적 질책 자제, 선수들과의 고의적인 바디 터치(body touch)를 통한 친밀감 유지 등이었다(이준형, 2004). 이러한 양방향적 의사소통을 통한 개인적 배려는 선수들의 히딩크를 신뢰하고 존중하는 중요한 계기가 되었다.

셋째, 지적자극이다. 리더의 지적자극요인은 부하들에게 기존의 문제해결방식에서 벗어나 보다 새롭게 창의적인 방식으로 변화하도록 그들의 사고, 상상력, 신념 및 가치를 자극하는 것을 의미한다. 히딩크 리더십의 지적자극요인으로는, ① 위계질서 파괴로 팀워크 중시이다. 유교의 장유유서(長幼有序) 의식이 한국축구를 지배했으며, 명령과 지시는 있어도 대화는 없었던 것이다. 히딩크가 한국축구팀을 맡았을 때 가장 놀란 것 가운데 하나가 대표선수들이 경기를 할 때는 말을 하지 않는다는 사실이었다. 경기를 풀어가면서 잘된 것과 잘못된 것 등 대화를 하면서 팀워크를 맞추어야 함에도 불구하고 한국선수들은 그저 열심히만 하면 된다고 생각했다는 것이다. ② 의사소통 중시이다. 그라운드 안에서는 누구나 동등하기 때문에 그라운드 안에서의 대화는 모두 반말로 하라는 일화는 한국 스포츠계의 고질적인 선후배 서열의식을 없애고 팀원들 간의 의사소통을 중시하는 히딩크의 코칭 유형을 알 수 있게 하는 일화들이다. ③ 프로정신(직업정신) 강조이다. 히딩크의 프로의식의 강조는 월드컵 본선 폴란드전(6월 4일)을 6일 앞두고 1박 2일의 파격적인 외박을 실시함으로써 절정에 달했다. 우리나라의 축구풍토에서는 전혀 예상할 수 없었던 파격적인 조치였고, 선수들에게는 휴식과 재충전의 소중한 기회였다. 이런 프로의식 강조가 결국 선수들의 자발적인 동기부여를 이끌어 내는 효과가 있었다(정혜성, 2002). ④ 생각하는 축구이다. 한 선수가 잘못된 플레이를 했을 경우 감독이 먼저 나서서 지적하지 않고 그 선수가 잘못된 부분을 깨달을 때까지 내버려 둔 다음 대처방안을 알려준다든지, 히딩크 감독이 요구하는 체력향상 훈련으로 녹초가 되기도 했지만, 오히려 연습 중 강조하는 전술적 움직임을 생각하는 일에 더 큰 스트레스를 받았다라고 한 선수들이 있었다. ⑤ 실력위주의 선수선발이다. 종전의 한국축구대표팀 감독들은 정실주의와 연고주의 등의 악습으로 왜곡된 관계지향적 행동을 외부로부터 강요당했으나 히딩크는 외국인이라는 장점과 감독직 계약 시 선수선발, 기용, 훈련, 코칭스태프구성 등에 대한 전권을 위임받은 문서화된 조건을 배경으로 연고주의를 완벽하게 탈피했고 팀을 운영하는 과정에서도 실력위주의 선수선발을 했다. 오직 과학적 체력테스트와 훈련과 실전을 통한 선수의 체력과 스피드와 기량과 실력뿐이었다(이준형, 2004).

3. 히딩크 리더십이 교육에 주는 의미

앞서 진술한 내용을 토대로 히딩크 리더십이 교육에 주는 의미를 정리하면 다음과 같다.

첫째, 학교장에게 주는 시사점은 다음과 같다(전용환, 2010).

① 학교경영 측면이다.

- 교육에 대한 투철한 신념이 있어야 한다.
- 학교경영에 대한 자신감이 넘쳐야 한다.
- 구성원들에게 신뢰감을 주어야 한다.
- 학교경영목표를 명확하게 제시해야 한다.
- 구성원들에게 학교발전과 중장기비전을 제시해야 한다.
- 교사에게 사명감을 길러 주어야 한다.
- 조직전체의 팀워크(분위기)를 중시해야 한다.
- 교사 개개인의 역량을 파악할 수 있어야 한다.
- 교사 개인의 역량에 맞는 업무분담을 할 줄 알아야 한다.
- 학교 대외적인 업무가 원활하도록 해야 한다.
- 학교외부로부터 교사를 보호하는 일에 앞장서야 한다.
- 의사소통을 원만하게 진행해야 한다.
- 업무에 공사구별이 분명해야 한다.
- 원칙을 준수하고 공정해야 한다.

② 조직구성원에 대한 측면이다.

- 구성원에 대한 개인적 배려에 세심해야 한다.
- 구성원들은 존경하는 마음을 가져야 한다.
- 구성원들의 어려움을 배려해야 한다.
- 구성원들의 의견을 존중하는 자세가 필요하다.
- 구성원들의 의견을 수렴하는 자세를 가져야 한다.
- 추종자로서가 아닌 동료로서 구성원을 대하는 자세가 필요하다.

③ 교사전문성에 대한 측면이다.

- 교사들의 전문성성장에 노력해야 한다.

- 교사들의 지적자극에 노력해야 한다.
- 교사들이 상호협동하는 분위기를 만들어야 한다.
- 교사들의 자긍심을 갖도록 해야 한다.

둘째, 교사에게 주는 시사점은 다음과 같다(현주, 2002).

① **공정함과 개인차 인정을 우선하는 교육이다.** 히딩크 감독은 "외국인이라 학맥, 인맥 등과 무관하고 실력위주로 선수를 선발하며 이 때문에 선수들이 더욱 열심히 한다."는 말은 교육적으로 의미하는 바가 크다. 학생 개개인의 실력을 공부만이 아닌 다양한 특기적성의 관점에서 생각하는 풍토가 필요하다. 이러한 풍토 속에서 개개 학생의 장점을 발견하려 애쓰고 이를 인정하고 용기를 북돋아주는 교사, 그리고 누구에게나 똑같은 잣대를 적용하는 교사, 그래서 모든 학생들이 저마다 최소한 한 가지는 선생님께 인정받고 있어서 자기자신을 자랑스럽게 여기게 되는 그러한 교사들이 인정받는 풍토가 되어야 한다. 아울러 히딩크는 "선수를 먼저 보고 전술을 짠다"는 말에서 교사는 학습지도나 생활지도를 함에 있어 이 정도는 누구나 알 것이다라는 막연한 전제에서 벗어나 학생 개개인의 현재의 학업능력이나 심리상태, 그리고 특기 등을 먼저 정확하게 평가하고 이를 토대로 전략적인 학업지도와 생활지도를 계획하는 일이 필요함을 시사를 받는다.

② **기초학력과 자기주도적 학습능력을 강조하는 교육이다.** 히딩크가 한국대표팀을 맡으면서 가장 먼저 한 일은 한국선수들의 강점과 약점이 무엇인지에 대한 종합적, 체계적 분석을 실시하고 그 결과 한국축구가 지향할 핵심역량을 축구에서의 기본인 체력과 스피드로 정하고 이를 토대로 생각하는 축구, 틀에 박힌 포메이션 파괴, 멀티플레이어의 육성 등을 통해 끊임없이 변형이 일어나는 창의적인 축구를 추구하는 것이었다. 이러한 측면에서 교육에의 시사점은 다음과 같다. ⅰ) 기초학력에 충실하자. 지금 우리 학교교육은 전반적으로 학생들의 기초 및 기본학력 달성에 그다지 충실하지 않은 것 같다. 특히 문제가 되는 것은 우리가 보통 학습부진아라고 부르는 단순한 수준의 읽기, 쓰기, 셈하기가 안 되는 몇 안 되는 아이들보다 해당 학년 교육과정의 최소 목표수준에 도달하지 못하는 비교적 많은 수의 학생들(소위 기본학습 부진 학생)의 학력향상이다. 이 부류에 속하는

학생들은 약간의 도움으로 정상적인 궤도에 진입하여 다음 단계 학습을 성공적으로 수행할 수 있게 된다. 따라서 "막연히 공부 열심히 해라"가 아닌 구체적인 전략을 갖고 지도하는 일이 필요하다고 했다. ii) 자기주도적 학습능력을 길러야 한다. 히딩크 감독은 "내가 선수들에게 전술적으로 발전시킬 수는 있다. 기술이나 체력, 정신력도 어느 정도 나아질 수 있다. 하지만 경기가 시작되면 선수들은 스스로 판단할 수 있을 만큼 성숙해야 한다. 물론 감독이 경기에 어느 정도 영향을 줄 수 있다. 그러나 경기가 시작되면 수많은 관중과 소음만 있을 뿐이다. 그러니 선수들은 스스로 판단해야 한다. 내가 선수들에게 독립적으로 생각하고 주체적으로 판단하라고 주문한 이유가 여기에 있다."고 했다. 여기에서 히딩크 감독의 말은 자기주도적 학습능력의 중요성을 시사하고 있는 대목이다. 자기주도학습은 학자들의 견해에 따라 다소 차이가 있지만, 일반적으로 '타인의 조력여부와 상관없이 학습자가 자신의 학습요구를 진단하고, 학습목표를 설정하며, 그 학습에 필요한 인적 및 물적 자원을 확보하고, 적합한 학습전략을 선택해서 실행하고, 자신이 성취한 학습결과를 평가함에 있어 주도권을 갖는 과정'으로 정의된다. 인간의 발달과업의 측면에서 볼 때, 초등학교 고학년을 지나 중학생 정도가 되면 자기주도적 학습능력 또는 자기조절적 학습능력을 지녀야 할 시기이다. 이는 창의적인 학습과 학습이 즐겁게 느껴지게 하는 원동력이 된다. 이러한 능력은 학습을 적극적으로 하게 하는 원동력이 되는 동시에 향후 사회에서 필수적으로 요구되는 능력으로 볼 수 있다.

③ **교사와 학생 간의 긍정적 상호작용을 중요하게 고려하는 교육이다.** 히딩크 감독은 "큰 소리로 말하라. 고함쳐라. 왜 이런 훈련을 하는지 끊임없이 의심하고 물어보라. 왜 한국선수들은 이렇게 숫기가 없나. 왜 감독의 말에 무조건 따르기만 하는가. 실전에서는 감독과 선수 간에 이야기를 나눌 수 없는 게 축구다. 그래서 훈련할 때 느낀 점을 바로 토론해야 효과가 가장 크다. 한국선수들은 의사표현을 분명히 안 한다. 나는 팀원이 무슨 생각을 하는지 궁금하다. 유럽선수들은 어릴 때부터 자기의 의사를 분명히 표현하라고 배운다. 이런 훈련이 어린 선수들을 교육하는 과정에 포함되어 있다. 그래야 선수들이 생각하는 바를 알 수 있기 때문이다. 나는 팀원이 어떤 생각을 하는지 아는 것을 가장 중요하게 생각한다."라고 했다.

이처럼 히딩크 감독의 말은 다음과 같은 두 가지 사항에서 교육에 대한 시사점을 찾을 수 있다. 먼저 i) 주입식교육을 탈피해야 한다. 교수-학습 활동에서 빈번한 질문이나 의견 상호교환은 이해의 과정에서 상대가 제대로 이해했는지, 잘못 알고 있는 것은 무엇인지를 바로 확인할 수 있기 위해서도 매우 필요하다. 대화 없는 일방적인 전달은 경우에 따라서 잘못된 지식을 오랫동안 지속시키는 데 크게 기여할 뿐이다. ii) 학생과 긍정적인 상호작용이 필요하다. 히딩크 감독은 "난 선수들을 칭찬하지만 비난하지는 않는다. 잘못을 지적하고 야단을 치는 것은 우리 팀 내부에서만 한다. 그것이 나와 선수의 약속이고 신의다. 실수는 경기과정의 일부이다. 나는 선수들을 끝까지 믿는다. 어떤 팀이든 한계가 있다. 매사를 부정적으로 생각하면 우리는 이길 수 없다. 이렇게 열등의식을 가지면 이미 첫 게임은 진거나 마찬가지이다. 물론 현실적이어야 한다. 나는 물론 현실적이다. 나는 지금까지 한국이 월드컵에서 이긴 적이 없다는 것을 안다. 그것 역시 현실이다. 하지만 우리가 기대했던 것보다 더 큰 성과를 낼 수 있다고 믿으면, 우리는 월드컵에서 반드시 좋은 성과를 이룰 것이다."라고 했다. 이러한 측면에서 교육에의 시사점은 학생과의 상호작용은 지적 및 정의적 측면에서의 성장에 굉장히 도움이 되는 것은 사실이다. 즉 교수-학습에 관한 연구들에 의하면, 학습자에 대한 교사의 기대가 교사 자신의 행동특성을 결정하고 결과적으로 학생들에게 중요한 영향을 미치게 된다는 것이다. 결국 피그말리온 효과(자기충족예언)의 측면에서 보더라도 교사와 학생 간의 긍정적인 상호작용은 매우 중요하다고 하겠다.

④ **교육의 기본에 충실하자.** 그동안 우리 교육이 왜곡된 교육열과 지나친 입시위주 교육풍토 그리고 열악한 교육여건 등으로 인해 교육의 기본을 소홀히 한 것이다. 월드컵과 히딩크 감독을 통해 다시 한번 교육의 기본의 중요성을 인식하고 이러한 것들이 학교교육에서 빨리 자리 잡을 수 있도록 학교와 정부가 함께 노력해야 할 것이라고 했다.

상기에서 히딩크 리더십의 의미, 특징(사관학교식 리더십, 최고경영자의 설문 결과, 히딩크의 교훈, 경기에서 본 히딩크 리더십, 히딩크 리더십에 나타난 변혁적 리더십의 양태), 히딩크 리더십이 교육에 주는 의미 등을 고찰하였다. **히딩크 리더십에 나타난 주요 키워드**

는 공정성, 펀더멘탈, 혁신추구, 전문지식 활용, 팀워크 강조, 책임경영, 전략적 리더십, 책임감, 실력에 의한 인재등용, 체계적인 조직운영, 기본강조, 기초체력, 단합, 대담성, 분명한 목표설정, 자신감, 긴장감 조성, 집중력 강화, 원활한 의사소통, 상황인식, 실력에 의한 인재발탁, 소신경영, 인맥타파, 책임감 강화, 장기안목 중시, 소신, 마이웨이, 강인한 체력, 자신감, 공정성, 자율적인 분위기 강조, 혁신추구, 창의성, 긴장감유지, 가치의 공유, 신뢰형성, 전문지식 활용, 글로벌 스탠다드 도입, 경험과 노하우 중시, 체계적(과학적)인 프로그램 도입, 자신감과 도전의식, 동료 간 커뮤니케이션, 데이터베이스 구축, 체력과 정신력 강조, 자제력, 멀티플레이어 전술의 다양화, 팀워크, 원칙과 전략, 명확한 목표, 스피드경영, 유머, 심리전, 카리스마, 개인적 배려, 지적자극, 비전제시, 부하들에게 자신감, 신뢰감, 존중감, 사명감, 집중력강화, 분명한 목표제시, 전력탐색, 대응능력향상, 약점보완, 강한 신념, 개인적 역량 파악, 원만한 대외관계, 능력주의, 전문적 역할분담, 공감대형성, 충실한 훈련, 과학적 분석, 정신력고취, 공사구별, 확신감고취, 우호적 및 배려적 행동, 정보제공, 관계지향적 행동, 친밀감유지, 공개적 질책 자제, 창의적 방식, 직업정신 강조, 실력위주 선수선발, 투철한 신념, 자신감, 중장기비전, 사명감, 업무분담, 원칙준수, 전문성신장, 상호협동 분위기, 자긍심 유도, 개인차 인정, 종합적 및 체계적 분석, 자기주도학습능력, 창의적인 학습, 긍정적인 상호작용 중시, 의사표현 분명히 할 것, 주입식교육 탈피 등으로 나타났다.

이러한 키워드는 **4차 산업혁명시대의 협력역량, 비판적 사고역량, 자기관리역량, 의사소통역량, 창의성역량, 감성역량, 리더십역량, 회복탄력성, 문제해결역량, 다문화이해역량, 글로벌역량, 적응역량, 디자인역량 등과 관련된 것으로 보인다.**

제16절 참여적 리더십

참여적 리더십에는 개념, 교육부문에서의 참여적 리더십연구, 참여적 리더십의 제 측면, 참여적 리더십의 유형, 참여적 리더십의 하위변인 등에 대해서 기술하고자 한다.

1. 참여적 리더십의 개념

학교장의 리더십이 학교가 효과적으로 목적을 달성할 수 있는가에 커다란 영향을 미친다는 것은 많은 연구를 통해 잘 알려진 사실이다. 그런데 학교조직을 포함한 모든 조직에 있어서 누가 어떤 방식으로 의사결정을 하는가의 문제 역시 조직의 목적달성에 직접적인 영향을 미친다는 점에서 주목할 필요가 있다(신중식 외, 2003). 참여(participation)란 리더가 의사결정을 할 때 추종자가 개입하는 것을 의미하며, 결국 의사결정에의 참여란 그 성질상 양자택일의 과정이 아니고 그 리더가 사용하는 결정방식 및 결정절차에의 참여를 의미한다.

참여적 리더십이란 의사결정 시 구성원들이 리더에 대하여 어느 정도 영향력을 행사할 수 있도록 허용하는 방식의 리더십을 말한다. 또한 참여적 리더십과 유사한 용어로서 자문, 합동 의사결정, 권력공유, 분권화, 민주적 관리 등을 들 수 있다. 참여에 포함되는 사람으로서는 부하, 동료, 상관, 외부인사 등이 있을 수 있다(신응섭 외, 2004).

2. 교육부문에서의 참여적 리더십연구

교육부문에서의 참여적 리더십에 관한 연구를 소개하면 다음과 같다.

첫째, Leithwood와 Duke(1999)의 연구에서 참여적 리더십은 조직의 효과성을 강화한다는 시각을 가지고 있다. 다른 연구들은 참여적 리더십이 민주원리에 초점을 둔다는 점에 주목하고 있으며, 또 다른 연구는 학교단위책임경영제(site-based management, SBM)의 관점에서 참여적 리더십에 접근하고 있다.

둘째, Hayes(1995)는 미국의 한 초등학교 교장이 정부주도의 교육개혁계획을 수행하면서 학교 내외의 이해관련 집단과 상호유익한 관계를 점진적으로 유도함으로써 성공한 사례에 관한 것이다.

셋째, Johnston과 Pickergill(1992)의 연구는 "변화하는 환경 속에서 학교행정가들에게 증대되고 있는 여러 가지 요구들을 공유된 리더십 또는 집단리더십(shared or team leadership)으로의 전환을 통해서만 잘 달성될 수 있다"고 했다.

넷째, Murphy와 Hallinger(1992)의 연구는 현대 학교의 복잡성, 불확실성, 모호성, 업무부담, 혁신에 대한 기대 등과 같은 변화를 감안할 때 학교리더들에게는 참여적 리더십, 즉 더욱더 자문지향적, 개발지향적, 민주적이며 교사와 학부모들의 의사결정참여를 적극 조장하는 리더십이 필요할 것이라는 결론을 내렸다.

다섯째, 옥장흠(1995)은 초·중·고등학교 교사대상의 연구에서 학교장의 리더십유형 중 인화지향성은 교사의 직무스트레스와 부적상관을 가지고 있으나 과업지향성, 관료지향성은 정적상관을 가지고 있음을 밝히고 직무스트레스의 해소를 위해서는 교사들을 의사결정과 업무과정의 설정에 직접 참여시키는 것이 필요하다는 주장이 제기되었다.

여섯째, Savery, Soutar 및 Dyson(1992)**의 연구**는 참여적 리더십과 관련해서 민주적 과정에 초점을 두고 수행되었다. 즉 학교의사결정의 범주를 정하고 교사들로 하여금 교장이 결정하는 것이 좋은 영역과 교직원이 결정하는 것이 좋은 영역을 구별하여 보도록 하였는데 민주성이라는 관점에서 학교에서의 참가적(participatory) 리더십의 상세화된 모델을 개발하기 위한 내용을 예시하였다는 점에 의의가 있다. 민주원리에 초점을 두는 참여적 리더십에 관한 연구들은 학교단위책임경영제에서의 리더십접근과 유사한 점이 많다.

일곱째, 1980년대에 들어 주목을 받기 시작한 학교단위책임경영제, 즉 SBM은 참여적 리더십에 대한 널리 개발되고 광범위하게 주창되는 개념적 배경이 된다. Murphy 및 Beck(1995)에 따르면, SBM은 행정가주도의 SBM, 전문가주도의 SBM, 지역사회주도의 SBM의 세 가지 유형 중 한 가지 형태를 가진다. ① 행정가주도의 SBM이다. 이는 효과적인 의사결정을 위해 교육청이나 교육위원회, 그리고 학교의 행정가에게 보다 많은 권한, 영향력 행사, 책무성이 주어지는 것을 말한다. 이 유형의 SBM에서 단위학교의 교장은 교사, 학부모, 학생, 지역인사들에게 비공식적으로 자문을 구하고 학교운영위원회는 교장에게 자문하는 역할을 하게 된다. 반면에 ② 전문가주도의 SBM은 교원들에게 보다 많은 주도권이 주어지는 경우이다. 이는 학생들에게 근접해 있는 교사들이야말로 의사결정을 위한 가장 적절한 지식을 갖추고 있고(Hess, 1991) 그들이 의사결정에 참여할 때 집행단계에서의 헌신이 높아진다는 가설에 근거한다. 이러한 유형의 SBM 하에서는 교사가 학교운영위원회의 주류로서 가장 많은 권한을 행사하게 된다. ③ 지역사회주도의 SBM은 수요자만족과 연계된 개념으로서 학부모와 지역사회의 증가된 책무성을 요구한다(Lee, Bryk & Smith, 1993). 그 배경논리를 살펴보면, 교육과정은 학부모와 지역사회의 가치관과 선호를 직접적으로 반영해야 하는데(Wohlstetter, Odden, 1992), 그에 관한 의사결정에 있어 교사들, 혹은 행정가들은 대체로 둔감하기 때문에 학부모와 지역사회가 직접 개입해야 한다는 것이다.

앞에서 세 가지 유형 외에 SBM의 네 번째 유형은 ④ 학교현장의 교육전문가, 학부모, 지역사회인사들이 동등하게 권한을 행사하는 형태로서 아직까지 사례는 없지만 이론적으로는 존재가 가능할 수 있다. 이것은 학교에서의 의사결정에 있어서 교사들의 전문적 지식을 잘 활용하여 학부모와 지역사회에 대한 책무성을 보다 강화하고자 하는 형태로서 교사는 학부모와 지역사회의 요구에 보다 민감하고 학부모들은 교사들과 동반자적 관계를 유지한다. 이 유형에서 학교운영위원회는 교사와 학부모, 지역인사의 권한행사 및 참여도에 있어 균형을 가진다(Leithwood & Duke, 1999).

선진국과 마찬가지로 우리나라에서도 학교단위책임경영제에 대한 관심이 점차 높아지고 있다. 1995년의 교육개혁안 이후 설치 및 운영되기 시작한 우리나라의 학교운영위원회는 학교단위책임경영의 실현, 즉 교직원, 학부모, 지역사회인사 등이 책임지고 학교를 운영하는 학교공동체를 구축하기 위한 구체적인 장치로 제안되었다. 중앙이나 상급행정기관에 학교운영의 권한이 집중되는 것을 지양하는 이상으로 학교 내에서의 권력집중을 경계하고 이를 방지해야 한다는 취지를 가지고 있다(신중식 외, 2003).

3. 참여적 리더십의 제 측면

참여적 리더십의 제 측면에는 의사결정의 책임자, 참여의 편익과 불이익, 참여적 리더십의 효과적인 활용을 위한 전제조건, 의사결정의 위양을 고찰하기로 한다(김진영, 2003).

1) 의사결정의 책임자

조직계층에서 권한이 높은 경영자일수록 중요한 의사결정과 함께 그에 대한 책임도 더 커진다. 상위직 리더는 주로 조직목표의 설정, 전략목표의 수립, 전반적인 정책의 수립, 조직구조의 설계, 자원의 할당 등과 같은 가장 중요한 의사결정을 담당하고 있다. 조직계층구조상 하위직으로 내려갈수록 의사결정은 보다 구체적으로 업무지향적이 된다.

Blankenship 및 Miles는 8개 회사를 대상으로 서로 다른 계층의 경영자들의 의사결정에 대해 연구한 바 있다. 기대했던 대로 상위계층의 경영자들에게는 보다 많은 자율권과 의사결정권한이 존재하고 있음이 밝혀졌다. 그들은 최종적인 의사결정을 내리기 전에 다른 부서의 경영자나 자기의 상사와 협의하는 경우가 극히 적었으며, 반대로 상위계층의 경영자들은 하위경영자 또는 중간경영자에 비해 의사결정행동을 주도하지는 않으며 오히려, 의사결정행동의 주도는 추종자에게 의존하고 있었다. 하위경영자들은 상위자인 중간경영자들이 자기들을 위한 의사결정을 주도해 주길 원하는 경향이 있으며, 의사결정을 내리기 전에 상사와 협의할 것을 요구하고 있다. 최종적인 의사결정을 내리기 전에 동료나 부하 또는 그 상사와 협의할 것을 강요하지 않는다 하더라도 경영자는 여전히 그렇게 하는 것을 선호한다.

2) 참여의 편익과 불이익

참여가 왜 부하의 만족과 동기유발 및 과업수행을 개선시킬 수 있게 하는가에 대한 여러 가지 이유들이 제시되고 있는데, 그 내용을 요약하면 다음과 같다(박내희, 1996).

① 의사결정의 결과에 대한 막연한 불안이나 공포 때문에 그 의사결정에 대하여 부하의 저항이 있게 될 가능성이 있을 경우, 추종자의 참여는 그 의사결정의 이해도나 수용도를 높여준다.

② 추종자가 의사결정의 과정에 참가하여 그 의사결정의 형성에 도움을 주게 되면 그 의사결정에 대한 일체감이 생기게 된다.

③ 참여는 그 의사결정의 목적 및 그 목적의 달성을 위한 실행계획에 대한 이해도를 높일 뿐 아니라, 추종자들로 하여금 그 결정을 더 용이하게 실천할 수 있도록 하고, 예기치 않은 변화에 대처하기 위한 실행계획의 변경을 시도할 수 있게 해준다.

④ 참여는 부하들로 하여금 조직 내의 유관적 보상(reward contingencies)에 대하여 보다 정확히 지각할 수 있게 해준다.

⑤ 참여는 성숙된 부하의 자율, 성취, 자기정체성(self-identity) 및 심리적 성장 등과 같은 욕구와 일치된다.

⑥ 합법적인 절차에 의해 집단적 의사결정이 이루어졌을 때 그 집단은 구성원들로 하여금 수용도를 높이도록 사회적 압력을 가하게 된다.
⑦ 집단적 의사결정은 공동문제를 해결하기 위해 협동할 수 있게 하는 기회를 제공해 준다.
⑧ 부하들이 리더에게 없는 적절한 정보 및 분석기술을 가지고 있고, 추종자들이 좋은 의사결정이 되도록 기꺼이 협력한다면 참여는 높은 질의 의사결정을 낳게 한다.

이에 반해 **참여에서 오는 부정적인 측면과 참여가 오히려 비효과적이 될 수 있는 상황을 제시하면 다음과 같다.** ① 참여에 의한 결정은 독재적 의사결정보다는 일반적으로 많은 시간을 소모하게 된다. ② 어떤 의사결정과정에 부하를 참가시키게 되면 팔로워들은 다른 의사결정에도 참가하여 영향을 미치려고 하는 기대가 높아져서 리더가 부하를 참가시키고 싶지 않은 의사결정의 경우, 리더와 팔로워 간의 갈등이 있을 수 있다. ③ 광범위한 참여는 리더가 전문성 및 자신감이 없는 것으로 오인되어 리더가 무능한 것으로 지각되기도 한다. ④ 집단적 의사결정이나 위양과 같은 극단적인 참여의 경우에 있어서 팔로워가 적절한 정보나 전문성이 없고 참가에 대하여 호의적이 아닐 때, 의사결정의 질이 낮아질 가능성이 있다. ⑤ 집단적 의사결정은 책임을 분산시켜 성공과 실패에 대한 책임 소재를 확인하기 어렵게 한다. ⑥ 참여적 의사결정의 절차, 특히 집단적 의사결정에는 리더 측에 효과적으로 활용할 수 있는 사회(司會)의 기술이 요구된다.

3) 참여적 리더십의 효과적인 활용을 위한 전제조건

리더십연구와 이론들을 통하여 **효과적인 참여적 리더십이 되기 위해서는 가장 중요한 전제조건**을 나열하면 다음과 같다(김남현, 1987). ① 자기의 의사대로 참여적 절차를 활용할 수 있는 권한이 있어야 한다. ② 의사결정이 시간적 제약을 강하게 받고 있지 않아야 한다. ③ 팔로워들이 적절한 지식 및 정보를 가지고 있어야 한다. ④ 팔로워들이 기꺼이 참여하고자 하는 욕구가 있어야 한다. ⑤ 리더 자신이 참여적 관리에 대한 확신이 있어야 하고 하위자들이 의사결정의 질을 높이는 데 공헌할 수 있는 잠재력을 가지고 있다는 리더 자신의 확신이 있어야 한다. ⑥ 상위관리자들이 참여적 관리를 하고 있는 하위관리자들을 고무하고 지원하는 분위기가 되어야 한다. ⑦ 리더가 참여적 관리기법에 능숙하여야 한다.

4) 의사결정의 위양

권한의 위양(delegation of authority)이란 권한을 보유하고 있는 상위자가 하위자에게 일뿐만 아니라 그 일을 수행하는 데 필요한 권한을 부여하는 것이다. 이 경우에 있어서 의사결정권한을 위양한다는 것은 그 일을 수행하는 데 있어서 일일이 상위자의 동의를 받지 않고 자기의 결정과 판단에 의해서 행할 수 있게 하는 것이다(박내희, 1996).

첫째, 위양을 해야 하는 이유는 다음과 같다. 의사결정의 위양에 대해서는 보통 참여적인 기법과 구분하여 다루고 있다. 위양의 가장 중요한 목적은 보다 효과적인 노동의 분업이다. 리더의 업무가 과중하고 의사결정에 주의를 집중하기가 곤란할 때 의사결정의 권한은 위양될 수 있다. 의사결정의 위양은 경영자 개발방법으로서도 효과적이다. 추종자를 리더의 직무 또는 그와 유사한 직위로 승진시키기 위해 교육훈련이 필요하기 때문이다. 위양은 직무충실화(job enrichment)의 한 형태이다. 추종자에게 권한과 책임을 보다 많이 위양한다는 것은 직무를 보다 흥미롭고 도전할 만한 의미 있는 일로서 만들어 주기 때문이다. 위양은 조직 내에서 리더로 승진이 제한되어 있을 때 능력 있는 추종자를 붙잡아두기 위해서 직무를 흥미롭게 해주는 데에도 필요하다.

둘째, 위양에 대한 부하의 반응이다. 대부분의 부하들이 권한위양을 환영하고 거기에서 만족감을 얻지만 반드시 모든 추종자들이 위양에 대해 호의적으로 반응하는 것은 아니다. 사람 중에는 자기가 의사결정을 하기보다는 명령에 따르기를 더 선호하는 사람도 있다.

셋째, 위양의 실패이다. 상황과 리더에 따라 그 리더에게 적절한 권한위양의 양은 차이가 있다. 의사결정의 권한을 대폭 위양해야만 하는 상황에서 리더가 이것을 기피한다면 이는 심각한 문제를 가져올 수도 있다. 리더들이 위양을 기피하는 이유는 추종자에 대한 신뢰감 결여와 리더가 자기 업무부서 전반에 걸쳐 절대적인 통제를 계속 유지하고자 하는 욕망 때문이라 할 수 있다.

넷째, 효과적인 위양의 방법이다. ① 얼마만큼의 권한을 위양해야 되는지를 결정할 것, ② 팔로워에게 완전히 이해시켜 줄 것, ③ 팔로워의 동의를 얻을 것, ④ 추종자의 행동과정을 관찰할 것, ⑤ 정신적인 자원과 물질적인 원조를 제공할 것, ⑥ 팔로워의 과도한 의존성을 피할 것 등을 들 수 있다.

4. 참여적 리더십의 유형

참여적 리더십유형에는 리커트의 참여적 리더십유형, 일반적인 관점에서 의사결정참여 유형, 이강식(1988)의 학교장의 참여적 리더십유형 등에 대해서 고찰하기로 한다(김진영, 2003; 신중식 외, 2003).

첫째, 리커트의 참여적 리더십유형이다. 미시간 대학의 리더십연구에 공헌할 학자들 중 가장 대표적인 학자로서 Likert는 리더십연구가 다음과 같은 특정한 리더십유형이 효과성이 높다는 사실을 입증하는 것이라고 밝혔다. ① **지원적 행동이다.** 팔로워가 자신을 가치 있고 중요한 존재라고 느낄 수 있도록 리더는 팔로워에게 지원적인 행동을 해주어야 한다는 것을 말한다. ② **집단중심의 감독이다.** 이는 리더들이 팔로워들을 개인별로 감독하는 것보다 집단회의(group meeting)를 통해서 감독해야 한다는 것을 말한다. ③ **높은 성과를 지향하는 목표이다.** 집단의사결정에서 특히 중요한 것은 구체적인 성과목표를 설정하는 일인데, 리더는 집단구성원들이 자신들의 능력에 비추어 약간은 높지만 실현가능한 목표를 설정할 수 있도록 이끌어 주어야 한다는 것이다. ④ **연결핀의 기능(linking pin function)이다.** 집단의 의사결정사항과 목표는 조직전체의 목표나 방침과 조화를 이루어야 하므로 중간관리자들은 하위집단과 상위관리들 사이에서 중재자 역할을 해야만 한다. 이처럼 리커트의 주장에 의하면, 상기 네 가지 관리형태가 계획수립이나 조정과 같은 기술적 기능(technical function)과 융합될 때 집단에서 높은 성과를 기대할 수 있을 것이라고 한다. 또한 그는 리더십행동을 설명하는 모델을 제시했는데, 그 모델에서 리커트(Likert) 원인변인(causal variable), 매개변인(intervening variable), 결과변인(end-result variable) 등을 구분하여 리더십행동을 설명하였다. 즉 원인변인은 리더의 행동과 기능(skills)뿐만 아니라 관리자가 변화시킬 수 있는 조직구조 등이 포함되었다. 매개변인은 모든 조직구성원들의 지각, 충성심, 태도, 동기부여, 성과목표 등의 변인과 상호작용이나 의사소통 및 의사결정을 효과적으로 할 수 있는 조직전체의 능력 등이 포함된다. 결과변인은 이윤 및 생산성, 서비스 질, 결근율, 이직율과 같은 집단 혹은 조직의 효과성을 나타내는 지표이다.

둘째, 일반적인 관점에서 의사결정참여 유형이다. 이 유형에는 네 가지가 있는데, 이를 소개하면 다음과 같다. ① **독재적 의사결정**(autocratic decision)**이다.** 리더가 부하의 의견이나 제안은 들어보지도 않고 독단적으로 의사결정을 한다. 하위자는 리더에 대해 전혀 영향력이 없다. ② **협의적 의사결정**(consultation)**이다.** 리더가 부하의 의견이나 제안은 물어보지만 의사결정은 리더가 한다. 하위자의 영향력이 제한적이나마 존재한다. ③ **공동의사결정**(joint decision)**이다.** 리더는 하위자들과 집단으로 만나서 문제에 대한 해결방안을 논의하고 함께 의사결정을 내린다. 리더는 최종 결정에 대하여 부하들보다 영향력이 더 많은 게 아니다. ④ **의사결정의 위양**(delegation)**이다.** 리더가 부하에게 의사결정에 관한 권한과 책임을 넘겨준다. 보통 위양의 정도에 대해 구체화되어 있고 의사결정의 실행 전에 리더의 승인이 필요한지도 알려준다.

셋째, 이강식(1988)**의 학교장의 참여적 리더십유형이다.** 참여적 리더십연구의 중요한 비판 중 하나는 참여적 리더십에 관한 연구 자체의 제약점이다. 대부분의 참여에 대한 연구의 목적이 참여가 부하의 성과나 만족을 증진시키는 데 성공적이었는지의 여부를 발견하려는 데 있었다. 따라서 정적인 상관관계가 존재할 경우 "참여는 많으면 많을수록 더 좋다"는 식으로 해석하는 경향이 있다. 이와 같은 해석과 결론은 연구방법론상 정당화될 수 없는 것이다. 이강식(1988)은 **학교장의 의사결정유형**을 네 가지로 분류한 것을 소개하면 다음과 같다. ① **독단형이다.** 학교장이 혼자서 결정을 내리는 것이다. ② **조종형이다.** 때로 교직원과 협의하나 필요한 정보나 아이디어를 얻으려 할 뿐이며 사전에 복안을 갖고 교직원을 설득하며 복안대로 혼자서 의사결정을 하여 교직원에게 따르도록 강요하는 것이다. ③ **협의형이다.** 사전에 개인이나 보직교사들과 협의하여 협의내용을 존중한 의사결정을 하는 것이다. ④ **참여형이다.** 교직원과 개인적이거나 집단적으로 문제를 충분히 토의한 후 의사결정을 하여 교직원 전체의 의사를 존중한다. 결국 상기의 구분은 명확히 구분되어 있는 것이 아니고 학교장의 의사결정과정에서 독단형을 제외한 나머지 세 가지 유형은 교사들이 정도의 차이는 있지만 의사결정에 참여하고 있는 것을 보여주고 있다.

5. 참여적 리더십의 하위변인

학교장의 참여적 리더십을 측정하는 도구는 중등학교 교사들을 대상으로 연구한 이태정(1982)의 질문지를 수정 및 보완한 이강식(1988)의 측정도구는 25개 문항으로 구성되었다. 참여적 리더십의 하위변인은 기본 운영, 학교-지역사회, 교수 및 교육과정, 교원인사, 학생관리, 시설 및 재정 등으로 이루어져 있다. 이강식(1988)의 학교장의 참여적 리더십의 측정도구는 **표 4-30**과 같다.

표 4-30 참여적 리더십의 측정도구

참여적 리더십 측정						
• 응답 요령: 다음 문항들은 참여적 리더십에 관한 내용입니다. 귀 학교 교장선생님이 나타내는 행동특성을 진술한 내용과 얼마나 일치하는지 해당란에 V표를 해주십시오. 〈설문 문항〉 교장선생님께서는 …………(1~25)		아주 불일치	불일치	보통	일치	매우 일치
번호	설문내용					
1	의사결정을 위한 정보의 수집 분석과정에서 교사 전원의 참여를 희망한다.					
2*	측근자들 몇 사람의 의견에 큰 비중을 두고 학교행사를 결정하여 진행한다.(-)					
3	직원회의에서 합의 결정된 사항은 거의 변경하지 않는다.					
4	일상적인 업무처리에 있어서 미리 기준을 세워 놓고 그것에 따라서 의사결정을 한다.					
5	학교 일을 결정함에 있어서 큰 줄거리만을 제시하고 각 부서별 또는 학년별 협의를 거쳐 실천방안을 세우게 한다.					
6	학교경영에 학부모회의 의견을 잘 활용한다.					
7	학교의 교육활동에 외부기관이나 지역사회인사를 잘 활용한다.					
8*	학교의 교과운영의 기본계획을 단독 수립한다.(-)					
9	교육과정편성 및 배정(선정) 시에 교사들의 의견을 듣고서 결정한다.					
10	학년별 교과담당교사 배정 시 각 교과별협의회의 협의사항을 요구하며 그것을 존중한다.					
11*	교과시간표 및 일과운영을 단독으로 조정한다.(-)					
12	학습효과 증진을 위한 교수법개선 및 교수-학습자료 제작 시 각 담당교사의 아이디어를 최대한 활용한다.					
13	졸업사정 시 학업성취도의 평가와 시상에 관한 일은 직원회의에서 결정한다.					
14	학교기자재 및 교재구입, 활용방안 및 폐기처분에 관한 일은 담당교사의 의견을 중요시한다.					
15	교무분장 배정에 관한 일은 교사들의 능력이나 적성을 검토하여 사전에 부장회의에서 결정한다.					

16*	학급담임을 선정할 때 자기가 구상한 바를 주요 부장교사에게만 밝혀 결정한다.(-)					
17	교원연수대상자를 차출할 때에는 교사들의 희망이나 의견을 토대로 선정한다.					
18	교원수급계획 및 교원전보 시 사전에 해당교사와 상의한다.					
19	학생특별활동 부서의 편제 및 지도교사 선정 시 교사들의 희망이나 의견을 참작하여 결정한다.					
20	학생회 각종활동에 대하여 학생들의 의견을 최대한 받아들인다.					
21	학생사고 발생 시에는 교사들의 의견을 최대한 존중하여 결정 처리한다.					
22	각종 시설, 설비개선을 위한 계획 및 실행과정에서 전문가는 물론 교사들의 의견을 존중한다.					
23	각 교실의 환경구성을 위한 표준을 정함에 있어서 교사들의 의견을 들어 결정한다.					
24	각종 물품의 구입 시 품목이나 수량을 담당교사와 협의한 후에 결정한다.					
25	제 경비와 예산안, 결산안의 작성 및 그 예산집행과정에 담당교사를 참여시켜 결정한다.					

자료: 김진영(2003). 학교장의 참여적 리더십과 교사의 조직헌신성과의 관계연구. 인하대학교교육대학원 석사학위논문, p. 87~89에서 수정해서 인용함.

*주: 참여적 리더십 하위변인
기본운영변인(1~5번), 학교-지역사회변인(6~7번),
교수 및 교육과정변인(8~14번), 교원인사변인(15~19번),
학생관리변인(21~21번), 시설 및 재정변인(22~25번) 총25문항임.

참여적 리더십은 학교현장에서 교장이 독단적으로 학교경영을 하려 하거나 교사들에게 지시적이고 통제적으로 상호작용해서는 안 되고, 중요한 사안에 교사들을 적극적으로 참여시키고 교사들의 견해를 적극적으로 경청하고 반영하려고 하는 상호작용을 해야 한다는 시사점을 얻을 수 있다. 아울러 교사도 학습에서 학생들에게 지시적이고 통제적으로 상호작용해서는 안 되고, 중요한 학급 일에 학생들을 적극적으로 참여시키고 학생들의 의견을 적극적으로 경청하고 반영하려고 하는 상호작용을 해야 한다는 시사점을 얻을 수 있다(김달효, 2011).

상기에서 참여적 리더십의 개념, 교육부문에서의 참여적 리더십연구, 참여적 리더십의 제 측면(의사결정의 책임자, 참여의 편익과 불이익, 참여적 리더십의 효과적인 활용을 위한 전제조건, 의사결정의 위양), 참여적 리더십의 유형, 참여적 리더십의 하위변인 등을 고찰한 결과 나타난 **참여적 리더십의 주요 키워드**는 자문, 합동의사결정, 권력공유, 분권화, 민주적 관리, 공유된 리더십, 집단리더십, 자문지향적, 개방지향적, 민주적 의사결정참여, 팔로워들의 의사결정과 업무과정의 설정에 직접 참여, 학교단위 책임경영의 실현, 학교공동체구축, 팔로워들의 의사결정행동의 주도, 집단적 의사결정으로 공동문제해결, 추종자들의 적절한 지식 및 정보 소유, 리더의 참여적 관리에 대한 확신, 추종자들의 잠재능력 소유에 대한 확신, 추종자들의 동기유발 분위기 조성, 참여적 관리기법에 능숙, 승진시키기 위한 교육훈련, 추종자에게 권한과 책임위양, 직무에 대한 도전정신, 추종자에 대한 지원적 행동, 집단회의를 통한 감독, 높은 성과를 지향하는 목표설정, 조직전체의 목표나 방침과 조화, 중재자 역할, 의사결정을 위한 정보의 수집과정에 교사 전원의 참여 희망, 학교경영에 학부모 의견 반영 및 활용, 담당교사의 아이디어 최대한 활용, 교사들의 의견을 최대한 존중 등으로 나타났다.

이러한 키워드는 **4차 산업혁명시대의 협력역량, 자기관리역량, 의사소통역량, 감성역량, 리더십역량, 디지털 리터러시역량, 문제해결역량, 적응역량, 전문성역량 등과 관련되어 보인다.**

제17절 윤리적 리더십

학교의 리더가 된다는 것은 윤리적 딜레마와 함께 살아가는 것(Larry, 1997)이라고 할 정도로 윤리적 상황을 다루어야 하고, 리더의 행동은 '도덕적 예술(moral art)'(Hodgkinson, 1991)이라고 할 정도로 윤리적이어야 하고, 교직원과 학생에게 윤리적 교육을 해야 하기 때문에 '도덕적 목적의식(a sense of moral purpose)'으로 생활해야 하기 때문에 최근에 학교장에게는 윤리적 리더십이 더욱 강조되고 있다(주삼환, 2009).

따라서 4차 산업혁명시대의 윤리적 리더십과의 연계성을 파악하기 위하여 윤리적 리더와 윤리적 리더십의 개념, 윤리적 리더십의 의의, 윤리적 리더십의 특성, 윤리적 리더십의 원리, 윤리적 리더십의 상황적 영향, 유사 리더십과의 관계, 윤리적 리더십의 하위변인 등에 대해 고찰한 후에 디지털 전환시대와 윤리적 리더십에 대해서 기술하기로 한다.

1. 윤리적 리더와 윤리적 리더십의 개념

윤리적 리더십은 그 중요성에 대한 언급은 많이 있어 왔지만, 학술적인 관심은 그에 미치지 못해 오다가 기업의 도덕성과 기업윤리에 대한 관심이 커지면서 최근 들어 리더십으로서의 윤리도 집중적인 논의 주제가 되고 있다.

지금까지 일반적으로 규범적, 철학적인 의미에서의 윤리 내지는 윤리적 리더십이 다루어져 오면서 단순히 '리더가 조직 속에서 윤리적으로 무엇을 해야 하는지'에 대해서만 제시되어 있을 뿐, 보다 기술적이고 예측가능한 사회과학 차원에서의 접근은 여전히 미개척분야로 남아 있으며 이 또한 다분히 단편적인 접근에 그치고 있는 실정이다.

첫째, 윤리적 리더에 대해서 언급하면, 미국 내의 유수기업체에 근무하는 CEO 및 준법감시인 각 20명을 대상으로 실시된 인터뷰에서, '각자가 잘 알고 있는 윤리적 리더 한 사람을 머릿속에 떠올리며 그 리더의 특성 및 행동, 동기 등과 관련한 질문에 응답할 것'을 요구한 결과, 리더의 개인적인 특성들 중에서 많은 부분이 윤리적 리더십과 관련이 되었음이 규명되었다(Brown et al., 2003). 그 결과 윤리적 리더들은 '정직하고 신뢰성이 있으며 직장생활은 물론 개인생활에 있어서도 윤리적으로 행동하고 또한 의사결정을 함에 있어서도 공정하고 원칙주의적'인 것으로 나타났으며 또 다른 연구결과는 리더의 이러한 윤리적인 노력은 추종자들의 윤리적, 비윤리적 행위에도 영향을 미친다고 밝히고 있다. 윤리적 리더들은 정직하고, 사려 깊으며 원칙주의적인 동시에 공정하고 균형 잡힌 의사결정을 하는 특징을 갖는 것으로 나타났다. 아울러 이들은 자신의 추종자들과 윤리에 대한 이슈를 자주 대화를 하며, 일을 처리함에 있어서도 명쾌한 윤리기준을 사전에 설정한 후 이러한 기준들이 일의 추진과정에서 유지되어 나갈 수 있도록 채찍과 당근을 적절히 사용하였다. 결국 윤리적 리더는 말만 앞세우는 것이 아니라 자신들이 주장하는 바를 반드시 실천에 옮김과 동시에 추종자들에게는 윤리적 행동에 대한 적극적인 역할모델(role-model)이 되었다(곽신근, 2010).

둘째, 윤리적 리더십이란 추종자들에게 ① 개인적인 행동과 상호관계를 통하여 규범적으로 적절한 태도를 제시하고, ② 양방향 커뮤니케이션, 재 강화 그리고 의사결정을 통하여 그러한 행동을 촉진하는 것을 의미한다(Brown et al., 2003). '개인적인 행동과 상호관계를 통하여 규범적으로 적절한 태도를 제시'

한다는 것은, 윤리적 리더는 추종자들이 리더를 규범적으로 적절(정직, 신뢰, 공정, 배려 등)하다고 생각하도록 행동함으로써 리더 자신을 적합하고 신뢰할 만한 부하들의 역할모델로 만든다는 것을 의미한다. 그리고 '추종자들에게 양방향 커뮤니케이션을 통해 그러한 행동을 촉진한다'는 것은 윤리적 리더들이 추종자들에게 윤리와 관련하여 명백하게 의사표현을 함으로써 추종자들에게 윤리에 관한 관심을 불러일으키는 것뿐 아니라 일에 있어서도 정당한 절차에 따라 처리하는 것을 포함한다(Bass & Steidlmeier, 1999). 한편 '재 강화'라는 구성요소는 윤리적 리더들은 윤리적 기준을 설정한 후 추종자들의 윤리적 행동에 대해 적절한 보상을 제공함과 동시에 설정된 기준에 따라 행동하지 않는 추종자들에게는 징계를 가하는 등의 행위를 통하여 추종자들의 간접학습에 기여하는 것을 의미한다(Trevino et al., 2003). 그리고 '의사결정'에 대해서는 윤리적 리더들은 의사결정을 함에 있어 그 결정이 가져오게 될 윤리적인 결과를 고려함은 물론 타인에 의해 관찰되고 또한 모방될 수 있는 원칙 중심적이고 공정한 선택을 하는 것을 의미한다(Bass & Avolio, 2000). 결국 학교에서 윤리적 리더가 구비해야 될 가치로는 인내, 공공정신, 정직, 진실성, 신뢰성, 자선, 겸손 등으로 볼 수 있다.

2. 윤리적 리더십의 의의

윤리는 리더의 행동에서 준수해야 할 비공식적이고 실천적인 규범이다. 교육에 관련된 법규들이 공식적 규범이라면, 윤리나 도덕은 비공식적 규범이다. 전자는 반드시 지켜야 할 의무사항이며, 위반하면 강제적인 제재를 받게 된다. 후자는 강제나 의무사항은 아니며, 자율적이고 내면적인 특성을 가지며, 위반할 경우에는 처벌이나 규제의 대상이 아니지만, 여론 등의 비판의 대상이 된다. 윤리는 개인의 양심에 맡겨져 있는 사항이며, 사회적 관행의 성격을 갖는다. 그리고 리더의 업무수행의 규범이라는 점에서 법규와 같지만, 공식적 및 강제적인 성격을 갖지는 않는다.

윤리적 리더십의 의의를 기술하면 다음과 같다(권기욱, 2009).

① 윤리적 리더십에서 윤리의 중요한 특성은 다음에 대한 신념이다. 즉 편리함보다 올바른 것, 단순한 실제보다 훌륭한 것, 결코 수행해서는 안 되는 행동이다.

② **교직에서 윤리적 리더십이 강조되는 이유**는 다음과 같다. i) 교직은 인간의 전인적 발달을 목적으로 하고, ii) 교직은 전문직으로서 자율성을 가지며, 그에 조화를 이루는 윤리를 요구한다. iii) 교직원의 강력한 교육력을 확보하기 위해서는 강력한 윤리가 요구된다.

③ **전문직에 종사하는 교직원들은 고도의 윤리의식을 요구한다.** 특히 전문직의 리더는 사회에서 다른 사람들을 선도하는 위치에 있을 뿐만 아니라 인간의 존엄성을 올바르게 인식하고 높이 선양하여야 한다. 리더의 윤리의식은 자연히 학생들의 윤리의식을 형성하는 데 기여하게 된다.

④ **학교에서 리더의 의사결정이 학생들에게 많은 영향을 미치기 때문에 리더는 의사결정을 윤리적으로 수행하여야 한다.** 리더의 역할이 넓어지고, 다양한 업무를 수행하면서 리더의 전문성과 엄격한 윤리가 더 많이 요구되고 있다.

⑤ **학교에서 리더의 윤리는 학생교육의 질을 좌우한다.** 리더의 윤리관은 교육의 질을 보장하기 위하여 우선적으로 확보되어야 한다. 국가는 교육의 질이 국력이라고 보고, 교육의 질을 높이는 데 심혈을 기울이고 있다. 학교의 리더가 윤리관을 확립하지 않으면, 우수한 질의 교육을 확보하기가 어렵다.

3. 윤리적 리더십의 특성

윤리적 리더십의 특성을 과학적 관리론과 윤리적 리더십, 학교현장에서 윤리적 리더십, 윤리적 리더의 역할을 통해서 고찰하고자 한다(권기욱, 2009).

① **과학적 관리론과 윤리적 리더십의 비교를 통해서 살펴보고자 한다.** 과학적 관리론은 교직원들의 업무를 성취하는 데 있어서 효율성과 효과성을 야기하는 지적 능력과 인간관계를 포함하지 않고, 관례적인 단계를 따르기를 요구한다. 그리고 업무의 성취에 중요한 단계들을 명확하게 설정하고, 교직원들이 업무를 성취하는 과정을 조정하고, 업무를 완성하기 위하여 교직원들을 적절하게 훈련하는 것이 리더의 책임이라고 본다. 거래적 리더십은 인간을 도구나 기계와 같은 관점에서 경영을 해야 한다는 과학적 관리론에 근거하고 있다. 하지만 윤리적 리더십은 과학적 관리론의 대안으로 이해하는 것이 바람직하고, 학교의 리더십을 더 넓은 사회적 상황에서 고려한다(Ogawa, 2005). 그리고 학생들의 발달을 촉진하고, 리더 자

신의 진실하고 진정한 노력을 요구하고, 학교의 목적에 대하여 관심을 갖는다. 그리고 과학적 관리론 측면에서는 교직원들이 업무를 수행하기 위하여 내재적 동기가 부족한 존재로 보고, 리더의 엄정한 감독이 없으면, 성취가 빈약하고, 지능이 부족한 존재로 고려된다. 그러나 윤리적 리더십은 도덕이나 영적인 개념을 이해하고, 학교는 학업적 성취에 한정하는 단순한 장소가 아니고 학생들의 발달과 창의성이 세상을 재창조하는 데 사용될 수 있는 공간으로 조성되어야 한다. 결국 교육리더는 학교를 윤리적으로 경영하려면, 사회와 문화가 교육을 통하여 재생산하는 방법, 계층의 세습이 야기되는 이유, 문화 및 폭력이 유지되는 방법, 학교가 학생들의 사회경제적 계층의 재생산을 파괴하지 못하는 이유 등을 검토하여야 한다.

② **학교현장에서 윤리적 리더십 측면이다.** 학교의 리더는 특권과 권한에 관련된 문제에 대한 계속적인 토론과 비판을 통하여 학교를 문화적 차이가 재구성되는 장소로 변화시켜야 한다. 학교리더십의 윤리적 상황은 업무를 올바르게 수행하도록 책임을 갖는 윤리적 리더의 역할보다 더 많은 것을 요구한다. 오히려 올바른 것들을 하도록 요구하고 있다. 그리고 윤리적 리더십은 전통적인 학교의 경영이 갖는 개념 이상의 의미를 갖는다. 윤리적 리더는 사회적 변혁을 야기하기 위하여 그들이 노력하는 더 심도 있고 더 넓은 영역에서 활동을 수행할 수 있는 용기를 가져야 한다. 윤리적 리더십은 학생의 교육활동이 더 공정하고 더 민주적이도록 하는 데 관심을 갖고 있다. 윤리적 리더십은 민주적 원리를 진실하게 보장하고 윤리적으로 무장된 교육과정과 교육에 충만한 창조적 환경을 촉진하기 위하여 강조되고 있다. 학교는 가끔 사회적 재생산의 장소로 기여한다고 비판된다. 학교는 사회경제적 계층의 재생산을 통해 현재의 계층을 공고히 하는 데 활용된다. 학교의 리더들은 이러한 상황을 타개하는 교육과정과 교육방법을 제공하기 위하여 노력해야 한다.

③ **윤리적 리더의 역할이다.** 리더는 교직원들보다 더 많은 권력과 통제력을 갖고 있기 때문에 리더십이 교직원들의 삶에 미치는 영향에 민감해야 한다. 윤리적 리더십에서 윤리는 리더십의 핵심적인 요소이다. 리더는 조직의 가치를 설정하고 강화하여야 한다. 그리고 명확한 철학과 관점을 가져야 한다. 리더에 의하여 증진되는 가치들은 조직의 가치에 많은 영향

을 미친다. 리더는 조직의 윤리적 풍토를 조성하는 데 중요한 역할을 수행해야 한다. 학교개혁에서 가장 중요한 자산은 리더와 교직원들이 윤리적으로 무장하는 것이다. 리더는 다른 사람의 비난에도 불구하고 학생들을 위하여 최선의 노력을 해야 한다.

4. 윤리적 리더십의 원리

윤리적 리더십이론은 리더가 올바른 것과 공정하게 수행하는 것은 어떤 것인가? 훌륭한 리더가 해야 하는 것은 무엇인가?에 대한 해답을 찾도록 하고, 리더는 업무를 수행하는 상황에서 윤리적 원리를 적용해야 한다. 윤리적 리더십의 원리는 다음과 같다(권기욱, 2009).

① **윤리적 리더는 교직원들과 학생들에게 봉사한다.** 학교에서 리더는 투철한 국가관을 확립해야 한다. 리더는 국가와 민족의 장래를 걱정하고 발전을 위하여 헌신하며, 이를 통해 학생들이 국가의 발전을 위해 성장할 수 있도록 하여야 한다. 그리고 학교에서 리더는 물질적 보수가 적다고 불평을 하거나 물질적 보상에 지나친 관심을 가져서도 안 된다. 그리고 가르치는 즐거움이나 학생들에 대한 애정과 사랑으로 업무를 수행하여야 한다. 리더는 국가의 교육방침에 따라 교육의 성과를 극대화하는 데 최선을 다하여야 한다.

② **윤리적 리더는 교직원들을 존중한다.** 학교에서 리더는 교직원들과 존경과 신뢰의 관계를 형성해야 한다. 그리고 교직원들의 마음속에서 우러나오는 협력을 얻을 수 있어야 하고, 리더는 교직원들을 항상 인생의 후배로서 대하고, 인격적 존경심을 가지고 대하여야 한다. 그리고 리더는 교직원들과 화합과 협력을 바탕으로 하는 관계를 형성해야 한다. 그리고 리더는 학생들의 개성과 개인차를 존중해야 한다. 학생 개개인이 인격체로 존중되고 가치 있는 존재로 인식되어야 한다. 결국 리더는 학생들을 사랑하고, 인격을 존중하며, 학생들의 심신발달이나 가정의 환경에 따라 차별을 두지 아니하고 공정하게 지도해야 한다.

③ **윤리적 리더는 사회정의를 준수한다.** 학교에서 리더는 교직원들에 대한 편애를 지양하고, 모든 교직원들을 공정하게 처우해야 한다. 그리고 교직원들의 비밀을 유지해야 한다. 직무를 수행하는 과정에서 획득한 개인의 비밀

을 누설하여서는 안 된다. 교직원들의 비밀을 누설하면, 교직원들과의 신뢰관계가 파손된다. 그리고 리더는 건전한 가치관과 철학을 가져야 한다. 그리고 리더는 자유, 평등, 박애를 바탕으로 사고하고 행동하여야 한다.

④ **윤리적 리더는 정직하여야 한다.** 학교에서 리더가 정직하지 못하면, 교직원들과의 관계에 부정적인 영향을 미친다. 그리고 장기적으로 관계성이 악화된다.

⑤ **윤리적 리더는 교직원들이 '우리'라는 집단감정을 형성하도록 한다.** 학교에서 리더는 교직원들을 존중하고, 신뢰하고, 협력하는 관계를 형성하여 유지하고, 지원과 정보를 공유해야 한다.

5. 윤리적 리더십의 상황적 영향

윤리적 리더에 대한 구성원의 지각에 영향을 미칠 수 있는 세 가지 상황적인 요인들로는 윤리적 역할모델, 조직의 윤리풍토, 리더가 작업현장에서 직면하는 이슈들에 대한 윤리적 강도 등이 있는데 이러한 각각의 요인들은 사회학습 차원에서 윤리적 리더십의 발전에 기여하는 학습기회를 제공한다.

① **윤리적 역할모델이다.** 사회학습이론은 '어떤 리더들이 왜 윤리적 리더가 될 가능성이 있는지'를 이해하는 데 도움을 준다. 팔로워들은 모델로부터 배우는 유일한 존재가 아니며 오히려 리더들 역시 다른 모델로부터 배운다. 리더들은 자신들의 윤리적 역할모델들의 행위를 관찰하면서 자신을 그들과 동일시하고 그들의 가치관과 태도를 자신의 것으로 내재화하며 또한 그들의 행위를 모방한다(Bandura, 1986). 따라서 리더들이 자신들의 삶 속에서 윤리적 역할모델을 갖는다는 것은 윤리적 리더십의 개발에 기여하는 것일 것이다. 윤리적 역할모델을 보다 자세히 이해하기 위해 Weaver(2005) 등은 작업현장에서 윤리적 역할모델에 영향을 받은 적이 있는 개인들을 인터뷰하였는데 응답자들은 그들의 윤리적 역할모델이 된 사람들의 특성과 행동을 규명하였다. 배려, 정직, 공정성, 높은 윤리적 기준설정, 타인에 대한 책임의식 등과 같은 특성들은 윤리적 리더십과 관련된 요인들과 유사하였다. 흥미롭게도 Weaver(1999) 등이 규명해낸 대부분의 윤리적 역할모델들은 물리적으로 원거리에 위치하고 있는 최고경영자가 아닌 응답자들이 가까이에서 자주 접했던 개인들이었다.

그들의 현장연구에 의하면, 한 개인의 경력개발과정에 있어 윤리적인 멘토를 갖는 것은 윤리적 리더십과 긍정적인 연관이 있다고 지적하였는데 직장에서 윤리적 역할모델을 가진 적이 있다고 응답한 리더들은 또한 그들 자신의 부하들에 의해 윤리적 리더로 인식될 가능성이 매우 높았다. 따라서 한 개인의 경력개발과정 중에서 자신과 가깝고도 윤리적으로 긍정적인 역할모델을 갖는다는 것은 한 개인이 윤리적 리더가 될 보다 높은 가능성을 갖게 만드는 것이다.

② **조직의 윤리풍토이다.** 윤리적 리더십에 대한 거시적인 영향력은 조직의 윤리풍토로 볼 수 있다(Trevino, Butterfield & Mcabe, 1998). 윤리풍토는 윤리적 행위의 구성요소를 결정하는 전형적인 조직관행과 절차에 대한 지배적인 인식으로 정의되어 왔다. Victor 및 Cullen(1988)은 세 가지 철학적인 접근방법(원칙, 박애주의, 이기주의)과 세 가지 수준의 분석(개인, 국내, 세계)에 근거한 아홉 가지 형태의 윤리풍토를 제안했는데, 이는 각각의 풍토 타입은 특정한 규범적 기대수준과 관련이 있다고 가정하고 있다. 예를 들면, 구성원들의 박애적인 윤리풍토와 조직몰입에 대한 구성원들의 인식과의 관계를 발견하였다. 아울러 윤리풍토는 리더의 윤리적인 의사결정 의도에 긍정적(+)으로 영향을 주며 거짓말을 하려는 의도와는 부정적(-)인 영향을 준다고 규명하였다(Ross & Robertson, 2000). Trevino(1990)는 윤리적인 문화를 한 개인의 윤리적인 합리성 수준과 윤리적 및 비윤리적 행위 사이의 관계를 조절할 수 있는 조직의 전반적인 문화의 한 부분으로 제안했으며, 그녀는 높은 수준의 윤리적 합리성을 가진 개인(원칙주의적 개인)은 조직문화에 덜 영향을 받는다고 주장하며, 윤리적 문화를 조직 내에서 윤리적·비윤리적 행위를 지원할 수 있는 공식적·비공식적 행동통제 시스템(리더십, 권위구조, 보상시스템, 규정 및 정책, 의사결정 절차, 윤리규범, 동료행위 등)으로 규정하였다. 아울러 Trevino(1990)는 윤리적 풍토와 문화는 구성원의 조직몰입과 유의하게 상호연관성이 있으며 영향을 미친다는 사실을 발견했다. 사회학습차원에서 볼 때, 윤리적 행동을 지원하고 장려하는 것보다 강력한 윤리적 상황은 조직 내에서 윤리적 리더십이 발전하고 유지되는 데 도움이 될 것인데 그러한 환경 하에서 리더들은 윤리적 리더십이 바람직하다는 사실을 인지함과 동시에 윤리적 리더십을 따라 하려는 보다 많은 기회를 갖게 될 것이다. 그 결과로 그들은 보다 강력한 윤리적

리더십을 개발하거나 유지하게 될 것이며 반대로 강력한 윤리적 배경이 부족하거나 비윤리적인 행위를 조장하는 조직에서는 그 속에서 살아남기 위해 리더들은 그들의 스타일을 환경에 맞게 적응(약간의 윤리적 또는 비윤리적 리더십스타일의 발휘 등)시키게 될 것이며 반면에 강력한 윤리적 리더십을 가진 리더들은 그 조직문화 및 풍토에 적응하지 못하기 때문에 그 곳을 떠나게 될 것이다.

③ **당면 이슈들의 윤리적 강도이다**(Trevino, 1986). 그동안 기업 윤리관점에서 많은 연구들이 윤리적 관심과 관련하여 의사결정권자가 직면하게 되는 이슈의 윤리적 강도에 초점을 맞추어 왔는데 대부분의 연구에서 일관성이 있게 보여주는 것은 두 가지 차원의 윤리적 강도가 윤리적 관심과 도덕적 관심에 영향을 준다고 했다. 즉 결과의 증폭(상황에서 도출되는 잠재적인 위해)과 사회적인 공감대(주어진 상황에 있어 강력한 윤리적 규범의 존재)이다. 먼저 결과의 증폭은 윤리적 리더십에 있어 특히 중요한데 왜냐하면 윤리적 리더들은 그들의 잠재적인 행동들이 타인에게 미칠 결과를 생각하게 하기 때문이다. 커다란 위해(危害)의 잠재성이 존재하게 될 때 관찰자들은 의사결정권자가 어떻게 그러한 상황을 해결할지에 대해 관심을 기울이게 될 것이다. 리더들이 커다란 위해를 야기하는 잠재적인 것들에 직면하게 되고, 또한 윤리적으로 적합한 방법으로 이를 해결할 때 비로소 리더들은 윤리적인 리더로 비춰지게 될 것이며, 반면에 리더들이 타인에게 중대한 위해를 가져다 줄 결정을 내릴 때 그들은 윤리적 행동에 있어 취약한 역할 모델로 비춰지게 될 것이다. 따라서 강도와 윤리적 리더십 사이의 관계는 복합적인 것이다. 도덕적으로 강도 있는 상황들은 관찰자의 관심을 리더로부터 이끌어낼 것인데 이러한 상황들은 윤리적 리더십에 대한 입증기반으로 간주될 수 있다. 도덕적으로 강도 있는 상황들은 제대로 다루어질 때 도덕적 강도는 윤리적 리더십의 개념과 긍정적(+)으로 관계가 있을 것이며, 만약 이러한 상황들이 잘못된 방향으로 이루어질 때 그들은 윤리적 리더십의 개념과 부정적(-)으로 관련이 있을 것이다. 특히 도덕적으로 강도 있는 상황들은 윤리적 상황과 윤리적 리더십의 관계를 향상시킬 것이다. 윤리적인 행동들을 지원하는 강력한 윤리적 상황에서 일하는 리더들은 윤리적으로 치중된 상황을 도덕적으로 해결할 준비가 보다 잘 되어 있을 것이고, 그들의 윤리적 리더십을 잘 나타낼 것인 반면에

윤리적으로 미약함 내지는 비윤리적인 상황을 다루는 리더들은 이러한 상황에서 윤리적으로 취약한 리더십을 보이게 될 것이다. 양쪽 모두에서 도덕적으로 치우친 상황은 리더의 관심을 이끌어낼 것이며 따라서 윤리적 리더십에 있어 윤리적 상황의 효과를 향상시킬 것이다.

6. 유사 리더십과의 관계

최근 다양한 리더십이론들에 있어 윤리와 가치는 매우 핵심적인 개념이다. 특히 리더는 구성원들에게 윤리적 행위와 기대의 역할모델이기에 여러 이론에서 그 중요성을 언급하고 있다(Bass, 1985; Greenleaf, 1977; Bass & Avolio, 2000). 리더의 중요성을 언급하는 이론들은 리더십, 리더, 구성원들의 관계를 설명하는 데 변혁적 리더십, 참(진정성) 리더십, 영적 리더십, 서번트 리더십 등의 용어를 사용하고 있지만 각각의 리더십은 추종자의 행위, 규범, 가치에 영향을 미치는 수단으로서 역할모델링의 일부 요소를 포함하며 리더십의 도덕적 가능성도 나타내고 있다. 이러한 개념들과 윤리적 리더십 구성 개념 간에는 유사점과 차이점이 존재한다(Brown & Trevino, 2006). 이를 제시하면 **표 4-31**과 같다.

윤리적 리더십과의 비교에서 대표적으로 언급되는 이러한 리더십은 윤리적 리더십에 대한 논의를 더욱 명확히 해주는 데 도움을 준다. 먼저 **참 리더십**은 진정성을 가지고 있는 리더는 '어떻게 생각하고 행동해야 할지 깊이 알고 있고, 다른 사람들의 가치 및 도덕적 관점, 지식 및 강점을 이해하고 있는 사람'이라고 정의한다(Avolio, Luthans & Walumbwa, 2004). 참 리더십은 변혁적 리더십과 같이 개인적 특성이라는 차원에서 윤리적 리더십과 유사한 것으로 나타난다. 하지만 참 리더십은 진정성, 자기인식과 같은 윤리적 리더십이 포함하지 않는 내용을 포함하는 반면에 윤리적 리더십은 자기인식보다 타인에 대한 인식, 타인에 대한 보살핌과 관심에 더 중점을 두는 경향이 있다(Brown & Trevino, 2006).

표 4-31 윤리적 리더십과 다른 리더십들의 비교

리더십	유사점	차이점
참(진정성) 리더십	• 타인배려(이타주의) • 윤리적 의사결정 • 성실성(integrity) • 역할모델링	• 윤리적 리더는 (거래적 리더보다) 도덕적 관리와 타인의 인식을 강조 • 진실한 리더는 진실성과 자신에 대한 자각을 강조
영적 리더십	• 타인배려(이타주의) • 성실성(integrity) • 역할모델링	• 윤리적 리더는 도덕적 관리를 강조 • 영적 리더는 비전, 희망, 신념을 제시 • 직업에 대한 사명감을 강조
변혁적 리더십	• 타인배려(이타주의) • 윤리적 의사결정 • 성실성(integrity) • 역할모델링	• 윤리적 리더는 (거래적 리더보다) 윤리적 기준, 도덕적 관리를 강조 • 변혁적 리더는 비전, 가치, 지적자극을 강조
서번트 리더십	• 타인배려(이타주의) • 성실성(integrity) • 역할모델링	• 윤리적 리더는 도덕적 관리와 타인인식을 강조 • 서번트 리더는 섬김과 봉사, 자기인식을 강조

자료: Brown, M. E., & Trevino, L. K.(2006). Ethical Leadership: A Review and Future Directions. *The Leadership Quarterly*, 17(4), p. 598에서 인용함.

영적 리더십은 리더가 성실성, 정직 및 겸손과 같은 숭고한 가치를 구현할 때 그리고 자신을 타인이 신뢰하고 의지하고 존경할 수 있는 모습으로 만들 때 형성되는 리더십이라고 말한다(Reave, 2005). 영적 리더십은 보통 조직의 비전과 정체성을 포괄하는 비전, 비전이 실현될 확신을 나타내는 희망과 신념, 보살핌의 작업환경에서 나오는 이타적 사랑이라는 세 가지 차원으로 구성된다(Fry, Vitucci & Cedillo, 2005). 성실성, 배려, 이타주의라는 측면에서는 윤리적 리더십과 유사하지만, 영적 리더십은 신 혹은 인간에 대한 봉사를 통한 동기부여와 같은 부분을 포함하고 있다.

변혁적 리더십은 조직구성원이 스스로의 이익을 넘어 공동의 목적을 위해 함께 일하도록 독려하기 때문에, 개인적 특성에 초점을 둔다는 측면에서는 유사성을 발견할 수 있다. 그러나 윤리적 리더십은 변혁적 리더십에서 포함하지 않는 거래적 영향과정도 포함하고 있다. Kanungo 및 Mendonca(1996)는 변혁적 리더십은 윤리적 영향과정을 포함하지만 거래적 리더십은 포함치 않는다고 말하고 있다. 따라서 이러한 거래적 측면의 포함 여부에 가장 큰 차이가 있다고 하겠다.

서번트 리더십이다. 서번트 리더십의 기본전제로 서번트 리더는 섬김(stewardship)과 위무(威武)에 따라 행동하며 구성원들의 성장과 사회 전체의 이해를 향상시킨다. 그들은 권력이나 정보를 공유하려 하고 다른 사람의 성장과 성공을 먼저 도와주면서 전체 조직의 목표를 향해 조직을 이끌어 가는 리더이다. 그러나 서번트 리더십은 자기인식을 중시하고 개인적 삶을 반성하며 영적 자원의 중요성을 인식하면서 타인에 대한 봉사와 섬김을 강조한다는 점에서 윤리적 리더십과 차이가 있다.

7. 윤리적 리더십의 하위변인

윤리적 리더십을 구성하는 하위변인에 대하여 제 학자들의 견해를 제시하면 다음과 같다.

① Kanungo 및 Mendonca(1998)는 윤리적 리더십의 하위변인으로 리더의 동기부여, 리더의 영향력 전략, 리더의 특성을 제시했다. ② Trevino, Hartman 및 Brown(2000)는 하위변인을 윤리적 인간과 윤리적 관리자로 이원화해서 구분하고 있다. 우선 윤리적 인간에는 개인적 특성(청렴, 정직, 신뢰성), 행동(올바른 일, 배려, 개방성, 개인적 윤리), 의사결정(가치관, 객관성 및 공정성, 사회배려, 윤리적 결정 기준 준수) 등이 있으며, 이에 반해 윤리적 관리자는 가시적 행동을 통한 역할모델링, 보상과 징벌, 윤리 및 가치에 관한 커뮤니케이션 등이 있다. ③ Resick, Hanges, Dickson 및 Mitchelson(2006)은 GLOBE(Global Leadership and Organizational Behavior Effectiveness) 자료를 활용하여 특성 및 성실성, 윤리적 인식, 공동체 및 사람지향, 격려 및 임파워먼트 윤리적 책임관리, 이타주의, 집단적 동기부여 등으로 제시했다. ④ Brown, Trevino 및 Harrison(2005)은 윤리적 리더십의 공식적인 구성개념 개발과 타당성 과정을 증명하는 연구를 수행했다. 이 연구에서 그들은 윤리적 리더십을 개인적 행동과 상호관계를 통해 규범적으로 적절한 행위를 보이는 것 그리고 양방향 커뮤니케이션, 강화, 의사결정을 통해 팔로워에게 그러한 행위를 촉진하는 것이라고 정의하고, 윤리적 리더십의 지각, 즉 윤리적 리더십 척도(Ethical Leadership Scale: ELS)를 측정하기 위한 10개 항목으로 된 도구를 개발했다. 그리고 관리자의 윤리적 리더십의 리더의 배려, 상호작용적 공정성, 리더의 정직, 변혁적 리더십의 이상

적 영향력 차원과 부분적으로 중복되지만 동일한 구성개념은 아니라는 것을 실증적으로 검증하였다. ⑤ Khuntia 및 Suar(2004)는 특성 및 동기와 임파워링으로 제시했다. ⑥ Zhu, May 및 Avolio(2004)는 도덕적 용기를 가진 사람과 집단의 이익을 중시하는 사람으로 구분하였다. ⑦ Guillen 및 Gonzales(2001)는 단일차원으로 리더의 덕목, 즉 성실성, 결정력, 공정성, 정직, 온화함, 인내, 열정, 용기, 책임감을 제시했다. ⑧ McAllister(1995)는 윤리적 리더십의 하위변인으로 성실성, 리더의 효과성, 리더의 정직, 진실성 및 인지적 신뢰 등으로 구분했다. ⑨ 조경훈(2008)은 분배적 공정성, 절차적 공정성, 투명성, 공헌성, 성실성 등으로 제시했다.

상기에서 살펴본 바와 같이, 윤리적 리더십의 하위변인을 제시하면 **표 4-32**와 같다.

표 4-32 윤리적 리더십의 하위변인

연구자	하위변인
McAllister(1995)	• 성실성, 리더의 효과성, 리더의 정직성, 진실성 및 인지적 신뢰
Kanungo & Mendonca(1998)	• 리더의 동기부여, 리더의 영향력 전략, 리더의 특성
Trevino, Hartman & Brown(2000)	• 윤리적 인간 -개인적 특성(청렴, 정직, 신뢰성) -행동(올바른 일, 배려, 개방성, 개인적 윤리) -의사결정(가치관, 객관성 및 공정성, 사회배려, 윤리적 결정기준 준수) • 윤리적 관리자 -가시적 행동을 통한 역할모델링 -보상과 징벌 -윤리 및 가치에 관한 커뮤니케이션
Guillen & Gonzales(2001)	• 리더의 덕목(성실성, 결정력, 공정성, 정직, 온화함, 인내, 열정, 용기, 책임감)
Khuntia & Suar(2004)	• 특성과 동기 • 임파워링
Zhu, May & Avolio(2004)	• 도덕적 용기 • 집단이익 중시
Brown, Trevino & Harrison(2005)	• 역할모델링과 관리자적 행동(상호작용적 공정성, 정직, 배려, 공정한 의사결정, 의사소통, 기준설정, 보상과 규제활용, 모범을 보이려는 노력 등)

Resick, Hanges, Dickson & Mitchelson(2006)	• 개인 특성 및 진실성(character & integrity) • 윤리적 인식(ethical awareness) • 공동체 및 사람지향(community & people orientation) • 집단적 동기부여(motivating) • 격려 및 임파워먼트(encouraging empowering) • 윤리적 책임관리(managing ethical accountability)
조경훈(2008)	• 분배적 공정성, 절차적 공정성, 투명성, 공헌성, 성실성

표 4-32에서 제시된 바와 같이, 윤리적 리더는 정직하고, 보살피며, 공평하고, 균형잡힌 의사결정을 하는 원칙중심의 개인으로 특징화된다는 것을 알 수 있다. 아울러 윤리적 리더는 윤리에 대해 팔로워들과 자주 의사소통하고, 명확한 윤리기준을 수립하며, 그 기준이 잘 준수되는지 보기 위해 보상과 처벌을 활용한다(이명신 · 장영철, 2009).

그리고 학교장의 윤리적 리더십 측정도구는 **표 4-33**과 같다.

표 4-33 학교장의 윤리적 리더십 측정도구

윤리적 리더십 측정						
• 응답 요령: 다음 문항들은 윤리적 리더십에 관한 내용입니다(1~10). 귀 학교 교장선생님이 나타내는 행동특성을 진술한 내용과 얼마나 일치하는지 해당란에 V표를 해주십시오.		아주 불일치	불일치	보통	일치	매우 일치
번호	설문내용					
1	교장선생님은 교사들이 이야기하는 것을 잘 경청한다.					
2	교장선생님은 윤리규정을 위반한 교사들을 규제하는 편이다.					
3	교장선생님은 사생활에서도 윤리적으로 행동한다.					
4	교장선생님은 교사들의 생각에 대하여 상당한 관심을 가지고 있다.					
5	교장선생님은 공정하고 균형 있는 의사결정을 한다.					
6	교장선생님은 믿음직하다.					
7	교장선생님은 학교의 윤리나 가치관에 대하여 교사들과 이야기하는 편이다.					
8	교장선생님은 어떻게 일을 올바르게 윤리적으로 처리할 수 있는지에 대한 예시를 보여준다.					
9	교장선생님은 성공의 판단 기준에 결과뿐만 아니라 과정에서 얻어지는 방법론도 포함된다.					
10	교장선생님은 의사결정을 할 때 무엇이 올바른 결정인지에 대해 교사들에게 의견을 구한다.					

자료: 류현주(2009). 중등학교 교감의 윤리적 리더십이 교사의 조직몰입에 미치는 영향. 이화여자대학교 교육대학원 석사학위논문, p. 121에서 인용해서 수정함.

상기에서 윤리적 리더와 윤리적 리더십의 개념, 윤리적 리더십의 의의, 윤리적 리더십의 특성, 윤리적 리더십의 원리, 윤리적 리더십의 상황적 영향, 유사 리더십과의 관계, 윤리적 리더십의 하위변인 등을 고찰한 결과 나타난 **윤리적 리더십의 주요 키워드**는 윤리적 상황, 도덕적 예술, 팔로워들에게 윤리적 교육실시, 도덕적 목적의식, 정직성, 신뢰성, 의사결정 시 공정 및 균형감유지, 윤리적 역할모델, 규범적인 태도 제시, 양방향 커뮤니케이션, 정직, 신뢰, 공정, 배려, 인내, 공공정신, 진실성, 신뢰성, 자선, 겸손, 팔로워들의 고도의 윤리의식, 업무수행 시 리더의 전문성과 엄격한 윤리요구, 용기, 민주, 창조적 환경촉진, 봉사, 투철한 국가관, 국가발전에 헌신, 애정, 사랑, 존경 및 신뢰관계 구축, 협력, 화합과 협력, 팔로워들의 개인차 존중, 공정한 처우, 비밀유지, 건전한 가치관과 철학 소유, 자유, 평등, 박애, 사고하는 행동, 집단감정형성, 지원과 정보의 공유, 조직의 윤리풍토, 배려, 높은 윤리적 기준설정, 타인에 대한 책임의식, 조직몰입, 윤리적 의사결정, 역할모델링, 도덕적 관리 강조, 리더의 동기부여, 영향력 전략, 청렴, 신뢰성, 개방성, 성실성, 이타주의, 집단적 동기부여, 양방향 커뮤니케이션, 결정력, 책임감, 리더의 효과성, 인지적 신뢰, 절차적 공정성, 투명성, 공헌성, 성실성, 도덕적 용기, 분배적 공정성, 절차적 공정성 등으로 나타났다.

이러한 **윤리적 리더십의 키워드는 4차 산업혁명시대의 협력역량, 감성역량, 다문화이해역량, 리더십역량, 전문성역량 등과 관련되는 것으로 보인다.**

제18절 체인지 리더십

체인지 리더십은 사회가 복잡할수록 리더에게 더욱 정교한 리더십기술이 요구되는데, 이러한 변화의 문화 속에서 리더가 구비해야 될 핵심역량 다섯 가지를 강조하는 리더십이다(Fullan, 2001). 체인지 리더십의 모형을 제시하면 **그림 4-7**과 같다.

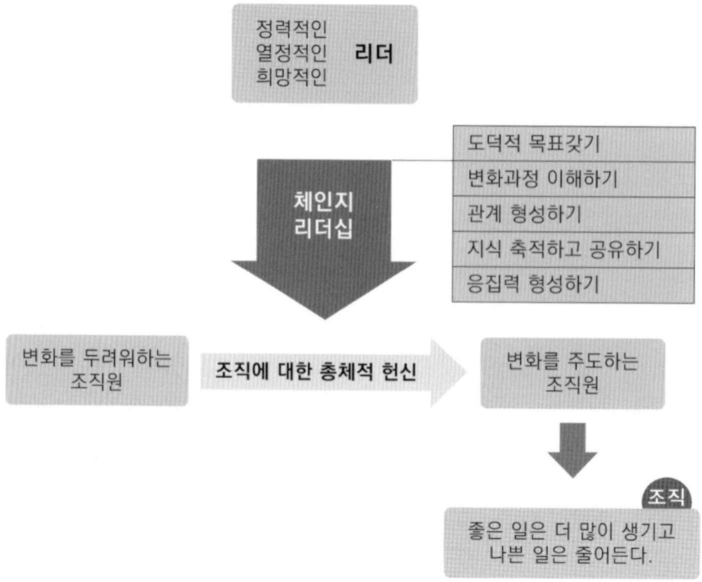

그림 4-7 체인지 리더십의 틀

자료: 김정혜 역(2006). 체인지 리더십 -변화의 시대에 우리는 어떤 리더를 원하는가?-. 서울: 아인북스, p. 19.

체인지 리더십(change leadership)에서는 열정적이고 희망적인 리더가 변화를 두려워하는 구성원들에게 조직에 대한 총체적 헌신을 위하여 다음과 같은 다섯 가지 핵심역량을 갖추어야 된다고 했다(Fullan, 2001).

첫째, 도덕적 목표갖기이다. 이것은 작게는 고용인과 고객, 크게는 사회전체적인 차원에서 긍정적인 변화를 꾀하려는 의도를 갖고 행동하는 것을 의미한다. 리더십이 효과적이기 위해서는 ① '변화를 만든다'는 명백한 목적의식이 있어야 하고, ② 사람들에게 어려운 문제에 정면으로 부딪치도록 동기를 부여하는 전략을 사용해야 하고, ③ 성공지표에 의거하여 책임을 져야 하고, ④ 궁극적으로는 사람들의 내부적 헌신을 얼마나 일깨웠는지에 따라 평가되어야 한다. 결국 도덕적 목표에 대한 사람들의 인식을 얼마나 자극했는지에 따라 평가되어야 한다. 그리고 도덕적 목표를 지니고 있다고 해서 자동적으로 좋은 일을 할 것이라고는 생각하지 않는다. 그러나 복잡한 세상에서 도덕적 목표를 가지고 행동하는 것은 매우 어려운 일이다. 그 이유는 다음과 같다. ① 서로 경쟁관계에 있는 좋은 것들이 너무나 많은데, 그것들을 모두 추구할 수는 없기 때문이다. 응집력을 형성하는 것이 효과적인 리더십의 중요한 특징이 되는 것도 바로 이 때문일 것이다. 우선순위의 결정과 집중을 요하는 응집력형성은 도덕적 목표를 따를 때 촉진될 수 있다. ② 더욱 더 근본적인 측면에서 볼 때, 도덕적 목표는 많은 어려움을 수반하기 때문이다. 가령 도덕적 목표는 여러 집단의 다양한 이해관계와 목표를 조화시키는 것과 상충되는 점이 반드시 존재한다. 도덕적 목표를 성취한다는 것은 집단 간의 상호작용을 통합하고 공동의 목표까지도 통합하는 것을 의미한다. 문제는 모든 사람들이 동등하지 않으며, 특권집단이 기득권을 갖게 마련이라는 점이다. 그리고 기업이든 학교든 간에, 조직이 도덕적 목표를 갖는다는 것은 사회에 공헌하고 직원들의 헌신을 이끌어낸다는 점에서 볼 때 중장기적으로 경쟁우위적인 역량을 만들어낸다. 그러한 목표가 없는 조직은 조만간 사라질 수밖에 없다. 결국 유능한 리더는 도덕적 목표를 잘 활용하며, 도덕적 목표가 자연적으로 존재하는 것이기는 하지만, 리더가 그것을 육성하고 장려할 때에 비로소 큰 생명력을 획득한다. 그리고 조직의 도덕적 목표와 지속가능한 성과는 상호의존적이라는 사실이다. 변화의 문화 속에 리더는 그 사실을 분명히 이해해야 한다.

둘째, 변화과정 이해하기이다. ① 변화의 목표는 대대적인 혁신이 아니라는 점이다. 수많은 혁신을 주도하는 조직이나 리더는 승자가 아니다. 교육계에서는 그런 조직을 '크리스마스 트리학교'라고 부른다. 그런 학교들은 깊이와 응집력은 부족한 채 오로지 많은 장식품으로 겉만 화려하게 꾸며진 크리스마스 트리와 같기 때문이다. 이처럼 끊임없는 혁신을 부르짖는 사람을 Goleman은 선도형 리더라고 말한다. 선도형 리더는 결국 '외로운 순찰대원'이 되고 마는 경우가 더러 있다.

Negroni 교육감이 선도형 학습자로 탈바꿈했던 자신의 경험을 언급하고 있다.

네그로니는 매사추세츠 주 스프링필드의 교육감에 부임한 후 3년 동안 추진했던 목표는, '타성에 젖고 경쟁력 없는 그 학군을 변화시키는 것'이었다. "목표달성에 열(熱)과 성(誠)을 다 바쳤던 나는 외로운 순찰대원처럼 행동했다. 나는 교사노조나 교육위원회와 관계를 형성하려는 시도조차 하지 않았다. 나는 그들과 나는 아주 동떨어진 사람들이라고 생각했다. 그러면서 내 힘만으로 상황을 변화시키려고 했다." 수많은 변화를 시도했음에도 "우리 모두에게 그 3년은 너무나 잔인한 시간이었다. 나는 너무나 빨리 질주했고 너무나 많은 변화를 일으키는 바람에 점점 지쳐갔다. 또한 내 주변 사람들은 나보다 더 고통을 받고 지쳤다.

마침내 자아성찰적인 노력과 피드백을 통해 Negroni는 자신의 학군을 하나의 학습기관으로 바꾸는 일에 착수했다. 그의 말을 직접 들어보면 다음과 같다.

> 우리 교육청의 가장 중요한 역할은 학습법에 대해 배우는 것을 지원하는 것이다. 특히 교장들이 그렇게 하도록 지원하는 것이다. 학습법에 대해서 학습한 교장들은 각자의 학교로 돌아가 교사들에게 똑같은 서비스를 제공할 것이다. 그해 초에 교육청 행정관 3~4명과 나는 46일 동안 46개 학교를 방문했다. 그런 다음 행정관들과 46개 교의 교장 모두가 한 자리에 모여 우리가 관찰한 것을 요약 및 정리했다. 그리고 그 모임을 정례화하여 월례 '검토회'를 갖게 되었다. 그 검토회에서 우리 학군의 교장들은 나와 행정관 8명과 함께 한 학교를 방문하고 그 학교에서 하루를 경험한다. 그렇게 소집단으로 나뉘어 학교를 방문하고 돌아와서, 역시 소집단별로 우리가 관찰할 것을 토론한다. 그런 다음 각 집단의 대표가 모든 교장들에게 프레젠테이션을 한다.

이들 교장들은 비록 열정은 전보다 식었다지만 아직도 혁신에 깊이 관여하고 있고, 그 문화에 더욱 유기적으로 녹아들었다. 선도형 리더는 변화의 마라톤에서 경쟁하는 일과 문제를 해결할 수 있는 역량과 헌신을 만들어내는 일의 차이를 반드시 이해해야 한다.

② 최상의 아이디어를 보유하는 것만으로는 부족하다는 점이다. '인간미가 없을 정도로 옳기만 한 사람'이 있을 것이다. 이런 사람은 최상의 아이디어를 보유하고 있을지는 몰라도 그런 아이디어에 어느 누구도 끌어들이지 못한다. 오히려 그런 리더는 정반대의 경우, 즉 격렬한 반대에 부딪치는 경우가 많다. 이런 리더의 극단적인 유형은 Goleman의 리더십유형 중 지시형 리더이다. 하지만 좋은 아이디어를 보유하는 것은 분명 좋은 일이며, 효과적인 리더십 요소 가운데 하나이다. 이것은 Goleman이 제시한 비전제시형 리더이며, 이 유형은 조직의 풍토와 성과에 긍정적인 영향을 주었다는 사실을 증명한다. 다시 말하면, 비전제시형 리더는 자신의 접근법의 장점은 물론이고 단점까지도 알아야 한다는 것이다. 골먼의 주장대로 비전제시형 리더는 성공적인 리더십의 네 가지 유형 모두를 능숙하게 사용할 수 있어야 한다. "리더십의 유형 가운데 비전제시형, 민주형, 관계중시형, 코치형을 숙달한 리더는 조직의 풍토와 성과 측면에서 최고의 결과를 낳는다."

③ 시행 초기의 어려움을 인식하는 것이다. 선도형 리더들과 지시형 리더들은 시행 초기의 어려움을 경험하는 사람들에게 동정심을 갖지 않으며, 본인 스스로 그런 어려움을 경험한다 해도 그 사실을 깨닫지 못할 것이다. 그러나 유능한

리더는 그런 어려움을 잘 이해한다. 그리고 유능한 리더는 변화가 사건이 아니라 '과정'이라는 사실을 잘 알고 있다. 또한 혁신이나 새로운 방침을 시행하는 초기에 일이 순조롭게 풀리지 않더라도 당황하거나 허둥대지 않는다. 결국 시행 초기의 어려움에 민감한 리더는 이들 리더십 양식들을 교묘히 결합시킬 수 있어야 한다. 즉 도덕적 목표를 가지고 성공적으로 실적을 올리면서, 동시에 조직을 변화시키고 생존시킬 수 있어야 한다.

④ **저항을 잠재적인 긍정의 힘으로 재 정의하는 것이다.** 선도형과 지시형 리더는 타인의 이야기를 절대 경청하지 않는다. 비전제시형 리더는 타인의 이야기를 경청한다고 할 수 없다. 반면에 관계중시형 및 민주형 리더는 남의 이야기를 귀 기울여 듣는다. 리더는 상충되고 모순적인 리더십 요소들을 통합해서 지녀야 한다. 리더는 좋은 아이디어를 보유하고 다른 사람들과 그 아이디어를 공유할 수 있어야 하는 동시에(비전제시형 리더십 요소), 그들은 어쩌면 자신을 믿지 않을지도 모르는 사람들과도 좋은 관계를 형성하려 노력해야 한다.

저항하는 사람들은 두 가지 이유에서 존중할 필요가 있다. i) 때로 그들은 우리가 놓쳤을지도 모르는 아이디어를 갖고 있다. Maurer가 주장하듯이, "때로 저항자들은 우리가 알아야 하는 중요한 무언가를 가지고 있다. 그 때문에 우리는 그들에게서 영향을 받을 수 있다. ii) 저항자들은 실행의 정치학에 관한 한 결정적인 요소이다. 어떤 조직이든 조직원의 저항을 존중하는 것은 필수적이다. 저항을 무시한다면 그 대가를 치르는 일은 시간문제일 뿐이기 때문이다.

⑤ **문화의 재창조가 가장 중요하다는 점이다.** 문화의 재창조는 문화를 변화시키는 것이며, 우리의 행동양식을 바꾸는 것이 핵심이다. 유능한 리더는 문화의 재창조가 발전을 위해서 필수적인 조건이라는 사실을 잘 알고 있다. 도덕적 목표에 집중하면서도 차이를 존중하고 끊임없이 지식을 축적하며 협동적인 작업문화를 만들어야 한다. 그런 문화 안에서 구성원들은 때로 균형이 깨지는 순간이 학습을 할 수 있는 절호의 기회라는 사실을 깨닫는다. 변화의 문화를 이끈다는 것은 변화의 구조뿐만 아니라 변화의 문화를 만든다는 것을 의미하며, 그것은 새로운 아이디어와 그 실행을 추구하고 비판적으로 평가하며 선별적으로 통합하는 역량을 갖추는 것을 의미한다. 결국 문화의 재창조는 힘겹고 집중적인 노력이 필요한 스포츠와 같아서, 많은 시간을 요구하며, 사실상 끝이 없는 것이다.

⑥ **리더십의 복합성을 이해하는 것이다.** 위기상황의 '초기'에 지시형 리더십이 필요할지도 모른다고 주장하는 데는 그만한 이유가 있다. 바로 이 시기가 리더십이 복잡해지기 시작하는 때이기 때문이다. 위기를 맞은 조직은 혼돈에서 구제되어야 한다. 하지만 위기란 조직이 그 주변환경과 조화를 이루지 못함을 의미한다. 이때는 더욱 급진적인 변화가 필요한데, 이 말은 조직이 위기의 긴급성을 이해하고 변화를 환영하며 포괄적인 가능성에 대해 긍정적으로 이야기하고 구성원들이 외부로 눈을 돌리도록 동기를 부여하는 리더십을 원한다는 사실을 시사한다.

셋째, 관계형성하기이다. ① **기업을 영혼이 깃든 존재로 생각하는 점이다.** Lewin 및 Regine은 공동 저서 『컴플렉스노믹스(The Soul at Work, 2000년)』의 제1장 '인간관계: 경영의 새로운 핵심'에서 인간관계란 네트워킹뿐만 아니라 '진정한 관심에서 비롯되는 관계'의 산물이라고 주장한다. '직장에서의 영혼'은 개별적인 동시에 집단적이다. 사실, 사람들 대부분은 자신이 몸담고 있는 조직의 진정한 일원이 되고 싶어 하고, 조직의 목표를 알고 싶어 하며, 변화를 야기하고 싶어 한다. 각 구성원의 영혼이 조직과 연결될 때, 사람들은 더욱 깊은 무언가와 연결된다. 더 큰 목표에 헌신하고, 더 큰 전체이자 네트워크의 일원으로 느끼고 싶은 열망이 그것이다. 따라서 그들은 리더십은 지속적인 성과를 얻는 데 가장 중요한 요소로서 '사람'과 '관계'에 중점을 둔다. 또한 Kouzes 및 Posner가 1998년에 발표한 저서 『격려의 힘(encouraging the heart)』은 기업의 영혼에 관한 강력한 메시지를 전하고 있다. 그들은 서문에서 "리더가 관계를 형성한다"고 주장하며, 관계를 형성하는 데 필요한 일곱 가지 핵심 요소를 다음과 같이 언급하고 있다. i) 명확한 목표 기준을 설정하라. ii) 최선의 결과를 기대하라. iii) 관심을 기울여라. iv) 개인별로 인정을 해주어라. v) 전개되는 상황을 알려주어라. vi) 함께 축하하라. vii) 모범을 보여라. 그리고 비숍(Bishop)은 21세기의 리더십은 '제품 제일주의'에서 '관계 제일주의'로 변해야 한다고 주장했다. ② **학교를 마음을 가진 존재로 생각하는 점이다.** 학교와 학군이 학생들의 학습에 대해 강경한 태도를 취하고, 새롭고 더 좋은 아이디어를 찾아내며, 발전을 위한 전략과 메커니즘을 구축할 수 있지만, 성공적인 전략에서 가장 중요한 것은 '관계'라는 사실이다. 오늘날 기업과 학교의 거리는 과거처럼 멀지 않다. 기업과 학교 모두 성공적이고 지속적인 조직이 되고 싶다면 도덕적 목표와 훌륭한 아이디어에 더 많은 관심을 가져야 하며, 결국 중장기적으로 성공하기 위해서 모든 조직은 도덕적 목표를 구체화하고, 복잡성의 과학을 이해하고, 조직 내·외부 사람들과의 대인관계를 형성하고 존중해야 한다. ③ **감성지능과 저항이다.** 감성지능은 사람들에게 늘 필요한 것이지만, 특히 복잡한 시대를 살아가는 오늘날 감성지능은 결정적인 역할을 한다. 변화의 문화는 불안감과 긴장, 모호함으로, 아울러 창의적인 돌파구가 주는 희열로 가득 차 있다. 따라서 가장 유능한 리더는 가장 높은 지능지수를 가진 사람이 아니라 지적인 총명함을 감성지능과 통합시키는 사람이다. 리더에게 중요한 것은 인간관계가 결정적인 요인이라면, 감성지수는 필수적인 요인으로 볼 수 있다. 하지만 누구나 감성지능을 학습할 수 있다는 점이다. 즉 누구든 노력을 통해서 감성지수를 끌어올릴 수 있다. 유능한 리더는 자신의 감성지능뿐만 아니라 타인의 감성지능의 발달에도 노력을 기울인다. 그리고 변화의 문화에서 흔히 감정이 고조되곤 한다. 그런 감정은 때로는 의견의 차이를 의미한다. 사람들은 새로운 방침에 대해 의심이나 의혹을 보이기도 하고, 때로는 노골적으로 반대를 나타내기도 한다. 이러한 상황에서 변화의 문화 속에서 리더들은 그런 저항을 몹시 환영한다. 그들은 그러한 저항들을 효과적으로 다루어 잠재적인 장점을 가진 것으로 변화시킨다. 결국 효과적인 리더십이란 저항을 인정하는 것으로 정의할 수 있다. 의견의 차이는 새로운 아이디어와 돌파구의 원천으로 간주할 수 있다. 의견 대립이 없다는 것은 쇠퇴의 징후일 수 있다.

넷째, 지식축적과 공유하기이다. 변화의 문화에서 리더의 역할은 학습을 하고 그 학습을 공유하기 쉬운 새로운 환경을 조성하는 데 기여하는 것이다. 대부분의 조직은 기술이나 훈련에는 집중적으로 투자하지만, 지식축적과 공유에는 거의 투자하지 않는다. 그리고 새로운 지식을 공유하고 사용하려 할 때 그것이 극도로 어려운 일이라는 사실을 깨닫는다. 지식의 공유방법을 개발하는 것은, 그 방법이 협동의 문화에서 비롯되는 산물이니 만큼, 역으로 지식공유를 통해 협동의 문화를 생성시키는 것도 한 방법이다. 이는 조직이란 지식을 주고받는 행위를 하나의 의무사항으로 지정해야 하고, 그것에 동참할 수 있는 기회와 동기부여를 통해 그러한 지식공유를 강화해야 한다는 점을 의미한다. 결국 지식은 지속적으로 교환된다. 조직이 그런 기회를 제공하고, 개인이 지식 교환행위에 동참할 때 그 가치를 인정하며 보상을 해주기 때문이다. 유능한 리더는 지식축적의 가치와 역할을 이해하고, 그것을 최우선 과제로 삼으며, 조직구성원들 간에 지식교환의 습관을 형성하고 강화한다. 이를 위해 리더들은 사람들이 이런 새로운 행동에 동참하고 그것을 평가하는 방법을 배울 수 있도록 많은 메커니즘을 개발해야 한다. 그래서 리더는 자신이 구축한 프로세스를 신뢰하고, 효과적인 리더십유형을 추구하면서, 지식공유의 가치를 극대화하기 위한 절차를 끊임없이 확인하고 다듬어야 한다. 교육적 리더는 지식공유를 핵심가치로 지정하고, 나아가 지식의 사용도를 극적으로 증가시키기 위해 장벽을 제거하고 절차를 마련하면서 지식을 활용하는 역량을 강화한다면 성공적인 조직이 될 것이다.

다섯째, 응집력 형성하기이다. 중요한 가치가 있는 응집력은 문서화되거나 최고경영자가 명확하게 설명할 수 있는 것이 아니라, 조직구성원들의 정신과 마음에 있는 것이기 때문이다. 게다가 분명한 점은 도덕적 목표, 변화과정, 새로운 대인관계, 지식공유 등을 추구할 때 수반되는 모든 과정 자체가 시간이 흐름에 따라 더욱 크고 중요한 응집력을 생성시킨다는 점이다. 응집력을 형성하는 특징은 ① 수평적 책임시스템이다. 수직적 시스템은 외형적으로만 순종하거나 미묘하게 방해공작을 펼치고도 아무 일 없이 지나가기는 쉽다. 사실 협력적 조직에서는 동료 간 지원과 더불어 동료 간 압박도 존재한다. 가령 사람들이 해결책에 공헌하지 않을 때, 아무런 활동을 하지 않는 것은 두드러져 보일 가능성이 더욱 크다. 그러한 시스템에서 비판적 평가는 동료의 성과에 관한 것이든, 아이디어의 품질에 관한 것이든 매우 강력한 힘을 발휘한다. ② 지식축적과 공유활동에 내재된 선별과정과 관련이 있다. 어떤 아이디어를 보유할지 여부를 결정하는 두 가지 기준으로 ⅰ) 그 아이디어는 효과적인가? ⅱ) 그것이 우리의 전반적인 목표에 부합하는가?이다. 사실 지식공유는 조직에서 응집력을 형성하는 지속적인 선별장치인 셈이다. ③ 선별된 아이디어와 행동 경로에 대한 공통된 헌신이다. 사람들은 상대방으로 하여금 최고의 아이디어에 공헌하고 아이디어를 실천하도록 하기 위해 자극하고 영감을 주며 동기를 부여한다. 또한 그런 최고의 아이디어는 그 조직의 전체적인 응집력이 강력하다는 사실을 상징한다. 결국 도덕적 목표를 갖추고 고도의 상호작용을 하는 시스템은 강력한 응집력을 형성한다. 변화의 문화에 적합한 리더를 육성하려면, 반복학습이 아니라 장기간에 걸쳐 서서히 진행되는 학습이 필요하다.

체인지 리더십이란 도덕적 목표 갖기, 변화과정 이해하기, 관계형성하기, 지식축적과 공유하기, 응집력 형성하기를 통해 리더십을 발휘하게 되면, 조직구성원들을 조직에 대해 총체적으로 헌신하고 변화를 주도하도록 만들 수 있고,

이를 통해 조직은 전반적으로 좋은 일이 더 많이 생기고 나쁜 일이 줄어들도록 하는 것을 강조한다.

상기에서 고찰한 결과 나타난 **체인지 리더십의 주요 키워드**는 도덕적 목표갖기, 명백한 목적의식, 고난극복의 동기부여, 내부적 헌신자극, 응집력의 형성, 결정과 집중, 집단 간의 상호작용 중시, 변화과정 이해하기, 선도형 리더, 비전제시, 민주형, 관계중시형, 창의적인 아이디어, 조직의 변화 및 생존전략, 잠재적인 긍정의 힘, 모순 및 상충적인 리더십통합, 아이디어공유, 원만한 대인관계구축, 문화의 재창조, 지식축적, 협동의 작업문화, 다양한 시각의 동기부여, 관계형성, 목표헌신, 네트워크 구축, 명확한 목표 기준설정, 관심, 인정, 상황인식, 칭찬, 모범, 학습중시, 인간존중, 지적 총명성, 지식축적 및 공유, 새로운 환경조성, 지식의 활용 등으로 나타났다.

이러한 체인지 리더십의 키워드는 **4차 산업혁명시대의 협력역량, 의사소통역량, 창의성역량, 리더십역량, 적응역량 등과 관련되는 것으로 보인다.**

제19절 피그말리온 리더십

여기에서는 피그말리온 리더십의 개념, 중요성, 하위변인에 대해서 고찰하기로 한다(이병진, 2003; 김성수, 2006).

1. 피그말리온 리더십(Pygmalion leadership)의 개념

1968년 하버드대학교 사회심리학과 교수인 Rosenthal과 미국에서 20년 이상 초등학교 교장을 지낸 Jacobson은 미국 샌프란시스코의 한 초등학교에서 전교생을 대상으로 지능검사를 한 후 검사결과와 상관없이 무작위로 한 반에서 20% 정도의 학생을 뽑았다. 그 학생들의 명단을 교사에게 주면서 '지적 능력이나 학업성취의 향상 가능성이 높은 학생들'이라고 믿게 하였다. 8개월 후, 이전과 같은 지능검사를 다시 실시했는데, 그 결과 명단에 속한 학생들은 타 학생들보다 평균 점수가 높게 나왔다. 아울러 학업성취도도 높게 나타났다. 명단에 오른 학생들에 대한 교사의 기대와 격려가 중요한 요인이었다.

이러한 연구결과는 교사가 학생에게 거는 기대가 실제로 학생의 성적 향상에 효과를 미친다는 것을 입증하였다. 피그말리온 효과란 '학생에 대한 교사의 태도가 교육효과를 변화시킨다'는 기대효과나 연구자의 의도가 연구결과를 만들어 버리는 것을 의미한다. 즉 교사가 어떤 학생을 그렇지 않은 학생보다 더 우수하게 될 확률이 훨씬 높다는 이론이다.

또한 Carnegie(1986)는 성공한 사람들 중 15%는 기술이나 지식의 힘이었지만, 나머지 85%는 바로 사람을 움직이는 능력의 힘이었다고 한다. 변화는 마음을 움직이는 것에서부터 시작된다. 마음으로부터의 변화는 바로 행동으로 이어진다. 이를 위해 Carnegie는 '비난이나 비평, 불평을 하지 말라, 그리고 진심이 담긴 칭찬과 감사를 하라'는 말이며, 상대방에 대한 진실한 이해와 존중, 책임을 동반해야 한다. 또한 칭찬이란 단순한 '말의 잔치'가 아니기 때문이다. 또한 상대방의 마음을 움직이는 묘약이며, 학생들의 능력을 무한대로 이끌어내는 잠재력이 내재되어 있기 때문이다. 피그말리온 효과와 Carnegie의 충고는 바로 긍정적인 기대이다.

여기에서 기대효과가 긍정적인 결과로 나타나게 된 주된 역할과 요인은 무엇인지 알아보고자 한다. Rosenthal 및 Jacobson은 교사로 하여금 '지적 능력이나 학업성취의 향상 가능성이 높은 학생들'이라고 믿게 한 것, 교사들은 Rosenthal 및 Jacobson으로부터 학생들이 '지적 능력이나 학업성취의 향상 가능성이 높은 학생들'이라는 말을 믿고, 그런 인식과 태도로 학생들의 교육에 임한 것, 교사로부터 '지적 능력이나 학업성취의 향상 가능성이 높은 학생들'이라는 기대 속에 학생들은 자기자신도 모르게 스스로 교사의 기대에 부응하기 위하여 열심히 공부에 임한 것, 그리고 칭찬으로 인하여 상대방의 마음을 움직이고 학생들의 잠재력을 무한대로 이끌어내는 능력 등에서 바로 그 답을 찾을 수 있다.

따라서 학교장은 교사들과 학생들로부터 그들의 내재되어 있는 우수성을 이끌어 내기 위해서 노력한다. 또한 그들에게 갖고 있는 긍정적인 기대가 성취될 수 있도록 계속적인 격려, 지원 그리고 강화를 하게 된다. 이러한 학교장의 일련의 일들이 피그말리온 리더십이다(이병진, 2003).

2. 피그말리온 리더십의 중요성[2)]

피그말리온 효과와 스톡홀름 증후군, 각인이론과 편견, 긍정적인 기대와 신뢰의 힘, 피그말리온 리더십 덕목 분류 등을 통하여 피그말리온 리더십의 중요성에 대하여 살펴보고자 한다.

1) 피그말리온 효과와 스톡홀름 증후군

그리스 신화 피그말리온 이야기를 반영하여 누군가를 향한 기대나 예측이 그대로 실현되는 것을 '**피그말리온 효과**(Pygmalion effect)'라 한다. 교사로부터 학습능력이 낮다고 인정받은 집단과 학습능력이 뛰어나다고 인정받은 집단 간의 비교에서 학습능력이 뛰어나다고 인정받은 집단의 학습성과가 실제로 훨씬 크다는 사실이 발견된 것이다. 학교에서나 가정에서 학생들의 훌륭하고 바른 사람으로 자라기를 바란다면, 학생들의 잘못된 행동이나 약점을 비난하기 전에 칭찬할만한 점을 찾아내어 칭찬하라고 권하는 것은 당연하다. 칭찬을 들으며 자란 아이는 자신을 존중하는 마음이 생기고 자신감을 갖게 되기 때문이다.

반면에 **스톡홀름 증후군**(stockholm syndrome)이란 리더가 대상을 잘못된 방향으로 리딩할 경우에는 대상이 부정적인 상태로 빠지게 되는 현상을 의미하는데, Daum Cafe(2005년 3월, 000 회원)에 있는 스톡홀름 증후군이란 글을 실어본다.

> 스톡홀름 증후군이란 포로로 잡힌 인질들이 범인에게 빠져드는 현상이다. 1973년 스웨덴의 수도 스톡홀름에서 발생한 은행 강도사건에서 비롯된 것으로 극한 상황에서는 범인을 미워하기보다는 좋아하는 편이 살아남을 확률이 높기 때문에 생겨난 현상이다.
>
> 이와 똑같은 일은 가정에서도 일어날 수 있다. 자녀가 '문제가 있는 가정이나 부모로부터 살아남기 위해 부모를 필사적으로 좋아하는 것'을 예로 들 수 있다. 부모가 폭력적이거나 약점이 많을수록 아이들은 부모에게 끌리게 된다. 더욱 큰 문제는 남의 기분을 헤아리는 '마음의 감도'가 부모보다 높은 아이인 경우, 감정이 풍부하고 민감한 이런 아이는 다른 아이에게 집단따돌림을 당하기 쉽고 신경질적이란 얘기를 듣는다. 장점으로 길러져야 할

---

2) 김성수(2006). 초등교사가 지각한 학교장의 피그말리온 리더십과 교사 갈등과의 관계. 한국교원대학교교육대학원 석사학위논문, p. 27-35에서 인용해서 수정 및 편집함.

민감성이 공격대상이 되는 것이다. 이런 경우 자녀는 혼란상태에 빠져 '마음의 감도'를 '둔감모드'로 작동시킬 수 있으며, 이렇게 되면 주변사람에게 마음의 문을 닫고 둔감해질 수 있다.

2) 각인이론과 편견

각인이론은 거위에 대한 관찰을 통해 결정적 시기가 있어서 이때 습득된 것은 학습되는 것이 아니며 한번 새겨진 기억은 평생 이어진다는 이론(Lorenz & Plieth, 1998)이다. 영화 '아름다운 비행' 중, 알에서 부화한 거위가 처음으로 보게 된 에이미를 어미로 믿고 따르는 장면을 본 적이 있을 것이다. 이처럼 한 번 기억된 것은 학습에 의해서도 다시 바꾸지 않는 것을 뜻할 때 각인이란 말을 사용한다. 하지만 각인이란 용어가 교육 쪽에 사용될 때는 부정적 이미지가 기억되어 '김○○ 학생은 원래 이런 아이'라는 식으로 김○○이라는 학생에게 그릇된 편견을 갖게 되는 경우가 있다.

그런데 비단 이런 각인과 같은 편견은 교사가 학생을 판단할 때뿐 아니라 우리 주변에서 많이 발견하게 되는 현상이다. Daum Cafe(2005년 1월, ○○○회원)에 올라온 글이 이런 경우에 해당된다고 생각된다.

(앞의 글 생략) "제겐 아들이 둘 있습니다. 다른 사람들에게 아들 1, 아들 2라고 소개하고 있습니다. 두 아들 중에 둘째, 즉 아들 2는 무척 개구쟁이여서 초등학교에서 장난꾸러기로 명성이 높습니다. 그런 아들 2반에서 있었던 일입니다. 작년 소풍 때 버스를 대절해서 학교에서 소풍을 가게 되었는데, 아들 2반에서 버스 유리창이 깨지는 사고가 발생했습니다. 버스 안에 설치되어 있는 소형 망치로 누군가가 유리창을 깨뜨린 것이었습니다. 그런데 우리 아들 2가 깨지 않았음에도 불구하고 담임선생님과 다른 반 어머니들로부터 전화 인사를 받았던 기억이 있습니다. 그 버스 창문을 깬 아이가 우리 아들 2란 소문이 돌았기 때문이었습니다. 평소에 장난꾸러기이다 보니 많은 사건과 사고의 중심에 있을 수밖에 없게 된 아들 2는 제게 억울함을 호소하곤 했습니다. 바로 장난꾸러기라고 각인된 우리 아들 2의 악명 높은 이미지가 증명되는 순간이었던 셈이었습니다. 엄마인 나로서는 유쾌하지 않은 기억이었답니다. 그럼에도 불구하고 나는 여전히 장난꾸러기인 아들 2를 볼 때마다 난감함을 느끼곤 하는데, '그러면서 나아지겠지' 하는 마음으로 위안을 삼고, 관심과 인내심을 가지고 아들 2의 긍정적인 발전을 위해 노력하고 있습니다."

"아들 1의 경우도 아들 2와 마찬가지로 처음 초등학교에 입학했을 당시엔 무척 개구쟁이였고 수업시간에 다른 짓을 일삼는 아이였습니다. 그런데 우리 아들 1이 초등학교 2학년 때 담임선생님과의 만남이었습니다. 우리 아들 1이 집에 돌아와서는 공부시간에 담임선생님의 어떤 질문에 발표를 잘했고 공부를 열심히 한다는 칭찬을 들었다고 나에게 자랑을 늘어 놓았습니다. 그 후로는 우리 아들 1이 선생님의 칭찬과 인정을 받기 위해서, 주어진 1인 1역 봉사활동이나 심부름, 가정에서 하는 과제 등에 남다른 정성을 쏟기 시작하는 것이 아니겠습니까? 우리 아들 1의 변화하는 모습이 하루하루 다르게 보였습니다. 이것은 우리 담임선생님의 제자들에 대한 자신감과 용기를 불어넣는 훌륭한 리더십이 아닐까요? 담임교사의 지속적인 제자에 대한 이해, 칭찬 그리고 발전적 기대가 우리 아들 1에게 모범생이란 모습으로 그 효과를 보였습니다. 집에서는 여전히 개구쟁이여서 지난봄에 우리 아들 1과 아들 2가 침대를 부수는 사고를 저지르기도 했지만, 아무튼 아들 1은 학교에서는 무척 모범생으로 자라고 있습니다.

상기의 글로 보아 담임교사에 따라서 아들 1, 2가 장난꾸러기 문제아나 모범생으로 성장할 수 있음을 알 수 있다. 모든 것이 담임교사의 탓은 아니겠지만, 담임교사가 리더로서의 역할과 중요성이 크다는 것을 알 수 있다.

3) 긍정적인 기대와 신뢰의 힘

'피그말리온 효과'라는 심리학적 용어는 자기충족적 예언, 즉 어떻게 행동하리라는 주위의 예언이나 기대가 행위자에게 영향을 주어 결국 그렇게 행동하도록 만든다는 이론이다. 예를 들면, 교사가 어떤 학생을 '우수할 것'이라는 기대를 갖고 가르치면 그 학생은 다른 학생보다 우수하게 될 확률이 높다는 이론이다.

심리학자들은 부모와 자녀 간에 신뢰관계가 형성되면 가슴 속에 능력을 강화시키는 불씨가 강하게 타오른다고 했다. 이때 부모의 자녀에 대한 말, 행동, 사랑, 신뢰가 엄청난 힘을 발휘한다는 것이다. 부모가 보여주는 자녀들의 꿈, 힘, 능력에 대한 진심어린 칭찬과 격려는 장차 그들이 자신감을 갖고 세상을 살아가도록 도와주는 마음의 힘이다. 결국 학교에서도 마찬가지이다.

4) 피그말리온 리더십 덕목 분류

김성수(2006: 51)는 하용조(2003)의 저서 『리더십 성경』을 참고하여 피그말리온 리더십 덕목을 긍정적인 덕목과 부정적인 덕목으로 분류하였다. 리더의 긍정적인 덕목 실천은 피그말리온 리더십의 역량을 한층 더 높여 줄 것이고, 반대로 리더의 부정적 덕목 실천은 리더의 역량을 더욱 좁혀 줄 것이다.

표 4-34 피그말리온 리더십 목록

덕목 분류	덕목 내용
긍정적 덕목	기대, 칭찬, 존중, 인정, 인내, 온유, 믿음, 소망, 사랑, 용기, 격려, 봉사, 겸손, 스마일, 친절, 용서, 이해, 수용 및 포용, 내 탓, 진리, 창의, 중용, 절제, 감사, 이타, 배려, 보상, 기쁨, 넉넉함, 지혜, 정성, 관심, 성취, 진실, 책임감, 성실, 성장, 변화, 긍정 등
부정적 덕목	화(성) 및 큰 소리, 무절제, 과욕, 탐욕, 음행, 과음, 비중용, 무시 및 멸시, 미움, 투기, 교만, 공치사, 무례함, 불의, 악행, 지나침, 치우침, 네 탓, 이기, 적대감, 험담, 슬픔, 방심, 소심, 좌절, 거짓, 복지부동, 부정 등

5) 피그말리온 리더십의 중요성

상기에서 피그말리온과 스톡홀름 증후군, 각인이론과 편견, 긍정적인 기대와 신뢰의 힘, 피그말리온 리더십 덕목 분류에 대한 예시자료를 살펴본 바와 같이, 가정, 학교, 사회공동체 조직구성원 간에 있어서 자기충족적 예언의 효과를 충족시키는 피그말리온 리더십이 얼마나 중요한 것인지 나타내고 있다. 교육조직에서 학교장의 기대와 칭찬은 교사들과 학생들에게 능력을 부여하고 변화를 일으키는 큰 힘을 가지고 있다. 그리스 신화에 등장하는 피그말리온을 통하여 가능성이 없는 것이라도 마음속에서 할 수 있다고 믿고 행동하면 그 기대가 현실로 이루어질 수 있다는 것을 증명한 것처럼 말이다.

학교장과 교사들이 보여주는 학생들의 꿈과 능력에 대한 진심어린 칭찬과 격려는 장차 그들이 자신감을 갖고 세상을 살아가도록 도와주는 마음의 큰 힘이다. 한편 학생들 입장에서는 '저 선생님은 우리에게 공부를 잘 가르쳐 주실 것'이라고 기대하며 열심히 배운다면 그 학생들의 성적은 날로 향상될 것이다. 또한 어떤 학생이 불우한 환경 가운데서 좌절하고 있을 때, '너는 잘할 수 있을 거야.'라고 격려해 준다면 그 친구는 용기를 얻게 될 것이며 환경을 극복할 수 있는 힘을 얻게 될 것이다.

이렇듯 교육조직에서의 피그말리온 리더십은 구성원들에 대한 계속적인 격려, 지원, 강화를 의미한다. 학교장이 창조적이고 능력 있는 사람으로 긍정적으로 평가하고 높은 기대를 가지면, 학교장의 기대만큼 교사들과 학생들은 성취를 하게 된다는 것이다. 이처럼 리더십은 조직에서 자기충족적 예언의 효과를 통하여 구성원들로 하여금 높은 기대에 부응한 역할을 다하도록 할 수 있다. 따라서 성공적인 조직의 목표달성을 위해 교사들과 학생들의 노력을 조직의 목표달성 방향으로 유도하고 촉진하여야 하는 학교장의 경우 피그말리온 리더십은 더욱 의미 있고 중요한 일이 아닐 수 없다(이병진, 2003).

3. 피그말리온 리더십의 하위변인

김성수(2006)는 초등학교장의 피그말리온 리더십 측정도구를 제작하는 데 있어서 기본 틀을 신은아(2005)의 '초등학교 교사가 지각한 교장의 변혁적 리더십' 측정도구의 틀을 골간으로 하여, 초등학교 교사가 지각한 초등교장의 피그말리온 리더십 수준이 바르게 측정될 수 있도록 많은 부분을 보완 및 수정하여 제작했다. 그는 피그말리온 리더십의 네 가지 하위변인으로 '높은 기대와 칭찬의 힘'을 바탕으로 하여 '목표 및 동기부여', '교장과 교사와의 지원적인 분위기형성', '피드백 및 확신제공', '기대와 칭찬의 대화' 등으로 분류하였으나 네 가지 요소로 하위변인으로 삼지 않았고, 측정도구 문항 내용에 네 가지 요인이 고르게 들어가도록 하였다. 초등학교장의 피그말리온 리더십의 측정도구는 **표 4-35**와 같다.

표 4-35 초등학교장의 피그말리온 리더십의 측정도구

피그말리온 리더십 측정						
• 응답 요령: 다음 문항들은 피그말리온 리더십에 관한 내용입니다. 귀 학교 교장선생님이 나타내는 행동특성을 진술한 내용과 얼마나 일치하는지 해당란에 V표를 해주십시오. 〈설문 문항〉 교장선생님께서는 ……(1~30).		아주 불일치	불일치	보통	일치	매우 일치
번호	설문내용					
1	선생님들을 대할 때 표정을 부드럽게 하고 애정을 쏟으며, 밝은 낯으로 응답한다.					
2	선생님들의 판단, 의견 등을 잘 경청하고 잘 들어준다.					
3	선생님들이 만나주기를 원하면 기꺼이 시간을 내어 응한다.					
4	선생님들이 불편 없이 직장생활을 하도록 항상 신경을 쓴다.					
5	선생님들에게 잘못이 있으면 먼저 그 잘못을 인정하고 화해를 한다.					
6	선생님들이 잘못했을 경우에는 질책보다는 관용을 베풀고 격려해 준다.					
7	선생님들을 위해 '교장이 해야 할 일'을 분명히 알고 실천한다.					
8	선생님들의 비공식적인 모임을 소중하게 생각한다.					

9	선생님들에게 충실하게 대하며 있는 그대로를 존중한다.					
10	일을 독단적으로 처리하지 않고 구성원 간의 소속감과 일치를 위해 노력한다.					
11	선생님들 간의 정보교환의 기회를 제공하고 고충을 잘 들어주며 지원해 준다.					
12	선생님들에게 교사의 전문성과 자아실현을 발휘할 수 있도록 노력한다.					
13	선생님들에게 자신감을 불어넣으며 자율적인 학교생활이 되도록 보살펴준다.					
14	선생님들에게 높은 기대를 갖고 따뜻한 사회정서적 분위기를 창출해 주고 있다.					
15	선생님들의 능력과 전문성이 발전되도록 노력한다.					
16	선생님들에게 유익하고 수준 높은 것을 안내해 준다.					
17	선생님들에게 어떤 과제에 대하여 실천할 기회를 더 많이 준다.					
18	선생님들에게 교직생활과 학교교육과정운영에 대해 자신감을 갖도록 노력한다.					
19	선생님들 개개인의 경조사를 잘 챙기며 작은 일이라도 소중하게 생각한다.					
20	선생님들의 자발적인 참여로 공적인 일을 수행하도록 의욕을 북돋아 준다.					
21	선생님들이 생각을 깊이 이해하고 존중하며, 이야기를 끝까지 경청해 준다.					
22	선생님들이 조금만 일을 잘 해도 칭찬을 아끼지 않는다.					
23	선생님들의 복지문제를 잘 보살피며 학교운영을 선생님들과 상의하여 처리한다.					
24	학교운영을 하는 데 일정한 기준과 철학이 있으며 선생님들에게 융통성을 발휘한다.					
25	선생님들이 새로운 아이디어를 시도하는 것을 격려하고 지원한다.					
26	학교운영을 하는 데 있어서 비언어적 눈 맞춤, 목소리의 톤, 격려 등이 부드럽다.					
27	학교의 중요한 일을 시행하기 전에 선생님들과 충분히 의논을 거친다.					
28	수직적이고 획일적인 절차보다는 수평적이고 다양한 절차를 중요하게 여긴다.					
29	선생님들이 능력껏 일하도록 주선하고 선생님들의 일이 잘 되도록 보살핀다.					
30	선생님들을 학교구성원으로써 소중한 존재라고 인식한다.					

자료: 김성수(2005). 초등교사가 지각한 학교장의 피그말리온 리더십과 교사 갈등과의 관계. 한국교원대학교 교육대학원 석사학위논문, pp. 113~114.

상기에서 피그말리온 리더십의 개념, 피그말리온 리더십의 중요성(피그말리온 효과와 스톡홀름 증후군, 각인이론과 편견, 긍정적인 기대와 신뢰의 힘, 피그말리온 리더십 덕목 분류), 피그말리온 리더십의 하위변인 등을 고찰한 결과 나타난 **피그말리온 리더십의**

주요 키워드는 교사기대, 교사태도, 칭찬, 감사, 진실한 이해와 존중, 책임, 긍정기대, 잠재력 유도, 지속적인 격려, 지원, 강화, 신뢰의 힘, 자신감, 발전적 기대, 자기충족예언, 행동 및 사랑의 중요성, 인정, 인내, 온유, 믿음, 소망, 사랑, 용기, 격려, 봉사, 겸손, 스마일, 친절, 용서, 이해, 수용 및 포용, 진리, 창의, 중용, 절제, 감사, 이타, 배려, 보상, 지혜, 정성, 관심, 성취, 진실, 책임감, 성실, 성장, 변화, 긍정, 높은 기대, 칭찬의 힘, 목표 및 동기부여, 지원적인 분위기형성, 피드백 및 확신제공, 경청, 관용 등으로 나타났다.

이러한 피그말리온 리더십의 키워드는 4차 산업혁명시대의 창의성역량, 감성역량, 리더십역량, 다문화이해역량 등과 관련된 것으로 보인다.

제20절 반향촉진 리더십

Goleman, Boyatzis 및 McKee(2002)는 Primal Leadership에서 리더십을 인간의 커뮤니케이션과 상호작용의 관점에서 분석하여, 효과적인 리더십의 요체는 사람들에게 반향을 일으킬 수 있는 역량에 달려 있다고 했다. 그에 의하면, 좋은 리더는 반향을 일으키기 때문에 효과적이며, 반향을 촉진할 수 있는 리더십으로 여섯 가지 유형이 관계된다. Goleman에 의하면, 리더십의 효과는 얼마나 공명 또는 반향을 일으키느냐로 평가된다. 반향(resonance)이란 라틴어 resonare에서 나온 말로 공명, 즉 다시 소리를 만든다는 의미이다. 효과적인 리더는 다른 사람의 감정을 조율하고 그들을 긍정적인 감성적 반향으로 움직이게 한다. 효과적인 리더들은 자신의 가치, 방향 및 우선순위에 대하여 확실하게 말하고 주위 사람들의 정서에 반향을 일으킨다. 효과적인 리더의 안내에 따라 사람들은 상호안정감을 느낀다. 반향은 높은 수준의 감성지능(EQ)을 가진 사람들에게 자연스럽게 나오는 것이다. 감성지능이란 자아인식, 자기관리, 사회적인 인식 및 인간관계의 관리면에서의 인식능력을 의미한다. 반향은 또한 지적인 측면을 포함한다.

리더십은 비전제시형, 코치형, 관계중시형, 민주형, 모범형, 지휘형 등 여섯 가지 스타일로 구분된다. 일반적으로 효과적인 리더들은 사람들의 반향을 불러일으키기 위하여 상황에 따라 이 여섯 가지의 스타일을 다양하게 선택하여 능숙하게 활용할 수 있다(안병환 외, 2008: 326~328).

① **비전제시형이다.** 리더는 구성원들을 고무시키고, 자신의 비전을 믿고, 감정이입적이고, 사람들의 노력이 꿈에 기여하는 방법과 이유를 설명하려는 특성을 지닌다. 리더는 구성원들을 공유된 꿈으로 움직이게 하는 방법으로 반향을 일으킨다. 이러한 리더십스타일은 조직분위기에 매우 긍정적으로 작용하며, 조직의 변화가 불가피하고 새로운 비전과 전망이 요구되거나 명확한 방향과 목표가 필요할 때, 또는 급격한 변화의 여지에 처해 있는 상황에서 적절한 것이 된다.

② **코치형이다.** 리더는 사람들의 말을 경청하며, 사람들이 자신의 강점과 약점을 확인하도록 돕고, 카운슬러의 역할을 하며, 격려하고 위임하려는 특성을 지닌다. 리더는 구성원들을 공유된 꿈으로 움직이게 하는 방법으로 반향을 일으킨다. 이러한 리더십스타일은 역량이 있고 동기부여가 된 직원들이 장기적인 능력을 키우며 성과를 개선할 수 있도록 도와야 하는 상황에서 적절한 것이 된다.

③ **관계중시형이다.** 리더는 조화를 촉진시키고, 친근하며, 감정이입적이고, 도덕성을 높이며, 갈등을 해결하려는 특성을 지닌다. 리더는 구성원들 각각을 연결시킴으로써 조화를 창출하는 방법으로 반향을 일으키고 조직분위기에 긍정적으로 작용한다. 이러한 리더십스타일은 조직과 팀의 균열을 치유하여야 하고, 힘든 시기에 처해 있을 때 동기부여를 하여야 하며 유대감을 강화시켜야 할 상황에서 적절한 것이 된다.

④ **민주형이다.** 리더는 훌륭한 청취자로서, 또 조직의 일꾼이며 협력자로서, 또한 영향력을 지닌 사람으로서의 특성을 지닌다. 리더는 구성원들의 참여를 이끌어 내고, 참여의 성과를 평가하며, 사람들의 몰입을 제고하는 방법으로 반향을 일으킨다. 이러한 리더십스타일은 조직의 분위기에 긍정적으로 작용하고, 조직에서 지원 또는 합의를 구축해야 하거나 구성원들의 적극적인 참여와 몰두가 필요하며, 직원들의 행동을 통해서 가치 있는 성과를 이끌어 내야 하는 상황에서 적절한 것이 된다.

⑤ **모범형이다.** 리더는 성취욕이 매우 강하고, 높은 자기기준을 가지고 있으며, 주도적이고, 협력과 공감력이 낮으며, 성급하고, 세세하게 관리하고, 숫자 지향적인 특성을 지닌다. 리더는 도전적이고 흥미로운 목표를 실현하는 방법으로 반향을 일으킨다. 이러한 리더십스타일은 때때로 상당히

부정적으로 작용할 수 있으며, 동기부여가 되어 있고 역량이 있는 팀으로부터 높은 수준의 결과를 얻어내야 할 상황에서 적절한 것이 될 수 있다.

⑥ **지휘형이다.** 리더는 "내가 그렇게 말했으니 그렇게 하시오"와 같이 명령적 · 지시적이고 위협적이며, 단단한 통제를 하고 세심하게 모니터링하며, 불협화음을 창조하고, 모든 사람의 분위기를 어지럽히고, 구성원들의 재능을 쫓아내는 특성을 지닌다. 리더는 비상사태에 대한 명확한 방향을 제시함으로써 두려움을 감소시키는 방법으로 반향을 일으킨다. 이러한 리더십스타일은 조직의 분위기에 자주 매우 부정적으로 작용할 수 있으며, 조직이 중대한 위기에 처해 있거나 문제 직원들에게 대응이 요구될 때, 또는 급박하게 조직의 방향전환을 시작하여야 할 때, 혹은 전통적인 군대에서와 같은 상황에서 적절한 것이 된다.

상기에서 살펴본 결과 **반향촉진 리더십의 주요 키워드**는 타인과의 감정조율, 긍정적 · 감성적 반향, 리더의 가치, 방향 및 우선순위 설정, 상호안정감, 비전제시, 코치, 관계중시, 민주, 모범, 지휘, 감정이입, 긍정적 조직분위기, 명확한 목표와 방향설정, 경청, 카운슬러 역할, 격려 및 위임, 동기부여, 장기적인 능력함양, 조화, 친근, 도덕성 고양, 갈등해결, 유대감, 청취자, 조직지원, 합의구축, 참여와 몰입, 성취욕, 주도적, 미세한 관리, 도전정신, 흥미로운 목표실현, 동기부여 등으로 나타났다. 이러한 **반향촉진 리더십의 주요 키워드는 4차 산업혁명시대의 협력역량, 리더십역량, 감성역량, 회복탄력성, 문제해결역량 등과 관련된 것으로 보인다.**

생각해 봅시다

1. 여러분이 생각하는 4차 산업혁명시대의 교육리더십 트렌드에 대하여 생각해 봅시다.

• Chapter 05 •

4차 산업혁명시대의 교육리더십 트렌드 비교와 시사점

학습목표

1. 4차 산업혁명시대의 역량과 다양한 리더십과의 비교를 통하여 교육리더십 트렌드를 설명할 수 있다.
2. 4차 산업혁명시대의 교육리더십의 시사점에 대하여 설명할 수 있다.

Keyword

4차 산업혁명시대의 역량, 변혁적 리더십 키워드, 서번트 리더십 키워드, 감성적 리더십 키워드, 카리스마 리더십 키워드, 수퍼 리더십 키워드, 분산적 리더십 키워드, 여성리더십 키워드, 히딩크 리더십 키워드, 참여적 리더십 키워드

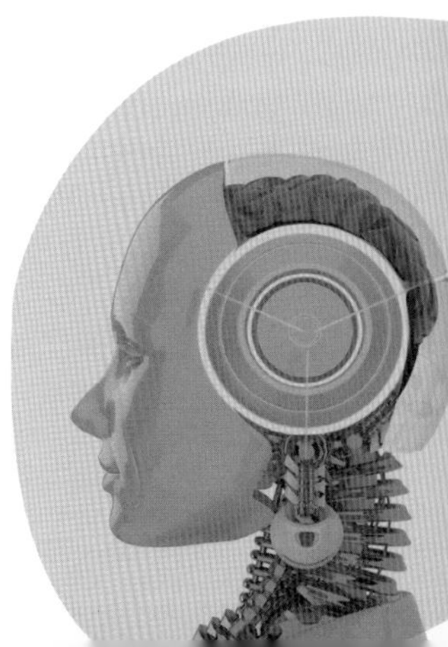

5장에서는 전체적인 요약(1~4장)을 한 후 4차 산업혁명시대의 역량과 교육리더십과의 비교, 4차 산업혁명시대의 교육리더십의 시사점 등을 고찰하고자 한다.

제1절 요약

1장(4차 산업혁명시대의 교육환경)에서는 **산업혁명시대의 발달과정**을 1차 산업혁명(석탄 사용, 공장, 제품, 대량생산 시대), 2차 산업혁명(석유 사용, 자동차, 전기 사용, 영화, 라디오, 축음기 등장), 3차 산업혁명(컴퓨터 발달, 인터넷, 공유경제), 4차 산업혁명(빅 데이터, 인공지능, 로봇공학, 사물인터넷, 무인 항공기, 무인자동차, 무인 배달서비스, 3차원 인쇄, 나노기술 토대) 등을 살펴보았다.

그렇다면 **4차 산업혁명의 기술은 기존의 1, 2, 3차 산업혁명의 기술들과의 차이점**을 네 가지로 제시하면 다음과 같다.

① 1, 2, 3차 산업혁명의 기술이 "인간에 의해" 통제되고 조종되던 기술이었던 반면, 4차 산업혁명의 기술은 사람의 관리 감독 없이 "자동적으로" 수행되는 기술로 진화하고 있으며, "인간을" 통제하고 조종할 가능성까지 보유하는 기술이라는 점에서 커다란 차별성을 지닌다. 딥러닝 기술을 보유한 인공지능기술은 인간의 도움 없이도 스스로 학습하고 판단하며, 센서기술을 통해 스스로 주위환경을 통제하고 조종한다.

② 4차 산업혁명 기술은 1, 2, 3차 산업혁명의 기술이 스스로의 존재의식을 지니지 못하며 하나의 "물체" 혹은 "객체"로서 존재했던 것과는 달라질 가능성이 있다. 기술을 구현한 물체가 스스로가 어떤 존재인지를 알게 되는 '자의식'을 갖게 될 가능성을 전망하는 연구자들이 있다. 이러한 기술진화에 따라 로봇도 인간과 유사한 존재보호의 권리가 있다는 로봇인권과 윤리에 대한 논의가 시작되고 있다.

③ 1, 2, 3차 산업혁명의 기술이 인간의 능력을 "모방(imitate)"하는 것에 머물렀다면, 4차 산업혁명기술은 인간의 능력을 "대체(replace)"하는 수준에 이르렀다는 점에서 그 차별성을 갖는다. 특히 기계는 절대로 할 수 없다고 여겨지던 인간의 고유한 능력이던 창의력이라고 할 만한 것도 인공지

능의 딥러닝을 통해 기계가 보유하게 된다.

④ 4차 산업혁명 기술의 대표적인 특징 중 하나는 초연결과 초지능화라는 데에 있다. 1차 산업혁명은 '기계혁명'을 통해 공장생산체제의 확립을 가져왔고, 2차 산업혁명은 '에너지 혁명'을 기반으로 대량 생산체제를 세계적으로 확산시키고, '디지털 혁명'의 3차 산업혁명시기를 지나, 4차 산업혁명은 초연결, 초지능의 특성을 지녀, 모든 것이 상호연결되고 지능화된 사회로 변화가 진행되고 있다.

그리고 **4차 산업혁명시대의 특징**으로 인공지능, 사물인터넷, 빅데이터, 로봇, 가상현실, 증강현실, 메타버스 등을 들 수 있다.

한편 **4차 산업혁명이 수반하는 사회변화**로는 ① 인간의 정체성 문제, ② 인간관계 측면이다. 즉 인간-인간의 관계에서 인간-기계-인간의 관계로 변화를 들 수 있다. ③ 인간과 기술의 관계이다. 일자리 상실 우려와 일자리 지형의 변화이며, 노동 대신 여가 혹은 기계에 종속을 들 수 있다. ④ 정치와 권력의 변화이다. 구체적으로 말하면, 쉬운 연결, 연대를 통한 참여와 그 이면과 노동에서의 권력의 변화를 들 수 있다. ⑤ 경제의 변화 측면이다. 4차 산업혁명시기에는 인간과 모든 사물이 연결되는 기술이 활성화되면서 플랫폼을 반드시 거치지 않아도 인간이 다른 인간과 직접 연결되거나 다른 사물과 직접 연결될 수 있게 된다. 이른바 블록체인기술을 의미한다. 향후 블록체인기술은 인간과 무인자동차를, 인간과 집을, 인간과 기계를 직접 연결시켜 주는 기술로 진화하면서 기존에 플랫폼을 장악하여 막대한 이윤을 챙겨왔던 거대 디지털기업들의 권력을 흔들게 될 것이다.

4차 산업혁명시대와 교육에서는 ① 교육의 질적 변화, ② 미래 업무수행 시 필요한 핵심스킬을 들 수 있다. 능력(인지능력, 육체적 능력), 기초스킬(콘텐츠스킬, 프로세스 스킬), 복합스킬(사회적 스킬, 시스템스킬, 복잡한 문제해결, 자원관리 스킬, 기술적 스킬) 등이다.

또한 **사회변화에 따른 교육쟁점**으로는 **첫째, 학생과 교사 측면이다.** ① 학습자의 정체성이다. 즉 가상공간에서와 같은 자유로움을 학교에서 보장하여야 하는지, 다중자아를 통합하여 통합된 개인으로 성장할 수 있도록 도우려면 어떻게 해야 하는지, 사회적으로는 가벼운 관계와 연결이 아니라 공동체 내에서의 상호 돌봄과 배려의 관계는 어떻게 형성될 수 있는지 등에 대한 고민과 논란이 예상된다. ② 교사의 역할변화이다. i) 교사의 역할을 기계에 맡기느냐의 여부는 사회적 판단이 필요할 것이다. 사회가 어떠한 방향을 잡느냐에 따라 교사 역할이 기계에 의해 대체되는 수준과 폭이 달라질 수 있을 것이다. ii) 효율성을 제일의 가치로 추구하게 되면 지식교육에서나 기본적인 태도 및 습관 형성에 로봇과 같은 기계가 활용될 수 있을 것이다. iii) 지식교육의 경우 내용이 정해지면 교사와의 불편한 상호작용 없이 모듈화하여 학습의 효율을 높이는 데 활용될 수 있을 것이다. iv) 온라인 학습시스템에서는 학습자가 특정 문제를 푸는 데 걸리는 시간, 자주 틀리는 문제의 유형, 오답률, 문제를 풀기 위해 방문한 사이트 등을 파악하여 학습성취를 높이는 데 활용한다. 그리고 v) 여러 센서를 탑재한 사물인터넷을 통해 학습자의 모든 반응들을 데이터화할 경우 학습자의 행동예측은 물론 성향, 적성, 진로 등에 대한 판단을 제공할 수도 있을 것이다. vi) 태도나 습관형성 심지어 돌봄의 역할도 로봇이 수행할 수 있을 것이다. vii) 이러한 상황에서 교사의 역할이 어떻게 바뀔지, 바뀌어야 하는지에 대한 논란이 제기될 것이다.

둘째, 교육내용 측면이다. 지식교육의 위기, 새롭게 요구되는 잠재되었던 능력, 윤리와 가치문제 대응에 대한 필요 증가 등을 들 수 있다.

셋째, 학교체제 측면이다. ① 네트워크성, 개방성, 확장성 등을 기초로 학습자 요구나 주문의 수용성 면에서 현실의 다소 경직된 학교체제에 비해 강점을 지니는 플랫폼 혹은 블록체인과 같은 비트세계의 교육체제 구축을 구상해볼 수 있을 것이다. ② 학교교육체제가 학생들의 요구나 필요에 유연하게 대응할 수 있게 되려면 현실적인 제도의 변화와 함께 온라인이나 가상세계 혹은 지역사회와의 결합이 불가피할 것이다. ③ 학교체제의 형성과 운영에 있어서 학생들의 요구나 주문이 중요하다고 하더라도 공적인 교육기관에서 학생들의 요구나 주문이 없어도 함께 경험하며 지향하여야 할 가치가 있을 수 있다. 이러한 것들은 어떻게 학교체제에 반영하고 운영하여야 할 것인지에 대한 문제도 심각하게 제기될 것이다.

넷째, 학교의 사회적 기능이다. ① 학교와 노동시장의 연결, ② 사회불평등 심화, 격차에 대한 교육 대응 요구, ③ 대면관계 및 교육복지 요구 증대를 들 수 있다.

2장(4차 산업혁명시대의 학교)은 먼저 **한국교육의 실상**에서 외형적 측면에서의 평가는 각종 교육에 관한 국제 비교 지표에서 볼 수 있듯이 한국교육은 괄목할 만한 성장을 국내외에 과시하고 있고, 한국교육의 우수성과 잠재적 발전가능성을 입증해 주고 있다. PISA 2018에서 우리나라 학생들은 상위 수준의 성취를 보였으며, 전 영역에서 OECD 평균보다 높은 평균 점수를 기록하였다. OECD 회원국 중 읽기 2~7위, 수학 1~4위, 과학 3~5위로 높은 성취를 나타냈다. 그러나 전체 79개국 중에서도 읽기 6~11위, 수학 5~9위, 과학 6~10위로 높은 순위를 기록하였다.

한편 한국교육의 내재적 과정중심의 평가는 외형적 평가와는 상당히 다른 모습을 띠고 있다. 즉 그 이면에는 다른 모습을 볼 수 있다. 한국학생들의 수학성취도는 세계 최상위를 보여주지만, 수학에 대한 흥미도는 크게 낮은 편이다. 또한 과학의 흥미도도 평균보다 낮은 편이다. 아울러 낮은 효율성은 학생들의 학습시간 대비 성취향상 정도를 통해 산출되는데, PISA 2012에 의하면, 우리나라 청소년들의 주당 수학 학습시간은 평균 7시간 6분으로, 조사 대상에 포함된 전체 66개 국가(OECD 국가 34개국 포함) 중 베트남(8시간 21분)에 이어 전체 2위에 해당하며, 학습효율성은 OECD 34개국 중에서는 34위, PISA 2012에 참여한 66개 국가 중에서는 56위이다(한국직업능력개발원, 2017). 이러한 측면에서 볼 때, 한국의 학교교육은 외형적으로 교육선진국으로서 모습을 갖추고 있지만 교육목표 성취수준과 실제 학습자의 학습역량 신장과는 적지 않은 괴리가 있음을 나타내 보여주고 있다.

4차 산업혁명시대 교육시스템의 변화에서는 ① 지능정보사회의 학교에서 적용되어야 할 것으로 예상하는 것은 '테크놀로지 기반 맞춤형학습'이다. ② 미래를 대비한 유연한 학교제도의 디자인을 들 수 있다. 궁극적으로 학생의 학습필요에 민감한 탄력적인 학교제도로의 전환이 요구되는 것이다. 4차 산업혁명시대를 대비한 학교제도로 '학년제와 무학년제가 공존하는 유연한 학교제도'를 도입이 필요하다.

미래학교의 교육과정은 ① 초·중등학교에서 학생들이 주로 과학, 기술공학(IT, SW) 등을 하고, 실험, 관찰, 제작, 실습해 가면서 차근차근 문제해결방식으로 공부하고 이후에 대학에서 과학기술, 인문사회, 예체능 등으로 옮겨가면, 특히 문예 출신 사무직 근로자(white collar)의 실업대란을 막고 지능정보기술을 알게 되어 창업을 활성화하고, 기업가정신에 눈떠서 직업창출능력을 제고할 수 있을 것이다. ② 지능정보화와 세계화도 거세졌지만 우리 앞에 놓인 다문화, 저출산 고령화, 친환경과 지속가능한 발전, 북핵과 통일준비, 대중영합주의 극복과 선진화, 반패권주의적 균세적(均勢的) 동아시아 공동체형성 등의 국가사회적·지구촌적 도전과 과제를 다른 세대가 슬기롭게 수용하여 주도하기 위해서는 패러다임 전환적 교육개혁이 요구된다. ③ 평생학습시대, 세계화, 지능정보화시대에 맞게 학교교육과 그 교육과정, 수업과 교육평가 및 대학입시를 재구조화할 필요가 있다.

미래의 교육평가 측면을 정리하면, 4차 산업혁명이 주도하는 사회의 특징에 비추어 교육평가방식의 변화의 필연성과 가능성을 추론해 보면, 다음과 같은 변화가 기대된다. ① 학습의 '결과'보다는 '과정'을 중시하는 평가로의 변화, ② 전통적인 의미의 '시험'이 없는 평가로의 변화, ③ 성장참조평가로의 변화, ④ 지적역량평가를 강조하게 되는 방향으로의 변화, ⑤ 정의적 영역(인성)의 평가를 중시하는 방향으로의 변화, ⑥ 컴퓨터 기반 평가가 일상화되는 방향으로의 변화 등이다.

미래 인재를 위한 교수-학습방법 측면이다. ① 글로벌 리더 육성을 위한 교수-학습모형이다. 이처럼 글로벌 리더를 양성하기 위해서는 발달단계별로 학습자의 잠재능력, 재능을 발견하고, 각 영역별 기초지식과 전문성, 창의적으로 문제를 해결할 수 있는 능력은 통합적으로 계발되어야 할 것이다. ② 상보적 수업전략 활용 교수-학습방법이다. 이 교수방법은 학습과정에서 학생들이 적극적이고 주도적으로 참여할 수 있도록 유도하며, 초인지전략을 활용할 수 있도록 하는 미래형 수업방법으로 볼 수 있다.

미래 학교교육 방향탐색에서는 ① Mode 1(근대 학교교육 유지)은 강력한 국가중심의 통제 하에 표준화된 교육을 제공하고, 학교는 자유경쟁의 장(field)이며, 선발기제로서의 기능을 수행한다. 그리고 ② Mode 2(개인중심, 자유경쟁 강조)는 미래교육에 대한 주로 담론에서 제안하고 있는 궤를 같이 하는 방향이다. 이 방향에서는 시장의 자유가 크게 보장되어 있으며 사회 곳곳에 자유경쟁담론이 지배적이다. 학교의 기능은 자유경쟁 속에서 우수한 인재를 선별하는 것에 맞추어져 있어 수월성을 강조한다. M2는 4차 산업혁명의 흐름을 이끌 수 있는 인재양성을 통해 시장에서의 가치창출과 성장을 추구한다. 성장의 결과는 결국 시장에서 자유롭게 경쟁하는 개인들에게 돌아갈 것으로 본다. 미래에 더 많은 가치를 창출할 수 있도록 학습자는 디지털을 비롯한 과학기술의 역량을 갖추고 한편으로는 기술, 기계를 발전시키며 동시에 이를 통제할 수 있는 전문성을 갖추어야 한다고 본다. ③ Mode 3(시민공동체 중심, 공공성 강조)에서는 큰 방향에서 다양성, 유연성, 주체성 등에 대한 요청이 미래사회에서 높아질 것으로 보아, 로컬(local) 수준의 풀 뿌리적, 분권적 공공성의 역할이 강화되는 것을 이상적으로 제시한 반면, 획일적이고 통제적인 국가주의의 영향은 최소화될 것으로 상정했다. 전문가들의 의견을 종합하면 미래교육의 방향이 M2로 갈 것이므로 이에 대한 보완책으로 M3의 방향도 고려되어야 할 것이다.

3장(4차 산업혁명시대의 교육리더십)에서는 우선 **4차 산업혁명시대 한국 미래교육의 목적과 방향 측면**이다. 4차 산업혁명시대에는 과학기술, 산업, 사회, 문화, 가치관이 변화하고 이에 대응할 수 있는 인재의 역량이 또한 변화되고 있다. 미래교육의 비전은 4차 산업혁명시대를 주도할 세계 일류의 미래 창의혁신인재를 양성하는 것이고, 미래교육의 목표는 글로벌 경쟁력을 갖춘 미래 창의혁신인재를 양성하는 교육, 개인의 창의성과 다양성이 존중되고 행복한 삶과 건강한 사회의 지속 발전에 기여하는 교육을 실현하는 것이어야 한다(안종배, 2021). ① 미래교육 시스템혁명으로 4차 산업혁명시대에 대응하는 유연한 학제, 자유적 교육과정과 평가, 다양한 진로 및 직업교육, 자율적 맞춤 입시제도, 변혁적 대학제도, 다양한 교육복지변화가 실현되어야 할 것이다. 아울러 ② 미래학교혁명으로 4차 산업혁명시대에 대응하는 창의적 미래학교와 지역과 함께하는 학교, 교사 역할과 교사시스템 및 교사의 영역변화, 교육공간의 변혁, 직업학교와 대학의 변화가 이루어져야 할 것이다. ③ 미래교육 콘텐츠혁명으로 4차 산업혁명시대에 대응하는 창의적 인지역량, 인성적 정서역량, 협력적 사회역량, 생애학습역량을 함양할 수 있는 교육콘텐츠가 개발되고 실현되어야 한다. 이러한 교육정책을 관장하는 ④ 미래교육 거버넌스 혁명이 4차 산업혁명시대에 대응하는 새로운 미래교육정책결정 프로세스와 교육 거버넌스의 새로운 패러다임, 미래대학과 학교단위 거버넌스의 변화로 구현되어야 한다.

4차 산업혁명시대에 필요한 핵심역량으로는 ① 협력역량(Collaboration Competency), ② 비판적 사고역량(Critical thinking Competency), ③ 자기관리역량(Self-management Competency), ④ 의사소통역량(Communication Competency), ⑤ 창의성역량(Creativity Competency), ⑦ 감성역량(Emotional Competency), ⑥ 리더십역량(Leadership Competency), ⑧ 회복탄력성역량(Resilience Competency), ⑨ 디지털 리터러시역량(Digital Literacy Competency), ⑩ 문제해결역량(Problem-solving Competency), ⑪ 다문화이해역량(Multiculture comprehension Competency), ⑫ 글로벌역량(Global Competency), ⑬ 적응역량(Adaptation Competency), ⑭ 전문성역량(Professionalism

Competency), ⑮ 디자인역량(Design Competency) 등 열 다섯 가지를 도출하였다.

4차 산업혁명시대의 교육리더십 측면이다. 현대조직의 변화와 미래사회 리더십은 ① 안정 → 변화로 이동이다. ② 통제 → 임파워먼트로 이동, ③ 경쟁 → 통합으로 이동, ④ 획일성 → 다양성으로 이동, ⑤ 이기적 목표 → 윤리적 목표로 이동, ⑥ 영웅적 역할 → 평범한 역할로의 이동 등이다(정진철 · 최승준 역, 2011). 또한 **미래 교육리더십이 실제 교육현장에 적용되려면 다음과 실천 전략**이 강구되어야 할 것이다(이경숙, 2021). ① 비전과 목표를 세우고 행동, ② 도전정신과 용기, ③ 창의적이고 긍정적인 사고방식, ④ 공감적인 경청으로 소통하고 협력, ⑤ 신뢰성과 책임감, ⑥ 헌신과 배려로 섬기는 문화 등을 제시했다.

4장은 **4차 산업혁명시대의 교육리더십 트렌드 제시**이다. 4차 산업혁명시대에 필요한 핵심역량 15개, 한국 미래교육 인재역량 4개 영역, 미래사회의 리더십 핵심역량의 이동과정, 미래사회의 교육리더십의 실천전략 등을 기반으로 4차 산업혁명시대의 리더십 트렌드로 변혁적 리더십, 문화적 리더십, 도덕적 리더십, 서번트 리더십, 감성적 리더십, 카리스마 리더십, 수퍼 리더십, 셀프 리더십, 분산적 리더십, 수업리더십, 가부장적 리더십, 기러기 리더십, 가치부가적 리더십, 여성리더십, 히딩크 리더십, 참여적 리더십, 윤리적 리더십, 체인지 리더십, 피그말리온 리더십, 반향촉진 리더십 등으로 제시했다.

제2절 4차 산업혁명시대의 역량과 교육리더십과의 비교

4장(4차 산업혁명시대의 교육리더십 트렌드)에서 살펴본 바와 같이, 4차 산업혁명시대의 리더십 트렌드로 변혁적 리더십, 문화적 리더십, 도덕적 리더십, 서번트 리더십, 감성적 리더십, 카리스마 리더십, 수퍼 리더십, 셀프 리더십, 분산적 리더십, 수업리더십, 가부장적 리더십, 기러기 리더십, 가치부가적 리더십, 여성리더십, 히딩크 리더십, 참여적 리더십, 윤리적 리더십, 체인지 리더십, 피그말리온 리더십, 반향촉진 리더십 등이다.

2절에서는 4차 산업혁명시대의 역량과 교육리더십과의 비교를 했다.

① **변혁적 리더십**에서 나타난 **주요 키워드**는 동기, 도덕성, 조직문화, 도덕적 가치, 도덕적 예술, 조직목표달성, 발전지향적, 문제해결, 치어리더, 열광

자, 극작가, 코치, 촉진자, 건설자, 교사 독려, 내재적 동기, 상호자극, 고양, 열망, 변혁적 효과, 성장욕구 자극, 동기화, 태도 및 신념변화, 자신감, 교직원변화, 윤리적 향상, 흥미, 개별화된 배려, 비전과 임무제시, 신뢰, 자긍심유발, 문제해결력, 존중, 목표 이해, 기대, 영감, 변화촉진자, 공생적 관계, 협조관계, 도덕적 목적성, 도덕적 대행자, 도덕의식, 조직변혁, 용기, 모험감행, 신뢰, 권한위임, 가치관 제시, 평생학습자, 학습, 자기개발, 직관적 호소력, 비전창조, 동기화, 혁신, 방향설정, 인적개발, 학교공동체, 전인적 관계, 상호자극, 상황창조, 도덕성, 학습촉진, 대처능력, 솔선수범, 목표수용, 성과기대, 공동가치, 집단참여, 열정, 인격, 모델링, 선도적 추진성, 이상적 영향력, 결속촉진, 도덕적 예술, 지적자극, 카리스마, 개인적 배려, 문제해결, 열광(정) 등으로 나타났다. 이러한 키워드는 **4차 산업혁명시대**의 협력역량, 비판적 사고역량, 자기관리역량, 감성역량, 창의성역량, 감성역량, 리더십역량, 문제해결역량, 다문화이해역량, 적응역량 등과 관련되는 것으로 보인다. 이러한 맥락에서 변혁적 리더십은 4차 산업혁명시대에 각광받을 리더십으로 볼 수 있다.

② **문화적 리더십**에 나타난 **키워드**를 제시하면, 학교문화, 학습문화, 가치공유(형태), 이야기 해설, 롤-모델, 학교목적 및 사명의 구체화, 상징체계 강화, 상호존중, 자신감, 문화적 혁명, 조직문화, 역사가의 역할, 인류학적 탐정의 역할, 비전제시자 역할, 상징, 도예가의 역할, 언어사용자 역할, 배우역할, 치유자 역할, 비전촉진자, 창의적 아이디어 제시, 강한 지원능력, 봉사정신, 개방성, 사교성 실천능력, 시간표작성, 행동모델 유지, 효과적인 교직원선발, 적절한 보상, 지원적 배려, 온정적 포용력, 도덕적 규범, 열정적 성실성 등으로 나타났다. 이러한 키워드는 **4차 산업혁명시대**의 협력역량, 창의성역량, 의사소통역량, 감성역량, 리더십역량 등과 관련된 것으로 볼 수 있다.

③ **도덕적 리더십**을 고찰한 결과 나타난 **주요 키워드**는 윤리적 책임의식, 가치확립, 바람직한 신념, 가치관 및 태도형성, 공동체가치와 이상 확립, 덕과 능력, 도움과 배려, 학교목표달성, 도덕적 품성, 윤리적·도덕적 판단, 경영의 투명성, 원칙, 공정(평)성, 책임의식, 솔선수범, 헌신, 공감, 능력계발, 자율적 직무수행, 도덕성이 강한 학교, 조직문화 창조, 경영윤리와 보편적 사회책무, 도덕적 책임, 도덕성, 윤리성, 본보기, 공직윤리, 서비스행

정, 규범적 가치행위, 도덕적 가치와 풍토, 품성, 청렴성, 사명감, 책임감, 권한부여, 비전제시, 관심, 존경, 참여, 확실성, 지속성, 공동체규범확립, 전문직업적 이상, 내재적 만족, 동료의식 등으로 나타났다. 이러한 키워드는 **4차 산업혁명시대**의 비판적 사고역량, 자기관리역량, 감성역량, 리더십역량, 다문화이해역량, 디자인역량 등과 관련되는 것으로 보인다.

④ **서번트 리더십**을 고찰한 결과에서 나타난 **주요 키워드**는 종(僕), 서번트 의식, 봉사, 헌신, 부하존중, 창의성 발휘, 진정한 공동체, 경청, 공감, 치유, 설득, 인지, 통찰, 비전의 제시, 청지기의식, 구성원의 성장, 공동체형성(구축 · 조직), 창조적 역량, 신뢰형성, 권한위임, 학습장려, 진실성, 존중성, 공정성, 인간존중, 잠재적 능력발현, 공동의 목표, 상호협력, 목표집중과 신뢰, 다양화, 권한이양, 신뢰, 믿음, 가치중심, 봉사, 자기성장, 자발성, 협력, 이해관계자 요구 파악, 섬김, 상대방의 가치인정, 조직의 의지공유, 분산화정책, 팀경영, 디지털경영, 자발적 참여, 즐거운 인간관계, 관계형성, 공감대형성, 인지, 통찰력, 성장지원, 상호존중, 아가페적 사랑, 겸손한 행동, 이타주의, 서비스, 도덕성, 리더십발휘 · 공유, 이타적 소명, 감성적 치유, 지혜, 솔직한 대화, 협력장려, 업무추진능력, 비전추구능력, 성실성, 신뢰성 추구, 잠재력 발휘, 통찰력, 인식력, 인식, 지각, 직관력, 구성원의 욕구와 가치, 직관적 혜안, 공감대형성, 배려, 안정감, 친근감, 자신감, 용기, 관심, 조직몰입 · 헌신, 지원자, 잠재적 능력개발, 능력 및 공로에 대한 인정, 동기부여자, 인간중심, 구성원들의 자발적인 행동, 필요한 자원지원, 애로사항 경청, 커뮤니케이션 활성화, 정보공유, 도덕성, 윤리성, 부하들에 대한 서비스, 부하에 대한 봉사, 부하만족, 봉사에 몰입, 사회적 개선, 겸손, 정신적인 통찰력, 도덕적 발전, 공동선의 강화 등으로 나타났다. 이러한 서번트 리더십에 나타난 키워드는 **4차 산업혁명시대**의 협력역량, 비판적 사고역량, 자기관리역량, 의사소통역량, 창의성역량, 감성역량, 리더십역량, 디지털 리터러시역량, 다문화이해역량, 적응역량 등과 관련되는 것으로 보인다. 이러한 맥락에서 서번트 리더십은 4차 산업혁명시대에 매우 근접한 리더십으로 볼 수 있다.

⑤ **감성적 리더십**을 고찰한 결과 나타난 감성적 리더십의 **주요 키워드**는 조직성과, 자기조절능력, 감성역량, 조직감성, 조직학습, 학교조직몰입, 조직효과성, 조직개방성, 교사효능감, 교사헌신, 직무만족, 직무몰입, 조직역

량, 직무몰입, 구성원의 감성 및 필요배려, 감성적인 사회적 능력개발, 비전제시, 감성적 역동, 자기인식, 자기관리, 사회적 관계관리, 자기가치 및 능력인식, 자기통제 및 관리능력, 리더십배양, 자기동기화, 감정이입, 대인관계기술, 감정적 자기인식, 정확한 자기평가, 자기확신, 감성적 자기통제, 투명성, 적응력, 성취력, 주도성, 긍정주의, 공감, 서비스 방향정하기, 조직적 인식, 영감을 주는 리더십, 영향력, 타인 개발하기, 변화촉진, 갈등관리자, 팀워크, 협동, 설득, 갈등관리 등으로 나타났다. 이러한 감성적 리더십의 키워드는 **4차 산업혁명시대**의 협력역량, 비판적 사고역량, 자기관리역량, 의사소통역량, 감성역량, 리더십역량, 다문화이해역량, 적응역량, 문제해결역량, 전문성역량 등과 관련되는 것으로 보인다.

⑥ **카리스마 리더십에 나타난 주요 키워드**는 비전과 혁신, 추종자들의 개인적 성과, 조직성과, 창조적 파괴, 새로운 비전추구, 조직혁신운동, 부하들의 지각에 의한 결정, 강한 감정적 유대감, 숭고한 사명 추구, 고귀한 사명 달성, 구성원들의 간절한 욕구와 꿈, 비범함 성과나 사건계획, 신뢰유지, 초자연적 능력, 천부의 능력, 개성적 자질, 정치적 자질, 리더의 속성, 필요, 신념, 가치, 부하들의 지각 간의 상호작용, 애정, 정서적 몰입, 환경의 사정, 조직환경의 이해, 능력과 정서적 요구 민감, 혁신의 기제, 급진적 변화, 변화 야기, 비전설정, 조직목적 설정, 미상적인 미래구현(설정), 모방의 대상, 설득, 의사소통, 강력한 확산, 자신감, 전문성(많은 지식), 명료하고 구체적인 용어 사용, 비전성취(제시), 희생, 인간적 모험, 모범적인 행동수행, 희생감수, 행동목적 성취, 리더 신뢰가치, 매력획득, 혁신적 전략 및 계획, 구성원들의 놀라움과 존경으로 정서적인 반응, 강력한 권력욕구, 고도의 자신감, 자신의 신념과 이상에 대한 강한 확신, 모델링, 일체감, 집단의 사명에 관련된 이념의 목표 구체화, 열정과 흥분, 자긍심과 성공에 대한 신뢰, 비범한 개인적 특성 소유, 급진적 메시지나 사명 제시, 흥분, 경외, 존경의 상태로 야기, 지배력 소유, 강력한 윤리적 가치 소유, 열성적, 자아실현적, 자아존중감, 관대함, 개방성, 정직성, 구성원에 대한 관심, 정서적 표현, 자아신뢰, 자아결정, 내적 갈등에서 자유, 자신의 신념에 대한 확신, 영감자극, 숙달된 의사소통자, 강력한 연대형성, 의사결정, 정서적 표현 우수, 영상화(비전창조), 도전성, 에너지주입(개인적 흥분과 에너지 표현), 동기부여, 가능성 부여, 감정이입 방법 사용, 역할모델(신념과 가치),

구성원들의 능력발휘 유도, 도덕에 근거한 목적의식 세팅, 권력위임, 협력, 존중, 성취동기유발, 설득, 웅변적 화술, 판단력, 우수한 의사결정능력, 재정관리, 의사소통능력, 모험, 자기희생적, 인간적 모험, 설득력 있는 호소력, 조직헌신, 위기대처능력, 동기유발, 사회적 동일시현상, 내면화, 개별적이고 집단적인 자아효능감 증대, 이데올로기적 용어 사용, 비전설명, 과업수행에 대한 기대, 신뢰의 표현, 모범행동, 자기확신, 결단력, 집단정체성의 강조, 잠재적인 성장동기유발, 열정, 모범행동, 개인적 몰입, 솔선수범, 사생활 희생, 권력위임 전략 등으로 나타났다. 이러한 **카리스마 리더십의 키워드**는 협력역량, 비판적 사고역량, 자기관리역량, 의사소통역량, 창의성역량, 감성역량, 리더십역량, 회복탄력성역량, 문제해결역량, 전문성역량 등과 관련된 것으로 보인다.

⑦ **수퍼 리더십**을 고찰한 후 나타난 **주요 키워드**는 권한부여, 부하격려, 부하들의 만족촉진, 자기판단 및 행동, 자율성, 자기강화, 자기관찰 및 평가, 자기기대, 자기목표설정, 리허설 격려, 자기비판 격려, 자율성부여, 인간존중 정신, 긍정적 태도, 상황판단, 칭찬, 격려, 책임감, 창의력, 자발성, 지속적인 개선, 능률 촉진, 모범, 훈련과 학습의 기회, 팀워크 조성, 구성원들의 재능과 노력 조합, 팀성과 고양, 구성원들의 가치와 신념, 책임소재와 의견기준 제시, 조직문화 구축, 주인의식, 업무에 대한 자긍심, 자신감, 자기관찰, 자발적인 목표설정, 단서의 관리, 업무활동의 연습, 자기보상 제공, 자기처벌 및 비판, 과업의 내재적 보상, 효과적인 사고방식의 확립, 효과적인 자율리더, 자율리더십 모델정립, 학습모델, 자율설정 목표의 촉진, 적극적 사고방식의 창출, 자율리더십개발 및 촉진, 보상, 건설적 재제, 학습기회, 협력, 책임감, 만족감, 전체적 통합시스템 개발, 직무수행, 구성원들의 교육 및 개발, 자율리더십 문화창출, 열의, 동기, 능력의 증진, 조직성과 향상, 혁신성의 증가, 모델링, 격려, 지도, 독창성, 자율성 격려, 목표설정, 책임의식, 동기부여 지향, 보상, 질책, 사회적 기술적 시스템의 설계, 셀프 리더십 스킬, 잠재력 발휘, 충분한 재량권 지원, 솔선수범, 자극, 강화 등으로 나타났다. 이러한 수퍼 리더십의 키워드는 **4차 산업시대**의 협력역량, 비판적 사고역량, 자기관리역량, 창의성역량, 리더십역량, 문제해결역량, 디자인역량, 적응역량, 전문성역량 등과 연계되는 것으로 보인다.

⑧ **셀프 리더십**을 고찰한 결과 나타난 **셀프 리더십의 주요 키워드**는 자기지시, 자기동기부여 고양, 학습, 자율통제, 자기실행 목표설정, 자기평가, 자기통제, 자기관리능력, 자기관찰, 자기강화, 자연적 보상, 자기문제해결, 자기직무할당, 자기계획, 긍정적 관점, 비전 몰입 및 헌신, 동기유발, 자기의지 실현, 자기영향력 행사, 사고와 행동전략, 문제해결, 긍정적 사고에 의한 관리, 책임감, 자발적 참여, 자기개혁, 경쟁력 확보, 자율성과 자발성 강조, 자율통제, 잠재능력의 발휘욕구, 자기완성의 갈망, 자기발전, 자신의 잠재력 실현, 직무몰입 향상, 자기존중, 비전에 헌신하는 능력, 피드백하는 용기, 자기설정 목표, 단서에 의한 관리, 리허설, 자기보상, 자기비판, 도전적인 목표설정, 건설적인 사고, 자기방향설정, 인지적 셀프 리더십, 창의적이고 열정적으로 직무수행, 전문성신장, 자기계발 추구, 자신의 행동관리 등으로 나타났다. 이러한 키워드는 **4차 산업혁명시대**의 비판적 사고역량, 자기관리역량, 창의성역량, 리더십역량, 회복탄력성, 문제해결역량, 적응역량, 디자인역량 등과 관련되는 것으로 보인다.

⑨ **분산적 리더십**을 고찰한 결과 나타난 **주요 키워드**는 구성원들의 책임, 학교책무성, 리더확대, 학교자율화, 다양화정책, 단위학교 책임경영제 실천, 교원능력개발평가, 교육수요자 요구반영, 수평적 관계, 민주적 의사결정과정, 자율, 책임, 구성원들의 능동적 참여, 상호협조, 공동책임 분산, 공동의 노력, 팔로워에 대한 관심과 배려, 조직방향설정, 조직의 권력분산, 내부경계 해체, 전문지식 존중, 이산적, 공유적, 협동적, 민주적 리더십, 전문성과 역량의 극대화, 조직성원들 간의 네트워크 구축, 의사결정 공유, 상호협력과 전문성 공유, 공동실행 촉진, 학교개선, 수업효과의 극대화, 정보와 자원이 상호연계 공유, 분업화된 상태, 공조행위, 임의(자발)적 협조, 상호의존, 긴밀한 업무관계 유지, 팔로워들의 문제해결, 전문성 응집, 비전공유, 책무성 제고, 공동설계, 역동적 상호의존과 영향 반영, 직관적 업무관계, 원만한 대인관계, 디자인, 적응, 공식적, 실용적, 전략적, 점증적, 편의주의적, 문화적 분산, 조직안정성, 효율적인 경영추구, 조직의 기대, 조직목표달성, 조직학습 및 조직역량 극대화, 자료해석 능력, 분산된 역할 및 과업, 조직변화 및 개발의 탐구, 협력적인 조직문화 및 조직학습구축, 상황의 중요성, 네트워크 학습공동체, 협동적 개발, 자료에 대한 공유와 공동분석, 시범수업, 지식탐구, 공유된 비전, 적절한 피

드백 및 조언, 비전의 명료성, 팔로워들에 대한 비전의 숙지 정도, 결과에 대한 분석 및 활용, 수업개선에 대한 지식 및 경험공유, 리더십발휘, 학교비전과 사명의 명확한 설정, 가정과의 효과적인 의사소통, 탈권위주의, 수평적 네트워크 등으로 나타났다. 이러한 분산 리더십의 키워드는 **4차 산업혁명시대**의 협력역량, 자기관리역량, 의사소통역량, 감성역량, 리더십역량, 디지털 리터러시역량, 문제해결역량, 다문화이해역량, 글로벌역량, 적응역량, 전문성역량, 디자인역량 등과 관련된 것으로 보인다.

⑩ **수업리더십**을 고찰한 결과 나타난 **주요 키워드**는 리더의 학교경영과 교육활동 선도역할, 학습자들의 지적 및 정의적 성장, 수업조직화, 학교풍토 및 학교조직문화 조성, 교사전문성개발, 교수-학습활동개선, 교사 및 학습자들의 자원지원, 교사들의 만족스런 근무환경제공, 학생들에게 학습조건 및 결과조성, 자원관리활동, 학교목표설정, 교수-학습집단의 조직, 수업활동의 지원, 교사직능개발, 면학풍토조성, 동기부여, 수업개선지도, 교육지원활동, 교원개발, 비전설정, 팔로워와의 의사소통, 학생중심 교육과정운영, 교사의 자율성 및 창의성 발휘, 수업동기부여, 교사들의 수업전문가로서 능력함양, 수업기술 향상, 효율적인 학교분위기조성, 협력적인 관계성 개발, 학업성취의 극대화, 교원개발 헌신, 교사들에게 교육과정결정권 위임, 지역사회와의 파트너십구축, 교사의 지식과 기능개발, 팔로워존중 환경조성, 팀형성, 학습사회형성, 교사들의 참여의식 독려, 교사리더십개발, 학습비전개발, 건설적인 학교문화구축, 교육프로그램개발, 리더의 윤리적, 공정한, 정직한 행동, 상황인식 이해, 교직원능력개발, 교직원 동기부여, 수업의 지원, 자원의 확보와 배분, 질 관리, 조정, 문제해결, 수업의 지원, 자원의 확보와 배분, 수업관찰, 피드백 제공, 교사의 자율성 지원, 창의적인 수업에 대한 지원, 역할모델 되기, 교사자율성 존중, 리더와 팔로워 간의 긍정적인 관계성 증진, 신뢰와 동기화 도모, 갈등해결기능, 자아지시적 의사결정, 교원들 간의 책임공유, 민주적 분위기 조성, 반성적 사고에 의한 학습, 창의적 능력함양, 팔로워들의 문화적 다양성이해, 평생학습자의 모델, 학교단위경영제, 전문성, 책무성과 수용능력요구, 정보기술의 혜택 극대화, 교육목표설정, 수업조직활동, 수업개선활동, 수업지원활동, 학교비전제시, 교육목표 명료화, 교사직무동기유발, 학습풍토조성, 평가결과활용, 학습동기유발, 교사의 교육적 열의, 수업개

선 노력 등으로 나타났다. 이러한 **수업리더십의 키워드는 4차 산업혁명시대**의 협력역량, 의사소통역량, 창의성역량, 리더십역량, 문제해결역량, 적응역량, 전문성역량 등과 관련된 것으로 보인다.

⑪ **가부장적 리더십**을 고찰한 결과 나타난 **주요 키워드**로는 가부장, 팔로워들을 보호해야 될 의무, 가장권, 부권, 과업지향적 리더, 보호가능, 가족의 화합의 책임, 화(和), 권위의 행사, 친화의 도모, 가부장적 가치관, 온정, 인간적, 감정적 결속, 협동적 노력, 온정적 태도, 조직의 대표자, 리더의 아이디어를 통한 실천행위, 리더의 주관성 강조, 구성원들 간의 신분상 차이 주장, 팀워크를 통한 목표달성 강조, 갈등발생 시 화해를 시도하는 행위, 구성원에 대한 온정적 태도, 유대감, 감정적 결속 강조, 도덕적 책임, 구성원들의 화합 중시 등으로 나타났다. 이러한 키워드는 **4차 산업혁명시대**의 협력역량, 감성역량, 리더십역량 등과 관련된 것으로 보인다.

⑫ **기러기 리더십**을 고찰한 결과 나타난 **주요 키워드**는 리더 기러기, V자 대형, 경험이 풍부한 리더, 정확한 방향 감각유지, 팔로워십, (따뜻한) 동료애, 바람직한 교육철학과 인생관의 방향설정, 솔선수범의 자세, 능력과 형편 고려, 권한과 책임위임, 리더십학습, 리더십발휘 기회, 팔로워들의 동기와 요구에 관심, 구성원들의 능력발휘에 도움 제고하기, 책임성 강조, 신뢰, 응원과 격려, 인적 네트워크, 교육활동에 대한 협력, 상생 강조, 팀워크, 공동의 목표달성, 교사들의 영향력 강조 등으로 나타났다. 이러한 기러기 리더십에 대한 키워드는 **4차 산업혁명시대의 협력역량, 감성역량, 리더십역량** 등과 관련된 것으로 보인다.

⑬ **가치부가적 리더십**을 고찰한 결과 나타난 **주요 키워드**는 조성, 결속, 잠재능력 일깨우기, 고차원의 욕구충족, 헌신과 업무수행 독려, 동기유발, 개별적 관심, 상호연합, 자존, 자율성, 자아실현의 욕구, 윤리적 기대수준 고양, 도덕적 헌신, 가치 및 성취감 중시, 권력부여, 존경 및 자질의 욕구 중시, 집단결속 등으로 나타났다. 이러한 키워드는 **4차 산업혁명시대의 협력역량, 감성역량, 리더십역량** 등과 관련된 것으로 보인다.

⑭ **여성리더십에서 나타난 주요 키워드**는 도전의식, 포용력 발휘, 소통과 화합, 글로벌-소프트파워, 창조력, 포용력, 세심함, 솔선수범, 혁신적, 창의적인 해결방법, 창의성, 융통성, 멘토를 통한 학습, 헌신, 신뢰관계형성, 역할모델, 리더십개발, 목적 성취전략, 비전에 근거한 의사결정, 조직의 요구

와 자신의 능력 간의 조화, 친분확대, 교직원들과의 목적공유, 승자-승자 접근, 상호지원관계, 전문가집단개발, 솔선수범, 협력, 변화촉진기제, 리더십의 지식과 기능개발, 자원의 획득 분배관리, 의사소통, 문제해결, 팀형성, 자신감개발, 역할모델, 잠재능력개발, 민주적 및 참여적 리더십, 수평적 의견일치 접근 도모, 훌륭한 듣기자, 문제해결자, 동기자, 관리자, 일관성, 능력, 전문성 등으로 나타났다.

이러한 키워드는 **4차 산업혁명시대**의 협력역량, 비판적 사고역량, 의사소통역량, 창의성역량, 감성역량, 리더십역량, 문제해결역량, 글로벌역량, 전문성역량 등과 관련된 것으로 보인다.

⑮ **히딩크 리더십에 나타난 주요 키워드**는 공정성, 펀더멘탈, 혁신추구, 전문지식활용, 팀워크강조, 책임경영, 전략적 리더십, 책임감, 실력에 의한 인재등용, 체계적인 조직운영, 기본강조, 기초체력, 단합, 대담성, 분명한 목표설정, 자신감, 긴장감 조성, 집중력강화, 원활한 의사소통, 상황인식, 실력에 의한 인재발탁, 소신경영, 인맥타파, 책임감강화, 장기안목 중시, 소신, 마이웨이, 강인한 체력, 자신감, 공정성, 기본강조, 자율적인 분위기 강조, 혁신추구, 창의성, 긴장감유지, 가치의 공유, 신뢰형성, 전문지식활용, 글로벌 스탠다드 도입, 경험과 노하우 중시, 체계적(과학적)인 프로그램 도입, 자신감과 도전의식, 동료 간 커뮤니케이션, 데이터베이스 구축, 체력과 정신력 강조, 자제력, 멀티플레이어 전술의 다양화, 팀워크, 원칙과 전략, 명확한 목표, 스피드경영, 유머, 심리전, 카리스마, 개인적 배려, 지적자극, 비전제시, 부하들에게 자신감, 신뢰감, 존중감, 사명감, 집중력강화, 분명한 목표제시, 전력탐색, 대응능력향상, 약점보완, 강한 신념, 개인적 역량파악, 원만한 대외관계, 능력주의, 전문적 역할분담, 공감대형성, 충실한 훈련, 과학적 분석, 정신력 고취, 공사구별, 확신감고취, 우호적 및 배려적 행동, 정보제공, 관계지향적 행동, 친밀감유지, 공개적 질책 자제, 창의적 방식, 직업정신 강조, 실력위주 선수선발, 투철한 신념, 자신감, 중장기비전, 사명감, 업무분담, 원칙준수, 전문성신장, 상호협동 분위기, 자긍심유도, 개인차 인정, 종합적 및 체계적 분석, 자기주도학습능력, 창의적인 학습, 긍정적인 상호작용 중시, 의사표현 분명히 할 것, 주입식교육 탈피 등으로 나타났다.

이러한 키워드는 **4차 산업혁명시대**의 협력역량, 비판적 사고역량, 자기관리역량, 의사소통역량, 창의성역량, 감성역량, 리더십역량, 회복탄력성역량, 문제해결역량, 다문화이해역량, 글로벌역량, 적응역량, 디자인역량 등과 관련된 것으로 보인다.

⑯ **참여적 리더십**을 고찰한 결과 나타난 **주요 키워드**는 자문, 합동 의사결정, 권력공유, 분권화, 민주적 관리, 공유된 리더십, 집단리더십, 자문지향적, 개방지향적, 민주적 의사결정참여, 팔로워들의 의사결정과 업무과정의 설정에 직접 참여, 학교단위 책임경영의 실현, 학교공동체 구축, 팔로워들의 의사결정행동의 주도, 집단적 의사결정으로 공동문제해결, 추종자들의 적절한 지식 및 정보소유, 리더의 참여적 관리에 대한 확신, 추종자들의 잠재능력 소유에 대한 확신, 추종자들의 동기유발 분위기조성, 참여적 관리기법에 능숙, 승진시키기 위한 교육훈련, 추종자에게 권한과 책임위양, 직무에 대한 도전정신, 추종자에 대한 지원적 행동, 집단회의를 통한 감독, 높은 성과를 지향하는 목표설정, 조직전체의 목표나 방침과 조화, 중재자 역할, 의사결정을 위한 정보의 수집과정에 교사 전원의 참여 희망, 학교경영에 학부모 의견반영 및 활용, 담당교사의 아이디어 최대한 활용, 교사들의 의견을 최대한 존중 등으로 나타났다. 이러한 키워드는 **4차 산업혁명시대**의 협력역량, 자기관리역량, 의사소통역량, 감성역량, 리더십역량, 디지털 리터러시역량, 문제해결역량, 적응역량, 전문성역량 등과 관련되어 보인다.

⑰ **윤리적 리더십**을 고찰한 결과 나타난 **주요 키워드**는 윤리적 상황, 도덕적 예술, 팔로워들에게 윤리적 교육실시, 도덕적 목적의식, 정직성, 신뢰성, 의사결정 시 공정 및 균형감 유지, 윤리적 역할모델, 규범적인 태도 제시, 양방향 커뮤니케이션, 정직, 신뢰, 공정, 배려, 인내, 공공정신, 진실성, 신뢰성, 자선, 겸손, 팔로워들의 고도의 윤리의식, 업무수행 시 리더의 전문성과 엄격한 윤리요구, 용기, 민주, 창조적 환경촉진, 봉사, 투철한 국가관, 국가발전에 헌신, 애정, 사랑, 존경 및 신뢰관계 구축, 협력, 화합과 협력, 팔로워들의 개인차 존중, 공정한 처우, 비밀유지, 건전한 가치관과 철학 소유, 자유, 평등, 박애, 사고하는 행동, 집단감정 형성, 지원과 정보의 공유, 조직의 윤리풍토, 배려, 높은 윤리적 기준설정, 타인에 대한 책임의식, 조직몰입, 윤리적 의사결정, 역할모델링, 도덕적 관리강조, 리더의 동기부여, 영향력 전략, 청렴, 신뢰성, 개방성, 성실성, 이타

주의, 집단적 동기부여, 양방향 커뮤니케이션, 결정력, 책임감, 리더의 효과성, 인지적 신뢰, 절차적 공정성, 투명성, 공헌성, 성실성, 도덕적 용기, 분배적 공정성, 절차적 공정성 등으로 나타났다. 이러한 윤리적 리더십의 키워드는 **4차 산업혁명시대**의 협력역량, 감성역량, 다문화이해역량, 전문성역량 등과 관련되는 것으로 보인다.

⑱ **체인지 리더십**을 고찰한 결과 나타난 **주요 키워드**는 도덕적 목표갖기, 명백한 목적의식, 고난극복의 동기부여, 내부적 헌신자극, 응집력의 형성, 결정과 집중, 집단 간의 상호작용 중시, 변화과정 이해하기, 선도형 리더, 비전제시, 민주형, 관계중시형, 창의적인 아이디어, 조직의 변화 및 생존전략, 잠재적인 긍정의 힘, 모순 및 상충적인 리더십통합, 아이디어공유, 원만한 대인관계구축, 문화의 재창조, 지식축적, 협동의 작업문화, 다양한 시각의 동기부여, 관계형성, 목표헌신, 네트워크구축, 명확한 목표 기준설정, 관심, 인정, 상황인식, 칭찬, 모범, 학습 중시, 인간존중, 지적 총명성, 지식축적 및 공유, 새로운 환경조성, 지식의 활용 등으로 나타났다. 이러한 체인지 리더십의 키워드는 **4차 산업혁명시대**의 협력역량, 의사소통역량, 창의성역량, 리더십역량, 적응역량 등과 관련되는 것으로 보인다.

⑲ **피그말리온 리더십**을 고찰한 결과 나타난 **주요 키워드**는 교사기대, 교사태도, 칭찬, 감사, 진실한 이해와 존중, 책임, 긍정기대, 잠재력 유도, 지속적인 격려, 지원, 강화, 신뢰의 힘, 자신감, 발전적 기대, 자기충족예언, 행동 및 사랑의 중요성, 인정, 인내, 온유, 믿음, 소망, 사랑, 용기, 격려, 봉사, 겸손, 스마일, 친절, 용서, 이해, 수용 및 포용, 진리, 창의, 중용, 절제, 감사, 이타, 배려, 보상, 지혜, 정성, 관심, 성취, 진실, 책임감, 성실, 성장, 변화, 긍정, 높은 기대, 칭찬의 힘, 목표 및 동기부여, 지원적인 분위기형성, 피드백 및 확신제공, 경청, 관용 등으로 나타났다. 이러한 피그말리온 리더십의 키워드는 **4차 산업혁명시대**의 창의성역량, 감성역량, 다문화이해역량 등과 관련된 것으로 보인다.

⑳ **반향촉진 리더십**을 살펴본 결과 나타난 **주요 키워드**는 타인과의 감정조율, 긍정적 감성적 반향, 리더의 가치, 방향 및 우선순위 설정, 상호안정감, 비전제시, 코치, 관계중시, 민주, 모범, 지휘, 감정이입, 긍정적 조직분위기, 명확한 목표와 방향설정, 경청, 카운슬러 역할, 격려 및 위임, 동기부여, 장기적인 능력함양, 조화, 친근, 도덕성 고양, 갈등해결, 유대감, 청취

자, 조직지원, 합의구축, 참여와 몰입, 성취욕, 주도적, 미세한 관리, 도전정신, 흥미로운 목표실현, 동기부여 등으로 나타났다. 이러한 반향촉진 리더십의 키워드는 **4차 산업혁명시대**의 협력역량, 리더십역량, 감성역량, 회복탄력성역량, 문제해결역량 등과 관련된 것으로 보인다.

상기에서 제시한 20가지의 리더십과 역량과의 내용을 토대로 4차 산업혁명시대의 역량과 교육리더십과의 비교를 나타내면 **표 5-1**과 같다.

표 5-1 4차 산업혁명시대의 역량과 교육리더십과의 비교

구분	교육리더십	4차 산업혁명시대 역량	비고(빈도수)
1	변혁적 리더십	협력, 비판적 사고, 자기관리, 감성, 창의성, 리더십, 문제해결, 다문화이해, 적응역량	9
2	문화적 리더십	협력, 창의성, 의사소통, 감성, 리더십역량	5
3	도덕적 리더십	비판적 사고, 자기관리, 감성, 리더십, 다문화이해, 디자인역량	6
4	서번트 리더십	협력, 비판적 사고, 자기관리, 의사소통, 창의성, 감성, 리더십, 디지털리터러시, 다문화이해, 적응역량	11
5	감성적 리더십	협력, 비판적 사고, 자기관리, 의사소통, 감성, 리더십, 다문화이해, 적응, 문제해결, 전문성역량	10
6	카리스마 리더십	협력, 비판적 사고, 자기관리, 의사소통, 창의성, 감성, 리더십, 회복탄력성, 문제해결, 전문성역량	10
7	수퍼 리더십	협력, 비판적 사고, 자기관리, 창의성, 리더십, 문제해결, 디자인, 적응, 전문성역량	9
8	셀프 리더십	비판적 사고, 자기관리, 창의성, 리더십, 회복탄력성, 문제해결, 적응, 디자인역량	8
9	분산적 리더십	협력, 자기관리, 의사소통, 감성, 리더십, 디지털리터러시, 문제해결, 다문화이해, 글로벌, 적응, 전문성, 디자인역량	12
10	수업리더십	협력, 의사소통, 창의성, 감성, 리더십, 문제해결, 적응, 전문성역량	8
11	가부장적 리더십	협력, 감성, 리더십역량	3
12	기러기 리더십	협력, 감성, 리더십역량	3
13	가치부가적 리더십	협력, 감성, 리더십역량	3

구분	교육리더십	4차 산업혁명시대 역량	비고(빈도수)
14	여성리더십	협력, 비판적 사고, 의사소통, 창의성, 감성, 리더십, 문제해결, 글로벌, 전문성역량	9
15	히딩크 리더십	협력, 비판적 사고, 자기관리, 의사소통, 창의성, 감성, 리더십, 회복탄력성, 문제해결, 다문화이해, 글로벌, 적응, 디자인역량	13
16	참여적 리더십	협력, 자기관리, 의사소통, 감성, 리더십, 디지털리터러시, 문제해결, 적응, 전문성역량	9
17	윤리적 리더십	협력, 감성, 다문화이해, 리더십, 전문성역량	5
18	체인지 리더십	협력, 의사소통, 창의성, 리더십, 적응역량	5
19	피그말리온 리더십	창의성, 감성, 다문화이해, 리더십역량	4
20	반향촉진 리더십	협력, 리더십, 감성, 회복탄력성, 문제해결역량	5

표 5-1에서 4차 산업혁명시대의 역량과 교육리더십과의 비교를 살펴본 바와 같이, 히딩크 리더십(13), 분산적 리더십(12), 서번트 리더십(12), 감성적 리더십(10), 카리스마(10), 변혁적 리더십(9), 수퍼 리더십(9), 여성리더십(9), 참여적 리더십(9), 셀프 리더십(8), 수업리더십(8), 도덕적 리더십(6), 문화적 리더십(5), 윤리적 리더십(5), 체인지 리더십(5), 반향촉진 리더십(5), 피그말리온 리더십(4), 가부장적 리더십(3), 기러기 리더십(3), 가치부가적 리더십(3) 순으로 나타났다.

표 5-1에 의하면, 20여 개의 교육리더십을 통해서 본 **4차 산업혁명시대의 역량 요인들의 빈도수**를 제시하면, 리더십역량(20) > 협력역량(17) > 감성역량(16) > 창의성역량(11), 문제해결역량(11) > 자기관리역량(10), 적응역량(10) > 비판적 사고역량(9) > 다문화이해역량(8), 의사소통역량(8), 전문성역량(8) > 디자인역량(5) > 회복탄력성역량(4) > 디지털리터러시역량(3), 글로벌역량(3) 순으로 나타났다. 결국 **4차 산업혁명시대의 교육리더십의 하위 역량은 리더십, 협력, 감성, 창의성, 문제해결, 자기관리, 적응, 비판적 사고, 다문화이해, 의사소통, 전문성역량 요인이 매우 두드러지게 나타났다.**

제3절 4차 산업혁명시대의 교육리더십의 시사점

4차 산업혁명은 우리에게 미래에 대한 희망과 불안을 동시에 주고 있다. 3절에서는 희망적인 교육리더십의 미래를 만들어가기 위해 우리가 리더십에 대하여 어떤 고민을 해야 하는지를 제시하고자 한다. 이 저서는 정책 과제 제안을 목적으로 추진된 과제가 아니므로 4차 산업혁명시대의 교육리더십의 방향 제시 수준에 그칠 것이다.

이미 앞장의 논의들에서 4차 산업혁명시대의 교육환경(1장), 4차 산업혁명시대의 학교교육(2장), 4차 산업혁명시대의 교육리더십(3장), 4차 산업혁명시대의 교육리더십 트렌드(4장) 등을 고찰하였다. 4차 산업혁명시대 한국사회 교육담론 지형의 변화에 따라 나타날 교육리더십의 변화의 방향 검토를 종합하여, 현재 진행되고 있으며 앞으로 더욱 속도를 낼 4차 산업혁명시기에 10년, 20년, 30년을 내다보며 교육리더십이 어떠한 방향으로 나아가야 할지를 고민해 본 것이다.

본서에서 제시된 리더십 가운데는 이전부터 강력하게 리더십의 영향력을 발휘한 것들도 있고, 또한 일부 리더십은 그동안 제안되었던 리더십들이 제대로 실현되지 않은 채로 있던 탓도 있을 것이다. 현재와 단절된 미래로 가는 길은 구상하기 어렵다는 것을 인정하지 않을 수 없는 것이다. 제시된 교육리더십들은 집중적인 추후 연구를 거쳐 4차 산업혁명시대의 교육리더십의 구체적인 방안과 전략으로 발전시켜야 할 것이다. 이러한 것은 추후 과제로 넘기고 여기에서는 시사점을 통해 4차 산업혁명시대의 교육리더십의 동향을 다시금 환기시키는 데 목적을 두고자 한다. 이러한 논의가 4차 산업혁명이라는 변화를 계기로 한국교육리더십의 프레임을 거시적이고 미래적으로 설계하며 만들어갈 수 있는 담론으로 발전하기를 기대한다.

이상과 같이 4차 산업혁명시대의 교육리더십의 동향과 역량 요인과의 관련성에서 획득할 수 있는 시사점은 다음과 같다.

① **4차 산업혁명시대에 필요한 교육리더십 핵심역량**으로는 협력역량(Collaboration Competency), 비판적 사고역량(Critical thinking Competency), 자기관리역량(Self-management Competency), 의사소통역량(Communication Competency), 창의성역량(Creativity Competency), 감성역량(Emotional Competency), 리더십역량

(Leadership Competency), 회복탄력성역량(Resilience Competency), 디지털 리터러시역량(Digital Literacy Competency), 문제해결역량(Problem solving Competency), 다문화이해역량(Multiculture comprehension Competency), 글로벌역량(Global Competency), 적응역량(Adaptation Competency), 전문성역량(Professionalism Competency), 디자인역량(Design Competency) 등이 있다.

② 현대조직의 변화와 더불어 **4차 산업혁명시대 교육리더십**은 '안정'에서 '변화'로, '통제'에서 '임파워먼트'로 '경쟁'에서 '통합'으로, '획일성'에서 '다양성'으로, '이기적 목표'에서 '윤리적 목표'로, '영웅적 역할'에서 '평범한 역할'로의 이동이 되어야 할 것으로 보인다.

③ **미래 교육리더십의 실천 전략**은 비전과 목표를 수립하고 실천 및 행동, 도전정신과 용기, 창의적이고 긍정적인 사고방식, 공감적인 경청으로 소통하고 협력, 신뢰성과 책임감, 헌신과 배려로 섬기는 문화 등을 실제 교육현장에 적용되어야 할 것으로 보인다.

④ **4차 산업혁명시대의 역량과 교육리더십과의 비교**를 살펴본 바와 같이, 히딩크 리더십, 분산적 리더십, 서번트 리더십, 감성적 리더십, 카리스마, 변혁적 리더십, 수퍼 리더십, 여성리더십, 참여적 리더십 등이 4차 산업혁명시대의 교육리더십 트렌드로 볼 수 있다.

⑤ 상기에서 제시된 **4차 산업혁명시대의 리더십**이 2~3개, 3~4개가 융합되면서 리더십 간의 다양한 하위 변인과의 상호작용을 통한 4차 산업혁명시대의 교육리더십으로 등장(출현)할 것으로 기대된다.

⑥ 20여 개의 교육리더십을 통해서 본 **4차 산업혁명시대의 역량 요인**으로 리더십역량, 협력역량, 감성역량, 창의성역량, 문제해결역량, 자기관리역량, 적응역량, 비판적 사고역량, 다문화이해역량, 의사소통역량, 전문성역량이 우세함을 알 수 있다.

따라서 교육리더는 다양한 사회변화와 사회의 요구에 부합하는 지속적인 노력, 세계의 흐름을 파악하는 명확한 예지력을 바탕으로 교육조직을 이끌어 갈 때 교육의 질은 향상될 수 있을 것이다. 결국 교육리더의 리더십 함양은 이 시대가 요구하는 가장 초미의 과제라고 할 수 있다. 그런데 그러한 리더십은 누구에 의해서 어떻게 함양될 것인가? 그것은 무엇보다 리더 자신이 주체적으로 자기갱신적 노력을 기울임으로써 가능한 일이다. 리더십에 관한 많은 이론과 실제가 있다 하더라도 그러한 이론과 실제가 자신이 처한 상황에 적합한 처방전이 될 수는 없다. 다만 그러한 이론과 실제들은 문제해결과 창조적 변혁을 지향하여 자원으로서 참고적 활용이 가능할 뿐이다. 결국 성공적 리더는 자신이 처한 환경과 과업과 구성원에 따른 적합한 리더십을 선택발휘하고 다시 점검 및 확인하여 부단히 피드백을 도모해 갈 때 리더십은 성장해 가는 것이다. 교육 리더의 리더십함양은 쉬운 일이 아니다. 하지만 미래를 새롭게 열고자 하는 리더의 결단과 땀 흘림이 있다면 결코 어려운 일만도 아니다. 머뭇거리거나 주저함이 없이 리더십에 대한 이해와 신념을 바탕으로 나아가는 교육리더는 우리 교육의 미래를 활짝 열게 될 것이다(신재흡, 2015).

생각해 봅시다

1. 4차 산업혁명시대의 역량과 다양한 리더십과의 비교를 통하여 교육리더십역량에 대하여 생각해 봅시다.

2. 여러분이 생각하는 4차 산업혁명시대의 교육리더십의 입장에 대하여 생각해 봅시다.

참고문헌

강경석 · 김철구(2007). 학교장의 감성리더십과 교사의 학교조직몰입과의 관계 연구. 교육행정학연구 25(4), 1~24.

강경석 · 박용진(2008). 학교장의 수퍼리더십과 교사의 셀프리더십이 교사의 학교 조직몰입에 미치는 영향. 교육행정학연구 26(3), 181~209.

강경석 · 박청원(2009). 학교장의 도덕적 지도성과 교사의 동기부여적 자아개념 및 교직헌신간의 관계. 한국교원교육연구 26(1), 1~26.

강경석 · 정남숙(2007). 학교장의 서번트 리더십, 교사효능감 및 학교 조직몰입 간의 관계. 교원교육연구 24(3), 5~28.

곽승준(2012). Power Interview(곽승준 미래기획위원회 위원장에게 듣는다). 교육개발(2012 봄호) 39(1), 한국교육개발원, 4~15.

곽신근(2010). 윤리적 리더십이 역할갈등, 직무스트레스 및 조직유효성에 미치는 영향. 성균관대학교대학원 경영학석사학위논문.

교육과정평가원(2012). 학업성취가 높은 학교의 교장들은 무엇이 다른가?. KICE Position Paper 제1권 제5호(통권 제5호).

교육부(2019). OECD 국제 학업성취도 비교 연구[PISA 2-18] 결과 발표. 세종: 교육부.

교육부(2016). 지능정보사회에 대응한 중장기 교육정책의 방향과 전략. 교육부.

구본권(2018). 로봇시대, 인간의 일. 변미리 등 2040 서울을 묻다(pp. 23~46). 서울연구원.

구본동(1999). 변혁적 리더십과 가부장적 리더십이 임파워먼트와 조직몰입에 미치는 영향. 한국외국어대학교대학원 박사학위논문.

구연성(2004). 카리스마 리더십이 동기 부여적 자아개념과 직무성과에 미치는 영향. 경희대학교대학원 박사학위논문.

구자억 · 김창환 · 김한준 · 김현수 · 여인국(2021). 5차 산업혁명시대 리더가 되라. 서울: 동문사.

국가평생교육원(2012). 여성의 평생 성장, 평생 현역, 평생 이웃 실현을 위한 -여성평생교육의 새로운 자리매김-. 2012년 제4차 평생교육정책포럼 · 제78차 여성정책포럼. RM 2012-32, 5.

국제미래학회 · 한국교육학술정보원(2017). 제4차 산업혁명시대 대한민국 미래교육보고서. 파주, 경기도: 광문각.

권기욱(2009). 학교 리더십. 서울: 도서출판 보현사.

권기욱 · 조남두 · 유현숙 · 오영재 · 조남근 · 최창섭 외(2000). 교육행정의 이해. 서울: 원미사.

권이종(1999). 신교육사회학 탐구 -학교교육과 사회교육의 새로운 이해-. 서울: 교육과학사.

권재원(2021). 인공지능시대 사람에게 무엇을 가르쳐야 할까? 서울: 우리교육.

기순신(2002). 교사론. 서울: 학지사.

김규태 · 주영효(2009). 분산적 지도성 실행의 평가영역 및 준거 개발. 교육행정학연구 27(3), 351~374.

김남현(1987). 관리적 리더십이론. 서울: 학문사.

김달효(2011). 교육행정 및 교육경영. 서울: 학지사.

김병찬(2005). 교사지도성 개발에 관한 시론적 논의. 2005년 교원교육학술대회 자료집, 19~59.

김병찬(2007). 한국에서 교원의 지도성 연구 최근 동향 분석. 한국교원교육연구 24(3), 345~372.

김상무 · 김수동 · 김세곤(2018). 미래사회와 교육. 서울: 동문사.

김선아 역(2018). 4차 산업혁명시대 미래형 인재를 만드는 최고의 교육. 서울: ㈜ 예문아카이브.

김성수(2006). 초등교사가 지각한 학교장의 피그말리온 리더십과 교사 갈등과의 관계. 한국교원대학교 교육대학원 석사학위논문.

김성열(2019). 학교장의 직무수행과 리더십: 지향과 현실, 그리고 과제. 교육행정학연구 제37권 제1호, 1~29.

김성열(2008). 단위학교의 책무성: 좋은 학교 만들기. 한국교육학회 2008 추계학술대회 자료집.

김성철(2006). 사회복지사가 지각한 기관장의 서번트 리더십이 조직몰입에 미치는 영향에 관한 연구 - 노인복지관을 중심으로-. 숭실대학교대학원 박사학위논문, 13~23.

김영철(2010). 미래사회의 변화와 교육기획 -미래사회의 변화와 교육계획-. 한국교육행정학회 제38차 연차 학술대회(2010. 12.10). 한국교육행정학회, 21~26.

김영태(1999). 교사 지도성 탐색. 서울: 창지사.

김완진(2010). 교사효능감과 교사 리더십 특성과의 관계 연구. 충남대학교대학원 석사학위 논문.

김용구(2005). 효과적인 학교의 자율성 요인에 관한 연구. 한국교원대학교대학원 박사학위논문.

김운종(2009). 미래교육을 위한 교직관의 적합성 검토. 한국교원교육연구 26(4), 79~94.

김이경(2009). 우수 학교장의 인성 및 사고 특성에 관한 질적 분석 연구. 교육행정학연구 27(2), 163~184.

김이경(2009). 학교 자율화 시대 교장의 핵심역량 증진 방안 -우수 학교장의 인성 및 사고특성에 관한 질적 분석 연구. 한국교육행정학회 제153차 학술대회(6월 27일), 71~86.

김이경(2009). 학교장의 역할 변화와 위상 정립을 위한 과제. 한국교육행정학회소식지 제

99호(2009. 4. 30), 4~7.
김이경(2011). 경쟁만이 능사는 아니다: 새로운 학교장 리더십 접근 탐색이 주는 교훈. 교원교육소식 제60호(2011. 9. 30). 한국교원교육학회, 4~7.
김이경 · 김도기 · 김갑성(2008). 우수 학교장의 리더십 특성에 관한 질적 사례연구. 교육행정학연구 26(3), 325~350.
김일형(2009). 학교장의 감성지능 및 직무역량이 리더-구성원 교환관계(LMX)를 매개로 직무만족과 조직몰입에 미치는 영향. 홍익대학교대학원 박사학위논문.
김재덕(2005). 학교 상황에 따라 학교장의 도덕적 지도성이 학교 조직효과성에 미치는 영향. 고려대학교대학원 박사학위논문.
김재득(2017). 리더십의 정글에서 길 찾기. 고양시, 경기도: 공동체.
김재득(2015). 리더십 워크북. 고양시, 경기도: 공동체.
김재웅(1999). 홈-스쿨의 교육적 · 정치적 의미. 교육학연구 37(4), 255~274.
김정서(2009). 학교장의 감성리더십과 학교 조직문화가 학교조직 역량에 미치는 영향. 건국대학교대학원 박사학위논문.
김정혜 역(2006). 체인지 리더십. 서울: 아인 앤 컴퍼니.
김종길(2008). 사이버공간에서의 자아인식과 복합정체성 수행. 사회이론, 33, 201~247.
김종대(2005). 학교장의 수업지도성이 학교풍토와 교사효능감에 미치는 영향. 동국대학교대학원 박사학위논문.
김준성(2017). 알파고의 계산 능력은 인간의 의식으로 도약할 수 있는가?. 시민인문학, 32, 167~179.
김지현(2020). 학교장의 진정성 리더십 영향 요인에 관한 통합적 문헌고찰. 교육행정학연구 제38권 제3호, 101~133.
김진규 · 윤길근 · 박형근(2021). 인공지능시대의 인재혁명. 경기: 교육과학사.
김진영(2003). 학교장의 참여적 리더십과 교사의 조직헌신성과의 관계연구. 인하대학교 교육대학원 석사학위논문.
김한철 외(2021). "메타버스에 기반한 차세대 U-Biz 고찰". Samsung SDS Journal of IT Service 6권 1호, 180.
김현진 · 김상돈(2009). 학교장의 거래, 변혁, 감성적 지도성과 학교 조직효과성과의 관계 구조적 분석. 교육행정학연구 27(1), 253~280.
김희규 · 주영효 · 김대영(2010). 미래지향적 학교발전모형 탐색 -미래지향적인 학교공동체 형성을 위한 분산적 지도성 실행-. 한국교육행정학회 제157차 학술대회(2010년 6월 12일), 115~119.
남정걸(2000). 교육행정 및 교육경영. 서울: 교육과학사.
노민구(1994). 학교장의 수업지도성 행위가 학교효과성에 미치는 영향 -고등학교를 중심으로-. 한국교원대학교대학원 박사학위논문.
노순규(2011). 학교장의 역할과 혁신의 리더십. 서울: 한국기업경영연구원.
노종희(1992). 교육행정학: 이론과 연구. 서울: 문음사.

노종희(1996). 학교행정가의 변혁적 리더십의 진단 및 육성 방안 연구. 교육행정학연구 제14권 제3호, 266.

노종희(1998). 학교 공동체의 개념적 분석과 그 구축 전략. 교육행정학연구, 16(2), 385~401.

노종희 외(2003). 교육지도성 및 인간관계론. 서울: 도서출판 하우.

다니엘 핑크(2012). 새로운 미래가 온다.A Whole New Mind. 김명철 역.한국경제신문 한경 BP.

대통령 직속 4차 산업혁명위원회(2019). 4차 산업혁명 대정부 권고안.

라연재(2009). 디자인 순환분석모델을 통한 지도성 실행에 대한 이해. 교육행정학연구, 27(1), 303~326.

류방란 · 김경애 · 이상은 · 한효정 · 이윤미 · 이종태 · 최항섭 · 이지미(2018). 제4차 산업혁명시대의 교육: 학교의 미래. 연구보고 RR 2018-01. 진천, 충청북도: 한국교육개발원.

류윤석(2009). 교사 리더십 개발 전략 및 지원과제 탐구. 교육행정학연구 27(1), 281~302.

류정란(2011). 윤리적 리더십과 직무특성이 창의적 성과에 미치는 영향. 부산대학교대학원 경영학박사학위논문.

류현주(2009). 중등학교 교감의 윤리적 리더십이 교사의 조직몰입에 미치는 영향. 이화여자대학교 교육대학원 석사학위논문.

매일경제신문(2002). 톱 컨설턴트가 분석한 히딩크 경영학. 2002년 6월 2일.

매일경제신문(2002). 히딩크의 그의 경영학. 2002년 6월 11일.

매즐리시, 브루스(Mazlish, B.)(2001). 네 번째 불연속-인간과 기계의 공진화. 김희봉 역. 사이언스북스. [The Fourth Discontinuity: the Co-evolution of Humans and Machines. Yale University Press. 1995.]

명제창(1999). 학교조직에서의 도덕적 지도성 측정에 관한 연구. 교육행정학연구 제17권 제2호, 53~86.

문성숙(2003). 학교장의 한국적 문화 지도성 요인분석. 차원대학교대학원 박사학위논문.

민무숙 · 조문현 · 김재웅 · 허현란(1999). 여교원의 학교행정직 및 교육전문직 진출 여건 조성방안에 관한 연구. 서울: 한국여성개발원.

박경종 · 강마리아(2021). 4차 산업혁명시대 핵심역량. 서울: 동문사.

박내희(1996). 현대 리더십론. 서울: 법문사.

박상완(2017). 우리나라 여교장의 특성 분석. 교육행정학연구 제35권 제1호, 233~261.

박선형(2003). 변혁적 지도성에 대한 비판적 고찰: 분산적 지도성을 중심으로. 교육행정학연구 179~196.

박수연(2001). 미래의 학교지도자가 가져야 할 가치관. 교육행정학연구 19(4), 393~416.

박영호(2012). 학교장의 리더십 역량모델 연구. 교육행정학연구 제30권 제1호, 417~443.

박종열(2005). 지식기반사회의 교육행정 패러다임 변화, 한국교육행정학회 소식지(2005.

7. 1), 1~6.
박종진 · 손병기(2021). 49가지 품성에 기초한 성품리더십 계발. 서울: 동문사.
박중재(2007). 지식사회에서의 교사의 지도성, 학교조직문화 및 조직효과성 간의 영향 연구. 국민대학교대학원 박사학위논문.
배용득(2003). 학교장 수업지도성, 학교풍토, 수업조직화가 고등학생의 학업성취도에 미치는 공분산 구조 분석. 교육행정학연구 21(2), 31~54.
배용득(2004). 교장의 수업지도성이 고등학생의 학업성취도에 미치는 영향에 대한 공변량 구조분석. 교육행정학연구 22(3), 133~158.
백종현 · 박은정 · 김정하 · 고인석 · 정원섭 · 김경환(2017). 제4차 산업혁명과 포스트휴먼 사회, 철학과 현실, 112, 20~128.
삼성경제연구소(1997). 스포츠와 경영: 이기기 위한 리더십. 서울: 삼성경제연구소.
서정화(2010). 미래지향적 학교발전모형 탐색. 한국교육행정학회 제157차 학술대회(6월 12일), 6~8.
서정화 외(2003). 교장론. 교육행정학전문서 18. 서울: 하우.
서정화 · 서성옥 · 김동희 · 이수임(2002). 교장학의 이론과 실제. 서울: 교육과학사.
성낙돈(2008). 초등학교장의 핵심역량에 대한 교사 인식 조사연구. 한국교원교육연구 25(3), 325~348.
세계경제포럼(2018). The Future of Jobs Report.
세계경제포럼(2016). The Future of Jobs Report.
송효준 · 김지현 · 함승환(2019). 학교장의 문화감응적 교수리더십과 교사의 다문화적 교수효능감: 전문적 협력문화의 매개효과. 교육행정학연구 제37권 제3호, 167~192.
슈밥, 클라우스(Schwab, K.)(2016). wp4ck 산업혁명. 송경진 역. 서울: 새로운 현재. [The Fourth Industrial Revolution, World Economic Forum.]
신도철(1999). “교육 서비스 시장에서의 소비자주의 확충 방안”. 교육과 삶의 질. 서울: 건국대학교출판부.
신동엽 외(2018). 4차 산업혁명, 일과 경영을 바꾸다. 삼성경제연구소.
신동한(2008). 학교장의 감성리더십과 교사의 교직헌신도 및 학교 조직효과성 간의 관계. 교육행정학연구 26(3), 125~149.
신동한(2008). 학교장의 감성리더십과 학교 조직문화와 학교 조직효과성의 관계 연구. 성균관대학교대학원 박사학위논문.
신동한(2011). 학교장의 감성리더십이 학교조직의 의사소통과 학교 조직효과성에 미치는 영향. 교육행정학연구 29(4), 339~364.
신상명(2007). 교장의 핵심역량 탐색 연구. 교육정책연구 2006-지정. 미간행자료.
신상명 외(2004). 초등교사교육을 위한 교육학 기본과목(학급경영)프로그램 개발. 서울: 교육인적자원부.
신유근(1993). 한국의 경영 - 그 현상과 전망-. 서울: 박영사.
신응섭 외(2004). 리더십의 이론과 실제. 서울: 학지사.

신재흡(2002). 교사가 지각한 학교장의 변혁적 지도성과 학교 조직문화 및 학교 조직효과성간의 관계. 교육행정학연구 20(3), 91~115.

신재흡(2002). 교사가 지각한 학교장의 변혁적 지도성과 학교 조직문화 및 학교 조직효과성간의 관계연구. 건국대학교대학원 박사학위논문.

신재흡(2007). 도덕적 지도성과 임파워먼트가 교직헌신에 미치는 영향 분석. 교육행정학연구 25(2), 93~119.

신재흡(2008). 변혁적 지도성과조직헌신이 조직시민행동에 미치는 영향 분석. 교육행정학연구 26(1), 69~95.

신재흡(2010). 서번트 리더십과 팔로워십이 학교 조직효과성에 미치는 영향 분석. 교육종합연구 8(2), 67~92.

신재흡(2010). 장학위원 세미나 자료집 -초등학교 장학담당자의 역량 강화 방안-. 인천광역시 교육청.

신재흡(2010). 학교장의 감성적 리더십과 임파워먼트가 학교 조직효과성에 미치는 영향분석. 한국교원교육연구 27(4), 47~70.

신재흡(2012). 학교장의 서번트 리더십과 학교 조직문화가 학교 조직효과성에 미치는 영향분석. 교육종합연구 10(1), 19~41.

신재흡(2020). 교육행정 및 교육경영 -학교경영탐색-. 서울: 동문사.

신재흡(2021). 글로벌시대의 문화다양성을 위한 다문화사회와 교육. 서울: 동문사.

신재흡(2021). EDUTOPIA 구축을 위한 효과적인 장학의 이론과 실제. 서울: 동문사.

신재흡(2022). 초・중등 예비교사를 위한 교직실무. 서울: 동문사.

신재흡 외(2006). 교육조직행위론의 탐구. 서울: 동문사.

신재흡 외(2006). 유아교사론. 경기도: 양서원.

신재흡 외(2006). 학교경영의 이론과 실제. 서울: 학지사.

신재흡 외(2010). 교사가 지각한 유아교육기관 원장의 변화 지향적 지도성과 교사의 직무성과 간의 관계 연구. 유아교육・보육행정연구 14(3), 197~223.

신재흡 외(2010). 유아교사가 지각한 임파워먼트와 조직헌신성과의 관계. 유아교육・보육행정연구 14(4), 169~195.

신중식 외(2003). 교육지도성 및 인간관계론. 서울: 도서출판 하우.

신중식 외(2009). 학교장의 감성적 지도성과 학교 조직개방성이 학교 조직효과성에 미치는 영향. 교육행정학연구 27(4), 199~224.

신현석 외(2001). 학교가 달라져야 한다. 서울: 미래경영개발연구원.

신현석 외(2009). 교육행정 -이론, 연구, 실제-. 서울: 아카데미프레스.

아벤트, 라이언(Avent, R.).(2018). 노동의 미래: 디지털 혁명시대, 일자리와 부의 미래에 대한 분석서. 안진환 역. 민음사. [The Wealth of Human: Work, Power, and Status in the Twenty-First Century. St. Martin’s Press. 2016.]

안병환・신재흡・양애경・전춘련・류경숙(2018). 한국 중등교육의 국제화 활성화 방안 -한국과 중국의 중등학교 사례를 중심으로-. 서울: 한국교육정책연구소.

안승렬(2000). 지식기반사회에서 대비한 학교체제의 재구조화에 관한 연구. 한국교원대학교육대학원 박사학위논문.

안종배(2021). 4차 산업혁명시대 대한민국 미래교육의 목적과 방향. 국제미래학회・한국교육 학술정보원. 제4차 산업혁명시대 대한민국 미래교육보고서. 서울: 광문각.

양동민(2005). 상사의 수퍼리더십이 부하의 셀프리더십과 성과에 미치는 영향. 전남대학교대학원 석사학위논문.

양애경・송영선・김주섭・최종철(2019). 4차 산업혁명시대의 핵심역량!! -사람중심 리더십-. 서울: 동문사.

오세철(1975). 한국 기업에서 집단 상호작용과 수행에 관한 리더십 스타일 효과. 산업과 경영 12, 연세대학교.

오혜정・강경석(2006). 학교장의 변혁적 리더십이 학교평가에 미치는 영향. 한국교육학회 추계학술대회 발표논문, 331~353.

왕기항(1986). 교육조직론. 서울: 집문당.

유길한(2005). 지도성・정의・신뢰(trust)에 관한 구조 분석. 교육행정학연구, 23(4), 1~28.

유은순・조미라(2018). 포스트휴먼 시대의 로봇과 인간의 윤리. 한국콘텐츠학회 논문지, 18(3), 592~600.

유현숙 외(2000). 학교경영환경 변화와 학교장의 리더십 연구. 연구보고서 RR 2000-08. 서울: 한국교육개발원.

유현의(2004). 교사가 지각한 학교장의 문화적 지도성이 조직문화와 조직몰입을 매개로 조직효과성에 미치는 영향. 건국대학교대학원 박사학위논문.

윤정민(2002). CEO 히딩크. 서울: 하서출판사.

윤정일・이훈구・주철안(2004). 교육리더십. 서울: 교육과학사.

윤종건・허병기・주철안・김재웅・신현석(2002). 전환시대의 한국교육행정. 서울: 도서출판 원미사.

윤종건 외(2002). 전환시대의 한국교육행정. 서울: 원미사.

이강식(1988). 학교장의 의사결정 유형과 교사의 헌신도와의 관계연구. 인하대학교 교육대학원 석사학위논문.

이관응(2001). 신뢰경영과 서번트 리더십. 서울: 엘테크.

이경숙(2021). 미래교육리더십이 변해야 교육이 산다. 국제미래학회・한국교육학술정보원. 제4차 산업혁명시대 대한민국 미래교육보고서. 서울: 광문각.

이경호(2019). 4차 산업혁명시대 인재상 분석을 통한 교육과제 탐색. 한국교육학연구 제25권 제2호.

이경화(1991). 독해점검전략의 상보적 수업을 통한 아동들의 독해력 향상에 관한 연구. 숙명여자대학교대학원 박사학위논문.

이기호(2007). 교사가 지각하는 멘토링과 셀프리더십・변혁적 지도성 및 학교조직효과성과의 관계. 건국대학교대학원 박사학위논문.

이낙종(2002). 학교장의 지도성 행동과 교사들의 반응에 대한 미시정치적 분석. 교육행정학연구 20(3), 117~138.

이낙종(2005). 학교장의 수업지도성 행동에 대한 미시정치적 분석. 교육행정학연구 23(1), 113~136.

이명신・장영철(2009). 윤리적 리더십과 조직몰입간의 관계. 인적자원관리연구, 17(3), 65~86.

이미라(2007). 교장의 감성리더십과 학교의 조직 감성과조직 학습의 관계. 충남대학교대학원 박사학위논문.

이병진(2003). 새로운 교육의 패러다임 교육리더십. 서울: 학지사.

이석열(2005). 학교조직문화와 도덕적 지도성이 교사의 전문적 수용권에 미치는 영향 분석. 교육행정학연구 23(1), 71~92.

이석열(2006). 교장의 감성리더십 진단 척도 개발. 교육행정학연구, 24(3), 51~78.

이순형(2003). 교장론. 한국교육행정학회.

이승주(2005). 전략적 리더십. (주) 시그마인사이트컴.

이윤식・고병면(2017). 교자・교감 변혁적 리더십이 학년 부장교사 리더십과 교사 셀프리더십을 매개로 학교조직효과성에 미치는 영향. 교육행정학연구 제35권 제1호, 35~59.

이윤식(2011). leadership, followership, colleagueship에 관련된 활발한 연구가 있기를. 한국교육행정학회소식지 제110호(2011. 12. 31), 1~4.

이윤식(2010). 기러기에게서 배우는 leadership, followership, colleagueship. 교원교육소식 제57호(2010. 12. 31), 한국교원교육학회, 1~5.

이윤식・이상미(2009). 학교장의 수업지도성과 감성지도성이 교사효능감과 교사헌신에 미치는 영향. 교육행정학연구 27(2), 1~4.

이윤식 외(2007). 교직과 교사. 서울: 학지사.

이윤식(2006). 교원의 교육지도성 프로그램 개발. 한국교원교육학회 23(2), 231~266.

이정로・박세훈(2006). 학교장의 변혁적-거래적 리더십과 조직가치의 결함 유형. 교육행정학연구 24(3), 79~98.

이주호(2017). 제4차 산업혁명이 요구하는 한국인의 역량과 교육개혁. 한국경제연구원.

이종재(2009). 학교 자율화 시대 교장의 핵심역량 증진 방안 -학교 자율화 시대 교장의 핵심역량-. 한국교육행정학회 제153차 학술대회. 한국교육행정학회(6월 27일), 1~8.

이찬교・김재웅(2005). 교육행정. 서울: 한국방송통신대학교출판부.

이창익(2017). 인간이 된 기계와 기계가 된 신: 종교, 인공지능, 포스트휴머니즘. 김환석 등. 포스트 휴머니즘과 문명의 전환(pp. 65~111). 광주: GIST PRESS.

이창준(2007). 카리스마적 및 감성적 리더십이 팀 구성원의 정서와 팀 효과성에 미치는 영향에 관한 연구. 아주대학교대학원 박사학위논문.

이태정(1982). 학교장의 의사결정 유형과 학교조직건강과의 관계에 관한 연구. 제주대학교교육대학원 석사학위논문.

이평구 · 조지혜 · 서지현 · 정영현 · 황정훈 · 엄문영(2021). 교육리더십 개념 탐색을 위한 체계적 문헌분석: Walker & Avant 개념분석 방법을 중심으로. 교육행정학연구 제39권 제4호, 265~293.

이형행 · 고전(2003). 교육행정론 -이론 · 법제 · 실제-. 서울: 양서원.

이호성(2017). 현장중심형 스마트팩토리. KMAC.

인쿠르트(2016. 03. 04.). 직장에 '알파고' 있다면? 성인남녀 10명 중 6명, '로봇이 업무 대신할 수 있어'. http://info.incruit.com/pr/report_view_mobile.asp?newsno=2617004(2018. 09. 20. 인출).

전용환(2010). 교육리더십. 서울: 동문사.

장희선(2017). 초등학교 부장교사의 리더십 역량 모형 개발 연구. 교육행정학연구 제35권 제4호, 287~316.

정광희 · 김갑성 · 김병찬 · 김태은(2008). 한국교사의 리더십 특성 연구. 서울: 한국교육개발원.

정광희 외(2007). 한국의 헌신적인 교사 특성 연구. RR 2007-8. 서울: 한국교육개발원.

정범모 · 이시형 · 현동화 · 이원영 · 임승룡 · 정영수 외 8명(1999). 21세기를 향한 교육개혁. 서울: 민음사.

정보현(2022). 인공지능과 미래사회 -인공지능시대 사회 · 윤리 · 문화. 서울: 동문사.

정성현(2007). 서번트 리더십 특성이 종업원의 서비스 성과에 미치는 영향. 청주대학교대학원 박사학위논문.

정승식(2002). 히딩크 리더십의 특징과 군 리더십 연구. 동국대학교경영대학원 경영학 석사학위논문.

정영수(2003). "미래지향적 교육공동체 형성의 방향과 과제". 2003년도 연차 학술대회 발표자료집. 한국교육행정학회.

정영수(2006). 미래의 교사교육 탐구. 한국교원교육연구 23(1), 331~348.

정영수(2012). 한국 학교현실에 대한 교육행정학적 조망 -한국의 학교 문제와 교육행정의 과제-. 한국교육행정학회 제164차 춘계학술대회(5월 12일), 3~23.

정재걸(2012). 도양교육사상의 관점에서 본 가르치기 어려운 시대의 교육. 교육철학, 46, 23~44.

정재승(2018). 열두 발자국. 서울: 어크로스.

정제영 · 이선복(2020). 인공지능시대의 미래교육. 서울: 박영스토리.

정진철 · 최승준 역(2011). 리더십. 서울: 한경사.

정진환 외(2002). 학교장의 공직윤리에 관한 교원의 인식. 교육행정학연구 19(4), 363~391.

정현영(2005). 위탁급식업체 종사자의 감성리더십과 감성지능이 조직성과에 미치는 영향. 연세대학교대학원 박사학위논문.

조경원 · 한유경 · 서경혜 · 조정아 · 이지은(2006). 학교행정가 핵심역량 강화 프로그램 개발을 위한 요구분석. 교육행정학연구 24(2), 251~274.

조난심(2017). 제4차 산업혁명과 교육. 교육비평 제39호(특집호).
조난심(2000). 21세기 학교교육 무엇을 가르칠 것인가?. 한국교육과정평가원 학교교육발전방향 세미나자료, 6.
주삼환(1997). 변화하는 시대의 장학. 서울: 도서출판 원미사.
주삼환(1999). 지식정보화 사회의 교육과 행정. 서울: 학지사.
주삼환(1999). 학교경영과 교내장학. 서울: 학지사.
주삼환(2001). 역사적 전환시대의 한국교육. 서울: 동문사.
주삼환(2002). 한국교육의 위기. 서울: 동문사.
주삼환(2005). 한국교육행정 강론. 파주: 한국학술정보(주).
주삼환·신재흡(2006). 학교경영의 이론과 실제. 서울: 학지사.
주삼환(2009). 학교장의 교육리더십 강화 방안. 2009학년도 제4차 초등 교장 자격 연수교육 토론회 한국교원대학교 종합교육연수원, 3~41.
주삼환 외(2009). 교육행정 및 교육경영. 서울: 학지사.
주삼환 외(2009). 리더십 패러독스 -논리와 예술 균형의 교장 리더십-. 서울: 시그마프레스.
주영효(2019). 질적 연구방법을 활용한 교장의 진정성 리더십 의미 구조 분석. 교육행정학연구 제37권 제1호, 31~62.
주영효(2006). 학교장의 수업지도성이 학교효과성에 미치는 영향에 관한 구조적 분석. 교육행정학연구 24(1), 1~24.
주영효(2012). 분산적 지도성. 한국교육행정학회 소식지(THE NEWSLETTER). 제112호(2012. 8.12). 한국교육행정학회.
주영효·김규태(2009). 분산적 지도성의 이론적 탐색. 교육행정학연구 27(2), 25~54.
주철안 역(2004). 학교 공동체 만들기. 서울: 에듀케어.
주현준·김태연·남지영(2011). 교사의 지도성과 학교효과성 관계에 대한 메타분석. 한국교원교육연구 29(1), 119~142.
주현준(2007). 학교장 리더십 역량의 상대적 중요성. 교육행정학연구 25(3), 85~105.
진동섭(2001). 학교장과 학교 평가. 교육행정학연구 19(2), 223~238.
최강식(2018). 기술 혁신이 일자리에 미치는 영향 -4차 산업혁명은 일자리를 어떻게 바꿔놓을 것인가?. 신동엽 등. 4차 산업혁명. 일과 경영을 바꾸다(pp. 79~112). 삼성경제연구소.
최남례(2006). 유아 서번트 리더십 교육프로그램 개발연구. 숙명여자대학교대학원 박사학위논문.
최상균(2011). 교원양성과정에 있어서 교육학의 위상 -교사리더십에 관한 국내외 연구동향-. 2011학년도 한국교육학회 춘계학술대회(5월 28일), 57~80.
최상균(2012). 이제는 교시리더십이다. 교원교육소식 제63호(2012. 6. 30). 한국교원교육학회, 4~8.
최연인(2005). 교사가 지각한 학교장의 변혁적 지도성과 교사집단의 임파워먼트 및 학교

조직효과성과의 관계. 건국대학교대학원 박사학위논문.

최재정(2018). 제4차 산업혁명의 시대에 필요한 '미래역량 교육'의 방향과 원리 탐색. 교육의 이론과 실천 제23호 제2권, 39~67.

최정희(2004). 교사의 변환적 지도력과 학생의 수업 참여의 관계. 교육행정학연구 22(4), 1~22.

최항섭(2008). 정보사회에서의 지식 가치의 변화에 대한 사회학적 고찰. 사이버커뮤니케이션학보 25(4), 223~255.

한국교육개발원 역(2012). 21세기 핵심역량 –이 시대가 요구하는 핵심스킬-. 서울: 학지사.

한국교육과정평가원(2010). 21세기 창의적 인재 육성 방향과 과제 -학교교육을 중심으로. KICE Position Paper 제2권 제5호(통권 제14호), 3~5.

한국교육행정학회(1995). 교육조직론. 서울: 도서출판 하우.

한만길(2005). 교장 임용제도의 다양화 방안. KEDI 포지션페이퍼 제2권 제13호. 서울: 한국교육개발원.

허병기(1997). 학교와 전문성 문화. 교육행정학연구, 15(3).

허병기(2008). 교육조직의 문화적 리더십이 갖는 예술성. 교육행정학연구 26(4), 489~507.

허병기(2009). 교육개혁의 우선순위: 학교장 리더십의 혁신. 한국교육행정학회소식지 제101호(2009. 10. 31), 1~5.

홍장성(1999). 성공한 초등학교장의 역할수행문화 연구. 경남대학교대학원 박사학위논문.

홍정민(2017). 4차 산업혁명시대의 미래교육. 서울: 책밥.

황기우(2008). 학교개혁을 위한 교사리더십 연구. 교육문제연구, 31, 23~47.

Aitken, A. Bedard, G., & Darroch, A.(2003). *Design Master Program in Educational Leadership: Trends, Reflections, and Conclusion*. San Francisco: Jossey-Bass.

Alven Toffler(1990). *Powershift Knowledge, Wealth and Violence at the Edge of 21st Century*. New York: Bantham Books.

Armistead, C., Pettigrew, P., & Aves, S.(2007). Exploring Leadership in Multi-sectoral Partnerships. *Leadership*, 3(2), 211~230.

Arrowsmith, T.(2007). Distributed Leadership in Secondary Schools in England: The Impact on the Role the Headteacher and Other Issues. *Management & Administration Society*, 21(2), 21~27.

Avolio, B. J., & Bass, B. M.(1988). *Transformational Leadership, Charisma and Beyond*, In Hunt, J. G., Baliga, B. R., Dachler, H. P., & Schriesheim, C. A., Vistas: Lexington Books.

Bamburg, J. E., & Andrews, R. L.(1991). School Goals, Principals, and Achievement. *School Effectiveness and School Improvement*, 2(3), 175~191.

Bandura, A.(1986). *Social Foundations of Thought and Action*. Englewood Cliffs, N. J.: Prentice-Hall.

Barbuto, J. E., & Wheeler, D. W.(2006). Scale Development and Construct Clarification of Servant Leadership. *Group & Organization Management* 21(3), 300~326.

Barnard, Chester I.(1946). *The Nature of Leadership: Human Factors in Management*. New York: Harper & Row.

Bartell, C. A.(1990). Outstanding Secondary Principals Reflect on Instructional Leadership. *The High School Journal*, 73(2), 118~128.

Barth, R. S.(2001). Teacher Leader. *Phi Delta Kappan*, 82(6), 443~449.

Bass, B., & Avolio, B.(2000). *Multifactor Leadership Questionnaire*(2nd Ed.). Redwood City, CA: Mind Garden.

Bass, B. M.(1985). *Leadership and Performance Beyond Expectation*. New York: Free Press.

Bass, B. M.(1990). *Bass & Stogdill's Handbook of Leadership*. New York: Free Press.

Bass, B. M.(1990). From Transactional to Transformational Leadership: Learning to Share the Vision. *Organizational Dynamics*, Winter, 22.

Bass, B. M., & Steidlmeier, P.(1999). Ethics, Character and Authentic Transformational Leadership Behavior. *Leadership Quarterly*, 10, 181~218.

Benham, M.(1997). The Story of an African-American Teacher-scholar: A Woman's Narrative. *Qualitative Studies in Education*, 10(1), 63-83.

Bernstein, B.(2000). *Pedagogy, Symbolic Control and Identity: Theory, Research, Critique*. Oxford: Rowman & Littlefield Publishers, Inc.

Black, S.(1997). Creating Community. *American School Board Journal*, 184(6), 32~35.

Blake, Robert R., & Mouton, Jane S.(1964). *The Managerial Grid*. Houston, Texas: Gulf Publishing.

Blanchard, K.(1998). *Servant Leadership Revisited*, In Spears, L. C.(ed.), Insights on Leadership: Service, Stewardship, Spirit and Servant-Leadership. New York: John Wiley & Sons, Inc, 87~95.

Blase, J.(1989). The Micropolitics of the School: the Everybody Political Orientation of Teachers Toward Open School Principals. *Educational Administration Quarterly*, 24(4), 377~407.

Boyer, G. B.(1999). *Turning Points in Development of Male Servant-Leader*, Unpublished Doctoral Dissertation, The Fielding Institute.

Broudoux, E., Chartron, G.(2015). Big data-Open Data: Quelles Valeurs? Quels Enjeux?: Actes Du Colloque, <<Document Numee'ique et Socie'e'>>, Paris:

Rabat.

Brown, M. E., & Trevino, L. K.(2006). Ethical Leadership: A Review and Future Directions. *The Leadership Quarterly*, 17(4), 598.

Brown, M. E., Trevino, L. K., & Harrison, D. A.(2003). Ethical Leadership: A Social Learning Perspective for Construct Development and Testing. *Organizational Behavior and Human Decision Process*, 97, 117~134.

Brown, M. E., Trevino, L. K., & Harrison, D. A.(2005). Ethical Leadership: A Social Learning Perspective for Construct Development and Testing. *Organizational Behavior and Human Decision Process*, 97, 117~134.

Bryson, J., & Kelley, G. A.(1978). A Political Perspective on Leadership Emergence, Stability, and Change in Organizational Networks. *Academy Management Review, 3*, 712-723.

Burns, J. M.(1978). *Leadership*. New York: Harper & Row.

Butler, L. A.(1997). Building on a Dream of Success. *Principal*, 76(5), 28~31.

Campbell, C., & Gross, B.(2008). *Working without a Safety Net: How Charter School Leaders Can Best Survive on the High Wire*. Seattle, WA: Center on Reinventing Public Education.

Campbell, R. F. et al.(1966). *Introduction to Educational Administration*(3rd ed.). Boston: Allyn and Bacon, Inc.

Campbell-Evans, G.(1993). A Value Perspective on School-Based Management, In C. Dimmock(ed.), *School-Based Management and School Effectiveness*. London: Routledge.

Cardiff, C.(1996). The Critical Distinction Between Homeschooling and Government Schooling. *Education Liberator* vol. 1, No. 5(Feb).

Carolyn, C.(2006). Emerging Voices on Teacher Leadership. *Educational Management Administration & Leadership*, 34(4), 523.

Cartwright, D., & Zander, A.(1960). Leadership and Group Performance: Introduction". in *Group Dynamics: Research and Theory*, ed. by D. Cartwright and A. Zander. Evanston, III.: Row, Peterson and Co, 469.

Casner-Lotto, J., & Barrington, L.(2006). *Are They Really Ready to Work? Employers' Perspectives on the Basic Knowledge and Applied Skills of New Entrants to the 21st Century US Workforce.* Retrieved from http://www.p.21.org/storage/documents/FINAL_REPORT_PDF09-29-06.pdf, p. 24.

Castells, M.(2002). La Galaxie Internet. Paris: Etude.

Castetter, W.(1986). *The Personnel Function of Educational Administration*. New York: McMillian.

Chase, C. M., & Kane, M. B.(1983). *The Principal as Instructional Leader: How*

Much More Time Before We Act? Denver, CO: Education Commission of the States, Task Force on Education for Economic Growth.(ERIC Document Reproduction Service No. ED244369).

Cheng, Y. C.(1996). *School Effectiveness and School-based Management: A Mechanism for Development*. London: The Falmer Press.

Cohen, W. H.(1990). *The Art of Leadership*. New Jersey: Prentice Hall.

Collins, V. L.(2001). *Emotional Intelligence and Leadership Success*. Unpublished Doctoral Dissertation. The Graduate at the University of Nebraska, UMI: 3034371.

Conger, J. A., & Kanungo, R. N.(1988). The Empowerment Process: Integrating Theory and Practice. *Academy of Management Review*, 13(3).

Conger, J. A., & Kanungo, R. N.(1988). Toward a Behavioral Theory of Charismatic Leadership in Organizational Settings. *Academy of Management Review*, 12(4), 637~647.

Copland, M. A.(2003). Leadership of Inquiry: Building and Sustaining Capacity for School Improvement. *Educational Evaluation and Policy Analysis*, 25(4), 375~395.

Cunningham, W. G., & Gresso, D. W.(1993). *Cultural Leadership: The Culture of Excellence in Education*. Boston: Allyn & Bacon, 41-51.

Daft, R. L.(2002). *The Leadership Experience*. USA: Thomson.

Danielson, C.(2006). Teacher Leadership: that Strengths Professional Practice. Alexandria, VA: ASCD, 12~27.

Davidson, B. M., & Dell, G. L.(2003). A School Restructuring Model: A Tool Kit for Building Teacher Leadership. Paper Presented at the Annual Meeting of the AERA. Chicago, April 2003.

Davis, G. A., Thomas, M. A.(1989). *Effective Schools and Effective Teachers*. MA: Allyn and Bacon.

Davis, K.(1959). *Human Relation in Business*. New York: McGraw-Hill.

Day, C.(2005). Sustaining Success in Challenging Contexts: Leadership in English Schools. *Journal of Educational Administration*, 43(6), 573~583.

Day, C., & Harris, A.(2003). Teacher Leadership, Reflective Practice and School Improvement in Leithwood, K., & Hallinger, P.(eds), *Second International Handbook of Educational Leadership and Administration*. Dordrecht: Kluwer Academic.

Deal, T. E., & Peterson, K. D.(1990). *The Principal's Role in Shaping School Culture*. Washington, D. C.: Office of Educational Research and Improvement.

Deal, T. E., & Peterson, K. D.(1999). *Shaping School Culture: The Heart of*

Leadership. San Francisco: Jossey-Bass, Inc.

Dejoux, C., Dherment-Fe're're, I., Wechtler, H., Ansiau, D., & Bergery, L.(2011). Intelligence e'motionnelle et Processus De De'cision. Gestion 2000, 28(3), 67-81.

Dickson, Marcus W., Smith, D. B., Grojean, M. G., & Ehrhart, M.(2001). An Organizational Climate Regarding Ethics: the Outcome of Leader Values and the Practices That Reflect Them. *The Leadership Quarterly*, 12, 197-389.

Duignan, P. A., & Macpherson, R. J. S.(1992). *Educative Leadership: a Practical Theory for New Administrators and Managers*. London: Falmer Press.

Durana, G.(2015). Bitcoin: Bulle ou Re'volution?. Esprit, 6, 88-96.

Edelman, M.(1964). *The Symbolic Uses of Politics*. Chicago: The University of Chicago Press.

Edelman, M.(1988). *Constructing the Political Spectacle*. Chicago: The University of Chicago Press.

Elmore, R. F. et al.(1990). *Restructuring Schools: The Next Generation of Educational Reform*. San Francisco, CA: Jossey-Bass Publishers.

Evans, M. G.(1970). "The Effects of Supervisory Behavior on the Path-Goal Relationship". *Organizational Behavior and Human Performance*, 5, 277~298.

Everard, K. B., & Morris, G.(1985). *Effective School Management*. London: Harper & Row Ltd.

Fielder, Fred E.(1967). *A Theory of Leadership Effectiveness*. New York: McGraw-hill Book Company.

Fielder, Fred E., & Chemers, Martin M.(1984). *Improving Leadership Effectiveness: The Leader Match Concept 2nd ed*. New York: Wiley.

Filley, A. C., & House, R. J.(1969). *Managerial Process and Organizational Behavior*. Glenview, III.: Scott, Foresman and Co.

Firestone, W. A., & Wilson, B. L.(1989). *Administrative Behavior, School SES, and Student Achievement: A Preliminary Investigation*. Philadelphia, PA: Research for Better Schools

Firestone, W. A., & Wilson, B. L.(1993). Bureaucratic and Cultural Linkages: Implications for the Principal, in *Educational Leadership and School Culture*, edited by Marshall Sashkin and Herbert J. Walberg, Berkley, California: McCutchan Publishing, 19~39.

Frase, L. E.(2005). 'Refocusing the Purposes of Teacher Supervision.(pp. 430-462). In English, Fenwick, W.(2005). *The SAGE Handbook of Educational Leadership: Advances in Theory, Research, and Practice*. University of North Carolina at Chapel Nill. SAGE Publications.

French, J. R.(1993). A *Formal Theory of Social Power*. New York: Irvington.

Friedkin, N. E., & Salter, M. R.(1994). School Leadership and Performance: A Social Network Approach. *Sociology of Education*, 67, 139~157.

Fritz, M.(1996). Restoring Parental Responsibility for Education. *The Freeman*(July).

Fry, L. W., Vitucci, S., & Cedillo, M.(2005). Spiritual Leadership and Army Transformation: Theory, Measurement, and Establishing a Baseline. *The Leadership Quarterly*, 16(5), 835~862.

Fullan, M.(2001). *Leading in a Culture of Change*. New York: John Wiley & Sons, Inc.

Gabriel, Y., & Griffiths, D. S.(2002). Emotion, Learning and Organizing. *Learning Organization*, 9(5), 214~221.

Gardner, J. W.(1990). *On Leadership*. New York: Free Press.

George, J. M.(2000). Emotions and Leadership: The Role of Emotional Intelligence. *Human Relations*, 53, 1027~1055.

Ge'rard, A.(1999). *Ethique Du Partage*. In Re'ponses Philosophiques. Paris: ERES, 89-138.

Gerstner, Louis V. Jr., Semerad, R. D., Doyle, D. P., Johnston, W. B.(1994). *Reinventing Education: Entrepreneurship in America's Public Schools*. New York: Dutton.

Gibb, C. A.(1954). Leadership. in G. Hindzey(ed.). *Handbook of Social Psychology*. Reading, MA.: Addison-Wesley Publishing Co.

Gilbert, D. T., Pelham, B. W., & Krull, D. S.(1988). On Cognitive Business: When Person Perceivers Meet Persons Perceived. *Journal of Personality and Social Psychology*, 54, 733~740.

Goethal, G. R., & Sorenson, G. J., Burns, J. M.(2004). *Encyclopedia of Leadership*. A Berkshire Reference Work. A SAGE Reference Publication. Thousand Oaks.

Goleman, D.(1998). *Working with Emotional Intelligence*. Bantam, New York: Rubber.

Goleman, D., Boyatzis, R., & McKee, A.(2002). *Primal Leadership: Realizing the Power of Emotional Intelligence*. Boston: Harvard Business School Press.

Greenfield, W. D.(1987). *Instructional Leadership: Concepts, Issues, and Controversies*. Boston: Allyn and Bacon.

Greenfield, W. D.(1995). Toward a Theory of School Administration: The Centrality of Leadership. *Educational Administration Quarterly* 32, No. 1.

Greenleaf, R. K.(1970). *Servant as Leader*. republished in 1991 by The Robert K. Greenleaf Center in Indianapolis, Indiana, USA.

Greenleaf, R. K.(1977). *Servant Leadership*. New York: Paulist Press.

Greenleaf, R. K.(1996). *Seeker and Servant*. SanFrancisco: Jossey-Bass Publisher.

Gronn, P.(2000). Distributed Properties: A New Architecture for Leadership. *Educational Management and Administration*, 28(3), 317~338.

Gronn, P.(2002). Distributed Leadership as a Unit of Analysis. *The Leadership Quarterly*, 13, 423~451.

Guillen, M., & Gonzales, T. F.(2001). The Ethical Dimension of Managerial Leadership: Two Illustrative Case Studies in TQM. *Journal of Business Ethics*, 11, 523~534.

Gullatt, D. E., & Lofton, B. D.(1996). *The Principal's Role in Promoting Academic Gain*. Natchitoches: Northwestern State University of Louisiana, Alexandria: Rapides Parish School Board.

Gunter, H. M.(2001). *Leaders and Leadership in Education*. London: Paul Chapman Publishing.

Gurr, D., Drysdale, L., & Mulford, B.(2005). Successful Principal Leadership: Australian Case Studies. *Journal of Educational Administration*, 43(6), 539~551.

Habermas, J.(1987). *The Theory of Communicative Action*. vol. 2. Boston: Beacon Press.

Hallinger, P., & Heck, R. H.(1996). Reassessing the Principal's Role in School Effectiveness: A Review of the Empirical Research. *Educational Administration Quarterly*, 32(1), 27~31.

Halpin, Andrew W.(1956). *The Leadership Behavior of School Superintendent*. Columbus, Ohio: College of Education, The Ohio State Univ.

Halpin, Andrew W.(1966). *Theory and Research in Administration*. New York: Macmillan.

Hanes, D.(2017). *loT Fundamentals: Networking Teachnologies, Protocols, and Use Cases for the Internet of Things*. Indianapolis: Cisco Press.

Hardin, F. W.(2003). *Impacting Texas Public Schools Through a Student Servant - Leader Model: A Case Study*. Texas Tech University.

Harris, A.(2008a). Distributed Leadership: According to the Evidence. *Journal of Educational Administration*, 46(2), 172~188.

Harris, A.(2008b). *Distributed School Leadership: Developing Tomorrow's Leaders*. London: Routledge Falmer Press.

Harris, A., Day, C., Hadfield, M., Hopkins, D., Hargreaves, A., & Chapman, C.(2003). *Effective Leadership for School Improvement*. London: Routledge Falmer.

Hater, J. J., & Bass, B. M.(1988). Superiors' Evaluations and Subordinates' Perceptions of Transformational and Transactional Leadership. *Journal of Applied Psychology* Vol. 73, No. 4.

Hayes, D.(1995). The Primary Head's Tale: Collaborative Relationships in a Timer of Rapid Change. *Educational Management and Administration*. Vol. 23, No. 4, 233~244.

Heck, R. H.(1992). School Context, Principal Leadership, and Achievement: The Case of Secondary Schools in Singapore. *The Urban Review*, 25(2), 151~166.

Heck, R. H., & Hallinger, P.(1999). *Next Generation Method for the Study of Leadership and School Improvement*. In Murphy, J., & Louis, K. S(Eds), Handbook of Research on Educational Administration(2ed). San Francisco: Jossey-Bass Publishers, 141~162.

Heider, F.(1958). *The Psychology of Interpersonal Relations*. New York: John Wiley.

Hemphill, J. K.(1949). *Situational Factors in Leadership*. Columbus, Ohio: Bureau of Educational Research, Ohio State Univ., 57.

Herbert, S. C.(2003). *The Relationship of Perceived Servant Leadership and Job Satisfaction from the Follower's Perceptive*. Unpublished Doctoral Dissertation, Capella University.

Hersey, P., & Blanchard, Kenneth H.(1972). *Management of Organizational Behavior*. New Jersey: Prentice-Hall.

Hess, F. M.(1999). *Spinning Wheels: The Politics of Urban School Reform*. Washington D. C.: Brookings Institution Press.

Hess, G. A.(1991). *School Restructuring Chicago Style*. Newbury Park, CA: Corwin.

Hickman, C. F.(1990). *Mind of Manager, Soul of a Leader*. New York: John Wiley.

Hirschhorn, L.(1997). *Reworking authority: Leading & Following in a Post Modern Organization*. Cambridge, MA: MIT Press.

Hirsh-Pasek, K., Golinkoff, R. M., Singer, D., & Be가, L.(2009). A Mandate for Playful Learning in Preschool: Presenting the Evidence. New York: Oxford University Press.

Hodgkinson, C.(1991). *Educational Leadership: the Moral Art*. Alban: State University of New York Press.

Holloman, C. R.(1986). Headship vs Leadership. *Bussiness and Economic Review*, 32(2), 35~37.

House, R. J.(1971). A Path-Goal Theory of Leader Effectiveness. *Administrative Science Quarterly*, 16, 321~339.

House, R. J.(1977). A 1976 Theory Charismatic Leadership. In J. G. Hunt, & L. L. Larson(eds.), *Leadership: The Cutting Edge*. Southern Illinois University Press.

House, R. J., & Singh, J. V.(1987). Organizational Behavior: Some New Direction for Psychology. *Annual Review of Psychology* 38, 684.

Hoy, W. K., & Miskel, C. G.(1996). *Educational Administration: Theory, Research and Practice*(5th ed.). New York: McGraw-Hill.

Hunter, J. D.(1991). *Culture Wars: The Struggle to Define America*. New York: Basic Books.

Huy, Q.(2002). Emotional Balancing of Organizational Continuity and Radical Change: The Contribution of Middle Managers. *Administrative Science Quarterly*, 47, 31~69.

Höög, J., Johansson, O., & Olofsson, A.(2005). Successful Principalship: the Swedish Case. *Journal of Educational Administration*, 43(6), 595~606.

Ivancevich, J. M., & Matteson, M. T.(1987). *Organizational Behavior and Management*. Plato, Texas: Business Publications, Inc.

Izard, C. E.(1977). *Human Emotion*. New York: Plenum Press.

Jerald, C. D.(2009). *Defining 21st Century Education*. Center for Public Education.

Johnson, J. F., & Asera, R.(1999). *Hope for Urban Education: A Study of Nine High-performing, High-poverty, Urban Elementary Schools*. Austin: Charles A. Dana Center, University of Texas. Available.

Johnston, J., & Pickersgill, S.(1992). Personal and Interpersonal Aspects of Effective Team-Oriented Headship in Primary School. *Educational Management and Administration*. Vol. 20, No. 4, 239~248.

Kagan, S. L.(1994). Leadership: Rethinking it Making it Happen. *Young Children*, July, 49-54.

Kanungo, R. N., & Mendonca, M.(1996). *Ethical Dimensions of Leadership*. Thousand Oak, CA: Sage.

Katzenmeyer, M., & Moller, G.(2001). *Awakening the Sleeping Giant. Helping Teachers Develop as Leaders*. CA: Corwin Press.

Keefe, J. W., & Jenkins, J. M.(Eds.).(1984). *Instructional Leadership Handbook*. Reston, VA: National Association of Secondary School Principals.

Kellerman, B.(1984). *Leadership: Multidisciplinary Perspectives*(ed.). New Jersey: Prentice-Hall.

Khuntia, R., & Suar, D.(2004). A Scale to Assess Ethical Leadership of indian private and Public Sector Managers. *Journal of Business Ethics*, 49, 13~26.

Klemp, G. O.(ed.)(1980). *The Assessment of Occupational Competence*. Washington. D. C.: Report to the National Institute of Education.

Knowles, M., & Knowles, H.(1955). *How to Development Better Leader*. New York: Association Press.

Knowles, M., Mayberry, J. G. Ray, B., & Marlow, S.(1995). *Home Schooling: Parents as Educators*. Thousand Oaks, CA: Corwin Press, Inc.

Kouzes, J. M., & Posner, B. Z.(1993). *Credibility: How Leaders Gain and Lose it and Why People Demand it*. San Francisco: Josey-Bass.

Lambert, L.(1998). *Building Leadership Capacity in Schools*. Alexandria, VA: ASCD.

Larsen, J. R., & Diener, E. E.(1992). Promises and Problems with the Circumplex model of Emotion. In M. S. Clark(eds.), *Review of Personality and Social Psychology: Emotion and Social Behavior*,

Laub, A. J.(1999). Assessing the Servant Organization: Development of the Servant Organizational Leadership Assessment(SOLA) Instrument. Unpublished Doctoral Dissertation, Florida Atlantic University.

Lawler, E. J., & Yoon, J. K.(1993). Power and the Emergence of Commitment Behavior in Negociated Exchange. *American Sociological Review*, 58, 465~481.

Lee, V. E., Bryk, A. S., Smith, J. B.(1993). The Organization of Effective Secondary Schools. *Review of Research in Education*, Vol. 19, 171~267.

Leithwood, K. A., & Duke, D. L.(1999). *A Century's Quest to Understand School Leadership*. Handbook of Research on Educational Administration(2ed). San Francisco: Jossey-Bass Publishers, 45~72.

Leithwood, K., & Duke, D.(1999). A Century's Quest to Understand school Leadership. In Joseph Murphy and Karen Searshore Louis(Eds.), *Handbook of Research on Educational Administration*(pp. 45~72). San Francisco: Jossey-Bass Publishers.

Leithwood, K., Jantzi, D., & Steinback, R.(1999). *Changing Leadership for Changing Times*. Buckingham: Open University Press.

Leithwood, K., Mascall, B., Strauss, T., Sacks, R., Memon, N., & Yashkina, A.(2007). Distributing Leadership to Make Schools Smarter: Taking the Ego out of the System. In Kenneth Leithwood, Blair Mascall, and Tiiu Strauss(eds.), *Distributed Leadership according to the Evidence*. New York: Routledge.

Leitner, D.(1994). *Do Principal Affect Student Outcomes: An Organizational Perspective. School Effectiveness and School Improvement*, 5(3), 219-238.

Levering, R.(2000). A Great Place to Work: What Makes Some Employers So Good. San Francisco: A Great Place to Work Institute.

Lewis, K. M.(2000). When Leaders Display Emotion: How Followers Respond to Negative Emotional Expression of Male and Females Leaders. *Journal of Organizational Behavior*, 21, 221~234.

Likert, Rensis(1961). *New Patterns of Management*. New York: McGraw-Hill.

Liontos, L. B.(1993). *Transformational Leadership: Profile of a High School Principal*. OSSC Bulletin Series, Oregon School Study Council, University of Oregon.

Lipham, J. M.(1964). Leadership and Administration. In Daniel E. Griffiths.(ed.),

Behavioral Service and Educational Administration. Chicago: University of Chicago Press.

Lipham, James M.(1964). "Leadership and Administration". in *Behavioral Science and Educational Administration*. The Sixty-third Yearbook of the National Society for the Study of Education, PartII, ed. Daniel E. Griffiths. Chicago: Univ. of Chicago Press, 122.

Lippitt, R., & White, R. K.(1938). "An Experimental Study of Leadership and Group Life". in *Readings in Social Psychology 3rd ed.*, by Eleanor E. Maccoby, et al. New York: Holt, Rinehart and Winston Inc., 496-511.

Lunenburg, F. C., & Irby, B. J.(2006). *The Principals: Vision to Action*. Belmont, CA: Thomson Wadsworth.

Lunenburg, F. C., & Ornstein, A. C.(2000). *Educational Administration: Concepts and Practices*(3rd ed.). Belmont, CA: Wadsworth.

Lunenburg, Fred C., & Ornstein, Allan C.(1996). *Educational Administration: Concepts and Practices*. Belmont, California: Wadsworth Publishing Company.

MacBeath, J.(2005). Leadership as Distributed: A Matter of Practice. *School Leadership & Management*, 25(4), 349~366.

MacNeil, N., Cavanagh, R. F., & Silcox, S.(2003). Pedagogic Principal Leadership. *Management in Education*, 17(4), 14~17.

Maehr, M., & Buck, R.(1993). Transforming School Culture, in *Educational Leadership and School Culture*, edited by Marshall Sashkin and Herbert J. Walberg, Berkley, California: McCutchan Publishing, 40~60.

Mahoney, J., & Thelen, K.(2010). *Explaining Institutional Change: Ambiguity, Agency and Power*. Cambridge University Press.

Mans, C. C.(1983). *The Art of Self-Leadership: Strategies for Personal Effectiveness in Your Life and Work*. New York: McGraw-Hill.

Mans, C. C.(1992). *Mastering Self-Leadership: Empowering Yourself for Personal Excellence*. Prentice-Hall.

Mans, C. C., & Neck, C. P.(2003). *Mastering Self-leadership: Empowering Yourself for Personal Excellence*. Upper Saddle River. New Jersey: Prentice-Hall.

Mans, C. C., & Sims, H. P.(1980). *Super-Leadership: Leading Others to Lead Themselves*. New York: Berkley Books.

Mans, C. C., & Sims, H. P.(1991). Super-Leadership: Beyond the Myth of Heroic Leadership. *Organizational Dynamics*, Spring, 24.

Massialas, B. G.(1969). *Education and the Political System*. Menlo Park, CA: Addison-Wesley Publishing Co.

Maxcy, B. D., & Nguyen, T. S. T.(2006). The Politics of Distributing Leadership:

Reconsidering Leadership Distribution in Two Texas Elementary Schools. *Educational Policy*, 20(1), 163~196.

Maxcy, Spencer J.(2002). *Ethical School Leadership*. The Scarecrow Press: Lanham, Maryland, and London.

Maynes, B., M., & Mappin, D.(1966). Computer-based Simulations for School Principalship: Preparation for Professional Practice. *Educational Administration Quarterly, Vol. 32, No. 4*.

McAllister, D. J.(1995). Affect and Cognition-based Trust as Foundations for Interpersonal Cooperation in Organizations. *Academy of Management Journal*, 38, 24~59.

McCarthy, M. M.(1999). The Evolution of Educational Leadership Preparation Program. In J. Murphy, & K. S. Louis(Eds.), *Handbook of Research on Educational Administration*(2nd edition). San Francisco: Jossey-Bass. 119~139.

Mckinsey(2018). *How will Demand for Workforce Skills Change with Automation?*.

Mendez-Morse, S.(1991). The Principal's Role in the Instructional Process: Implications for at Risk Students. *Issues....about Change*, 1(3).

Murphy, J.(2002 a). How the ISLLC Standards are reshaping the principalship. *Principal*, 82(1), 22~26.

Murphy, J.(2002 b). Educational Leadership: Reports and Recommendations from a National Invitational Conference. *The LSS Review*, 1(2).

Murphy, J., & Hallinger, P.(1992). The Principalship in an Era of Transformation. *Journal of Educational Administration*. Vol. 30, No. 3, 77~88.

Murphy, J., & Hallinger, P.(Eds.).(1987). *Approaches to Administrative Training in Education*. Albany: State University of New York Press.

Naisbitt, J.(1984). Megatrends: Ten New Directions Transforming Our Lives. Warner Books.

National Staff Development Council(2000). *Learning to Lead, Leading to Learn: Improving School Quality through Professional Development*. Oxford, Oh 45056.

Neck, C. P.(1993). *Thought Self-leadership: The Impact of Mental Strategies Training on Employee Cognitions and Emotion*. Ph. D. Dissertation, Graduate School of the Arizona State University.

Neck, C. P., & Stewart, G., Manz, C. C.(1995). Thought Self-leadership as a Framework for Enchancing the Performance of Performance Appraisers. *Journal of Applied Behavioral Science*, 31, 278~302.

Neff, T. J., Citrin, J. M., & Brown, P. B.(1999). *Lessons from the Top: The Search for America's Best Business Leaders*. New York: Doubleday.

Noddings, N.(1984). *Caring: A Feminine Approach to Ethics and Moral Education*.

L. A.: University of California Press.

Norris, C. J.(1994). *Cultivating Creative Cultures*. In Larry H. H.(Ed.), The Principal as Leader(pp. 61~79). New York: Macmillan College Publishing.

Northouse, P. G.(2004). *Leadership: Theory and Practice*. New Delhi: SAGE Publication.

Norton, M. Scott(2005). *Executive Leadership for Effective Administration*. Boston: Pearson.

O'Conor(1991). *Servant Leaders, Servant Structures*. Washington D. C: The Servant Leadership School.

OECD(2002). Schooling for Tomorrow: Think Scenarios, Rethink Education.

Parry, S. R.(1996). The Quest for Competence. *Training, July*, 48-56.

Partnership for 21st Century Learning(2019). *Framework for 21stt Century Learning.* Retrieved from http://www. p21.org/about-us/p21-framework.

Patterson, K. A.(2003). *Servant Leadership: A Theoretical Model.* Unpublished Doctoral Dissertation, Regent University.

Pentland, A.(2014). *Social Physics.* New York: The Penguin Press.

Peters, T., & Austin, N.(1985). *A Passion for Excellent*. New York: Collins.

Piaget, J.(1972). *The Moral Judgement of the Child.* M. Gabain(trans). London: Routledge & Kegan Paul.

Pink, D.(2019). *A Whole New Mind.* New York: Riverhead Books.

Prestine, N. A., & LeGrand, B. F.(1991). Cognitive learning theory and the Preparation of Educational Administrators: Implications for Practice and Policy, *Educational Administration Quarterly, Vol. 27, No. 1.*

Rafaeli, A., & Worline, M.(2001). Individual Emotion in Work Organizations. *Social Science Information*, 40(1), 95~123.

Reave, L.(2005). Spiritual Values and Practices Related to Scientific Discovery Processes. *Cognitive Science*, 4, 281~312.

Reddin, William J.(1970). *Management Effectiveness*. New York: McGraw-Hill.

Reeve, J.(1989). The Interset-enjoyment Distinction in Intrinsic Motivation. In Isen, A. M.(eds.), *Motivation and Emotion*. New York: Plenum Publishing Corporation.

Resick, C. J., Hanges, P. J., Dickson, M. W., & Mitchelson, J. K.(2006). A Cross-cultural Examination of the Endorsement of Ethical Leadership. *Journal of Business Ethics*, 63(4), 345~359.

Robbins, S. P.(1976). *The Administrative Process: Integrating Theory and Practice*. Englewood Cliff, NJ: Prentice-Hall, Inc.

Robbins, Stephen P.(1983). *Organizational Behavior*. Englewood Cliffs, New Jersey:

Prentice-Hall, Inc.

Rodd, J.(1994). *Leadership in Early Childhood: the Pathway to Professionalism.* Open University Press Buckingham.

Rohland, M.(2002). *Educational Leadership.* Mid-Atlantic Lab. for Student Success, Philadephia, PA. Office of Educational Research and Improvement, Washington, DC.

Ross Jr., W. T., & Robertson, D. C.(2000). Lying: The Impact of Decision Context. *Business Ethics Quarterly*, 10, 409~410.

Rychen, D., & Salganik, L.(2003). *Key Competencies for a Successful life and a Well-functioning society.* Cambridge: Hogrefe & Huber Publishers.

Sagor, R. D.(1992). Three Principals who Make a Difference. *Educational Leadership*, 49(5), 13~18.

Sallis, E., & Jones, G.(2002). *Knowledge Management in Education.* London: Kogan Page.

Savery, L. K., Soutar, G. N., & Dyson, J. D.(1992). Ideal Decision-Making Styles Indicated by Deputy Principals. *Journal of Educational Administration.* Vol. 30, No. 2, 18~25.

Schein, E. H.(1985). *Organizational Culture & Leadership.* San Francisco, CA: Jossey-Bass.

Scheurich, J. J.(1998). Highly Successful and Loving, Public Elementary Schools Populated Mainly by Low-SES Children of Color: Core Beliefs and Cultural Characteristics. *Urban Education*, 33(4), 451~491.

Schlechty, P. C.(1990). *Schools for the Twenty-First Century: Leadership Imperatives for Educational Reform.* San Francisco: Jossey-Bass Publishing.

Schön, D. A.(1987). *Educating the Reflective Practitioner.* San Francisco: Jossey-Bass Publishers.

Schultz, D. P.(1978). *Psychology and Industry Today*(2nd ed.). New York: Macmillan.

Schwab, J. J.(1973). The Practical 3: Translation into Curriculum. *School Review*, 81, 501~522.

Senge, P. M.(1990). *The Fifth Discipline: The Art Practice of the Learning Organization.* New York: Currency Doubleday, 46-49.

Senge, P. M.(1995). *Robert Greenleaf's Legacy: A New Foundation for Twenty-First Century Institutions, Reflection on Leadership: How Robert K. Greenleaf's Theory of Servant-Leadership Influenced Today's Top Management Thinkers.* New York: John Wiley & Sons, Inc.

Sergiovanni, T. J. et al.(1980). *Educational Governance and Administration.* Englewood Cliffs, New Jersey: Prentice-Hill Inc.

Sergiovanni, T. J.(1984). "Leadership and Excellence in Schooling". *Educational Leadership*(Feb)., 4~13.

Sergiovanni, T. J.(1987). *The Principalship: A Reflective Practice Perspective*. New York: Allyn & Bacon.

Sergiovanni, T. J.(1990). Advances in Leadership Theory and Practice. In Thurstin, P. W., & Lotto, L. S.(Eds.), *Advances in Educational Administration*, Vol. 1. Greenwich: JAI Press Inc.

Sergiovanni, T. J.(1992). *Moral Leadership: Getting to the Heart of School Improvement*. San Francisco: Jossey-Bass Publishers.

Sergiovanni, T. J.(2006). *The Principalship: A Reflective Practice Perspective*. Boston: Pearson.

Shakeshaft, C.(1999). *The Struggle to Create a More Gender-inclusive Profession*. in J. Murphy, & K. S. Louis(eds.), Handbook of Research on Educational Administration (2nd ed.), San Francisco: Jossey-Bass.

Shamir et al.(1998). Correlates of Charismatic Leader Behavior in Military Units Subordinates Attitudes, Unit Characteristics and Superiors Appraisals of Leader Performance. *Academy of Management Journal*.

Simmmel, G.(1999). Sociologie: E'tude Sur Les Formes De La Socialisation. Presses Universitaires De France.

Sims, B. J.(1997). *Servant Hood: Leadership for the Group Effectiveness*. The Wharton School, University of Pennsylvania.

Smith, S. C., & Piele, K. P.(1997). *School Leadership: Handbook for Excellence* 3rd(ed.), ERIC. University of Oregon.

Smylie, M. A.(1995). New Perspectives on Teacher Leadership. *The Elementary School Journal*. 96(1), 3~7.

Smylie, M. A., & Denny, J. W.(1990). Teacher Leadership: Tensions and Ambiguities in Organizational Perspective. *Educational Administration Quarterly*, 26(3), 235~259.

Sparks, D.(2002). *Designing Powerful Professional Development for Teachers and Principals*. National Staff Development Council, Oxford, Oh. ED 470 239, 67.

Spears, L. C.(1995). *Insight on Leadership: Service, Stewardship, Spirit and Servant-Leadership*. New York: John Wiley & Sons, Inc.

Spears, L. C.(2001). *On Character and Servant-Leadership: Ten Characteristics of Effective, Caring Leaders*. The Robert K. Greenleaf Center for Servant-Leadership.

Spencer, L. M., & Spencer, S. M.(1993). *Competency at Work: Models for Superior Performance*. New York: John Wiley & Sons.

Spillane, J. P.(2005). Distributed Leadership. *The Educational Forum*, 69(2), 143~150.

Spillane, J. P.(2006). *Distributed Leadership*. San Francisco: Jossey-Bass.

Spillane, J. P., & Camburn, E. M., Pustejovsky, J., Pareja, A. S., & Lewis, G.(2008). Taking a Distributed Perspective: Epistemological and Methodological Tradeoffs in Operationalizing the leader-plus Aspect. *Journal of Educational Administration*, 46(2), 189~213.

Spillane, J. P., & Diamond, J. B.(2007a). Taking a Distributed Perspective. In James P. Spillane and John B. Diamond(eds.), *Distributed Leadership in Practice*(pp. 1~15). New York: Teacher College Press.

Spillane, J. P., & Diamond, J. B.(2007b). A Distributed Perspective on and in Practice. In James P. Spillane and John B. Diamond(eds.), *Distributed Leadership in Practice*(pp. 146~166). New York: Teacher College Press.

Spillane, J. P., Halverson, R., & Diamond, J. B.(2001). Investigating School Leadership Practice: A Distributed Perspective. *Educational Researcher*, 30(3), 23~28.

Spillane, J. P., Halverson, R., & Diamond, J. B.(2004). Towards a Theory of Leadership Practice: A Distributed Perspective. *Journal of Curriculum Studies*, 36, 3~34.

Stogdill, R. M.(1950). Leadership, Membership, and Organization. *Psychological Bulletin*, 47.

Stogdill, Ralph M.(1948). Personal Factors Associated with Leadership: A Survey of the Literature. *Journal of Psychology*, 25, 35-71.

Stolp, S.(1991). *Leadership for School Culture*. ERIC Digest #91. Eugene, OR.(ERIC Clearinghouse on Educational Management, No. ED370198).

Suranna, K. J., & Moss, D. M.(2002). Exploring Teacher Leadership in the Context of Teacher Preparation. Paper Presented at the 83rd Annual American Educational Research Association Meeting. New Orleans, April 2. 2002. ERIC ED 465751.

Tannenbaum, Robert & Schmidt, Warren(1973). "How to Choose a Leadership Pattern". *Harvard Business Review*, 51, 162~180.

Tate, T. F.(2003). Servant Leadership for Schools and Youth Program. Reclaiming Children Youth: *ProQuest Education Journals* 12(1), 33~39.

Trevino, L. K.(1986). Ethical Decision Making in Organizations: A Person Situation Interactionist Model. *Academy of Management Review*, 11, 601~617.

Trevino, L. K., & Weaver, G. R.(2003). *Managing Ethics in Business Organizations: Social Scientific Perspectives*. Stanford, CA: Stanford University Press.

Trevino, L. K., Butterfield, K. D., & Mcabe, D. M.(1998). The Ethical Context in

Organizations: Influences on Employee Attitudes and Behaviors. *Business Ethics Quarterly*, 8, 447~476.

Trevino, L. K., Hartman, L. P., & Brown, M.(2000). Moral Person and Moral Manager: How Executives Develop a Reputation for Ethical Leadership. *California Management Review*, 42(4), 128~142.

Trice, H. M., & Beyer, J. M.(1990). Cultural Leadership in Organization. *Organizational Dynamic* Vol. 27 149-150.

Victor, B., & Cullen, J. B.(1988). The Organizational Bases of Ethical Work Climates. *Administrative Science Quarterly*, 33, 101~125.

Weaver, G. R., Trevino, L. K., & Agle, B.(2005). Somebody I Look Up to: Ethical Role Models in Organizations. *Organizational Dynamics*, 34, 313~330.

Weaver, G. R., Trevino, L. K., & Cochran, P. L.(1999). Corporate Ethics Programs as Control Systems: Influences of Executive Commitment and Environmental Factors. *Academy of Management Journal*, 42, 41~47.

Wendel, F. C., Hoke, F. A., & Joekel, R. G.(1996). *Outstanding School Administrators: Their keys to success*. Westport, CT: Praeger.

Westwood, R.(1997). Harmony and Patriarchy: The Cultural Basis for Paternalistic Headship among the Overseas Chinese. *Organization Studies*, 18(3), 445~480.

Wheaton, C. E.(1999). *Servant Leadership and the Public School Superintendent*. Unpublished Doctoral Dissertation, Gonzaga University.

Whitaker, P.(1997). *Primary School and The Future*. Buckingham: Open University Press.

William, P. P.(2000). *Reynolds Lead to Succeed*. New York: Broadway Books.

Willkinson, A. M., & Smith, M. M.(1995). Team Recruitment, Team Building and Skill Development. In Garner, H. G.(ed.). *Team Work Models and Experience in Education*, 103~123.

Willner, A. R.(1984). *The Spellbinders: Charismatic Political Leadership*. New Heven, C. T., Yale University Press, 14.

Wolff, S. B., Pescosolido, A. T., & Druskat, V. Y.(2002). Emotional Intelligence as the Basis of Leadership Emergence in Self-managing Teams. *The Leadership Quarterly*, 13, 505~522.

Woods, P. A., Bennett, N., Harvey, J. A., & Wise, C.(2004). Variabilities and Dualities in Distributed Leadership: Findings from a Systematic Literature Review. *Educational Management Administration and Leadership*, 32(4), 439~457.

Wright, L. L.(2008). Merits and Limitations of Distributed Leadership: Experiences and Understandings of School Principals. *Canadian Journal of Educational*

Administration and Policy, 69. Retrieved 05.02.2009, from http://www.umanitoba.ca/publications/cjeap/articles/wright.html.

York-Barr, J., & Duke, K.(2004). What Do We Know about Teacher Leadership? Findings From Two Decades of Scholarship. *Review of Educational Research*, 74(3), 255~316.

Yukl, G.(1998). *Leadership in Organizations*. New Jersey: Prentice-Hall, Inc.

Zhu, W., May, D. R., & Avolio, B. J.(2004). The Impact of Ethical Leadership Behavior on Employee Outcomes: The Roles of Psychological Empowerment and Authenticity. *Journal of Leadership and Organizational Studies*, 11(1), 16~26.

찾아보기

본문색인

영문

기타

인명

저자소개

신재흡 교수

전)

•한국교육행정학회 윤리위원장, 재정위원장, 부회장선출위원장
•한국교원교육학회 감사, 윤리위원장, 중등교육위원장, 홍보기금위원장
•한국유아보육복지학회 서울지회장, 연구윤리위원장
•한국교육재정경제학회 윤리위원장
•한국교육학회 선거관리위원장
•한국교육정치학회 감사
•경기도교육청 수석교사 선발위원
•서울특별시교육청 학교장 경영능력 평가위원
•구리시청 보육정책위원
•한국교육정책연구소 전문위원

현)

•한국유아보육복지학회 부회장
•한국교육행정학회 이사 및 주삼환교육리더십상 위원회 위원
•한국교육정치학회 대외협력위원회 위원
•한국교원교육학회 이사 및 부회장선출위원장
•한국실천교육학회 윤리위원장
•한국미래유아교육학회 이사
•한국교육학회 대외협력위원회 위원
•한국홀리스틱학회 편집위원
•한성대학교 교육대학원 교수

<저서 및 논문>

•한국 교육행정발달사 탐구(공저, 2005)
•교육조직행위론의 탐구(공저, 2006)
•학교경영의 이론과 실제(공저, 2006)
•한중 중등교육의 국제화 활성화 방안(공저, 2018)
•영유아교사를 위한 교육행정 및 교육경영(2019)
•교육행정 및 교육경영 -학교경영탐색-(2020)
•글로벌 시대의 문화다양성을 위한 다문화사회와 교육(2021)
•EDUTOPIA 구축을 위한 효과적인 장학의 이론과 실제(2021)
•초·중등예비교사를 위한 교직실무(2022)
•교사가 지각한 학교장의 변혁적 지도성과 학교 조직문화 및 학교 조직효과성 간 관계연구(교육행정학연구 29(3), 2002)

- 도덕적 지도성과 임파워먼트가 교직헌신에 미치는 영향 분석(교육행정학연구 25, 2007)
- 변혁적 지도성과 조직헌신이 조직시민행동에 미치는 영향 분석(교육행정학연구 26, 2008)
- 서번트 리더십과 팔로워십이 학교 조직효과성에 미치는 영향 분석(교육종합연구 8(2), 2010)
- 교사가 지각한 유아교육기관 원장의 변화지향적 지도성과 교사의 직무성과 간의 관계 연구(공저, 유아교육·보육행정연구 14(3), 2010)
- 학교장의 감성적 리더십과 임파워먼트가 학교 조직효과성에 미치는 영향 분석(한국교원교육연구 27(4), 2010)
- 유아교사가 지각한 임파워먼트와 조직헌신성과의 관계연구(공저, 유아교육·보육행정연구 14(4), 2010)
- 학교장의 서번트 리더십과 학교 조직문화가 학교 조직효과성에 미치는 영향 분석(교육종합연구 10(1), 2012)
- 학교장의 서번트 리더십과 임파워먼트가 조직시민행동에 미치는 영향 분석(한국교육학연구 19(1), 2013)
- 감성적 리더십과 조직감성이 교직헌신에 미치는 영향 분석(소통과 인문학, 16, 2013. 2.)
- 유아교육기관 원장의 변화 지향적 리더십과 교사집단의 직무만족과의 관계(소통과 인문학, 16, 2014. 2.)
- 유아교육기관 원장의 분산적 리더십과 조직문화와의 관계(소통과 인문학, 19, 2014. 8.)
- 감성적 리더십, 학교 조직문화, 직무만족 간의 구조 관계(교육종합연구13(1), 2015)

4차 산업혁명시대의
교육리더십 트렌드

초판 1쇄 인쇄 / 2022년 10월 25일
초판 1쇄 발행 / 2022년 10월 31일

•

저 자 / 신 재 흡
발행인 / 이 중 수
발행처 / 동 문 사

•

서울특별시 서대문구 홍제원 1길 12
(홍제동 137-8)
Tel: 02)736-3718(대), 736-3710, 3720
Fax: 02)736-3719
등록번호: 1974.04.27. 제9-17호
가격: 22,000원

•

ISBN: 979-11-6328-441-3(93370)
E-mail: dong736@naver.com
www.dongmunsa.com